Sturm über der Steppe

NEUES LEBEN

Sturm über der Steppe

Oktoberrevolution und Bürgerkrieg in sowjetischen Erzählungen

Verlag Neues Leben Berlin

Herausgegeben von Ursula Krause

Illustrationen von Rainer Schwalme

ISBN 3-355-00325-5

Lizenz Nr. 303 (305/53/87)
LSV 7201
Schutzumschlag und Einband: Rainer Schwalme
Typografie: Walter Leipold
Schrift: 11p Garamond
Gesamtherstellung: INTERDRUCK Graphischer Großbetrieb Leipzig,
Betrieb der ausgezeichneten Qualitätsarbeit, III/18/97
Bestell-Nr. 644 190 1
01480

Ich halte den 7. November 1917 für das größte Datum in der Geschichte der menschlichen Gesellschaft seit den ruhmreichen Tagen der Französischen Revolution. Auch diesmal hat die Menschheit einen Schritt vorwärts getan, einen noch bedeutungsvolleren als jenen, der das revolutionäre Frankreich vom Ancien regime losriß.

Romain Rolland (1927)

Noch eine andere höchst erstaunliche Sache hat der russische Soldat vollbracht. Lange hat er gefochten, schreckliche Qualen erlitten, und plötzlich ist ihm deshalb ein geistreicher Gedanke gekommen: Überraschenderweise gab er den Kampf auf, kehrte heim und ergriff Besitz vom Grund und Boden im Lande. Dies war vom Standpunkt der räuberischen Klassen anderer Länder die erste furchtbare russische Grausamkeit. Es mag vielleicht auch wirklich eine Grausamkeit sein, doch wenn es eine ist, dann ist es eine höchst praktische und gute Grausamkeit. Als sich die Russen dann an die organisatorische Arbeit machten, bauten sie die Industrie im Interesse des Volkes auf …

Ich bin es müde geworden, mit anzusehen, wie die Arbeiter und die Sozialisten des Westens unter fürchterlichen Anstrengungen den Stein zu Berge tragen, er aber jedesmal wieder herabrollt. Und deshalb rollt der Stein immer wieder herab, weil wir nicht auf eine praktische Weise arbeiten, wie es Lenin tut.

Bernard Shaw (1921)

Allein die Oktoberrevolution habe es zum Prinzip erklärt, daß der Mensch auf Erden glücklich sein kann und sein muß, der Mensch kann und muß sein Glück erkämpfen, selbst wenn dies einen schweren Kampf erfordert.

Heinrich Mann (1937)

Lidija Sejfullina

Der Ausreißer

Er wurde auf der Station gefaßt. Er kaufte Lebensmittel bei den Händlerinnen auf. Er nahm die gewohnte Verhaftung heiter entgegen, zwinkerte dem grauen Mann mit dem Gewehr zu und fragte: „Wohin führst du mich, Genosse? In die Transporttscheka oder in die Gouvernementstscheka?"

Der Soldat spuckte aus. „So ein geriebener Bengel! Weiß genau Bescheid!"

Man führte ihn in die Transporttscheka, dann in die Gouvernementstscheka. Dort saß er in Erwartung des Verhörs ruhig auf dem Fußboden. Beim Verhör gab er bereitwillig und guter Dinge Antwort.

„Dein Name?"

„Grigori Iwanowitsch Peskow."

„Aus welchem Gouvernement?" Die Stimme des ihn verhörenden Kommandanten klang undeutlich, verächtlich.

„Bin von weit her. Könnte den langen Weg zurück gar nicht mehr finden. Bin aus Iwanowo-Wosnessensk."

„Wie bist du nach Sibirien gekommen?"

„Schönes Sibirien! Bin schon viel weiter gewesen!"

„Ja, welcher Teufel hat dich denn aus Iwanowo-Wosnessensk hierhergebracht?"

Der Junge berichtigte gelassen: „Es war kein Teufel. Es war die Eisenbahn." Das lustige Lachen der Soldaten und des Mannes, dessen

Feder über das Papier knirschte, beantwortete er, indem er auf den Fußboden spuckte. „Die Amerikaner haben mich mit der Eisenbahn hergebracht. Sie haben viele Kinder mit Lehrern zur Erholung hierhergeschafft. Wird wohl das amerikanische Rote Kreuz gewesen sein. Jedenfalls waren es Amerikaner. Geht mich nichts weiter an. Lenin hat ihnen wohl Geld gegeben und gesagt: ‚Päppelt die Kinder da ein wenig auf!' Na, und dann kam Koltschak. Manche sind weitergefahren, manche gestorben, ich kam in ein Heim und bin von dort aufs Land geflohen."

„Was hast du auf dem Lande gemacht?"

„Beim Popen als Knecht gedient. Wenn ich auch mager bin, arbeiten, das kann ich!"

„Hast du auch als Freiwilliger bei Koltschak gedient?"

„Ja. Bin aber bald geflohen."

„Wie kam es, daß du Freiwilliger wurdest?"

„Als die Roten kamen, sind alle geflüchtet, ich mit. Aber niemand wollte mich haben. Da bin ich mit den Freiwilligen gegangen ..."

„Warum bist du vor der Roten Armee geflohen? Hattest du Angst?"

„Woher denn Angst! Ich gehöre selbst zur roten Partei. Nur weil alle geflohen sind, bin ich mitgeflohen."

Die Soldaten fingen wieder an zu lachen. Der Kommandant schrie sie an und befahl: „Untersucht ihn!"

Ebenso bereitwillig ließ er sich untersuchen, hob die Hände hoch, wie schon oft. Die großen grauen Augen blitzten munter und verschönten wie lichte Sonnenflecken das gelbe, abgezehrte, faltige Kindergesicht, den zerzausten, verlausten Kopf, der die Farbe von schmutzigem Stroh hatte. Im Sack der Jungen fand man einen großen Geldbetrag, ein Gebetbuch mit versilbertem Deckel, ein Pfund Tee und einige Meter Stoff. Das alles nahm man ihm weg.

„Woher hast du das Geld?"

„Einiges hab ich gestohlen. Einen Teil hab ich mir verdient."

„Womit verdient?"

„Hab mit Zigarren, Zigaretten gehandelt, hier und da was gestohlen."

„So ein Frechdachs!" brummte der Kommandant erstaunt. „Wo sind deine Eltern?"

„Vater ist im deutschen Krieg gefallen. Mutter hat andere Kinder gekriegt, ist dann irgendwohin gefahren, mit dem neuen Mann und den Kindern Brot holen, und mich haben sie im amerikanischen Zug untergebracht."

Abermals erwiderte ein Leuchten seiner Augen den trüben Blick des Kommandanten. Der schüttelte den Kopf, wollte schon sagen:

Verlorene Menschenseele. Doch Grischkas leuchtende Augen hielten ihn zurück. Er lächelte, kratzte sich am Kinn.

„Was hast du bei Koltschak getrieben?"

„Nichts. Ließ mich einschreiben und lief dann weg."

„Also du gehörst der roten Partei an?" fragte der Kommandant.

„Ja. Erlauben Sie mir, eine Zigarette anzustecken?"

„Du müßtest Prügel für dein Rauchen bekommen. Aber rauche nur. Wie alt bist du?"

„Bin am Tage des heiligen Gregor dreizehn geworden."

„Die Heiligen scheinst du genau zu kennen. Wozu hast du das Gebetbuch mit?"

„Der Pope hat darin meinen Vater eingeschrieben. Mein Vater, der im Himmel ist, wird sehen, daß man seiner gedenkt, und wird es dort leichter haben. Mutter hatte vergessen, das zu tun, ich nicht."

Der Blick des Kommandanten trübte sich wieder. „Also Schluß. Wir müssen dich festnehmen."

„Ins Gefängnis also? Meinetwegen. Das Essen dort ist nicht berühmt. Aber meinetwegen. Werde eben sitzen. Auf Wiedersehen!"

In der Tscheka erinnerte man sich noch lange an Grischka.

Aus dem Gefängnis holte ihn bald die Kommission für minderjährige Rechtsverletzer. In der Kommission gefiel es ihm viel weniger als in der Tscheka. Dort war man lustig, man lachte. Hier aber bedauerten ihn alle, auch der Doktor quälte ihn lange.

Wozu gibt er sich solche Mühe? fragte sich Grischka verwundert. Hat meinen Kopf hin und her gemessen, auch die Finger! Wozu braucht er nur meine Maße?

Der Doktor hatte ihn auch so häßlich prüfend betrachtet. Vor der Untersuchung war Grischka gründlich gebadet und gewaschen worden. Aber der Doktor sah ihn so an, als wäre sein Körper noch immer schmutzig. Er fragte ihn auch über allerlei Peinliches aus. Das war häßlich von ihm. Grischka hatte viel gesehen und auch selber allerlei Unfug getrieben. Doch darüber brauchte man nicht weiter zu sprechen. Es ekelte ihn, daran zu denken. Er verspürte auch gar keine Lust mehr, wieder so etwas zu machen. Als er vom Doktor herauskam, war sein Gesicht gerötet, die Augen blickten trübe und ohne Glanz. Der Doktor hatte zuviel in ihm herumgewühlt.

Doch abends im Heim für minderjährige Verbrecher gewann er seine Heiterkeit wieder, er lobte das Essen. „Das ist mal was anderes als das Zeug in der Sowjetküche! Milch! Süßer Brei! Und Fleisch in der Suppe!! Das laß ich mir gefallen!"

Die Nacht war schlimm. Die Jungen kamen nicht zur Ruhe, und der „Lehrer" schrie sie in einem fort an. Irgendwie sah er dem Doktor ähnlich. Grischka konnte lange nicht einschlafen. Er war sich über die Ursache nicht klar. Was ist mit mir los? Ich bin einfach nicht mehr gewohnt, auf einem richtigen Kissen zu schlafen. Es stört mich! Die ganze Nacht hindurch, halb im Wachen, halb im Schlaf, wurde er von etwas gequält. Er sah die Mutter. Sie kämmte sein Haar und sagte: „Wachse, Grischenka. Wachse und werde groß, mein Söhnchen! Wenn du groß bist, ruhen wir uns aus. Wirst Geld verdienen, Mutter und Vater versorgen ... Du, mein Herzenssöhnchen!" Und sie küßte ihn.

Komisch. Seine Augen waren offen, und oben an der Decke brannte ein Licht. Er wußte, daß dies das Kinderheim war, daß Mutter gar nicht da war. Und doch spürte er ihren Kuß an seiner Wange und hatte Lust zu weinen. Er hüstelte wie ein Erwachsener, hielt das Weinen zurück und drehte sich auf die andere Seite ... Bald sah er wieder den Doktor. Erinnerte sich an Weiber. Wieder erfaßte ihn Ekel. Wieder preßte etwas seine Brust zusammen. Er wollte beten, doch er konnte sich nicht mehr an das Vaterunser erinnern. Ein anderes Gebet aber kannte er nicht. So quälte er sich die ganze Nacht.

Ein Tag folgte dem anderen. Ein ganz gutes Leben hier, aber sehr langweilig. Morgens erhielt man Frühstück und wurde dann in den großen Saal geführt. Dort wurde vorgelesen. Doch immer langweiliges Zeug. Von einem guten Jungen und einem bösen ... Am liebsten hätte er dem guten Jungen einen tüchtigen Stoß versetzt! Dann kamen allerlei Lehrerinnen.

„Kinder, wir machen jetzt ein Spiel und wollen dazu singen! Stellt euch im Kreise auf!"

Und man stellte sich zusammen mit den Mädchen im Saal auf. Die Mädchen tun schön und singen immer dasselbe: vom Tannenbaum, vom Häschen, vom Laib Brot. Und dann bewegen sie die Hände hin und her, neigen den Kopf auf die eine, dann auf die andere Seite.

„Dort unten am Abhang, wo die Weiden sich wiegen ..."

Zuerst reizte ihn dieses Treiben zum Lachen, dann ärgerte es ihn. Sein Kopf war doch nicht aus Pappe! Das dauernde Kopfwackeln hatte er bald satt. Am liebsten sang er noch die Internationale mit. Ein schönes, unverständliches Wort: Internationale! Ein Wort für Erwachsene, was anderes als der ewige Tannenbaum!

„Wacht auf, Verdammte dieser Erde!" Das klang schön. Manchmal verspürte er Lust, ganz für sich die Internationale zu singen. Doch dann kam ihm auch das langweilig vor. Wegen der Internationale hatte er dem Dreckskerl George in die Schnauze gehauen. Dieser George, das war so ein Bourgeoissöhnchen, dem irgendeine Tante immer schöne Kuchen brachte. George hatte einmal zu Grischka gesagt:

„Du mußt statt ‚Wacht auf, Verdammte dieser Erde' ‚Wach auf, verdammte Judenbrut' singen."

Grischka aber gehörte der roten Partei an. Er wußte, die Juden sind auch Menschen. Mit derartigen Worten beschimpfte man die Sowjetregierung, nur um sie zu ärgern. Das ließ er nicht zu und gab darum dem George eins in die Schnauze. Seitdem wurde ihm das Heim noch unerträglicher: Er war für die Sowjetregierung eingetreten, und trotzdem schimpften ihn die ältere Tante Sina und Konstantin Stepanytsch aus und nannten ihn „einen kleinen Verbrecher". Und als im Heim Wäsche verschwand, wurde er mit zwei anderen, die ebenfalls früher Diebe gewesen waren, ins Verhör genommen.

Diese Dummköpfe! Hab ich's nötig, hier zu stehlen? Bekomme ja gutes Essen! Was ist dabei, wenn wir früher gestohlen haben? Jeder wird stehlen, wenn sein Bauch leer ist. Und wenn ich einmal von hier ausrücke, stehle ich wieder!

Der Gedanke setzte sich fest: Fliehen! Weil es hier so langweilig war! Man hatte ihnen versprochen, sie ein Handwerk zu lehren. Doch man tat es nicht. Man sagte, es fehle an Werkzeug. Er aber hatte es satt, immer und immer wieder „Applikationen" aus Papier zu schneiden. Einmal schnitt er eine große Menge solcher „Applikationen" aus, klebte sie in der Toilette an die Wand und schrieb dann mit Bleistift darunter: „Dieser Anblick gibt frischen Mut, wenn sich der Mensch erleichtern tut. Grigori Peskow."

Sonst war seine Schrift schlecht und schief, diesmal aber waren ihm die Buchstaben gut gelungen. Seitdem liebten ihn die Erzieher nicht mehr. Als ob ihm das nicht ganz gleich gewesen wäre! Dieser rothaarige Konstantin Stepanytsch hatte nur Interesse für Gitarrespielen und Fotografieren. Er hat uns alle aufgenommen, der rote Teufel. Er darf uns Kinder nicht schlagen, doch er sticht einen mit den Augen, daß man das Gefühl hat, eine Schlange hätte einen gebissen, und sieht einen immer so an, als wollte er einen beriechen. Er selbst raucht im Zimmer zum offenen Fenster hinaus. Zu den Kindern aber sagt er: „Ein richtiger Kerl raucht nicht."

Grischka kümmert das Rauchen einen Dreck! Er hat schon lange nicht mehr geraucht, hat es sich abgewöhnt und spürt keine Lust mehr dazu. Wenn aber Konstantin Stepanytsch die ewige Leier vom Rauchen beginnt und nicht aufhören will, zu schnüffeln und zu fragen: „Wer hat hier geraucht?", dann überkommt ihn die Lust, sich dem anderen zum Trotz eine Zigarette anzustecken. Und Tante Sina, die alle Kinder „Herzchen" nennt und ihnen den Kopf streichelt! So eine süßliche Person! Hat gar keine Lust dazu und streichelt einen doch! Und setzt einem mit ihren langen Reden zu: „Das ist nicht schön, mein Herzchen! Man hat dich hier fein untergebracht, gibt dir gut zu essen und zu trinken, und du mußt dankbar sein, mein Lieber. Die Knöpfchen muß man alle zuknöpfen und das Haar ordentlich kämmen. Du bist ja schon groß. Möchtest du nicht, daß ich dir was vorlese? Willst du nicht etwas malen?"

So eine honigsüße Hexe! Und diese ewige Fragerei, mit der sie einen quält! Jeden Tag soll man aufschreiben, was man liebt, was man nicht liebt, was man möchte, welches Buch einem gefällt. Das letztemal brachte Grischka Tante Sina bei einer solchen Gelegenheit in große Wut. Er wollte keine Fragen beantworten und schrieb: „Die Fragen liebe ich nicht, sie gefallen mir nicht."

Sie wurde ganz weiß im Gesicht, lächelte gezwungen, spitzte die Lippen und sagte mit dünner Stimme: „Dich hab ich gar nicht lieb. Du bist ein ungehorsamer Junge."

Seinetwegen brauchte sie ihn nicht zu lieben. Mochte sie ihren George lieben. Der kämmte sich ordentlich die Haare, zog saubere Linien aufs Papier, beantwortete alle Fragen. Doch kaum drehte ihm Tante Sina den Rücken, machte er sehr unanständige Zeichen hinter ihr her. Die Mädchen waren alle dreckig. Sie hatten von Tante Sina gelernt, mit dünnen Stimmchen zu sprechen und immer schönzutun. Heimlich aber trieben sie schmutzige Sachen mit den Jungen. Nur Manka aus dem Bergwerk ging noch an. Sie sang traurige Lieder und las gern Bücher. Doch sie war bleich wie Wachs und hustete ununterbrochen. Sie war kränklich. Grischka sprach auch mit ihr nicht. Er hatte die Mädchen ausreichend kennengelernt und liebte sie nicht. Grischka liebte keinen Menschen. Alles war ihm zuwider: der Schlafraum mit den Betten, die sich alle glichen, das Eßzimmer mit den neuen Tischen aus frischem Holz. Ausrücken!

Das Kinderheim war in einem Kloster untergebracht. Vor dem Tor hielt ein Soldat Wache. Grischka dachte: Natürlich! Wir sind Rechtsverletzer! So nennt man uns: minderjährige Rechtsverletzer. Das klingt fein. Mit einfachen Worten heißt das: Diebe, Zuchthäusler, aber auf vornehm heißt es: Rechts-ver-let-zer!

Das Wort klang ebensoschön wie Internationale. Grischka war auf die Bezeichnungen und auf die Wache vor dem Tor stolz gewesen. Aber jetzt, da er fliehen wollte, störte ihn die Wache.

Der Frühling nahte. Wenn Grischka ins Freie kam, übermannte ihn Sehnsucht. Seine Nüstern bewegten sich wie bei einem Hund, und er bekam Lust, wie ein Vogel zu fliegen. Die Sonne wurde gütiger, wärmte mild. Der Schnee wurde weich. Das Wasser in den schmalen Graben war nur noch mit einer ganz dünnen Eiskruste bedeckt. Die Schlitten knirschten nicht mehr auf dem Schnee, sondern holperten laut. Die Pferdehufe klangen nicht mehr „tuk-tuk“, sondern „tschwak-tschwak“ ... Die Zweige der Bäume waren nackt und dünn. Im Herbst trugen sie tote Blüten, im Winter lastete Schnee auf ihnen. Jetzt hatten sie alles von sich geworfen, wurden leicht, beschwingt, wie nach einer langen, gut überstandenen Krankheit, sogen wonnig die Luft ein, baten den Himmel um Wasser. Die Jungen freuten sich des Frühlings, lärmten und schrien den ganzen Tag im Klosterhof. Wenn man nur fliehen könnte! Wenn man doch wenigstens auf dem Hof spielen könnte, was man wollte! Aber sich immer mit den Lehrern im Reigen drehen, nein danke!

Im Klosterhof wohnten Nonnen. Man hatte ihnen einen Teil der Räume weggenommen, sie aber noch nicht ausquartiert. Morgens und abends läutete traurig die Glocke. Schwarze Schatten tauchten dann aus den Winkeln auf und bewegten sich leicht und gemessen, wie schwimmend, der Kirche zu. Die Kirche stand an dem einen Ende des Hofes, ihr Hauptportal führte auf die Straße. Wenn die jungen und alten Nonnen in die Kirche gingen, sahen sie wie leblose Gestalten aus. Ganz anders waren sie am Tage, wenn sie geschäftig auf dem Hof hin und her und in die Bäckerei liefen. Dann waren sie lebendige Frauen, die kreischten und sich mit den Jungen zankten. Den Kindern machte es Spaß, sie zu necken. Sie spuckten in den Brunnen, und einmal hatten sie die Kirchentür aufgemacht und hineingeschrien: „Lenin, Trotzki, Sownarkom!“

Die Nonnen hatten sich beim Gouvernementskommissariat für Volksbildung beklagt. Seitdem führten die Kinder mit ihnen offenen Krieg. Das machte das Leben lustiger.

Immer gieriger trank der Frühling den Schnee. Die Tür der Kirche stand offen. Die sonnendurchtränkte Luft brachte Frische in das düstere Kirchengewölbe. Wenn sie aus der Kirche wieder herauskam, brachte sie die klagenden Gebete der Menschen mit, denn es war die Zeit der großen Fasten. Die Menschen weinten vor den himmlischen Toren, in die man nicht eingelassen wurde. Immer öfter huschten die Nonnen wie Schatten zur Kirche. Immer länger schrien sie zu Gott im Taumel der Buße. Und diese geräuschlosen schwarzen Schatten auf dem lichten Antlitz des Frühlings, die feierlichen Betgesänge, der aufwühlende Lärm des Frühlings auf der Straße, das alles brachte Grischka aus dem Gleichgewicht. Die Erzieher waren jetzt mit ihm zufrieden, denn er ließ gehorsam alle Lernstunden über sich ergehen und verhielt sich ruhig. In solchen Stunden war sein Blick ganz leer. Grischka zog sich immer mehr in sich selbst zurück. Nachts wachte er auf und dachte an die Freiheit. Zu fliehen war schwer. Sechs der älteren Jungen hatten die Äbtissin bestohlen und waren geflohen. Doch sie wurden gefaßt. Bei der Festnahme leisteten sie Widerstand. Es waren große Bengel, denen schon der Schnurrbart wuchs. Man steckte sie in ein Lager, wo sie arbeiten mußten. Man begann das Kinderheim strenger zu bewachen. Man verstärkte die Wachen durch einen Agenten der Tscheka und vermehrte die Zahl der Erzieher. Doch ein Zufall kam Grischka zu Hilfe.

Der Krieg zwischen den Kindern und Nonnen wurde immer erbitterter. Die Zusammenstöße brachten Leben in den traurigen Lauf der Tage. Damit füllten die Kinder ihr Leben in diesem Gefängnis aus, in dem man zuviel Muße hatte und sehr gutes Essen bekam. Eines Tages wurden fünfzig neue Kinder aus dem Gefängnis ins Heim gebracht. Die Nonnen mußten ausquartiert werden. Man machte für sie ein großes, zweistöckiges Haus frei, jenseits des Flusses, an der Peripherie der Stadt. Man forderte sie auf umzusiedeln. Die Nonnen nahmen den behördlichen Beschluß gehorsam entgegen, doch im geheimen beklagten sie sich bitter.

Jeden Morgen hielt irgendein Bauernwagen in einiger Entfernung von der Klostermauer an. Manchmal waren es zwei, drei Wagen. Mit schuldbewußter Miene schritten die Bauern oder deren Frauen zum Klostertor, verhandelten demütig bittend mit der Wache, schlüpften dann in den Hof. Dort vernahmen sie die Laute eines neuen, ihnen unbekannten Lebens. Durch die Luft schwirrten die Wörter „Genosse“, „Rechtsverletzer“, „Kinderheim“. Das altbekannte Klosterleben hielt sich in der Tiefe des Hofes versteckt. Um zu den kleinen Nonnenhäuschen zu gelangen, die dort standen, mußte man an lärmenden und auch an schweigsamen Kindern vorbei, in deren Augen Fragen standen. Bei den Nonnen wurde man von Heiligenbildern begrüßt. Vor diesen Besuchern, die heimlich ihre Gaben mitbrachten, schütteten die Nonnen ihr Herz aus. Seit der Revolution bezeichnete sich die Äbtissin in allen offiziellen Schriftstücken als „Vorsteherin der klösterlichen Arbeitsgemeinschaft, die demütige Eulalia“. In der Kirche vor der versammelten Gemeinde der Gläubigen predigte sie politische Demut, da „jede Regierung von Gott eingesetzt sei“. Doch jetzt verlor sie die Geduld. Klagend sagte sie zu ihrem weltlichen Bekannten, Herrn Astafjew, der früher zwei Kinos besessen hatte, der dem Kloster große Schenkungen zu machen pflegte und auch jetzt, obwohl im Gouvernementsverband angestellt, das Kloster nicht vergaß: „Man jagt uns aus dem Hause Gottes.“

Alle gottesfürchtigen Familien raunten sich danach zu:

„Die Nonnen werden ausquartiert!“

„Das Kloster soll ein Theater werden.“

„Man entfernt die kostbaren Rahmen von den Heiligenbildern."

„Man hat die Gefäße aus dem Tabernakel in die Gouvernementstscheka gebracht ..."

„Die Äbtissin hat man in der Tscheka gefoltert."

Aus den Häusern gelangten diese Gerüchte auf den Markt. Der Markt wurde auf dem Platz neben dem Kloster abgehalten. Am Tage der Übersiedlung bekreuzigten sich die Marktfrauen unaufhörlich. Eine war von dem bevorstehenden Ereignis so in Anspruch genommen, daß ein Käufer sie um dreitausend Rubel betrügen konnte. Sie bedauerte die Nonnen, wehklagte, und sinnlose, mit kreischender Stimme vorgebrachte Schimpfereien mischten sich in ihre frommen Betrachtungen.

„Himmlische Mutter Gottes! Heilige Jungfrau Maria! ... Der Teufel soll ihn holen! ... Wirft mir das Geld zu und macht sich aus dem Staube! Verfluchter Kommunist! ... Judenbrut! ... Heiliger Nikolaus ... Teufel, fürchten sie den Weihrauch! ... Die Bräute Christi ... Unsere lieben Mütter ..., wohin sollen sie jetzt? Diese Räuber, dieses Antichristenpack ... Was sagt man da? ... Ich seh mich um, der Mensch ist verschwunden ... Eben noch war er da ... Na, warte! Ich hab mir deine Fratze genau gemerkt ... Wenn ich dich kriege ..."

Die Bauern hielten ihre Zungen mehr im Zaum, doch auch sie verließen den Platz nicht, obwohl der Markt zu Ende war. Sie rückten mit ihren Pferden und Wagen näher an die Klostermauer heran.

Die Wagen für die Nonnen waren vorgefahren. Das große Tor wurde geöffnet. Die Wache stellte sich davor. Eine bunte, wogende Menge strömte herbei. Mutter Eulalia schritt aus dem Tor, unter ihrer Nonnenhaube hervor scharf um sich blickend, groß und stolz. Vor dem Tor blieb sie stehen, wandte sie ohne Hast dem Heiligenbild zu, das über dem Tor hing, und verneigte sich davor tief bis zur Erde. Die Frauen in der Menge begannen zu schluchzen. Bevor die Äbtissin in den Wagen stieg, verneigte sie sich wieder nach allen vier Himmelsrichtungen. Ihr Gesicht blieb streng, als wäre sie von einem Heiligenbild herabgestiegen. Wie schwarze Schatten folgten ihr die Nonnen und machten ihr alles genau nach. Die in der blauen Frühlingsluft scharf umrissenen Gestalten weckten Trauer ringsum. Eine Frau stürzte zu den Nonnen hin, laut schreiend: „Ihr, unsere lieben Mütter! Unsere Fürbitterinnen! Vergebt uns um Christi willen!"

Eine andere Frau folgte dem Beispiel, schrie noch lauter: „Wohin jagt man euch aus dem Gotteshaus?"

Eine dritte warf sich zu Boden, direkt vor die Pferdehufe am Wagen der Äbtissin. Der Hahn, den sie in der Hand hielt, benutzte die Gelegenheit und lief davon. „Seid uns nicht böse! Verklagt uns nicht beim Herrgott!“

Die drei Frauen heulten herzzerreißend. Ihnen gesellten sich andere hinzu. Das Geheul lockte Passanten an. Ein berittener Soldat mit einem Bündel in der Hand hielt sein Pferd im vollen Galopp an und erstarrte vor Neugier. Die Händlerin Filatowa überließ ihren Kuchenstand seinem Schicksal und stürzte zu dem Soldaten hin. „Warum beschimpft ihr den christlichen Glauben? Ihr werdet eure Strafe bekommen! Wartet nur, die Strafe wird kommen!“

Das Geheul der Weiber brachte Unruhe in die Menge. Die Männer brummten:

„Wir lassen das Kloster nicht zerstören!“

„Wem haben die Nonnen geschadet? Wem haben sie was getan?“

Der bewegliche, grauhaarige Lehrer der früheren Kirchenschule, der auch Kirchenvorstand war, tauchte neben den Bauernwagen auf. Er schrie mit seiner zitternden alten Stimme: „Wo bleibt denn die Gewissensfreiheit? Wo bleibt die von der Regierung proklamierte Gewissensfreiheit?“

Von ihm mitgerissen, schrie die Menge:

„Das Recht wird mit Füßen getreten!“

„Man muß eine Beschwerde an Lenin schicken!“

„Das ist ja nur die Willkür der hiesigen Behörden!“

„Diese Gotteslästerer: In der jüdischen Synagoge haben sie niemand einquartiert! Aber im rechtgläubigen Kloster haben sie Strolche untergebracht! Sonst nirgends! Nur im rechtgläubigen!“

Unterdessen schaute schon eine lärmende Schar dieser „Strolche“ aus dem Hof heraus. Mit aufgerissenen Augen starrten sie auf die Menge, genossen die Skandalszenen, liefen vor den Füßen der Erwachsenen wie kleine Hunde hin und her. Grischka vergaß seine Traurigkeit und die Gedanken an Flucht. Seine grauen Augen leuchteten, sein Kopf wackelte vor Begeisterung.

„Komisch, das! ... Die Weiber heulen ... Die Bauern haben rote Gesichter ... Und die Nonnen ... Wie aufgezogene Puppen! Verneigen sich nach rechts, verneigen sich nach links. Pressen die Lippen zusammen. Sind böse!“

Er atmete tief und rief lustig und frech hinter der Äbtissin her: „Du dreckige Hexe mit deinem schwarzen Schwanz!“

Die Weiber antworteten mit wildem Geschrei:

„Dieser kleine Strolch beschimpft unsere Mutter!“

„Beleidigt unsere Fürbitterin!“

Man hätte Grischka zertreten. Doch der Soldat faßte ihn am Kragen und schmiß ihn zurück an die Klostermauer. Er selbst kam erst jetzt zur Besinnung. Bis dahin hatte ihn der Anblick der tobenden Menge so gefesselt, daß er alles vergaß. Auch ein anderer Soldat griff ein. Er rief in den Hof: „Telefoniert in die Stadt! Man soll Polizei herschicken!“

Doch in der Stadt hatte man von dem Vorfall schon gehört. Aus allen Richtungen kamen Berittene herangesprengt.

„Auseinandergehn! ... Auseinandergehn!“

„Bürger! Wer nicht zum Kloster gehört, zurücktreten! ... Zurück!“

Eine Nonne schrie durchdringend auf und fiel zu Boden. Ein Berittener stürzte herbei, um ihr zu helfen. „Helft der Mutter in den Wagen! ... Faßt sie unter! So! Legt sie hin! Vorsicht! ... Bürgerin Äbtissin, steigen Sie bitte ein! Helft der Bürgerin einsteigen! So, ja so!“

Ein Glaser, der eingeklemmt in der Menge stand und die Sache komisch fand, lachte laut auf. „Seht ihr wohl? Der Soldat macht der Nonne den Hof!“

Das Lachen steckte auch andere an.

„Hahaha! Auch die Nonnen lassen sich gern den Hof machen ...“

„Möchten auch tänzeln und scharwenzeln! Hahaha!“

„Verdammte Biester! Mit eurem losen Mundwerk! Unsere Mütterchen! Unsere Fürbitterinnen!“

„Hihihi! Tantchen, heul uns noch was vor! Kriegst einen Zehnrubelsowjetschein!“

„Lästerer! Verfluchte!“

„Wollen Sie sich nicht etwas anständiger ausdrücken? Gehn wir, Manja!“

„Hiiii! Gehn wir, Manja! Hat ’nen Glockenrock angezogen und will das gnädige Fräulein spielen! ... die feine Dame!“

„Schau, die Nonnen verladen jetzt ihr Eigentum.“

„Wieviel Gepäck die haben! Und nennen sich arm!“

„Schau nur die Riesenkisten an!“

„Man hat bei der Äbtissin im Keller einen Topf voller Gold gefunden!“

„Hundert Meter Stoff!“

„Das wollen Märtyrerinnen sein? Man setzt sie doch nicht auf die Straße! Beten und fasten können sie auch im neuen Haus! Nicht wahr, Wassja?“

„Ich bin Kommunist. Ich finde die Anordnungen des Exekutivkomitees ganz richtig!“

„Ich bin kein Kommunist, aber ich begreife sehr wohl, daß man die Kinder irgendwo unterbringen muß. Das versteht sich von selbst!“

„Natürlich! Sollen die Kinder zugrunde gehn? Die Nonnen wollen Dienerinnen haben und jegliche Bequemlichkeit. Sollen deswegen die Kinder auf der Straße liegen?"

„Und die Waisen? Soll man die etwa ins Wasser werfen?"

„Auseinandergehn! Auseinander! ... Zurück, Bürger! Zurück!"

Die Nonnen schürzten ihre Röcke und luden geschäftig ihr Gepäck auf die Wagen. Die Ähnlichkeit mit Heiligenbildern war dahin. Ein Brummen ging noch durch die Menge, doch in den Gesprächen war nichts mehr von dem Mitgefühl mit den Nonnen zu merken. Grischka löste sich leise von der Mauer und verschwand in der Menge.

Einmal auf einer Station hatte ein Bauer von seinem Leben erzählt, in wieviel verschiedenen Städten er sich herumgetrieben hatte. Und hatte gesagt: „Bin unter einem unruhigen Planeten geboren!" Damals lachte Grischka über diesen Ausdruck. Er lachte, weil die anderen lachten, verstand ihn aber nicht. Jetzt erinnerte er sich an diese Worte und wandte sie auf sich an: Ich bin unter einem unruhigen Planeten geboren.

Die Kinder im Heim bekamen jetzt ihre Brote zum Tee, er aber zog durch die Straßen und hörte auf das Knurren in seinem Bauch. Zurück ins Heim, dazu hatte er keine Lust. Aber sein Bauch benahm sich sehr unvernünftig! Ein, zwei Tage ertrug er den Hunger mit Geduld, dann war es zu quälend. Ihre Vorräte waren alle dahin! Alles war verzehrt. Sie hielten sich zu Recht auf dem Friedhof versteckt. Grischka hatte fünf Mann ausfindig gemacht, die zusammen mit dem Kutscher die Vorratskammer der Abteilung für Volksbildung ausgeräumt hatten und von der Aufnahmestelle entflohen waren. Der Friedhof diente ihnen als Unterkunft für die Nacht. Die fünf anderen hatten Geld gehabt, Grischka selbst verkaufte sein Hemd und seine Hose. Den guten Mantel aus dem Heim tauschte er gegen einen viel schlechteren um und bekam etwas Geld dafür. Jetzt war aber das ganze Geld fürs Essen ausgegeben. Am Tage konnten sie ohne Furcht in der Stadt betteln. Wer sollte ihn auch suchen? Jeden Tag wurden neue Kinder ins Heim gebracht.

Nur wenn man zufällig auf einen bösen Menschen stieß – der ließ nicht locker: Wer bist du? Woher kommst du?

Ein guter Mensch geht seiner Wege, denkt an seine eigenen Geschäfte und schaut Grischka gar nicht an ...

Heute war ein schlimmer Tag. Grischka hatte lange vor der Sowjetküche gestanden, doch niemand hatte ihm eine Karte gegeben. Sonst erlaubte man ihm, wenn er keine Karte hatte, in der Kinderküche die

Reste von den Tellern zu essen. Heute aber jagte man ihn davon. Man erwartete irgendeine Revision.

Grischka versuchte es in einem Hause. „Geben sie mir was um Christi willen! ... Mein Vater ist gefallen, meine Mutter im Krankenhaus am Typhus gestorben."

Doch man jagte ihn davon. „Geh, bettle bei deinen Kommissaren! Die haben eure Brut angepflanzt. Die sollen euch auch ernähren."

Diese Worte kamen Grischka merkwürdig vor: Haben denn die Kommissare uns gepflanzt? Unsere Mütter und Väter haben uns in die Welt gesetzt und den Kommissaren die Sorge um uns überlassen. Aber was soll man mit Dummköpfen sprechen! – Sein Hunger war jedoch groß, und die Küchen wurden bald geschlossen. Eine verdammte Lage!

Aus Ärger gab er einem Baschkirenjungen, der auch vor der Küche stand, eine Ohrfeige. Doch der war geschickt und boxte Grischka in den Bauch. Grischka stöhnte, holte Atem und ging weiter.

„Genosse, geben Sie mir 'ne Kleinigkeit, ich will Brot kaufen ..."

„Mach, daß du weiterkommst! Vor dem Bettelpack kann man sich kaum mehr retten!"

„Schau einer den feinen Herrn mit der Mappe an! Schmutziger Geizhals! Fettwanst!"

Grischka sah einen Jungen, der mit Zigaretten handelte, und ging auf ihn zu. „Was kostet eine?"

„Mach, daß du weiterkommst! Die Zigaretten sind nicht für so einen wie dich."

Grischka kniff die Augen zusammen. „Hab dich nicht so! Vielleicht habe ich sogar zehntausend Rubel!"

„Quatschkopf! Zeig mir doch die zehntausend Rubel!"

„So siehst du aus! Ich habe vielleicht schon mehr Geld gesehen als du."

„Gesehen vielleicht! Gehabt hast du keins. Mach, daß du weiterkommst, sonst hau ich dir eine!"

„Na, los doch!"

„Nimm dich in acht!"

„Na, los doch endlich!"

„Nimm dich ja in acht!"

Sie standen mitten auf dem Trottoir, bereit, aufeinander loszuspringen. Da trat eine Dame dazwischen. „Was ist? Womit handelst du, Junge?"

Der Junge hatte die Schachtel mit den Zigaretten offen in der Hand und sagte dummerweise: „Beste Sorte. Wieviel gefällig? Zehn Stück?"

Die Dame faßte ihn am Ärmel. „Komm mit zur Miliz! Hast du nichts von dem Verbot der Kinderspekulation gelesen? Bist du Analphabet? Komm, wir wollen deine Eltern ausfindig machen!"

Der Junge sträubte sich, doch sie zog ihn mit. Grischka gab schleunigst Fersengeld. Fast wäre er mit reingefallen! Ein Glück nur, daß die Frau nicht sehr gerissen war, sonst hätte sie auch ihn gefaßt! Das war ein böser Tag!

Der Abend nahte. Der Himmel wurde düster, grau. Nur ein lustiger rosafarbener Streifen war noch zu sehen. Doch der wärmte nicht mehr. Die Menschen eilten in ihre Häuser. Der Wind wurde grimmiger.

Grischka konnte vor Hunger kaum noch gehen. Doch es war nichts zu machen. Er schleppte sich zum Friedhof. Der lag zwischen Stadt und Bahnhof und war von einer Mauer umgeben, aber das Tor schloß nicht. Die Bäume knarrten im Wind. Der Schnee war noch nicht ganz geschmolzen, denn nachts war es noch kalt. Doch in ihrer Höhle, die sich in einer Mauerecke befand, war es nicht so kalt. Zweimal hatten sie sogar gewagt, ein Feuer anzuzünden. Das durfte man nicht oft machen, es hätte sie verraten können.

Traurig seufzend langte Grischka bei den Seinen an. Dort erwartete ihn eine Freude. Die Kinder hatten Lebensmittel aufgetrieben und auch für Grischka etwas übriggelassen. Die beiden Mädchen begannen, gut gesättigt, wie sie waren, sogar ein Lied zu singen. Die vier Jungen aber tauschten sich über die Erlebnisse des Tages aus. Sie mußten in der Höhle dicht beieinander sitzen. Es war eng darin, dafür aber um so wärmer, und man brauchte sich nachts nicht so zu fürchten. Der Friedhof kann einen nachts gruseln machen. Wenn der Wind rauscht und es ganz dunkel ist, dann geht es noch an. Wenn aber der Mond vom Himmel herabstarrt und alles ganz still ist, wird es unheimlich. Weit in der Ferne, wo die Lebenden sind, bellen Hunde. Der Friedhof aber ist still, ein richtiges Grab. Es scheint ihnen dann, als ob sich jemand in der Nähe versteckt hätte; er hat die Lippen fest zusammengepreßt, um nicht zu atmen, und starrt sie an. Wenn sie den Kopf aus ihrer Höhle herausstecken, sehen sie die vom Mond beschienenen Kreuze. Wie erstarrt stehen die Kreuze und die Grabsteine da, lauernd und drohend. Heute ist die Nacht dunkel und windig. Der Wind weht etwas vom pulsierenden Leben der Stadt herüber. Der sommersprossige Waska erzählt immer Geschichten, wenn er satt ist. So auch heute. Die Mädchen werden still und lauschen.

Die Jungen hatten davon gesprochen, daß manchmal Lebende begraben wurden. Dazu kannte Waska eine Geschichte:

„Ich will euch, Kameraden, eine Sache erzählen. Es geschah in einer Stadt ... Da war so ein Fräulein. Die hatte das Gymnasium oder vielleicht das Realgymnasium besucht ... Eines Tages kommt sie nach Hause, macht ‚Oh!' und ‚Ah!' und verdreht die Augen und so weiter ... ‚Ach, Papa! Ach, Mama! Ich sterbe!' Ehe man es sich versieht – bums, liegt sie schon auf der Erde. Mama stürzt zu ihr, Papa stürzt zu ihr, doch sie bringt nichts heraus als: ‚Ich sterbe!' Natürlich schickt man sofort nach dem Doktor. ‚So und so, Herr Doktor, sie stirbt.' Der Doktor versucht sie zu retten, gibt ihr Limonade und Schokolade, doch sie hat nur eine Antwort: ‚Ich sterbe!' Bums, sie hört auf zu atmen. Da fuhr der Doktor natürlich weg. Die Mutter heulte, heulte und legte sie dann in den Sarg. Sie lag und lag – und begann sich zu bewegen. Der Friedhofswärter hört, im Grab bewegt sich was. Er lauscht, lauscht und läuft dann zu den Eltern des Fräuleins. Die riefen Leute zusammen, gruben das Grab wieder auf, doch das Fräulein war schon zum zweitenmal tot. Aber man sah, sie hatte sich im Grab bewegt. Ein Bein hatte sie unter das andere geschoben. Der Doktor sagte, sie wäre im ‚lathergischen' Zustand gewesen. Man hat darüber sogar in der Zeitung geschrieben. Ich hab damals meine Mutter und meinen Vater gebeten: ‚Laßt mich nicht begraben, eh ich nicht durch und durch verwest und verfault bin.' Soo ..."

Die Kinder lauschten mit verhaltenem Atem. Als er fertig war, heulte die dümmliche Polka los. „Ich hab Angst!"

Grischka suchte sie zu beruhigen: „Dumme Gans, was heulst du? Waska hat ja geschwindelt."

Waska aber beteuerte: „Mein Wort drauf! Stand alles in der Zeitung! Sie hat das Gymnasium oder das Realgymnasium besucht."

Petka, ebenso alt wie Grischka, doch herrschsüchtig und streng, schrie sie an: „Heul nur, dumme Ziege. Wenn der Wächter dich hört und herkommt, wirst du noch ganz anders heulen. – Und du, Waska, hör auf mit deinem blöden Geschwätz!"

Waska wurde wütend: „Geschwätz? Stand alles in der Zeitung. Ich hau dir eine runter, dann glaubst du mir schon!"

In diesem Augenblick knallte es im Wald: Bum! Bum! Gleich hinter dem Friedhof begann der Wald.

Die Kinder wurden still.

„Es wird geschossen", flüsterte Anjutka. Sie sagte es leise, aber ohne Angst in der Stimme. Alle hatten schon mehr als einmal Schüsse gehört.

Grischka zog im Dunkeln wichtig die Augenbrauen zusammen. „Da werden Konterrevolutionäre erschossen."

„Weshalb?" piepste Polka mit ängstlicher Stimme.

Petka antwortete: „Dumme Gans! Wie oft hat man dir gesagt: Weil sie gegen die Sowjetregierung sind!"

Der schweigsame Antropka bewegte sich auf seinem Platz. „Ich fürchte mich, wenn man auf Menschen schießt. Das tut weh."

Wieder scholl es aus dem Wald: Bum! Sie wurden ganz still, lauschten gespannt. Sie fürchteten die Toten, doch den Tod selbst kannten sie noch nicht. Die Qualen der Menschen, auf die geschossen wurde, schreckten sie nicht. Nur Antropka zitterte. Er hatte den Krieg in seinem Heimatdorf erlebt. Sein Herz zog sich zusammen. Mit den Tränen kämpfend, sagte er leise und traurig: „Hätte man sie doch nur mit Gefängnis bestraft!"

Petka spuckte verächtlich aus. „Und wenn es ein gemeiner Schuft ist, der selber viele getötet hat? Was soll man mit ihm machen?"

„Ins Gefängnis ..."

„Aus dem Gefängnis wird er aber ausbrechen und wieder welche töten."

„Man kann ihn von Soldaten bewachen lassen, dann wird er nicht ausbrechen ..."

„Er wird aber auch die Soldaten töten."

„Er hat doch keinen Revolver. Er kann nicht töten."

Petka dachte nach und sagte: „Du bist dumm, Antropka!"

Grischka sagte nichts, er dachte: Wenn man auf einen schießt, kneift er dann die Augen zusammen?

Dann sah er es deutlich: Ja, er kneift die Augen zusammen! Da verkrampfte sich sein Herz.

Die Schüsse verstummten. Die Kinder warteten lange, sie fragten sich, ob nicht noch welche folgen würden. Doch sie hörten nichts mehr. Der Schlaf kam, schloß ihre Augen, vertrieb die Gedanken. Nur Antropka wimmerte leise im Schlaf.

Am nächsten Morgen schien die Sonne und wärmte. Die Kinder wurden wieder lebendig und froh. Mit dem Dunkel der Nacht war auch die drückende Angst verschwunden. Sie spielten hinter der Friedhofsmauer Gouvernementstscheka und Erschießungen. Petka war Vorsitzender der Tscheka. Er tat, als halte er in einer Hand einen Revolver und schieße mit der anderen aus einem Maschinengewehr. Polka und Anjutka wurden zur Erschießung geführt. Antropka und Grischka spielten die schießenden Soldaten. Grischka kommandierte lustig: „Kneift die Augen zu! Kneift die Augen zu!"

In den lauten Kinderstimmen klang weder Hohn noch Angst noch Zorn. Die Kinder reproduzierten in ihrer Einfalt das Leben der Erwachsenen. Die Sonne wurde immer wärmer. In dieser Wärme schien eine Verheißung zu liegen: Einmal werden sich die Kinder ein neues Spiel ausdenken und dieses hier vergessen.

Es war ein guter Tag. Man feierte die Pariser Kommune. In der Kinderküche gab es Essen ohne Karten. Die Friedhofsbewohner brauchten nicht lange anzustehen und bekamen so viel, daß sie satt wurden. Dann gingen sie zusammen mit der Menge, die die roten Fahnen trug, durch die Straßen. Auf den Plätzen waren hohe, mit rotem Stoff bezogene Kisten aufgestellt. Auf den Kisten standen kommunistische Redner, die mit den Händen fuchtelten und laut etwas von der Pariser Kommune schrien. Einer von ihnen gefiel Grischka am besten. Er war ein großer Mann mit langem Haar und lauter, weittragender Stimme. Er lief auf seiner Kiste auf und ab, schüttelte die Haare, schlug plötzlich mit der Faust auf den Rand der Kiste und brüllte: „Mützen ab! Ich werde von den Märtyrern der Kommune sprechen!"

Er hatte diese Worte so deutlich und wuchtig herausgeschrien, daß Grischka sie behalten konnte. Er schrie dann selbst mit der Menge: „Mützen ab! Ich werde von den Märtyrern der Kommune sprechen!"

Eine Frau, die sich durch sein Brüllen belästigt fühlte, gab ihm eine Ohrfeige. „So 'n Bengel! Brüllt wie besessen! Hat keine Ahnung, was das für eine Kommune ist, und macht so ein Geschrei!"

Grischka streichelte seinen Kopf an der Stelle, wo die Ohrfeige ihn getroffen hatte, und rannte fröhlich weiter. Er soll keine Ahnung von der Kommune haben? Er weiß schon Bescheid! Eine Kommune, die gibt's bei den Kommunisten, und die Pariser Kommune ... Es gibt so 'ne Stadt. Die liegt irgendwo hinter Moskau. Er hatte schon im Kinderheim gehört: „Paris ist eine große Stadt. Siehst du sie, bist du einfach platt!" Nein, Grischka weiß Bescheid! Und wieder rief er im Wirbel der Begeisterung: „Mützen ab!"

Die Menge blieb wieder stehen. Eine Rednerin – war es eine einfache Frau oder ein hochwohlgeborene Dame? – schrie mit dünner Stimme von einer Kiste herab. Man konnte ihre Worte nicht verstehen, doch sah sie komisch aus. Sie sprach mit soviel Eifer. Grischka ahmte auch sie nach. Mit dünner, piepsender Stimme machte er: „Tiitii." Und ging weiter. Ein Betrunkener sprang aus der Menge. Er hatte einen guten Mantel an. Seine Tschapka saß schief. An der Brust flatterte eine große rote Schleife. Er war mager, klein und schielte. Er schrie und fuchtelte mit den Händen. „Genossen, ich ersuche euch, das Kapital zu stürzen!"

Eine Frau, die anscheinend zu ihm gehörte, faßte ihn am Mantel, doch er wehrte sich, wollte immer wieder zur Rednertribüne. „Ich bitte euch inständigst, stürzt das Kapital!"

Zwei berittene Soldaten kamen auf ihn zu, faßten ihn an den Armen. Die Menge lachte und rief: „Da hast du den Sturz des Kapitals."

„Womit hat er sich nur so vollgesoffen?" fragte eine heisere Baßstimme, in der Neid mitschwang.

Diese Szene gab Grischka erneut Anlaß zur Freude. Er rannte zum Friedhof mit dem lauten Ruf: „Genossen, ich ersuche euch, das Kapital zu stürzen!"

Eines Nachts wurde der Friedhof umringt. Man fahndete nach irgendeinem großen Verbrecher, fand aber bloß Grischkas Kommune. In der gespenstischen Morgendämmerung stolperten die minderjährigen Rechtsverletzer halb schlafend auf dem bekannten Weg dahin. Die müden Rotarmisten schimpften, schlugen sie aber nicht.

Als sie die Nacht hinter sich hatten, wurden sie wieder in die Abteilung für Volksbildung gebracht. Im ganzen waren es fünfzehn Kinder. Drei Milizsoldaten begleiteten sie. Der älteste hustete während des ganzen Weges, spuckte und machte den Kindern Vorhaltungen: „Was für Menschen sollen aus euch werden, wenn ihr von Kind auf mit der Polizei zu tun habt! Ihr seid ja wie Spreu. Wozu haben euch bloß eure Mütter geboren? Pfui Teufel! Und du, Baschkirenjunge, winsle nicht so! Ruhe!"

Der schlitzäugige Baschkirenjunge verstand nicht Russisch. Er winselte und wollte davonlaufen. Der pockennarbige Milizsoldat drohte ihm mit dem Gewehr, faßte ihn dann an seinem langen Hemd und zog ihn so mit sich. Die Mütze des Jungen war in den Schmutz gefallen. Der älteste der Soldaten hob sie auf und setzte sie ihm auf den Kopf. Der Junge suchte sich zu befreien und schrie. Das gelbe Gesichtchen mit den starken Backenknochen blieb unbeweglich, der Schrei war monoton winselnd. „Iga kajtyrga tyleem!" (Ich will nach Haus!)

Der Milizsoldat antwortete ihm: „Kajtyrga, karyrga! Meinst wohl Katorga! Na ja. Euer Leben und unser Leben, das ist ja Katorga! Hat dir das Geschick ein Katorgaleben bestimmt, kannst du nichts dagegen machen, ob du nun winselst oder nicht. Ihr seid ja wie Spreu! Hör auf mit deinem Gewinsel!"

Doch der Baschkirenjunge hörte nicht auf, sondern winselte weiter, wie ein junges Hündchen, das von Menschen getreten wird. Die Passanten sahen sich nach den Kindern um. Ein grauhaariger Herr, dessen Mantelkragen trotz des warmen Wetters hochgeschlagen war, blieb stehen. Er schüttelte den Kopf und sagte laut: „Eine Schande!

Kleine Kinder mit Gewehren bewachen! Den kleinen Baschkiren hat man wohl verprügelt!“

Der Soldat fuhr ihn an: „Wenn du so ’n gutes Herz hast, dann nimm doch den Jungen zu dir ins Haus. Jeden Tag holen wir Kinder von der Straße. Ihr wollt ein gutes Herz haben, zu essen aber gebt ihr ihnen nichts!“

Der Herr beruhigte sich nicht. Die Kinder schleppten sich weiter.

In der Volksbildungsabteilung angelangt, wurden sie in das Zimmer für Angelegenheiten Minderjähriger geführt. Dort hockten schon welche auf dem Fußboden. Der alte Kanzleivorsteher hatte sich ganz in seine Papiere vergraben. Er blätterte fieberhaft in allerlei Schriftstücken und ließ fortwährend bald das eine, bald das andere zu Boden fallen. Ein Fräulein mit einer gebrannten Locke an der Stirn kramte im Schrank. Ein anderes, etwas älter, mit einem Zwicker auf der Nase, sah ärgerlich aus und zupfte ungeduldig an der Zwickerschnur. „Ich überweise sie alle der Gouvernementstscheka. Sollen die sehen, wo sie sie unterbringen! Was ist das?“

In der Tür erschienen wieder neue Kinder in unterschiedlichstem Aufzug: in Kleidern, die der Staat ihnen geliefert hatte, in bloßer Unterwäsche oder in Lumpen.

Man überwies Grischka und seine Kameraden zur Aufnahmestelle für verirrte Kinder. Dort aber sagte man: „Wir haben keinen Platz mehr. Können sie nicht aufnehmen.“

Man brachte sie zurück. Der ältere Begleitsoldat spuckte aus und ging weg. Die beiden anderen drehten sich Zigaretten und hockten sich auf die Erde hin, um auszuruhen. Grischka wurde es schlecht vor Hunger, von der schweren Luft in der Stube, besonders aber vor drückender Langeweile. Er setzte sich ebenfalls auf den Boden, starrte mit trüben Augen die Decke an, preßte die Lippen fest zusammen. Sein Gesicht bekam einen traurigen Ausdruck, es sah alt aus. Da trat ein Mann ins Zimmer, mit langer Nase und dünnen Lippen. Den nach oben spitz zulaufenden Kopf bedeckte eine flache Mütze, die fast bis zu den Augen herabreichte. Er trat fest auf, als wolle er mit jedem Schritt den Boden zerstampfen. Davon waren seine Schuhe so ausgetreten, daß sie Tierpfoten ähnlich waren. Gleich beim Eintreten ließ er sich auf einen Stuhl fallen, und der schien unter seiner Last in den Boden zu sinken. „Na, was treibt ihr da? Immer noch Schriftstücke über Schriftstücke? All die Papierchen gehören in den Ofen! Warum heulst du, Baschkurdistan? Möchtest Autonomie haben?“

Er kniff die Augen zusammen, verzog die dünnen Lippen und schien sich über alles lustig zu machen. Wenn er sprach, rieb er die

Handflächen aneinander, zog Brust und Bauch ein, streichelte seine Knie. Nicht einen Augenblick lang blieb er ruhig sitzen, es war, als verlange jedes seiner Gelenke Bewegung und Tätigkeit.

„Warten Sie, Genosse Martynow", sagte das ältere Fräulein in jammerndem Tonfall. „Sie machen immer soviel Lärm! Ich weiß sowieso nicht, wo mir der Kopf steht! Wo soll ich nur die Kinder unterbringen?"

„Sollen Abtritte reinigen, Erde umgraben ... Es findet sich immer was. He – du, Baschkire! Willst du noch lange winseln?" Er ahmte den Jungen geschickt nach: „I-hi-hi-hi!"

Der Baschkirenjunge trocknete sich die Tränen ab. Seine Lippen verzogen sich zu einem Lächeln, er hörte auf zu weinen.

„Also wie steht's, Fräulein? Immer Schriftstücke, Instruktionen, Fragebögen ...!" Wieder rieb er seine Handflächen aneinander. „Zehn von den Lumpenkerlchen hier nehme ich mit. Zehn kann ich unterbringen."

„Das ist schön, Genosse Martynow!" erwiderte das Fräulein voller Freude. „Wir suchen gleich welche für Sie aus. Die Personalien von einigen sind schon genau festgestellt ..."

„Ich such mir selber meine Kinder aus. Hab mein eigenes System."

Er drehte sich mitsamt dem Stuhl zu den Kindern um, sah mit durchdringendem Blick den großen, weißhaarigen Jungen an. „He – du, Weißhaariger! Kannst du gut stehlen?"

Der Junge wurde rot, verlegen. „Ich habe nichts verbrochen. Das war Fedka Pjatakow. Der hat gestohlen. Ich nicht ..."

„Schwindeln kannst du gut. Prügelst du dich gern? Machst du's mit dem Messer oder nur mit den Fäusten?"

„Nein, ich prügle mich nicht."

„Prügelst dich nicht? Dann bist du dumm. – Und du! Warum siehst du so grün aus?" Das galt Grischka.

Grischka betrachtete den Mann, wie er so mit dem Stuhl hin und her rutschte und die Hände schnell gegeneinanderrieb. Er lachte und sagte zu sich selbst: So einen lebhaften Affen hab ich mal in einer Menagerie gesehen. Der sah ganz ähnlich aus. Hatte auch so lange Arme und so 'n bewegliches Kinn.

„Was kommt dir denn so komisch vor? Warum bist du so grün im Gesicht?"

Grischka schnaufte durch die Nase und sagte: „Da soll man nicht grün werden. Seit dem Morgen nichts gegessen, nichts getrunken."

„Bist du denn nicht gewohnt, ohne Essen auszukommen?"

„Man gewöhnt sich schon dran, aber der Bauch tut einem weh."

„Bist du aus dem Gefängnis entlaufen?"

„Nein. Ich bin minderjährig. Ich bin aus dem Kloster weggelaufen."

„Die wollten aus dir wohl einen Mönch machen? Freundchen, das ist kein Kloster, das nennt sich me-di-ko-päd-a-go-gi-sche Kolonie. Was sich die Teufel alles ausdenken! Warum bist du weggelaufen?"

„Nur so. Hatte keine Lust mehr!"

Das ältere Fräulein setzte eine würdige Miene auf. „Ein erblich Belasteter ... Wandertrieb ... offensichtlich!"

„Siehste wohl, du gehörst zu einer Kategorie! Die sind klug! Wie heißt du?"

„Grigori Peskow."

„So! Nun also, Grigori Peskow! Im Gefängnis, sagst du, hast du noch nicht gesessen?"

„Doch. Ich habe schon gesessen. Schon oft. Aber jetzt ist es verboten. Jetzt hat man sich ‚minderjährige Rechtsverletzer' ausgedacht!"

„Der Mann lachte leise in sich hinein und hatte kein Affengesicht mehr, sondern ein Menschengesicht. „Hören Sie, Genossin Schidlowskaja! Jetzt hat man sich ‚minderjährige Rechtsverletzer' ausgedacht! Hahaha! – Willst du Abtritte reinigen?"

„Die stinken! Aber wenn es sein muß ..."

„Nun also. Ich nehm dich mit."

„Wohin?"

„Wirst schon sehen!"

„Aber wenn es langweilig ist, lauf ich weg. Auch wenn eine Wache da ist, lauf ich weg", rief Grischka erbittert und frech.

„Wir haben keine Wache. Lauf nur weg. Wenn du nichts taugst, werfen wir dich sowieso raus, geben dir einen Tritt in den Hintern. Taugenichtse können wir nicht brauchen! – Den also nehm ich mit."

Dann fragte er die anderen Kinder aus. Die zahmen und freundlichen waren nicht sein Fall. Er wählte drei Mädchen aus und sieben Jungen, darunter den kleinen Baschkiren. „In drei Tagen kommt ihr alle zur Bahn. Morgen wartet ihr hier auf mich. Wollen irgendwas zum Anziehen für euch ausfindig machen."

„Aber für die drei Tage muß doch irgendwie gesorgt werden, Genosse Martynow. Die Kinder müssen doch eine Aufsicht haben!"

„Natürlich! Wir stellen einfach eine französische Gouvernante für sie an. Parlez-vous français, Grigori Peskow?"

Fast alle Kinder, sogar der Baschkirenjunge, lachten laut auf, denn Martynow hatte dabei ein gar zu komisches Gesicht geschnitten.

„Sie machen immer Scherze, Genosse Martynow. Das geht einem allmählich auf die Nerven. Verstehen Sie denn nicht, daß das alles belastete Kinder ..."

„Ich verstehe sehr gut! Das Volkskommissariat für Aufklärung hat es in seinen Instruktionen ganz genau auseinandergesetzt! Aber, Fräulein, die Kinder müssen Essen und Arbeit kriegen, müssen tüchtig an die Arbeit ran! Für die, die ich mir ausgesucht habe, müssen wir nun Lebensmittel auftreiben."

„Aber das geht so nicht! Man muß sie doch wenigstens alle eintragen! Man muß eine Unterkunft für die drei Tage finden! Eine Wache anfordern, die sie begleitet!"

„Tragen sie meinetwegen die Kinder in Ihre Papiere ein, wenn Sie so gern schreiben. Eine Wache ist nicht nötig. Ich nehme die Kinder zu mir. Also los! Wir wollen Lebensmittel holen!"

„Sie werden Ihnen weglaufen!"

„Um so schlimmer für sie! Dann kommen sie wieder in das medikopädagogische Kloster! Machen Sie also die Liste fertig. Kinder, ich komme euch gleich holen. Ich seh mich inzwischen nach Lebensmitteln um."

Er fuhr mit der Hand über Grischkas Kopf und ging weg. Dem wurde ganz froh zumute. Die große Hand hatte seinen Kopf so zärtlich berührt. Und Grischka dachte: Tüchtiger Kerl ist das!

Keins der zehn Kinder lief weg. Nicht drei Tage, sondern eine volle Woche brachten sie mit Martynow in seinem Zimmerchen zu, zum großen Kummer der Zimmerwirtin. Deren Seufzer bekamen sie nur am ersten Tag zu hören, als sie abends ankamen. An den folgenden Tagen kehrten sie erst sehr spät zurück und gingen gleich zu Bett. Den ganzen Tag jagten sie auf Martynows Geheiß von einem Ende der Stadt zum andern, um dies und jenes zu bekommen. An der einen Stelle trieb er Geschirr auf, an der anderen Stoff, an der dritten Graupen. Dann wurden Kisten mit Glas in den Güterwagen verladen. Sodann fuhren sie mit dem Kutscher Nikolai in ein Dorf, um Kühe zu holen. Wie ein fürsorglicher Wirt schaffte Martynow alles mögliche für die Kolonie herbei. Er fand Zugang zu Quellen, die anderen verschlossen waren. Im Interesse der Kinder gab er dem Vorsitzenden der Tscheka die Uhr, die in seinem Arbeitszimmer an der Wand hing. Während er das alles machte, rieb er sich die Hände und lächelte vor sich hin. In einem fort rief er den Kindern zu: „Schlaft nicht, ihr Kerle! Macht, daß ihr vorwärts kommt! Du, Baschkurdistan, hol jetzt mit Nikolai Wasser! Das Vieh muß zu trinken bekommen!"

Und der kleine Baschkire verstand den Sinn der russischen Worte, weil sie von so lebhaften Gesten begleitet waren. Wie der Wind fegte er über den Hof, wobei er seine lustig klingenden Kehllaute ausstieß.

Grischka lebte auf. Hauptsache, es war unterhaltend. Was bekam er nicht alles an einem Tage zu sehen!

Die Erde war schon fast trocken. Die Bäume dufteten süß, berauschend. Die Sonne schien fast den ganzen Tag über und spendete Wärme. Wenn es regnete, war es ein fröhlicher Regen, der alles sauber wusch und dessen Spuren die Sonne sofort auftrocknete.

Wie leicht war einem ums Herz! Martynow brachte die Kinder gleich am ersten Tage, nachdem sie die Abteilung für Volksbildung verlassen hatten, zum Friseur. Man rasierte ihnen allen, sogar den Mädchen, die Köpfe kahl. Dann wuschen sie sich in der Badeanstalt, und sie erhielten kurze Höschen, auch die Mädchen. Anfangs war es ein wenig komisch, doch man gewöhnte sich schnell daran. In dieser leichten Kleidung mußte man flink sein, ob man wollte oder nicht. Die Hosen reichten nur bis zu den Knien, die Hemden hatten keine Kragen und keine Ärmel.

Die ganze Fahrt bis zur Kolonie war für Grischka wie ein wunderbarer Traum, der erste, den er wirklich erlebte. Sie reisten in zwei Güterwagen, die mageren Kühe und Pferde befanden sich ebenfalls im Wagen. Auf den Stationen versorgten sie das Vieh, brachten Wasser herbei. Die Beine weit gespreizt, pumpte Martynow Wasser, wobei er ab und zu die Kinder anschrie. Während der Fahrt ließ er sie von ihrem Leben erzählen. Er fragte sie nicht aus, doch die Kinder konnten es kaum erwarten, bis sie an der Reihe waren. Zu Grischka sagte er: „Hast keine Eltern, gut so, mein Freund. Die Eltern sind eine überflüssige Sache! Die Mutter nimmt ihr Söhnchen unter die Schürze, zittert um sein Wohlergehen, und so wird aus ihm ein Taugenichts. Sie haben dich geboren, das genügt. Lebe selbst! Also, meine lieben Freunde, auf der nächsten Station werden die Kühe gemolken. Dann trinken wir Milch. Milch ist was Feines!"

Er aß kein Fleisch und verspottete die Kinder: „Na, schmeckt der Nero gut? Wohl bekomm's, das Hundefleisch."

Grischka kreischte vor Vergnügen: „Das ist Rindfleisch, kein Hundefleisch!"

„Ganz egal! Ist alles Nero! Milch, das ist was Feines! Das schmeckt, Freunde!"

In dem einen Güterwagen hatte Martynow die Aufsicht, im anderen der Kutscher Nikolai. Darin bestand die ganze Bewachung. Die Kinder lösten sich ab. Mal fuhren die einen mit Martynow, mal die anderen. Die Kinder setzten selbst die Ordnung fest, nach der sie abwechselten, lagen in den Wagen auf duftendem Heu und sangen Lieder. Jeder sang, was er singen konnte und wozu er Lust hatte. Am schönsten sang der Baschkirenjunge. Der Text war unverständlich, man konnte ihn nicht behalten. Er klang wie: „Ei din bindi dindi, bindi, ei din bindi dindi bindi." Komisch! Fünfmal mußte er dasselbe singen. Die Kinder baten darum. Er schloß die Augen, saß mit ge-

kreuzten Beinen da, wiegte sich hin und her und sang. Das klang so schön! Grischka hätte jedes dieser Lieder noch fünfmal hören mögen.

Durch die weitgeöffneten Türen kam der duftende Steppenwind hereingestürmt und brachte eine überschwengliche Freude mit. Grischka machte seiner Begeisterung in Richtung der Steppe Luft, er schrie, lärmte, sprang wie besessen herum. Seinetwegen allein raste dieser Zug! Seinetwegen pfiff die Lokomotive! Zum erstenmal in seinem Leben spürte Grischka: Alles ist mein, gehört mir, Grischka! Zur offenen Tür hinaus schrie er aus voller Lunge: „Uhuhuhuhu!"

Abends, wenn es kühl wurde, hatte man das Bedürfnis, leise zu sein. Sie tranken Milch, warme, dampfende Milch, die sie selbst gemolken hatten. Wie die schmeckte! Es war nicht zu schildern! Kann man denn den ersten wunderbaren Traum, den man erlebt, schildern? Kann man schildern, wie sie am Abend die Pferde aus dem Güterwagen hinausführten, wie sie sie selbst vor die Wagen spannten? Wie sie nachts durch den unbekannten Wald fuhren? Und wie der Wald sie mit seinem unheimlichen Zauber umfing? Es war ein Märchen!

Mit lauter Stimme fragte Grischka über den See hinweg die Berge: „Was essen die Studenten?"

Die Berge antworteten: „Ente-en!"

Grischka lachte. „Wie fein können die Felsen sprechen!" Und wieder brüllte er, nachdem er die Lunge mit Luft gefüllt hatte: „Ist der Herr zu Haus?"

Die Berge antworteten mit Schall und Donner: „Aus!"

„Das nennt man ein Echo. Feine Sache!"

Überall zucken hier lebendige Adern. Grischkas Stimme bekommt auf alles Antwort. Ganz anders als in der Stadt; dort bellen zwar die Hunde auch, aber schweigend beißen sie einen dann. Seine, Grischkas, menschliche Stimme war in der Stadt stets ohne Antwort geblieben.

Schön ist es, auf Felsen zu stehen! Noch glüht die Sonne nicht, aber der Stein ist noch warm. Er hat die Wärme von gestern in der Nacht nicht ganz verausgabt.

Die Wellen stürmen gegen den Felsen, rufen eintönig: „Huuu!" Eine große Welle wächst immer höher, wird immer dreister, deckt mit ihrer Stimme alle anderen zu, zerschellt dann am Stein. „Huuu!" Und ergießt sich über Grischkas Füße. Die sind von Büschen und Steinen ganz wund. Wenn die Sonne auf die blutigen Kratzer scheint, schmerzt es. Doch schön ist es trotz alledem.

„Komm nur näher, Wasser! Wasche mir die Füße!"

Er wirft die kurze Hose ab. An heißen Tagen tragen die Jungen kein Hemd. Er geht ins Wasser, das Wasser umfängt ihn, schmiegt sich an ihn, und er hat wieder Lust, laut zu schreien und mit den Wellen, mit dem Himmel, mit den Bergen, mit den Vögeln und Tieren und Menschen zu sprechen: „Ho! Ho! Ho!"

Vom Berg rufen ihm Kinder zu: „He, Grischka Peskow! Was schreist du so?"

Nackt bis zum Gürtel, in kurzen Hosen, rasen drei Jungen den Berg herab. Unter ihren Füßen rollen Steine polternd über den steilen Abhang.

An der Spitze rennt Taitschinow, der Baschkirenjunge, mit dem Grischka hierhergekommen ist. Er hält den Kopf auf eine Seite geneigt und wiehert wie ein Pferd. Mit einem leichten Satz springt er geschmeidig wie ein Tier vom letzten Felsvorsprung aufs Ufer und steht neben Grischka. „Bald wird Horn blasen. Warum du weggelaufen? Wenn nicht arbeiten, nicht zu essen kriegen!"

„Hab ich etwa nicht gearbeitet? Du Mohammed, verfluchter! Ich habe früher als die anderen angefangen, habe Wasser getragen, Milch in die Kannen umgeschüttet! Hast wohl keine Augen? Kannst nicht sehen?"

„Na, ist gut, ist gut. Möchte sehen, wie du kopfüber ins Wasser springst! Mach es doch mal!"

Er selbst lief schon ins Wasser, kreischend vor Lust. Grischka kam seiner Aufforderung nach, lief aus dem Wasser auf den Sand, machte einen Handstand, drehte sich geschwind in der Luft um und stürzte sich kopfüber ins Wasser.

Taitschinow war maßlos begeistert. „Er taucht mit dem Kopf nach unten! Hoo!"

Der blauäugige kleine Pole Woizechowski machte ebenfalls einen Kopfsprung. Sein zierlicher, doch kräftiger kleiner Körper blitzte in der Luft weiß auf.

Der Ukrainer Nadtotschi prustete im Wasser. Er rief mit tiefer Stimme: „Oho! Ist das ein schöner See! Der schönste auf der Welt!"

Der See ist wirklich schön! Heute ist er blau und heiter. Manchmal aber ist er schon am frühen Morgen grimmig, wütet, spuckt weißen Schaum, wird grau und grollt. Sein Grollen ist wie das Grollen des Meeres. Wenn er aber ruhig ist, dann kann man das Leben in seinem Innern bis auf den Grund beobachten. Einmal waren Menschen mit irgendwelchen Apparaten da. Die maßen den See aus und nahmen die Kinder nacheinander in ihrem Boot mit. Sie verständigten sich mit gelehrten Worten und sagten, das Wasser des Sees sei radioaktiv.

Stolz wiederholten die Kinder: „Das Wasser unseres Sees ist radioaktiv."

Der See war sehr groß. Wenn man aus dem Wald heraustrat und ihn erblickte, fühlte man sich mit einem Male wie befreit. An seinen Ufern bäumen sich hohe, bewaldete Berge gegen den Himmel. Sie drohen mit ihren Wolken, doch sie beengen den See nicht. Der durchsichtige See atmet frei, mitten im gebirgigen Walddickicht. Und der Wald freut sich über den See. Seine Birken winken ihm zu. Die Tannen und Fichten spenden ihm harzigen Duft. Im Wald verborgen stehen einzelne Häuser, die als Sommerwohnungen dienen. Manche dieser Häuser haben sich ganz nahe an das Ufer vorgewagt. Auf einem Uferabhang sieht man sieben solcher Häuser. Das ist die Kinderkolonie, die sich abseits vom Dorf und von den anderen Häusern niedergelassen hat.

An dem Ufer, das den Kolonisten gehört, geht es lustig zu. Im Hafen schaukeln vier Boote. Das schönste ist das weiße Segelboot „Diana". Auf zwei hohen Stangen ist ein Stück weiße Leinwand angebracht, darauf steht weithin sichtbar geschrieben: „Durch Arbeit und Wissen wird das wilde Element besiegt."

Grischka gefiel diese Aufschrift sehr. Kehrte er mit dem Boot in den Hafen zurück, schrie er laut: „Das wilde Element wird besiegt!"

Das war ein so herrliches Wort! Element! Er konnte sich das kaum erklären, aber wenn er es hörte, bekam er Sehnsucht, ein Held zu sein. Das Element! Auch der See ist ein Element! Darum rauscht er ewig!

Dicht am Wasser hat sich der Ufersaum mit einer bunten Borte geschmückt: Runde graue und weiße Steinchen, von der Sonne vergoldeter Sand … An einer Uferstelle ist aus dem Wald ein dicker, alter Baumstumpf hervorgetreten. Die Kinder haben auf ihn den Kopf eines alten Mannes mit roter Mütze gemalt. Dieser Stumpf schaut einen an wie ein lebendiges Greisengesicht, nur daß der weiße Bart nicht wackelt. Sonst sieht er wie lebendig aus! Vom Ufer her starrt er herüber!

Auf dem steilen Ufer steht Martynow mit nackten Beinen, ein Tier des Waldes, doch ohne Pelz. Wie die Kinder hat auch er eine kurze Hose an, dazu ein Netzhemd, das bis zum Gürtel reicht. Er geht, und seine Füße drücken die Steine in den Boden. Schon von weitem hörte man seine brummende Stimme: „Heda! Barfüßige Internationale! Genug geplätschert, es ist Zeit, die anderen zu wecken. Schnell! Bei mir heißt's: Hm!"

Die vier Jungen riefen alle durcheinander: „Hm! Hm! Hm! Sergej Michalytsch! Hm!"

Niemand wußte, was dieser Laut „Hm!" bedeutete. Er wurde von Martynow als Lob, aber auch als Tadel angewandt. Er besagte:

schnell, flink – alles, was man wollte. Grischka hatte diesen Laut in der Kolonie von ihm gehört. In der Stadt gebrauchte ihn Martynow nicht. Nur zu Hause, in der Kolonie, bediente er sich seiner.

Grischka kam als erster in die Küche gerannt. Er und seine Gruppe hatten heute Küchendienst, im ganzen acht Kinder. Auf der Terrasse schnitten jetzt die vier Mädchen das Brot in Portionen. Heute wird's ein feines Mittagessen geben! Gestern hatten sie sich verabredet, Grießbrei auf eine neue Art, mit Steckrüben, zu kochen. Die Gruppen, die Küchendienst hatten, bemühten sich, einander bei der Zubereitung des Essens zu übertreffen. Das Brotbacken verstanden sie noch nicht. Dafür gab es eine Bäckerei. Alles andere aber machten die Kinder selbst. Gestern abend hatten sie einen Berg Brennholz gehackt. Grischka hatte tüchtig gearbeitet. Martynow sah das, machte ein zufriedenes Gesicht, rieb die Hände aneinander. „Aha, Peskow – hm!" Den ganzen Abend freute sich Grischka über dieses Lob.

Jetzt war alles fertig, die Milch, das kochende Wasser. Das Brot lag für die Kinder bereit.

Gedehnt und befehlend sang das Horn: „Tu – ru – tu!"

Bald war das Ufer mit Kindern übersät. Da konnte man allerlei Stimmen hören, allerlei Gesichter sehen, mit blauen, schwarzen, grauen Augen. Die Kinder wuschen sich, plätscherten im Wasser, wälzten sich im Sand. Die Knaben hatten ihren eigenen Badeplatz. Die Mädchen badeten im Hafen. Sie quietschten mit dünnen, hohen Stimmen. Sie hatten kurzgeschnittenes Haar, leichte, ungehemmte Bewegungen und wirkten fast wie Knaben.

Zum zweitenmal ertönte das Horn.

Der Kinderlärm flutete vom Ufer zu den Häusern hin. Die ärmellosen Blusen der Mädchen schimmerten weiß. Die nackten Oberkörper der Jungen hatte die Sonne goldbraun gefärbt. Wie im Sturmangriff raste alles auf die Terrasse, auf der gegessen wurde.

Ein winziges, schwarzhaariges Mädchen rief: „Küchendienst, Tee trinken!"

Grischka, in einem grauen Küchenkittel, schrie über die Terrasse: „Hallo! Ich hab euch was gekocht! Hört zu!"

Das Horn ruft: „He! He! Zum Tee!"

Nadtotschi läßt seine Baßstimme ertönen: „Nicht Tee, Kaffee!"

Auch Martynow war schon da. Er schnitt eine Grimasse und sang mit tiefer Stimme wie ein Diakon in der Kirche: „Ohne Tee leb ich gut, Kaffee macht mir frischen Mut! Ihr Herren Grafen möchtet wohl Kaffee haben? He?"

Ein Lachen überspülte die Terrasse wie eine Welle. Doch Martynow war schon im Hof neben dem Speicher. „Wer hat hier die Sättel durcheinandergeworfen? Hm! Ihr Schlafmützen, soll man für euch noch Bediente anstellen? Petrucha Fedjachin, hast du gestern abend die Pferde auf die Weide geritten? Habt wohl wieder Rennen veranstaltet?“

Mit gespreizten Beinen stand er da, wie in die Erde gewachsen. Neben ihm stand mit zusammengepreßten Lippen der Wirtschaftsverwalter und klagte: „Sie wollen keine Pferdeknechte anstellen, Sergej Michalytsch! Nikolai ist aber immer unterwegs. Verstehen denn Kinder mit Pferden umzugehen? Sie werden alle zugrunde richten! Das sind mir Pferdeknechte!“

„Bis jetzt taugen sie ’nen Dreck! Aber sie werden ihre Arbeit schon lernen! Peskow, was rennst du wie ’n Besessener mit dem kochenden Wasser umher? Siehst du denn nicht, daß das Wasser aus dem Schnabel läuft? Hm!“

Aber Peskow betrachtete gerade Anna Sergejewna. Sie ging vorbei, groß, blond, still. Beim Anblick der Kinder zog sich einer ihrer Mundwinkel in die Höhe. Das war ihr Lächeln.

Früher hatte Grischka nichts und niemand geliebt. Alle waren ihm damals gleichgültig, alles ließ ihn kalt. Doch in der Kolonie gewann er alle lieb, am meisten Anna Sergejewna. Sie war für ihn die Sonne. Berge, See, Wald, das alles ist schön, doch die Sonne ist am schönsten. Warum war sie die Sonne für ihn? Einfach so. Er wußte es nicht. Aber wenn er sie sah, wurde alles um ihn herum herrlich. Hatte er ihr einmal in der Küche zu helfen, so trug er die Schüssel mit dem Spülwasser wie ein Heiligtum vor sich her. Martynow fiel das mehrmals auf. Er dachte: Der Bengel wird groß! Und brummte ärgerlich: „Hm!“

Doch bald wurde ihm klar: Für Grischka war der Frühling gekommen, ein gesunder, reiner Frühling. Grischkas Augen waren nicht unruhig, unstet, verschleiert. Alle Spuren seiner früheren Erlebnisse waren abgeheilt, wie Schuppen abgefallen. Er wurde gesund und heiter.

Martynow beobachtete auch die anderen Kinder scharf. Manchmal wurden zärtliche Blicke mit den Mädchen gewechselt. Den Jungen Lysjajew neckten die Kinder mit der großen Njura. Doch hinter diesen Scherzen verbargen sich keine dumpfen, frühreifen Begierden. Umgang mit Mädchen wurde etwas Gewohntes. Von einer zufälligen Berührung mit einem Mädchen wurde man nicht wie von glühenden Eisen verbrannt. Hier geschah nie, was sich in den städtischen Kinderheimen fast jeden Tag zutrug. Martynow wunderte sich manchmal selbst: Da sieht man den Einfluß der freien Natur und der Arbeit. Die Kinder sind hier gesundet. Der Schmutz der Stadt ist von ihnen abgefallen, als habe die Natur sie rein gewaschen. Sie wachsen gesund und kräftig heran! Er schlug sich mit der Hand aufs Knie und dachte schmunzelnd: Die werden einmal einen guten Nachwuchs abgeben!

Auf der Terrasse herrschte Lärm. Da war die ganze Kolonie beisammen, die Kinder, die Erzieher, der Kutscher, die Bäckerin, die Waschfrau, die Näherin. Die Erwachsenen verschwanden in der Menge von Kindern; sie waren nur neun Mann in einer Kolonie von hundert Kindern.

Nach dem Tee zerstreute man sich gruppenweise. Ein Teil ging in den Wald, um für den Winter Pilze zu sammeln. Das Pferd zog langsam den Wagen. Die Kinder schlugen im Gras Purzelbäume. Der dünne, leichte Tatarenjunge zeigte den Weg zur Pilzstelle. Er war der beste Läufer der Kolonie und kannte jedes Fleckchen im Wald. Einmal gingen sie in den Wald, um dort, sieben Kilometer von der Kolonie entfernt, zu übernachten, doch als sie ankamen, stellten sie fest, daß sie die Schlafdecken vergessen hatten. Der Baschkirenjunge rannte nach Haus, holte die Decken. Am nächsten Tag marschierte er unermüdlich hinter dem Jäger her. Er lief, als habe er Flügel am Rükken. Plötzlich blieb er stehen und schrie: „Halt! Die Stelle!“

Man ging an die Arbeit.

Eine andere Kindergruppe fuhr singend mit dem Boot weg, um am anderen Ufer grellrote Vogelbeeren zu pflücken. Noch waren die Beeren vom Frost nicht beschädigt. Sie wurden zum Trocknen gesammelt.

Heute rauscht der See an den Ufern. In der Mitte ist er spiegelglatt. Ein herrlicher Tag!

Grischka gehörte zur dritten Gruppe, zu den großen Kindern. Mit Gesang gingen sie zu der Farm, die drei Kilometer entfernt lag. Bei ihnen war Martynow. Er hatte das Haus für die Kolonie erworben. Das Grundstück war beinahe ein richtiges Gut. Gebaut wurde da. Die Kolonisten errichteten Pferdeställe, schachteten Gruben aus, fuhren Bretter heran, schleppten und zerschlugen Steine. Sie arbeiteten hartnäckig. Ihre Füße und Hände waren zerschunden, doch das tat der Fröhlichkeit keinen Abbruch. Martynow hatte sich in den Kopf gesetzt, dort ein kleines Kraftwerk für den Winter zu errichten.

In der Volksbildungsabteilung machte man sich über ihn lustig. „Wollen Sie etwa Ihre Kolonie elektrifizieren?“

Er lächelte, rieb sich die Hände und sagte unbeirrt: „Ja. Ich werde dort im Winter eine Maschine zur Energiegewinnung aufstellen.“

Man lachte ihn aus. Doch bald verschaffte er sich wirklich in der Gouvernementsstadt eine solche Maschine.

In der Volksbildungsabteilung wunderte man sich nicht wenig: „So ein Bursche!“ Die Kinder meinten stolz: „Martynow, der ist hm!“

Und als Martynow den Kindern erzählte, wie die Kolonie die ganze Gegend mit Licht versorgen, wie sie drei, zehn, zwanzig neue Kolonien erstehen lassen werde, glaubten sie ihm. Sie hatten eine neue Art des Lachens angenommen. Sie lachten vor Freude.

Grischka dachte: Ich habe allerlei Menschen gesehen. So einen noch nie! Das ist ein Kerl!

In der Kolonie gab es ganz unterschiedliche Kinder. Solche, deren Eltern sehr arm waren, solche, die man aus den Bergwerken geholt hatte, Waisen aus Kinderheimen und Rechtsverletzer wie Grischka. Nur Kranke und Schwächliche fanden bei Martynow keine Aufnahme. „Das wäre Sentimentalität! Gibt es einen Bissen, dann hat der Gesunde Anspruch darauf. Den Gesunden freie Bahn! Gebt mir Diebe, Verbrecher. Wenn ihr Körper nur gesund ist, dann machen wir tüchtige Menschen aus ihnen!"

Doch nicht alle wurden tüchtige Menschen. Bei manchen war die Verkommenheit zu tief im Innern verwurzelt. Diese fühlten sich unglücklich in der Atmosphäre unaufhörlicher Arbeit. Sie hielten mit den anderen nicht Schritt, sahen unzufrieden aus. Martynow schnitt eine Grimasse und schickte sie zurück in die Stadt.

Auch viele Erzieher jagte er davon. Eines Tages war ein blondes, hübsches, zartes Fräulein angekommen. Sie sollte die Kinder im Zeichnen unterrichten, malte immer Blumen und band sich ihr Tüchlein jeden Tag auf andere Weise um den Kopf. Einmal nach dem Bad band sie das Tüchlein so, daß sie einem Heiligenbild ähnlich sah.

Grischka merkte das sofort und fing an zu singen wie in der Kirche: „Heilige Jungfrau Maria."

Seitdem nannte man sie die „Heilige Jungfrau". Zog sie die übliche Kleidung der Kolonie an, eine weite Hose und ein Hemd, dann baumelte stets noch eine goldene Kette um ihren Hals oder irgendein Band um ihren Arm. Die Kinder fanden sie komisch. Traf man Anstalten, irgendwohin zu fahren, fragte sie unentwegt ängstlich: „Wird es auch nicht regnen?"

Taitschinow schrie: „Huu! Schrecklich! Wirst aufweichen!"

Sie konnte nicht lange marschieren, fühlte sich bald überanstrengt. Einmal, als sie müde wurde, bat sie die Kinder, sie zu tragen. Die hatten nichts dagegen einzuwenden. Sie verflochten die Hände zu einer Bank und ließen sie darauf sitzen. So saß sie da und spendete ihr Lächeln wie ein Geschenk nach allen Richtungen. Das sah Martynow. Er brüllte: „Nikolai! Morgen früh schaffst du Klawidja Petrowna zur Station. Sie muß eiligst in die Stadt!"

Und sie verschwand.

Bis zum Mittagessen wurde an verschiedenen Stellen gearbeitet, nach dem Mittagessen in der Kolonie. Einer wusch sich seine Wäsche, der andere räumte den Hof auf, wieder andere halfen den Zimmerleuten bei der Arbeit. Danach ging man auch in die Bibliothek, las Bücher. Doch viele waren das nicht. Bücher zogen die Kinder nicht an. Die gedruckten Worte schienen ihnen tot. Viel lieber sahen sie sich Bilder an oder spielten Schach und Dame. Sodann spielten sie bis zum Eintritt der Dunkelheit neben dem Haus der Kultur. So hieß das Gebäude, in dem sich die Bibliothek und der Sitzungssaal befanden. Man spielte Fußball und andere Knabenspiele. Nach dem Abendbrot unterhielt man sich mit Gesang, oder man erzählte sich Geschichten. Manchmal wurde getanzt. Man sang die Internationale, die Grischka so gern hatte, und russische Volkslieder.

Einer der Erzieher hatte eine gute Stimme, und Njura hatte ein kräftiges Organ. Sie sangen herrlich zusammen. Grischka kitzelte es im Hals, und Ameisen liefen seinen Körper entlang, wenn er diesen Gesang hörte. Die Geschichten waren manchmal schön, manchmal auch nicht. Niemand wurde gezwungen zuzuhören. Eine Erzählung hatte Grischka am liebsten: Die Menschen eines ganzes Staates siedelten, von Hunger getrieben, in ein neues Land um, sie ließen sich auf hohen Bergen nieder, und es gab unter ihnen einen Schützen. Er schoß seinem eigenen Sohn den Apfel vom Kopf. Er hieß Wilhelm Tell. Für den Fall, daß ich den Apfel nicht getroffen hätte, sagte er zum Sohn, hatte ich noch einen Pfeil für dich. Das heißt, er war für den Herrscher bestimmt, für den Zaren.

Grischka schien es, als hätte sich dies alles in den Bergen, in denen ihre Kolonie lag, zugetragen. Auch ein See war ja hier. Alles ganz ähnlich! – Manchmal wurde laut vorgelesen. Die Geschichte von Taras Bulba war sehr schön.

Doch Grischka las nicht gern selbst, ebensowenig wie die anderen. Das Buch wurde vom unmittelbaren, greifbaren Leben verdrängt. Die Zeit nach dem Abendbrot verstrich so schnell wie ein Augenblick, und obwohl man nach dem langen Arbeitstage müde war, hatte man keine Lust auseinanderzugehen, wenn Martynow rief: „Ins Bett." Doch er, lächelnd und händereibend, jagte sie alles hinaus aus dem Haus der Kultur. Die Kinder zerstreuten sich in ihre Häuschen, fielen sogleich ins Bett, und der Schlaf kam sofort, leicht, ungestört von traurigen Visionen. Zuerst trieben die Jungen beim Schlafengehen allerhand Unfug, doch bald merkte Grischka nichts mehr davon. Da man sich am Tage müde gearbeitet hatte, wirkte das Bett einschläfernd.

Der Sommer reihte einen Tag an den anderen wie die Perlen einer Kette. Das Ende dieser Kette war nicht mehr weit. Die Kraft der

Sonne begann nachzulassen. Sie begann zu kränkeln. Sie wärmte eine Weile und versteckte sich dann hinter Wolken, um auszuruhen. Glänzende Fäden zogen sich von Baum zu Baum. Vor ihrem Tode schmückten sich die Blätter golden.

Martynows Kolonie wurde bekannt. Man kam aus der Stadt, um sie anzusehen. Man lobte sie nicht.

Eine Kommission sagte: „Die Bildungsarbeit ist zu gering. Es wird zuviel körperliche Arbeit geleistet. Das ist in diesem Alter schädlich."

Martynow zuckte mit den Schultern, rieb sich die Hände, lachte. „Sie möchten die Kinder nur zum Schein arbeiten lassen? Machen Sie, daß Sie weiterkommen! Wir haben unseren eigenen Bildungsgang. Wenn der Winter kommt, werden sich die Kinder an die Bücher machen. Jetzt haben sie dazu keine Zeit. Sie müssen arbeiten, um im Winter nicht zu krepieren. Ihr werdet im Winter die Kinderheime schließen müssen. Wir aber werden durchhalten. Habt ihr Kranke bei mir gesehen? Hm!"

Eine hagere, rothaarige Frau kam aus Moskau. Sie war zur Erholung hergeschickt worden, hatte aber auch einige Aufträge zu erledigen. In alles steckte sie ihre Nase und verzog den Mund. „Hier gibt es moralisch Minderwertige. Warum widmet man sich ihnen nicht besonders?"

Martynow schlug sich auf die Schenkel und rief lachend: „Schreiben Sie doch ein Buch darüber. Das könnte bei uns an einem gewissen Ort für gewisse Zwecke nützlich sein. Sie verstehen?" Plötzlich wurde er wütend. „Ich habe Diebe aus der Stadt mitgebracht. Wo haben wir hier auch nur ein einziges Schloß? Bloß an den Speichern im Freien! Wer verwahrt die Schlüssel zu den Speichern? Ebendiese Diebe! Was ist bei uns je gestohlen worden? Über Nacht bleibt eine Unmenge Stoff in der Nähstube offen liegen! Ist je was gestohlen worden? Weder Tür noch Tor werden je verschlossen. Die ganze Bewachung besorgt das kleine Hündchen Michrjutka ... Wir haben da einen ‚Rechtsverletzer': Grigori Peskow. Er hat ganz Sibirien durchwandert, hat das ganze Lexikon der gemeinsten Ausdrücke durchstudiert. Sehen Sie sich diesen Jungen jetzt mal an! Um ihn hab ich keine Angst mehr, selbst wenn er wieder in eure dreckigen Kinderheime geraten sollte, wäre mir um ihn nicht bange. Unter meinen Jungen sind viele ‚Rechtsverletzer'. Zeigen Sie mir, welche das sind! Versuchen Sie mal, das herauszufinden! Das würde Ihnen schwerfallen. Jawohl! Hm!"

Die Frau aus Moskau zuckte mit den Schultern. „Sie sind gegen die Eltern sehr grob! Die armen Mütter kommen, um ihre Kinder zu sehen. Sie aber jagen sie nach einem Tag fort!"

Martynow schlug sich fröhlich auf die Schenkel und gab das ohne weiteres zu. „Das stimmt. Ich liebe die Mütter nicht. Sie vergeuden hier nur ihre Zeit! Die Kinder haben keine Zeit zu vergeuden. Sie haben auch gar keine Lust, mit ihren Müttern herumzusitzen und Zärtlichkeiten auszutauschen: ‚Ach, Söhnchen!' – ‚Ach, Mütterchen!' Das kann man sich leisten, wenn man ein Parasitenleben führt. Jetzt heißt es aber arbeiten, sein nacktes Leben retten. Hm!"

Die Frau machte einen bösen Mund und reiste bald ab, denn man hatte auch sie zur Arbeit heranziehen wollen. –

Die Häuser der Abteilung für Volksgesundheit lagen eine halbe Werst von der Kolonie entfernt. Man schickte Sowjetbeamte dorthin zur Erholung. Um sich zu zerstreuen, suchten die Sowjetdamen, von ihren Herren begleitet, die Kinderkolonie auf. Martynow ließ sich das ein-, zweimal gefallen. Aber eines Tages stürzte er in seinem weißen Kittel mit der Kochkelle aus der Küche – er hatte an diesem Tage Küchendienst – und ging auf die Besucher los. „Unsere Kolonie ist keine Promenade! Meine Damen, wollen Sie Geschirr abwaschen? Nein? Dann machen Sie, daß Sie fortkommen! Schert euch weg! Wir haben hier keinen Platz für Müßiggänger! Verklagen Sie mich nur bei Ihrer Behörde. Schicken Sie nur ein Telegramm an den Sowjet der Volkskommissare. Da ist die Tür!"

Die Besucher ergriffen eiligst die Flucht.

Später malten die Kinder ein Bild: den Gitterzaun der Kolonie, im Zaun eine Tür, Martynow in Gestalt eines Bären, brüllend, daneben der kleine Hund Michrjutka, bellend. Und sie schrieben darunter: „Suchen Sie zur Promenade andre Pfade!"

Martynow selbst war meist wegen allerlei Besorgungen unterwegs. Er las keine Bücher, erzählte keine Geschichten. Er hatte keine Zeit dazu. Er besorgte dies und jenes in der Kolonie und fuhr in die Stadt Mehl holen. Dann mußte er Holz heranschaffen, alles mögliche herbeischaffen für seinen Ameisenstaat. Er forderte hermetisch schließende Ofentüren, denn die Kolonie mußte sich für den Winter wappnen. Die Ofentüren wurden nicht geliefert. Martynow ging mit Nikolai in die leerstehenden Häuser der Abteilung für Volksgesundheit und schraubte dort die Ofentüren ab. Die Verwaltung der Beamtenerholungsstätte beklagte sich bei der Gouvernementsbehörde: Zwar ständen die Häuser leer, aber die Verwaltung hätte gerade die Absicht gehabt, sie instand zu setzen. Diese Absicht bestand aber schon seit über einem Jahr.

Martynow bekam ein amtliches Schriftstück aus der Stadt. „Hm!" Und riß es in Fetzen. Was konnte man gegen ihn ausrichten?

Schon hatte der Herbst seinen Faden bis zur Mitte gesponnen. Die

Birken waren nackt. Der Wald rauschte dumpf. Der Himmel machte ein böses Gesicht. Der See war nicht mehr blau, sondern schwarz und stürmte heulend gegen das Ufer. Die Vögel flogen weg. Ein Wolf zeigte sich auf den Äckern. In den Häusern begann man die Öfen zu heizen. Die Jungen zogen lange Hosen an, die Mädchen Röcke. Die Beamtenerholungsstätte leerte sich. Von den Bergen blies ein wütender Wind herab, sauste pfeifend durch die leerstehenden Häuser, riß ungestüm an den Dächern der Kinderkolonie.

Der Herbst brachte nicht nur Regen und Düsterkeit, auch der Hunger rückte heran. Martynow kam ärgerlich aus der Stadt zurück, streichelte die Herzen seiner Kinder nicht mit dem Wörtchen „Hm!", sondern schimpfte. In der Versammlung erklärte er den Kindern: „Der Mehlvorrat muß für den ganzen Monat reichen."

Die Wirtschaftskommission machte eine Aufstellung der Vorräte und setzte die Ration fest: ein dreiviertel Pfund Brot. Fleisch gab es nicht mehr. Man half sich mit Fischen aus dem See. Die Kinder hatten es schwer. Arbeit lastete auf ihnen. Man pflügte gerade den Acker um, doch es war zuwenig Ackerland. Man mußte Waldgrundstücke urbar machen. Die Arbeit auf der Farm näherte sich ihrem Ende. Ein Techniker kam, um die elektrische Anlage zu installieren. Da wurden die Kinder so froh, daß sie ihre Müdigkeit vergaßen.

Grischka hatte vor kurzem von Amerika gehört. Jetzt leuchteten seine Augen. „Kameraden, die Farm, das ist unsere Neue Welt. Das ist Amerika. Und unsere alte Kolonie ist Europa."

Den Kindern gefiel dieser Einfall sehr. „Los von Europa! Wer übernachtet heute in Amerika? Wer ist an der Reihe?"

Einzelne Gruppen blieben abwechselnd mit dem Techniker nachts auf der Farm. Abends wurden Schlafdecken gestopft. Diese Arbeit machten Jungen wie Mädchen. Man mußte sich beeilen. Die Watte für die Decken war zu spät geliefert worden. Zwar wurde eine zweite Näherin angestellt, doch die Näherinnen fertigten Mäntel für die Kinder an.

Der Wind, der von den Bergen kam, wurde immer wütender. Wild schlug er an die Fenster, heulte in den Schornsteinen, kühlte die Öfen schnell aus. Man mußte viel Holz hacken und anfahren. Bald würden hohe Schneehaufen den Zugang zum Wald versperren.

Das Dörfchen lag nahe bei der Kolonie. Seit dem Herbst sah es dort ganz traurig aus. Schon im Sommer war das Brot knapp. Man half sich mit Beeren, Pilzen, Kartoffeln. Die Kartoffelernte war schlecht. Man begann das Brot mit Baumrinde zu mischen. Wie Spatzen auf der Suche nach Brotkrumen kamen ganze Schwärme hungernder Kinder in die Kolonie gelaufen. Im Dorf gab es zwar ein Kinderheim, aber die Kinder gingen dort zugrunde. Schon im Sommer wurden sie viel schlechter ernährt als die Kinder der Kolonie. Jetzt sah ihnen der Tod aus den Augen. Jungen aus dem Kinderheim wurden von dem Wirtschaftsverwalter der Beamtenerholungsstätte dabei ertappt, wie sie Fleisch bei ihm stehlen wollten.

Martynow erzählte es seinen Kindern.

Grischka war außer sich. Seine Augen weiteten sich, er flehte: „Nehmen wir sie doch bei uns auf!"

Die Versammlung beschloß, das Kinderheim als einen Teil der Kolonie zu betrachten. Es hieß nun, mit dem Brotvorrat auch diese Kinder zu versorgen. Das ergab eine Ration von einem halben Pfund! Die Kolonisten waren noch schlechte Landwirte, sie verstanden es noch nicht, richtig zu wirtschaften. Die Sommervorräte waren aufgegessen. Von den Pilzen waren nur wenige übrig. Die Kartoffeln wurden zu spät ausgegraben. Die Hälfte davon stahlen die Bauern. Der Ertrag des Gemüsegartens war gering. Aus der Stadt kam nichts an. Die Wangen der Kinder wurden welk und hohl. Sie wurden schneller müde, gingen früher zu Bett. Doch auch jetzt noch erklang in der Kolonie häufig Kinderlachen.

Martynow lächelte noch immer, er kommandierte: „Schnürt eure Gürtel fester! Zieht die Bäuche ein! Hm!"

Doch immer seltener lächelte er, immer häufiger fuhr er zur Eisenbahnstation. Eines Nachts war der See ganz besonders stürmisch. Heulend schleuderte er seine Wellen gegen die Steine, schäumte vor Wut und donnerte brausend: „Huu ... Huu ...!"

Der Wind riß an den Wänden, als ob er alles zerschmettern wolle, tobte lärmend im Schornstein. Dann beruhigte er sich, und man hörte Geheul wie von Tieren. Waren es Wölfe oder hungrige Hunde? Die elektrischen Leitungen waren noch nicht gelegt. Die dunkle Nacht drückte sich an die Scheiben und hüllte die Häuser in eine unheimliche Finsternis. Die Kinder konnten nicht einschlafen. Ein Gespräch kam nicht in Gang. Sie lauschten dem Krachen der Wände, dem Geheul des Sees. Es schien, als wollte er die Berge zerschmettern, als schleuderte er Flüche auf die ganze Gegend.

Grischka schüttelte den Kopf. „Das wilde Element!"

Doch er dachte nicht mehr daran, ein Held zu werden. Die Kolonie schien ihm so klein, so zerbrechlich, so verlassen. Ganz allein waren sie in diesen Bergen. Draußen weinte jemand, drohte, es ertönten heulende Grabgesänge. Warum war heute allen so unheimlich zumute? Taitschinow sagte wieder bedrückt: „Der Tod geht um das Haus."

Die Eingangstür wurde zugeschlagen. Alle zuckten zusammen.

Woizechowski schrie entsetzt auf. Doch die schweren Schritte beruhigten sie.

Voller Freude rief Grischka: „Sergej Michalytsch?"

„Ich bin's."

Er trat in die Schlafstube. Grischka schlief neben der Tür. Martynow setzte sich wuchtig auf sein Bett. „Schlaft ihr noch nicht? Habt euch wohl bis jetzt unterhalten! Hm!"

Das Unheimliche war von Grischka gewichen. Auch die anderen Jungen in ihren Betten wurden lebhaft. „Wir schlafen sofort ein! Ich, Peskow, übernehme die Verantwortung. In einer Minute schläft alles!"

Martynow sagte müde: „Unsere Sache steht schlecht, Grigori Peskow!"

„Was ist los?"

Taitschinow stürzte zu Martynow hin. Alle richteten sich auf.

„Ein Telegramm aus der Gouvernementsstadt. Man fordert, daß ich euch in den städtischen Kinderheimen abliefere. Lebensmittel werden uns nicht bewilligt. Und allein können wir uns nicht durchbringen. Hm!"

Grischka rief verzweifelt: „Sergej Michalytsch, lieber krepiere ich hier. Dorthin geh ich nicht. Deshalb war uns den ganzen Abend so unheimlich zumute!"

Er begann zu zittern und fiel mit dem Kopf auf Martynows Knie. Martynow liebkoste die Kinder nie. Wenn er sah, daß die Mädchen sich küßten, brummte er ärgerlich: „Sentimente!"

Doch jetzt umarmte er Grischka, drückte ihn an sich, bebte und bewegte sich auf dem Bett unruhig hin und her.

Die Kinder sprachen durcheinander:

„Wozu in die Stadt? Krepieren kann man auch hier!"

„Wir werden eben Baumrinde essen!"

„Werden wir dort was Besseres bekommen?"

„Waska, gib acht! Die Kolonie soll gesprengt werden, und du machst Dummheiten!"

„Sergej Michalytsch! Lassen Sie das nicht zu, daß die Kolonie kaputtgeht!"

Alle riefen durcheinander: „Wir bleiben hier! Wir gehen nirgendswohin!"

„Ja, ja, Freunde! Auch die Mädchen ... Die haben geweint, haben gesagt, sie wollen hierbleiben. Wir müssen über die Sache nachdenken! Hm! Ihr wißt ja, Kinder. Das Essen ist sehr knapp. Wenn wir auch nicht sterben – auf den Hund werden wir doch kommen."

Nadtotschi brummte beruhigend mit seiner Baßstimme: „Wir werden schon bis zum Frühling durchhalten. Haben doch eigenen Boden!"

Grischka klammerte sich an Martynows Hand. „Sergej Michalytsch, ich will gern nur jeden zweiten Tag essen. Der Schlag soll mich treffen, wenn ich jeden Tag essen werde!" Seine Stimme klang jetzt nicht mehr kindlich. Als sei er mit einemmal erwachsen geworden, sagte er voller Schmerz: „Laß uns nicht wieder zu den Rechtsverletzern."

Martynow schaute ihm in die Augen und sah darin einen furchtbaren menschlichen Schmerz. Er zuckte zusammen, schnitt eine Grimasse und sagte: „Ich geb euch nicht weg."

Andrej Platonow

Im Morgendämmer der Jugend

1

Ihre Eltern starben während des Bürgerkrieges in einer Nacht an Typhus. Olga war damals vierzehn Jahre alt und blieb, allein, ohne Angehörige und ohne Hilfe, in der kleinen Siedlung an der Eisenbahnstation zurück, wo ihr Vater als Rangierer gearbeitet hatte. Nachdem ihr Nachbarn und Bekannte geholfen hatten, Vater und Mutter zu beerdigen, verbrachte sie noch ein paar Tage in der leeren, ausgestorbenen Wohnung, die aus Küche und Stube bestand. Sie scheuerte die Fußböden, räumte auf und setzte sich auf einen Hocker, denn sie wußte nicht, was sie weiter tun und wie sie nun leben sollte. Die Nachbarsfrau, ein altes Mütterchen, brachte eine kleine Schüssel mit Hirsesuppe, damit die Waise, die mager und für ihr Alter sehr klein war, etwas zu essen bekäme, und Olga aß alles auf. Als das Mütterchen gegangen war, fing Olga an, Wäsche zu waschen: Mutters Hemd und Vaters Unterhose, alles, was an Wäsche und Oberbekleidung von ihnen geblieben war. Am Abend legte sie sich in das Bett, in dem Vater und Mutter geschlafen hatten, als sie noch lebten und krank waren. Am Morgen stand sie auf, wusch sich, machte das Bett, fegte das Zimmer und sagte: „Man muß weiterleben!“ – so hatte sie oft die Mutter sprechen hören. Dann ging sie in die Küche, wo sie zu wirtschaften begann, als wollte sie, genau wie die verstorbene Mutter, Mittagessen kochen; zum Kochen war zwar nichts da, dennoch stellte

Olga den leeren Topf auf den Ofen, nahm die Pfannengabel, stützte sich darauf und verharrte, kummervoll seufzend, am Ofen, wie es die Mutter getan hatte. Danach wischte sie alles Geschirr ab und stellte es ins Schränkchen, sah auf die Uhr, zog das Gewicht hoch und dachte: Ob Vater pünktlich vom Dienst kommt oder ob er sich verspätet? Wenn ein Zug zusammengestellt wird, dann kommt er später. So hatte gewöhnlich Olgas Mutter gedacht, die ihren Mann Vater nannte. Jetzt dachte das verwaiste Mädchen auch so und tat alles der Mutter gleich, und das machte ihr das Alleinsein leichter. Wenn sie statt der Mutter alles im Hause besorgte, wenn sie ihre Worte wiederholte, qualvoll seufzte und still in der Küche trauerte, stellte sie sich vor, daß die Mutter noch ein bißchen in ihr lebte, und spürte sie neben sich.

Am Abend zündete Olga die Lampe an, in der noch ein Rest vom Vater eingefülltes Petroleum war, und stellte sie auf das Fensterbrett. So hatte es auch die Mutter gemacht, wenn sie in dämmriger Stunde auf den Vater wartete. Der Vater hatte, wenn er sich dem Hause näherte, schon von weitem auf der Straße gehustet und sich geschneuzt, damit Frau und Tochter hörten, daß der Vater kam. Doch jetzt war es auf der Straße ständig still; die Menschen waren weggegangen in brotreiche ländliche Gegenden oder lagen schwach und krank in ihren Häusern, und in manchen Höfen war überhaupt keiner mehr am Leben. Olga wartete trotzdem bis zur Dunkelheit auf den Vater oder auf wer weiß wen, der vielleicht zu ihr kommen würde, aber niemand erinnerte sich der Waise, weder die alte Nachbarin noch jemand anderes, denn alle hatten ihre eigenen Nöte und Sorgen. Da legte sie sich in das Bett der Eltern und schlief ein.

Das Mädchen blieb noch zwei Tage zu Hause, übernachtete und ging dann zum Bahnhof. Weit weg, in einer Gouvernementsstadt an der Wolga, wohnte ihre Tante; sie hatte vor zwei Jahren die Mutter besucht und war in Olgas Vorstellung eine reiche und gute Frau. Die Tante war Mutters Schwester, sie hatte sogar Ähnlichkeit mit ihr, und das Mädchen drängte es, so schnell wie möglich zu ihr zu fahren, um bei ihr zu wohnen und die Sehnsucht nach der Mutter zu stillen. Vor ihrem Tod hatte die Mutter zu ihr gesagt, sie solle, wenn es ihr beschieden sei zu leben, zur Tante fahren, um nicht allein auf der Welt zu bleiben. Mutters Schwester werde die Waise ernähren, sie kleiden und einen Beruf lernen lassen. Jetzt erinnerte sich die Tochter an die Worte der Mutter und befolgte sie.

Auf dem Bahnhof war es menschenleer; der Krieg gegen die Burshuis war nach Süden weitergezogen. Auf dem Gleis gegenüber dem Bahnsteig stand eine kleine alte Dampflokomotive mit zwei leeren

Güterwagen. Vom Führerstand aus musterte der Heizer das Mädchen. Er kannte ihre Eltern und wußte, daß sie gestorben waren, deshalb rief er die Waise zu sich auf die Maschine. Das Mädchen kletterte zu ihm hinauf, der Heizer knüpfte ein rotes Tuch mit Essen auf und holte vier gebackene Kartoffeln hervor. Nachdem er die Kartoffeln am Kessel aufgewärmt hatte, bestreute er sie mit Salz und gab zwei Olga, zwei aß er selbst. Olga wäre gern mit dem Heizer nach Hause gegangen, sie hätte bei ihm gewohnt und sich an ihn gewöhnt. Aber der Heizer sagte dem Mädchen nichts Trostreiches, er gab ihr nur zu essen und steckte sein leeres rotes Tuch wieder weg. Er hatte selbst schon viele Kinder und war sich unschlüssig, ob er ein zusätzliches satt bekommen würde.

Olga blieb auf der Lokomotive bis zur Abenddämmerung, bis in den Bahnhof ein langer Zug mit beheizten Güterwagen einfuhr, in denen Rotarmisten saßen.

„Ich gehe jetzt, ich muß zu meiner Tante fahren", sagte Olga zum Heizer. „Die Mutter hat's mir aufgetragen, als sie noch am Leben war."

„Wenn du mußt, so fahre", sagte der Heizer.

Olga verließ die Lokomotive und ging zu dem Rotarmistenzug. Die Wagen standen sperrangelweit offen, fast alle Rotarmisten waren ausgestiegen; einige spazierten über den Bahnsteig und betrachteten, was es ringsum zu sehen gab: den Wasserturm, die Häuser am Bahnhof und weiter weg die schlichten Getreidefelder. Vier Rotarmisten brachten in Zinkeimern Suppe aus der Bahnhofsküche. Olga trat dicht an die Eimer heran und sah hinein: Der appetitliche Geruch von Fleisch und Dill stieg ihr in die Nase, aber diese Suppe war für die Rotarmisten bestimmt, denn sie fuhren in den Krieg und mußten stark sein, ihr, Olga, kam sie nicht zu.

An einem der Wagen stand ein nachdenklich blickender Rotarmist. Er hatte keine Eile, essen zu gehen, und erholte sich von der Reise und vom Krieg.

„Onkel, darf ich mitfahren?" bat Olga. „Meine Tante wartet auf mich."

„Wo wohnt sie denn?" fragte der Rotarmist. „Weit von hier?"

Olga nannte die Stadt, und der Rotarmist fand auch, daß sie weit entfernt liege, zu Fuß nicht zu erreichen, mit dem Zug aber könne man wahrscheinlich morgen früh schon dasein.

Zwei Rotarmisten kamen soeben mit einem Eimer Suppe bei dem Wagen an, gefolgt von anderen, die in den Händen Brot, Machorka, ein Kochgeschirr mit Grütze, Seife, Streichhölzer und anderes Versorgungsgut trugen.

„Die Kleine möchte zu ihrer Tante", sagte der Rotarmist zu seinen Kameraden. „Wir sollten sie mitnehmen."

„Warum nicht – soll sie mitfahren!"sagte ein Rotarmist, der unter beiden Armen einen Brotlaib trug. „Als Braut ist sie noch zu klein, aber als Schwester genau richtig."

Sie halfen Olga in den Wagen, gaben ihr einen Löffel und ein großes Stück Brot, und sie setzte sich zwischen die Rotarmisten und löffelte die Gemeinschaftssuppe aus dem sauberen Zinkeimer. Bald merkte einer der Rotarmisten, daß es für sie unbequem war, auf dem Boden sitzend zu essen, und er hieß sie, sich hinzuknien, dann würde sie mit dem Löffel tiefer hinunterlangen, wo die Suppe dicker war, und sehen können, wo Fett und wo Rindfleisch schwammen.

Nach dem Abendbrot setzte sich der Zug in Bewegung. Die Rotarmisten brachten Olga auf der obersten Bank unter, weil es da wärmer und ruhiger war, und deckten sie mit zwei Militärmänteln zu, damit sie in der nächtlichen oder morgendlichen Kühle nicht fror.

2

Am späten Morgen weckten die Rotarmisten Olga. Der Zug stand auf einem großen Bahnhof; unbekannte Lokomotiven pfiffen mit fremden Stimmen in der Ferne, und die Sonne schien nicht von der Seite, von der sie in der Siedlung, wo Olga wohnte, geschienen hatte. Die Rotarmisten schenkten Olga ein halbes Brot und ein Stück Speck und ließen sie an den Armen vom Wagen herunter.

„Hier wohnt deine Tante", sagten sie. „Geh zu ihr, lern was und werde groß, in deiner Zeit wird es sich gut leben."

„Ich weiß aber nicht, wo meine Tante wohnt", sagte Olga von unten. Sie stand allein da, in ihrem ärmlichen Kleidchen, barfuß, das Brot unterm Arm.

„Wirst sie schon finden", antwortete der nachdenklich blickende Rotarmist. „Die Leute zeigen dir den Weg."

Doch Olga ging nicht. Am liebsten wäre sie im Wagen bei den Rotarmisten geblieben und mit ihnen gefahren, wohin sie fuhren. Sie hatte sich schon ein wenig an sie gewöhnt und wollte gern jeden Tag Suppe mit Rindfleisch essen.

„Nun geh schon!" drängte man sie vom Wagen aus.

„Sie haben gesagt, ich werde es gut haben. Aber wann?" fragte sie in ihrer Angst, jetzt gleich ins Ungewisse, zur Tante gehen zu müssen.

„Gedulde dich", antwortete ihr der nämliche nachdenklich blikkende Rotarmist. „Wir haben jetzt viel zu tun, wir müssen die Weißen erledigen."

„Ich werde mich gedulden", willigte Olga ein. „Und jetzt – auf Wiedersehen, ich geh zur Tante."

Die Tante fand sie erst am Abend. Sie hatte alle gefragt, die ihr entgegenkamen und gute Gesichter hatten, aber niemand wußte, wo Tatjana Wassiljewna Blagich wohnte. Das Brot hatte ihr ein Passant weggenommen; nur einmal abbeißen zu dürfen bat er, nahm sich aber mit den Worten, daß Spekulation mit Brot jetzt verboten sei, das ganze Brot und verschwand. Olga aß schnell den Speck auf, den ihr die Rotarmisten geschenkt hatten, damit niemand ihr auch den noch wegnahm, und bat in einem Hof um Trinkwasser. Eine ältere Frau brachte ihr eine Kanne Wasser heraus. Mehr könne sie ihr nicht geben, sagte sie.

„Aber ich bettle doch nicht, ich will zu meiner Tante", sagte Olga.

„Wer ist denn deine Tante?" frage die Frau von dem Hof mißtrauisch.

Olga nannte den vollen Namen der Tante; da seufzte die Frau aus unerfindlichen Gründen und wies ihr den Weg: Rechts um die Ecke, das dritte Haus links, das mit den ungestrichenen Fensterläden, dort wohnten die Blagichs, Mann und Frau, Kinder hätten sie nicht.

„Keine Kinder?" fragte Olga.

„Nein", bestätigte die Frau. „Bei solchen Leuten kommen Kinder nicht gern zur Welt."

Olga fand das kleine Holzhaus mit den ungestrichenen Fensterläden, betrat den Hof, in dem wildes Gras wucherte, und klopfte an die verschlossene Flurtür. Eine unwillige leise Stimme ließ sich vernehmen, dann Schritte, und die Tür tat sich auf – sie war abgeschlossen und verriegelt gewesen wie zur Nacht. Tante Tatjana Wassiljewna kam barfuß und mit bloßem Kopf zu Olga heraus und betrachtete sie. Olga sah die Tante vor sich; sie hatte geglaubt, die Tante würde lustig und gütig sein, wie sie sie aus ihrer Kindheit in Erinnerung hatte, als Tatjana Wassiljewna bei Vater und Mutter zu Besuch war, aber sie betrachtete das Mädchen mit gleichgültigen Augen und freute sich nicht, daß die Waise zu ihr gekommen war.

„Wozu bist du hergekommen?" fragte die Tante.

„Die Mutter hat's mir aufgetragen", sagte Olga. „Sie und Vater sind doch gestorben, und ich bin ganz allein. Tante, sie leben nicht mehr!"

Tatjana Wassiljewna hob einen Schürzenzipfel und wischte sich die Augen. „Unsere ganze Verwandtschaft ist kurzlebig", sagte sie. „Ich auch, ich sehe nur gesund aus, trotzdem mach ich's nicht mehr lange. Ja, ja, nicht mehr lange!"

Olga sah die Tante verwundert an. Jetzt erschien sie ihr gütig, denn sie grämte sich um die verstorbene Schwester und um sich selbst.

„So lebt man nun, nicht mal Zeit zum Trauern bleibt einem." Tatjana Wassiljewna seufzte. „Geh einstweilen auf die Straße und warte dort", sagte sie zu der Nichte. „Ich hab grade die Fußböden gewischt, überall reinegemacht, ich kann dich nicht ins Haus lassen."

„Ich bleib auf dem Hof, hier wächst Gras bei euch", sagte Olga.

Aber Tatjana Wassiljewna wurde böse.

„Im Hof hast du nichts zu suchen! Hier haben unsere Hühner ihren Auslauf, sie legen ohnehin schlecht, und wenn du hier herumsitzt, machst du sie mir bloß scheu. Und das Gras mähen wir für die Kaninchen, also darf man nicht drauf rumlaufen. Geh auf dem Weg vors Tor!"

Olga trat auf die Straße; hier lag ein Stapel alter verrosteter Eisenbahnschienen, zwischen denen schon viele Male Gras emporgewachsen und abgestorben war, jetzt wuchs es wieder. Das Mädchen setzte sich auf die Schienen – sie lagen genau den Fenstern des Hauses gegenüber, in dem die Tante wohnte – und wartete darauf, daß die Fußböden in Tantes Zimmern trockneten und daß sie dann gerufen wurde und etwas zu essen bekam.

Aber alle Passanten waren schon vorbei, die Bauern waren auf ihren Wagen in die Dörfer gefahren, auch die Lastenkutscher, die vom Bahnhof Säcke mit Hirse geholt hatten, fuhren nicht mehr, der Abend war angebrochen, und es war dunkel geworden. Olgas nackte Beine froren, sie zog sie dichter an und schlief im Sitzen auf der erkaltenden Schiene ein. Als sie die Augen öffnete, sah sie in Tantes Fenstern Licht, während die ganze Straße in die schaurige, stille Nacht der Kindheit gehüllt war, mit ihren kaum sichtbaren, unbekannten Wesen, vor denen die Menschen sich in ihren Häusern versteckt und die Türen mit Eisenriegeln abgeschlossen hielten. Olga lief, so schnell sie konnte, zur Tante. Die Pforte war verriegelt, das Mädchen klopfte an eines der erleuchteten Fenster. Im Zimmer wurde die Gardine zurückgezogen, und ihr entgegen blickte das große, mit einem dichten schwarzen Bart bewachsene Gesicht eines älteren Mannes; er schluckte hastig etwas hinunter, wie aus Angst, man könnte ihm sein Essen wegnehmen, und spähte aufmerksam ins Dunkel mit Augen, die so klein waren, daß sie sanft wirkten wie zuweilen bei Tieren. Hinter dem Mann war ein gedeckter Tisch zu sehen, von dem Tatjana Wassiljewna eilig Brot und Geschirr abräumte.

Olga trat vom Fenster zurück. Kurz darauf wurde die Pforte geöffnet, und die Tante sah heraus.

„Was klopfst du?“ fragte sie. „Wir dachten schon, du wärst längst fort.“

„Ich konnte es nicht mehr erwarten, bis Sie mich rufen“, sagte Olga. „Ich fürchte mich, so allein auf der Straße.“

„Nun komm schon!“ forderte die Tante sie auf.

In der Küche und in der Stube der Tante war es sauber, aufgeräumt und still; es roch gut, wie bei reichen Leuten. Hier kann ich nicht bleiben, dachte Olga. Das geht nicht, sie werden sagen, ich mache alles schmutzig. Tatjana Wassiljewnas Mann, der Olga durch das Fenster betrachtet hatte, saß wieder am Tisch und aß.

„Vor eigenen Kindern hat uns der liebe Gott bewahrt, dafür halst uns die Verwandtschaft welche auf.“ Tatjana Wassiljewna seufzte. „Hier hast du meine Nichte, Arkascha, sie ist jetzt Vollwaise, nun heißt's sie schön durchfüttern und mit Sachen und Schuhzeug versorgen!“

„Ein tolles Vergnügen!“ sagte Tatjana Wassiljewnas Mann gleichgültig, wie zu sich selber. „Gib ihr was zu essen und laß sie heute hier übernachten. Sonst wird man sich ihretwegen noch verantworten müssen!“

„Wie soll ich ihr ein Bett machen!“ rief die Tante. „Wir haben doch nichts Überflüssiges: keine Bettwäsche, keine Decke, keinen sauberen Kissenbezug.“

„Ich schlaf so, auf dem Fußboden, zudecken kann ich mich mit meinem Kleid“, meinte Olga.

„Laß sie übernachten“, ordnete Onkel Arkadi Michailowitsch an. „Und du nimm dich jetzt lieber zusammen, sonst wird's dir die Sowjetmacht geben!“

Tatjana Wassiljewna schwieg zunächst betroffen, doch dann geiferte sie los:

„Womit wird sie's mir denn geben? Die Sowjetmacht, die denkt, die Menschen sind alle engelreine Genossen, dabei tun sie nichts anderes, als einen Haufen Kinder in die Welt zu setzen und selber zu sterben. Soll die Sowjetmacht sie dann auch durchfüttern!“

„Wird sie schon machen!“ sagte Tantes Mann überzeugt und löffelte seinen Brei mit Butter.

„Wird sie schon machen!“ äffte Tatjana Wassiljewna ihren Mann nach. „Wie soll sie das schaffen, wenn denen ihre Eltern ein Kind nach dem andern in die Welt setzen! Ich weiß genau, wie schwer es die Sowjetmacht hat, ich kann es ihr nachfühlen!“

„Ich brauche nichts zu essen, ich möchte schlafen“, sagte Olga. Sie ließ sich auf der Truhe nieder und wandte ihr Gesicht von der Schüssel mit Brei weg, die auf dem Tisch vor dem Hausherrn stand.

Tantes Mann wischte den Löffel ab, legte ihn neben die Schüssel und sagte zu der Waise:

„Setz dich hin und iß auf. Es ist noch was drin."

Olga setzte sich an den Tisch und kratzte die Reste des Hirsebreis aus der Schüssel

„Na, so was, hast doch gesagt, du brauchst nichts zu essen, du möchtest schlafen", sagte die Tante und beeilte sich, ein Kissen ohne Bezug auf die Truhe zu legen, damit sich das Mädchen nur schnell schlafen legte.

„Ein bißchen nur", antwortete Olga. Sie kratzte noch einen halben Löffel Brei zusammen, leckte den Löffel sauber und legte ihn ordentlich auf den Tisch. „Fertig", sagte sie.

„Bist schon satt, ja?" fragte Tatjana Wassiljewna mit süßer Stimme.

„Nein, ich will nicht mehr", sagte Olga.

„Na, dann leg dich jetzt schlafen, ruh dich aus." Die Tante wies auf die Truhe. „Wir löschen gleich das Licht. Wozu unnötig Petroleum verbrennen!"

Olga legte sich auf die Truhe, rollte sich zusammen, um es wärmer zu haben, und schlief auf dem harten Holz ein wie in einem weichen Bett, denn sie hatte jetzt keinen anderen Platz auf der Welt.

3

Am anderen Morgen wachten Onkel und Tante zeitig auf. Der Onkel war Lokführer und hatte einen Güterzug zu fahren. Tatjana Wassiljewna versah ihren Mann mit nahrhafter Wegzehrung: Speck, Brot, einem Glas Hirse für eine Suppe und vier gekochten Eiern, und der Lokführer zog eine warme Jacke an und setzte eine Mütze auf, um sich in der Zugluft nicht zu erkälten.

„Wie sollen wir jetzt leben?" fragte Tatjana Wassiljewna flüsternd ihren Mann.

„Wieso?" fragte Arkadi Michailowitsch zurück.

„Du siehst doch – da." Die Tante zeigte auf Olga. „Da liegt unser neuer Schatz!"

„Sie ist deine Verwandtschaft!" antwortete ihr der Mann. „Mach mit ihr, was du willst. Aber daß mir Ruhe im Hause ist."

Nach dem Weggang ihres Mannes setzte sich die Tante neben die schlafende Nichte, stützte den Kopf in die Hand und flüsterte vor sich hin:

„Ist hergekommen, macht sich bei uns breit – der Onkel und die

Tante haben's ja, denkt sie sich, die füttern mich durch, beschaffen Sachen und Schuhe und bringen mich mit einer Mitgift unter die Haube … Da habt ihr mich als Geschenk – barfuß, in einem einzigen Flickenkleid, hungrig, ungewaschen, eine unglückliche Waise. Vielleicht, geb's Gott, krepiert ihr bald, Onkel und Tante, dann bin ich hier die Hausherrin. Was ihr mit eurem Buckel erarbeitet habt, werde ich bald unter die Leute bringen … Nichts da, meine Liebe, der Teufel soll dich holen! Von meiner Habe lasse ich dich nicht mal den Staub abwischen, und jeder Bissen von mir wird dir im Halse steckenbleiben! Der Mann arbeitet bei Wind und Wetter Tag und Nacht draußen, ich komm von früh bis spät auch nicht zum Sitzen, und die, die tanzt an und setzt sich ins gemachte Nest: Habt mich lieb, ernährt mich … Olga, was soll das Geschlafe?" rief Tatjana Wassiljewna plötzlich laut. „Sieh an, müde ist sie, denk nur! Aufgestanden, ist schon lange Zeit! Deinetwegen kann ich mir nichts vornehmen!"

Olga lag unbeweglich, das Gesicht zur Wand gedreht. Sie hatte sich ganz klein gemacht, die Knie fast bis ans Kinn gezogen, die Hände auf dem Bauch zusammengelegt und den Kopf gesenkt, um sich auf die Brust zu atmen und sie zu erwärmen. Sie hatte sich mit ihrem abgetragenen grauen Kleid zugedeckt, aber es war ihr viel zu klein, sie war schon herausgewachsen, und es bedeckte sie nur, weil sie sich zusammengerollt hatte; am Tag waren ihre dünnen Mädchenbeine fast bis zu den Knien frei, und die Ärmel reichten mit Aufschlägen nur bis an die Ellenbogen.

„Sieh an, wie verzärtelt!" murrte die Tante neben ihr.

„Ich schlafe nicht", sagte Olga.

„Was liegst du dann rum, ich muß doch die Stube aufräumen!"

„Ich habe Ihnen zugehört", antwortete das Mädchen.

Die Tante wurde böse. „Bist noch nicht trocken hinter den Ohren, aber man sieht dir deine Niedertracht schon an!"

Olga stand auf und zupfte ihr Kleid zurecht.

„Geh, wasch dich, ich heize dann den Samowar an", sagte Tante Wassiljewna nach kurzem Schweigen zu ihr. „Wirst ja sicher essen wollen!"

Olga antwortete nichts. Sie wußte weder was sie denken noch was sie tun sollte.

Zum Tee gab ihr die Tante etwas schwarzes Dörrbrot und ein halbes Ei, die andere Hälfte aß sie selbst. Olga aß, was ihr vorgesetzt worden war, sammelte dann vom Tischtuch die Krümel und schüttete sie in den Mund.

„Bist du noch nicht satt?" fragte die Tante. „Dich wird man wohl nie satt kriegen! Wenn ich aus dem Hause gehe, wirst du bestimmt in den Schränken die Krümel zusammenlesen und in den Töpfen schnüffeln. Und ich muß grade jetzt auf den Markt, wie kann ich dich denn allein im Haus lassen?"

„Ich gehe gleich, ich bleibe nicht bei Ihnen", antwortete Olga.

Die Tante lächelte zufrieden.

„Dann geh, du hast also jemand, wo du hingehen kannst. Und wenn du Sehnsucht hast, kommst du uns besuchen. So wird's besser sein."

„Wenn ich Sehnsucht habe, komme ich", versprach Olga und ging.

Draußen war es Morgen, vom Himmel schien die warme Sonne. Bald würde es Herbst sein, aber es war noch nicht soweit, nur die Blätter an den Bäumen waren schon alt. Olga ging an den Häusern vorbei durch die fremde, große Stadt, teilnahmslos betrachtete sie all die unbekannten Stätten und Dinge, denn das Leid, das ihr die Tante zugefügt hatte und das sie jetzt in sich trug, hatte sich nicht in Groll oder Verbitterung verwandelt, sondern in Gleichgültigkeit; der Anblick des Neuen berührte sie jetzt nicht, das ganze Leben vor ihr war plötzlich wie erloschen. Sie ließ sich in der Menge der Fußgänger durch die Straßen treiben und vergaß sofort wieder, was sie soeben gesehen hatte. An einem gelben Haus hingen Bekanntmachungen und Plakate, Leute drängten sich davor und lasen. Auch Olga las, was darauf geschrieben stand. Geschrieben stand da, wo Arbeiter gebraucht wurden und für welche Lohngruppe des siebenstufigen Tarifsystems; ferner wurde bekanntgegeben, daß die Universität Studenten aufnehme mit Gewährung von Stipendium und Unterbringung im Internat. Olga ging zur Universität, denn sie wollte in einem Internat wohnen und lernen; vier Winter hatte sie bereits die Schule besucht, als sie noch bei den Eltern lebte.

Im Büro der Universität war niemand, alle waren essen gegangen. Aber auf einem Stuhl saß ein alter Wächter, der schlürfte aus einer Blechkanne Brotsuppe und fischte mit den Fingern die eingeweichten Brotstückchen heraus. Er sagte zu Olga, die Universität würde sie nicht aufnehmen, weil sie noch zu klein und nicht bewußt genug sei, zuerst müsse sie sich in der untersten Schule etwas beibringen lassen.

„Ich möchte in dem Internat wohnen", sagte Olga.

„Was ist denn so schön daran!" antwortete ihr der Alte. „Bleib bei deinen Eltern, dort hast du's besser."

„Großvater, laß mich deine Brotsuppe aufessen", bat Olga. „Du hast nur noch ein bißchen, wirst sowieso davon nicht satt, und die Brotstücke hast du ja schon rausgeholt."

Der Alte gab der Waise die Kanne.

„Iß nur, iß. Du bist noch klein, für dich reicht's. Vielleicht wirst du satt ... Zu wem gehörst du eigentlich?"

Olga machte sich über die Brotsuppe her und antwortete:
„Zu niemandem, ich gehöre nur mir selbst."
„Sieh einer an, sich selbst gehört sie – von wegen!" sagte der Alte. „Und warum ißt du dann meine Brotsuppe? Solltest dich auch selbst ernähren und auf freiem Feld leben."
Olga gab dem alten Mann die Kanne zurück.
„Iß allein auf, es ist noch was drin ... Die Menschen wollen mich nicht haben."

4

Als die Angestellten vom Speisesaal zurückkamen, nahmen sie sich des Mädchens an. Der Leiter des Büros schrieb einen Brief an die Lehrlingsausbildung für das Eisenbahnwesen, in dem er bat, die verwaiste Arbeitertochter zu den Kursen zuzulassen und sie mit allem Lebensnotwendigen zu versehen. Der alte Wächter führte Olga am Abend zu der angegebenen Adresse, und der Heimleiter wies ihr gleich in einem kleinen frischgestrichenen Zimmer Bett und Schrank zu neben einem zweiten ebensolchen Bett; weiter den Gang entlang gab es noch viele Zimmer, in denen Schüler wohnten. Am nächsten Morgen, wenn der Ausbildungsleiter kommen würde, sollte Olga, so sagte ihr der Heimleiter, ihr Aufnahmeformular ausfüllen.

Einige Tage brauchte Olga, um sich an ihre Freundinnen vom Internat und an das neue Leben zu gewöhnen, dann merkte sie, daß sie es hier gut hatte. Morgens und abends lernte sie in der Vorbereitungsklasse der Schule, dazwischen lag die Essens- und Erholungspause. Als der Ausbildungsleiter erfuhr, daß Olga unbemittelt war und das Essen im Speisesaal nicht bezahlen konnte, ordnete er an, der neuen Schülerin das Stipendium einen halben Monat im voraus auszuzahlen und sie außerdem mit Schuhen, Wäsche, Garn, zwei Paar Strümpfen, einer Jacke und allem, was ihr sonst noch zustand, auszustatten.

Die Niedergeschlagenheit und Lebensangst, die der Tod der Eltern, die eine Nacht bei der Tante und das Gefühl, alle kämen ohne sie aus und keiner brauchte sie, bei ihr ausgelöst hatten, legten sich. Olga sah sich geschätzt und geliebt, denn sie bekam Kleidung, Geld und Essen, als wären ihre Eltern wiederauferstanden und sie lebte wieder zu Hause bei ihnen. Also hielten alle Menschen, die ganze Sowjetmacht sie für unentbehrlich und hätten es ohne sie schlecht gehabt.

Olga lernte mit fleißigem Bemühen, und sie spürte ihr Herz ruhig und glücklich schlagen, manchmal nur litt es in untröstlicher Erinnerung an Vater und Mutter, und das Mädchen wünschte sich, wieder von irgendeinem einzelnen Menschen so geliebt zu werden wie von Vater oder Mutter, statt von allen zusammen, die sie jetzt ernährten und etwas lernen ließen, die sie aber nicht richtig kannte.

Wenn Olga nachts aufwachte, vergaß sie zuweilen, daß sie im Internat lag, und ihr war, als schliefen neben ihr im Dunkel in ihrem alten Bett Vater und Mutter, als pfiffe die Rangierlokomotive vom Bahnhof und als kläfften in der Ferne Hunde, die das Hab und Gut ihrer Herren in den verborgenen Winkeln der Höfe bewachten. Aber wenn sich dann ihre Augen langsam an die Dunkelheit gewöhnt hatten, sah sie ihre schlafende Nachbarin, die fünfzehnjährige Lisa. Die Freundin hatte immer einen sanften Schlaf, ihr ruhiger Körper atmete kaum hörbar; vielleicht träumte sie in mädchenhafter Vorahnung von dem kommenden glücklichen Leben; durch die dicken Wände des großen Hauses drang das dumpfe Getöse der Stadt, sich gleichsam entfernend, doch dann wieder anschwellend aus der nächtlichen Arbeit und Bewegung der Menschen heraus.

Im Klassenraum saß Olga neben Lisa, einer Halbwaise; ihr Vater war im imperialistischen Krieg ums Leben gekommen, ihre Mutter, eine noch junge Frau, hatte einen Gaststättenleiter geheiratet, und ohne sich weiter um ihre Tochter zu kümmern, hatte sie sich einem bewegten, satten Leben und irgendeiner gesellschaftlichen Tätigkeit hingegeben. Doch Lisa hatten sich andere Menschen eröffnet, die ihr nun nahestanden; sie hatte zwar die Mutter verloren, fand aber im Internat Freundinnen, erfuhr, wer Lenin war, was die Revolution, und die Trauer der Not und der Verwaisung wich aus ihrem Herzen, das bislang arm und unglücklich gewesen, denn sie hatte das Leben nur als die bittere Notwendigkeit gekannt, gemeinsam mit der Mutter Hunger und Schmerz zu leiden, in der Einsamkeit ihres Zimmers, neben dem Ofen, wo sie auf der breiten Bank schliefen und hin und wieder nur, wenn sie Hirse und Holzspäne auftrieben, Essen kochten. Dann zog die Mutter zu ihrem neuen Mann und vergaß, der Tochter Brot zu bringen …

Die Freundinnen, das Internat, das Lernen, die Laienzirkel, das Essen im Speisesaal, fix und fertig vorgesetzt – das war etwas ganz anderes als die Trostlosigkeit zu Hause, verbunden mit der ständigen Sorge um das tägliche Brot, die ein Kinderherz zermürbt.

Zuerst konnte Olga nicht begreifen, wie es kam, daß sie hier verpflegt wurde, in Sauberkeit und Wärme wohnen durfte und außer lernen nichts zu tun brauchte – ihre einzige Beschäftigung war denken, lernen, Musik hören, wenn abends im Klub die Harmonika spielte, und Bücher lesen, die das ganze Leben beschrieben. Und sie hatte Angst, aus der Schule und dem Internat verjagt zu werden, denn vorerst bestand doch kein Anlaß, sie zu lieben, zu verpflegen und vertrauensvoll Volksgut für sie auszugeben. Olga fürchtete nicht Entbehrungen und unwirtliche Übernachtungsstätten, aber es hätte ihr leid getan, das schöne, lustige Leben im Internat und das Gefühl der Freiheit und des eigenen Wertes, das ihr die Bücher und die Lehrer im Kursus vermittelten, wieder aufzugeben; sie wollte nicht mehr so wie früher leben, das Herz verborgen und still, sie wollte alles empfinden, was ihr früher unbekannt gewesen war.

Auf der Festveranstaltung zum Jahrestag der Oktoberrevolution hörte Olga zum erstenmal in ihrem Leben eine lange musikalische Darbietung auf einem Klavier, das aus dem Palast der Arbeit herbeigebracht worden war, und ihr kamen die Tränen, weil alles so schön war, weil das Leben nicht langweilig und gewöhnlich sein durfte, weil es zauberhaft sein mußte, einer wahren Vorahnung im kindlichen oder jugendlichen Herzen gleich.

Olga fragte Lisa, die neben ihr saß:

„Lisa, wird man uns nicht wieder nach Hause jagen? Ich hab doch kein Zuhause mehr! Wer tut das alles für uns?"

„Lenin", sagte Lisa. „Er wird uns nie was zuleide tun!"

„Und weswegen nicht?" fragte Olga.

Lisa sah sie verwundert an. „Weswegen? Weil er auch uns liebt, wir sind doch die künftigen Menschen, wir werden der Kommunismus sein. Ohne uns wird es allen schlecht gehen."

Olga dachte nach, sie begriff nicht, was Lisa meinte.

„Wie wird er denn sein, der Kommunismus? Wir müssen uns doch anstrengen!"

„Lenin weiß, wie alles sein wird!" antwortete Lisa leichthin.

Olga betrachtete Lenins Bild. Er ist schon alt, dachte sie, wie mein Vater. Wir essen viel Brot und tragen die Sachen schnell ab, und gestern, da sind fünf Fuhren Holz für den Lehrgang gekommen – wir müssen schnell lernen und groß werden, um selber zu arbeiten. Olga war von kleinem Wuchs und schwächlich, sie wußte es selbst. Wenn ich nur nicht sterbe, sorgte sie sich, vor kurzem sind doch Typhus und Grippe umgegangen, sonst gibt Lenin für uns das Letzte her, wir aber sterben mir nichts, dir nichts an einer Krankheit, ohne etwas geleistet, ja ohne ihn auch nur einmal gesehen zu haben.

Nachts zog sich Olga die Decke über den Kopf und dachte über das Leben nach, über ihr eigenes und über das gemeinsame Leben aller. In ihrer Vorstellung war Lenin für sie und für alle armen, guten

Menschen der lebendige, oberste Vater, und dieser Gedanke gab ihr ein klares, sicheres Glücksgefühl, als ob die ganze bisher trübe Erde vor ihr nun von Licht und Klarheit erfüllt wäre, und ihre klägliche Angst, Brot und Unterkunft zu verlieren, wich. Denn konnte Lenin sie etwa kränken oder ohne Hoffnung und ohne Angehörige wieder allein auf der Welt lassen? Olga war für eine zweckmäßige Einrichtung der Welt, alles darin sollte passend und verständlich sein, so konnte sie besser darüber nachdenken und glücklicher leben.

5

Geschwächte und magere Schüler erhielten gewöhnlich beim Mittagessen, wenn sie darum baten, einen zweiten Teller Suppe oder Brei. In der ersten Zeit ließ sich Olga auch oft Nachschlag geben, um satt zu werden, aber jetzt verlangte sie keinen Nachschlag mehr und sah Lisa mißbilligend an, die immer die doppelte Portion aß. Olga ging sparsam um mit den gemeinschaftlichen Nahrungsmitteln der Republik, sie wollte, daß mehr Brot übrigblieb für die Rotarmisten und für die Arbeiter – für alle, die jetzt wichtiger waren als sie.

Aber nach ein paar Monaten, als es auf den Frühling zuging, wurde eines Tages die Lebensmittelbelieferung für ihre Küche gesperrt und das Stipendium aller Kursanten einbehalten. Schuld daran waren, wie sich später herausstellte, weiße Offiziere, die im Lebensmittelkomitee und in der Finanzabteilung des Gouvernements arbeiteten, und Leute, die sie mit dem Dienst in den Sowjetbehörden betraut hatten.

Lisa brach schon am dritten Fastentag in Tränen aus, Olga aber weinte nicht. Sie ging am frühen Morgen in den zweiten Stock des Hauses, wo alle möglichen Privatpersonen wohnten, und bat die Hausfrauen um Arbeit im Haushalt; den Unterricht versäumte sie an diesem Tag. Aber die Hausfrauen verrichteten aus Sparsamkeit alles selbst, und nur in einer einzigen Wohnung trug ihr eine üppige Frau namens Polina Eduardowna auf, die Fußböden zu wischen, denn ihrer Fülle wegen fiel ihr das Bücken schwer. Für diese Arbeit erhielt Olga ein Pfund Brot, zwei Stück Zucker und etwas Geld.

Im Internat wartete Olga auf Lisa, bis der Vormittagsunterricht zu Ende war, und teilte mit ihr Brot und Zucker. Lisa aß ihr Teil auf, wurde aber nicht satt und ließ wieder den Kopf hängen.

„Sag, was waren heute für Stunden?“ fragte Olga sie.

„Heute war der Unterricht uninteressant!“ antwortete Lisa.

Olgas Gesicht verfinsterte sich.

„Du mußt jetzt für dich und für mich lernen, solange wir kein Stipendium bekommen", sagte sie. „Ich bringe dir zu essen und schreibe alles von dir ab, abends erledige ich dann die Hausaufgaben."

„Was willst du denn machen?" fragte Lisa.

„Fußböden wischen und auf Kinder aufpassen, zu tun findet sich überall", sagte Olga traurig. „Du lerne, ich füttere dich schon durch."

„Ich hab Hunger. Ich bin von deinem Brot und dem Stückchen Zukker nicht satt geworden."

„Ich besorg dir gleich noch Brot", versprach Olga und verließ das Zimmer.

Sie ging zur Tante, hatte aber Angst, gleich ihr Haus zu betreten, und setzte sich auf die Schienen gegenüber den Fenstern von Tantes Haus. Die alten Schienen, die wer weiß wem gehörten, lagen noch an der alten Stelle, und Olga, froh über das Wiedersehen, streichelte sie lächelnd wie alte Bekannte. Lange saß sie so und konnte sehen, daß die Tante zweimal aus dem Fenster zu ihr hinüberblickte, aber das machte es ihr noch schwerer, ins Haus der Verwandten zu gehen, obwohl sie in der Winterkälte jämmerlich fror.

Am Abend trat Tatjana Wassiljewna aus der Pforte und rief zur Nichte hinüber:

„Komm schon, was sitzt du dort! Laß dir meine Hirsesuppe schmekken!"

Olga ging ins Haus und aß Hirsesuppe aus dem Blechnapf, den ihr die Tante reichte; Arkadi Michailowitsch war nicht zu Hause, aber Tatjana Wassiljewna drängelte. Olga möge schneller essen, weil sie weggehen müsse, und vergaß in der Eile sogar, ihr Brot dazuzugeben, dessentwegen Olga zur Tante gekommen war, um es Lisa zu bringen.

Als die Nichte die Hirsesuppe ohne Brot aufgegessen hatte, sagte Tatjana Wassiljewna unerwartet:

„Bleib noch ein bißchen, für mich ist's noch zu früh zum Gehen!" Und wischte sich plötzlich mit der Schürze die Augen, in denen gar keine Tränen standen oder nur wenige.

Dann erzählte die Tante Olga, daß sie jetzt zur Eisenbahnerkantine gehen müsse: Ihr Mann, Arkadi Michailowitsch, wasche sich jetzt immer nach der Schicht gleich an der Lok und begebe sich dann in die Kantine, wo er auf seine alten Tage mit einer Serviererin, der Marusska Wichrewa, angebändelt habe, und sie müsse jetzt hingehen, um sich von seiner Untreue zu überzeugen.

„Tante", bat Olga, „geben Sie mir ein Stück Brot, möglichst groß!"

Die Tante sah die Waise schweigend an und überlegte eine ganze Weile.

„Nimm dir schon“, sagte sie dann, erbittert über ihr zerstörtes Leben. „Für mich ist es sowieso kein Leben mehr! Ach, ich Armselige!“

Tatjana Wassiljewna begann zu weinen und zu jammern – um sich, um ihren Mann, um das leer gewordene Haus; Olga öffnete unterdessen den Speiseschrank und nahm ein Brot heraus. Die Tante sah sie an, sagte aber nichts, erst als Olga das Brot durchschnitt und eine Hälfte an sich nahm, schrie sie auf und weinte noch heftiger.

„Nun ist's aus mit meinem Leben!“ sagte sie leise. „Wen soll ich jetzt versorgen, wem zu essen geben, auf wen warten!“

Olga versprach, die Tante bald wieder zu besuchen, und verabschiedete sich; sie hatte es eilig.

„Komm wenigstens du zu mir!“ bat Tatjana Wassiljewna. „Du siehst, was aus mir geworden ist, ich bin doch gar kein Mensch mehr.“

Im Internat traf Olga Lisa an; sie hatte den Abendunterricht vor der letzten Stunde verlassen. Olga gab ihr das Brot, und während Lisa aß, nahm sie sich wieder den heute behandelten Unterrichtsstoff vor, um nicht zurückzubleiben. Lisa kaute und erzählte der Freundin, was heute behandelt worden war, aber sie hatte wenig mitbekommen und konnte nicht erklären, was eine Periodenzahl ist.

„Du mußt dich mehr anstrengen“, sagte Olga zu ihr. „Warum gehst du eher vom Unterricht weg? Und wenn du in der Stunde dasitzt, woran denkst du? Ach, du Armselige.“

„Was geht dich das an?“ Lisa war beleidigt. „Was werden wir morgen essen?“ Sie seufzte.

„Was wir heute gegessen haben, das essen wir auch morgen“, antwortete Olga. „Ich werd schon was besorgen. Hättest besser nicht davon geredet, daß wir die künftigen Menschen sind, wenn du immer gleich Angst hast zu sterben und dir nicht einmal merken kannst, was eine Periodenzahl ist. So waren die Leute früher, die Bürgerlichen – die seufzten und fürchteten sich, und dabei wurden sie vierzig und fünfzig Jahre alt ... Wir müssen heil bleiben, uns liebt Lenin!“

Lisa legte das Brot beiseite und sagte: „Ich tu es nicht wieder. Komm, wir machen die Hausaufgaben zusammen, ich hatte Bauchzwicken vor Hunger.“

„Hast wohl nichts außer dem Bauch?“ sagte Olga ärgerlich. „Irgendwo müßtest du auch Bewußtsein haben.“

Die Freundinnen setzten sich an den kleinen Tisch, um die Hausaufgaben zu erledigen, und noch lange schien das Licht auf die beiden nachdenklich gebeugten Köpfe, in denen jetzt, genährt vom Herzblut, der menschliche Verstand arbeitete. Doch dann nickten sie unversehens ein, und als sie für einen Moment aufwachten, lächelten sie und legten sich in ihre Betten zu lautlosem Kinderschlaf.

Am anderen Morgen ging Olga wieder bei Leuten arbeiten, um sich und Lisa zu ernähren, und Lisa hatte vorläufig für sie beide zu lernen.

Olga mußte eine Stelle als Tageskindermädchen bei einem früh verwitweten Mann annehmen – eine andere Hausarbeit war nirgends zu finden. Das Kind war erst eineinhalb Jahre alt und hieß Juschka. Olga mußte täglich neun bis zehn Stunden bei dem Jungen bleiben, bis sein Vater gegen Abend vom Werk heimkam. Sie erhielt dafür freie Kost und Lohn nach dem Tarif der Beschäftigten des Gaststätten- und Kantinenwesens.

Olga gewann Juschka lieb; der Junge hatte einen großen Kopf, dunkles Haar und klare graue Augen, die aufmerksam und gutmütig alle Erscheinungen und Vorgänge im Zimmer beobachteten; er weinte kaum und ertrug ohne Mißlaunigkeit und Übelnehmen alle Unbilden seines Kleinkindlebens. Olga gefiel an ihm besonders eine Eigenschaft: Er gab ihr nach einer Weile immer alles zurück, was sie ihm geschenkt hatte, und fügte noch etwas hinzu, was in seiner Nähe lag – in der Wiege oder auf dem Fußboden, wo er spielte und umherkrabbelte. Gab ihm Olga eine alte Klapper, so schenkte er ihr dafür das Holzfäßchen, mit dem er gerade gespielt hatte, und streckte ihr dazu noch die Milchflasche mit dem Schnuller oder sonst etwas anderes von seinen Sachen hin. Wenn sie ihn mit Brei fütterte, aß er nur dann willig, wenn sie mit ihm aß, immer abwechselnd einen Löffel für sich, einen für ihn – anders wollte er nicht essen. Wahrscheinlich noch an die Mutter gewöhnt und im Glauben, das Kindermädchen sei diese seine mit unveränderter Liebe zu ihm zurückgekehrte Mutter, tastete Juschka nach ihren Brüsten und sah sie kläglich an. Olga schob seine Händchen fort, suchte ihn davon abzubringen, doch Juschka verlangte weiter nach der Muttermilch, die er sicherlich zuwenig genossen hatte; eines Tages vermochte sie dem Drängen des Kindes nicht länger zu widerstehen und gab ihm eine ihrer Brüste in den Mund, wenn es ihr auch schwerfiel, denn ihre Brust bildete sich erst und war noch sehr klein. Doch Juschka, der vergeblich saugte, schmatzte gierig mit den Lippen und war schließlich zufrieden, als hätte er sich tatsächlich satt getrunken. Er umfaßte Olgas Hand und schlief bald ein in vergessenem und ihm nun wiedergegebenem Glück. Seinem Kindermädchen dieses Glück zu vergelten, dazu fehlte ihm vorerst jede Möglichkeit.

Genau einen Monat lebte Olga als Kindermädchen und brachte jeden Abend Lisa einen Teil ihrer Verpflegung. Dann entfiel für sie die

Notwendigkeit, arbeiten zu gehen: Die rückständigen Stipendien wurden den Kursanten voll nachgezahlt, und ihre Küche bekam wieder Lebensmittel. Aber Olga brachte es nicht über sich, Juschka ohne ihre Hilfe zu lassen; sie besuchte ihn fast täglich in der Mittagspause oder am Abend, wenn der Unterricht zu Ende war.

Juschka hatte schon ein anderes Kindermädchen, eine alte Frau, aber er mochte Olga mehr als sie und wollte immer zu ihr, um nach ihrer Brust zu suchen, und wenn die Alte irgendwo kramte und beide nicht sah, ließ ihn Olga heimlich an ihrer trockenen Mädchenbrust saugen.

Juschkas Vater, ein dreißigjähriger Diesellokschlosser, betrachtete Olga schweigend, wenn sie in seinem Beisein das Kind hütete und liebkoste, und flüsterte vor sich hin: „Wie schade, wie schade!" Es tat ihm leid, daß Olga nie Juschkas Pflegemutter werden konnte, und er wandte sich von dem Sohn und von Olga ab und blickte durch das Fenster, das sich allmählich trübte, weil seine Augen sich unaufhaltsam mit Tränen füllten.

Die alte Kinderfrau gefiel Olga nicht; sie konnte jetzt Juschka nicht jedem anvertrauen, deshalb machte sie eine Kinderkrippe ausfindig und überredete den Vater, Juschka dort unterzubringen. Der Vater war zuerst unschlüssig, er glaubte nicht, daß staatliche Kindermädchen, Gewerkschaftsmitglieder, die ihren Lohn nach einem Tarifsystem erhielten, Kindern die Mutter ersetzen konnten, aber Olga hielt dem entgegen, auch sie sei ein staatliches, ein sowjetisches Kindermädchen und habe bei ihm den Lohn nach Tarif erhalten. Der Vater überlegte und willigte dann ein, Juschka in die Kinderkrippe zu bringen.

6

Als Olga und Lisa nach drei Jahren den Kursus beendet hatten, wurden sie an eine Eisenbahnstrecke zum Praktikum geschickt. Vor der Abreise verabschiedete sich Olga weinend von Juschka. Der herangewachsene Junge nannte sie schon lange Mama; er umarmte sie und ließ sie nicht los, bis sie sich trennen mußten.

Olga war jetzt siebzehn und Lisa achtzehn Jahre alt. Als Freundinnen schickte man sie zusammen zum Praktikum, damit sie sich nicht einsam fühlten und besser arbeiteten.

Sie hatten ihr Praktikum auf der kleinen Eisenbahnstation Serga abzuleisten, unweit der Stadt, in der sie gelernt hatten. Hier sollten sie im Bahnhofsbüro und beim Wiegen der Güter arbeiten, den Fahrdienstleiter vertreten und sogar eine Rangierlokomotive fahren lernen.

Es war Sommer, eine Wohnsiedlung gab es in der Nähe des Bahnhofs nicht, deshalb brachte der Bahnhofsvorsteher die Kursantinnen in einem für Truppentransporte eingerichteten Güterwagen unter, der auf einem entfernten Stumpfgleis stand.

Die Freundinnen wollten ihr Praktikum auf der Lokomotive beginnen, der Bahnhofsvorsteher war damit einverstanden, und so verbrachten sie viele lange Sommertage auf einer alten Lokomotive der Baureihe „O-w". Der Lokführer, ein bejahrter Mann, war in Urlaub, ihn vertrat der Heizer Iwan Podmjotko, ein wortkarger Bursche Anfang der Dreißig, und Olga und Lisa waren jetzt zu zweit seine Gehilfen. Podmjotko unterwies die Mädchen nach seiner eigenen Methode: Er brachte ihnen bei, wie man auf der Maschine nicht arbeiten durfte.

„Seht her, ich öffne jetzt den Dampfregler, und der Zug rührt sich trotzdem nicht von der Stelle", sagte Podmjotko. Er öffnete den Regler, aber die Maschine bewegte sich nicht.

Olga und Lisa sollten herausbekommen, wie das kam.

„Die Steuerung ist nicht ausgelegt, dreh mal!" sagte Olga.

„Stimmt." Podmjotko lächelte. „Und wenn ich die Maschine jetzt mit Volldampf laufen lasse und dann plötzlich die Steuerung mit ganzer Kraft zurückkurble, während der Regler offenbleibt, was passiert dann?"

„Wenn du die Zylinderventile nicht öffnest, brechen die Zylinderdeckel, oder der Kolben verbiegt sich, oder die Kuppelstangen werden beschädigt", meinte Olga.

„Ja, das weiß jedes Kind", sagte Podmjotko zustimmend. „Und einen Kessel zum Platzen bringen, könnt ihr das? Das lernt ihr noch bei mir ... Nun, das machen wir später, jetzt reibt erst mal die Maschine blitzblank und wascht euch selber, hockt hier auf der Lok, total verdreckt, die reinsten Schmutzfinken, dabei bedeutet Schmutz unnötige Reibung und Tod! Seht mich an und denkt nach!"

Nach drei Monaten auf der Lokomotive arbeitete Lisa beim Bahnhofsvorsteher im Büro weiter, um die Kunst des Zugverkehrs nach Bildfahrplänen zu studieren, während Olga in den Güterschuppen kam, als Gehilfin des Wiegemeisters; sie wollte sich im Güterumschlag, der wichtigsten Aufgabe der Eisenbahnen, ganz genau auskennen.

Im Spätherbst war das Praktikum der beiden Kursantinnen zu Ende. Sie sollten nun wieder zum Kursus zurück, die Prüfungen ablegen und dann ihren ständigen, normalen Dienst antreten. Sie würden wohl kaum beide dieselbe Arbeitsstelle zugewiesen bekommen, und so stand den Freundinnen die Trennung bevor. An den Abenden saßen sie oft mit herausbaumelnden Beinen in ihrem Wohnwagen und unterhielten sich vom großen Leben, das sie erwartete. Vor ihnen lag trübe die nächtlich kühle Steppe, groß, traurig, doch gütig und zauberhaft wie die kommende Zeit, die auf die Jugend wartet. Den Freundinnen stockte das Herz in Vorgefühl und Einbildungskraft, und sie umarmten einander voll Vertrauen.

Kurz bevor sie für immer von der Station abreisten, wachte Olga eines Nachts im Morgengrauen auf. Lisa lag fest schlafend neben ihr, die graue Decke, die sie sich aus einem Schlafwagen geholt hatten, über den Kopf gezogen. Im Wagen war es wie immer warm und still, die Freundinnen hatten ihn während des langen Sommers wohnlich gemacht. Und diese dunkle, stille Behausung durchdrang plötzlich das ferne, erregte, von Wind und Geschwindigkeit zerfetzte Pfeifen einer Lokomotive. Da begriff Olga, warum sie aufgewacht war: Die Lokomotive hatte sicherlich schon vorher, als sie noch schlief, geschrien. Sie sprang hoch und rüttelte Lisa wach.

„Wach auf! Bei der gehen die Bremsen nicht!“

Olga griff ihre Sachen vom Hocker und zog sich an. Die Lokomotive sang wieder ihr Lied, jetzt schon näher. Olga lauschte den Worten der Maschine.

Nein, überlegte sie, sie verkündet, daß ihr der Zug gerissen ist.

Sie schob die Tür auf, sprang aus dem Wagen und lief zum Bahnhof; auf Lisa zu warten, hatte sie keine Zeit mehr, mochte sie ruhig unter ihrer Decke allein im Morgengrauen weiterschlafen.

Gegenüber dem Bahnhofsgebäude stand auf dem dritten Gleis eine einsame Lokomotive; sie war die einzige weit und breit, sonst war nichts ringsum; außer dem Bahnhofsgebäude war jetzt auch die Steppe hell und leer. Von der Lokomotive schauten zwei Männer nach dem herannahenden Zug aus – der alte Lokführer und sein Heizer Iwan Podmjotko; sie wollten wissen, was geschieht, wenn ein Zug gerissen ist. Gewöhnlich fuhren alle Züge, auch die Personenzüge, durch Serga durch, nur die Postzüge hielten.

In der vergangenen Nacht hatte der Bahnhofsvorsteher selbst Dienst gehabt. Er stand jetzt auf dem Bahnsteig, die Mütze in der Hand, und lauschte den Signalen des nahenden Zuges, der das lange Gefälle herabkam.

Olga lief zu ihm.

„Hören Sie? Der Zug ist gerissen!“

„Ich höre es“, antwortete der Vorsteher mißmutig, und dann beklagte er sich ärgerlich, nach der Art alter, müder Menschen: „Warum ereignet sich so was immer, wenn ich Dienst habe? Habe ich etwa keinen Anspruch auf Ruhe?"

Olga antwortete nicht. Sie sah in die Richtung, woher die Katastrophe nahte. Auch der erschrockene Bahnhofsvorsteher blickte dorthin.

In der Ferne waren die Schienen zu sehen, die schnurgerade vom Bahnhof eine lange, steile Steigung hinaufführten, und von dort, von der Steigung, brauste mit Volldampf und weit geöffnetem Regler breitbrüstig eine Lokomotive herab.

Die Lokomotive pfiff von Zeit zu Zeit, mal signalisierte sie das Reißen des Zuges, mal bat sie um freie Fahrt.

Der Bahnhofsvorsteher sah Olga aufmerksam an.

„Der Militärzug ist doch da gerissen! Wir müssen sofort was unternehmen!"

„Befehlen Sie!" bat ihn Olga.

„Gleich", sagte der Vorsteher erregt und hastig, „gleich kommt mir ein Gedanke!"

„Das dauert zu lange", entgegnete Olga. „Lassen Sie, ich weiß schon ..."

Sie sprang den Bahnsteig hinab, lief über die Gleise zu der kleinen Rangierlok und faßte nach der Griffstange am Aufstieg zum Führerstand. Dann drehte sie sich zu dem Vorsteher um: „Benachrichtigen Sie den nächsten Bahnhof, geben Sie freie Fahrt!" Und schon schwang sie sich in die leise schnaufende friedliche Lokomotive.

Das Ausfahrsignal zeigte Halt. Der Vorsteher sah es und verschwand vom Bahnsteig.

„Der Hilfsbläser!" rief Olga, als sie in der Lok war. „Wie könnt ihr hier ruhig sitzen und zugucken?"

Iwan Podmjotko betätigte schweigend den Hilfsbläser, öffnete die Tür der Feuerbüchse und beschickte sie mit vollen Schaufeln Kohle. Aber die Flamme wurde nicht vom Sog erfaßt und schlug in langen schwarzroten Zungen aus der Schüröffnung in den Führerstand.

„Fährst du mit?" fragte Olga den angejahrten ruhigen Lokführer.

Der antwortete nicht gleich. Er überlegte, faßte sich an sein Bartgestrüpp und sagte:

„Das Gefälle ist groß, da haut's uns in Klump. Hinter Serga geht es doch wieder abwärts bis zur Wolga, nur hier im Bahnhof ist eine kurze gerade Strecke. Ich habe Familie, viele Kinder ..."

Der Bahnhofsvorsteher hatte die Ausfahrt freigegeben. Die Lokomotive des Militärzuges pfiff ganz nah.

„Wir müssen losfahren, du steig ab, hüte deine Kinder!" sagte Olga zum Lokführer.

Podmjotko beschickte weiter hastig die Feuerbüchse.

„Und du?" fragte ihn Olga.

„Ich kann", antwortete Podmjotko. „Los! Ich habe keine Kinder!"

Der Vorsteher kam auf den Bahnsteig, in der ausgestreckten Hand die aufgerollte gelbe Signalflagge: Vorsichtige Fahrt nach eigenem Ermessen. Der schwere Zug rasselte indessen schon ganz nah mit seinen Stahlrädern, und die Lokomotive gab wieder heulend ihre Notsignale.

Der Lokführer sprang schweigend ab und ging langsam die Schienen entlang, als ob er etwas täte, was die Bedienung der Maschine betraf.

Der heranbrausende Zug verdeckte den Bahnhofsvorsteher. Als erste raste die Lokomotive vorbei, ihr folgten mit Heulen und Knirschen, mit übermütigem Federspiel mehrere Wagen, deren Türen sperrangelweit aufstanden. Wo bleibt nur Lisa? dachte Olga. Schläft sie etwa immer noch und hört nichts? In den offenen Türen der Wagen sah sie sekundenlang Rotarmisten mit ihren jungen, kräftigen Armen sich aufbäumende Pferde bändigen, die, scheu gemacht durch die Geschwindigkeit und die Schaukelei, mit den Hufen die Bretter aus den Wagenwänden herausschlugen, so daß das rohe Holz an den Bruchstellen zum Vorschein kam.

Die Lokomotive mit den Wagen hatte sich entfernt, auf dem Bahnsteig zurückgeblieben war ein von der Lokomotive heruntergeworfener Stab. Der Bahnhofsvorsteher hob den Stab auf, holte einen Zettel daraus hervor und las: „Zwanzig bis dreißig Wagen abgerissen. Lasse das Ende zurück. Geben Sie freie Fahrt, und verständigen Sie die nächsten Bahnhöfe! Lokführer A. Blagich."

Der Vorsteher sprang mit dem Zettel vom Bahnsteig, lief über die Schienen und gab ihn Olga.

Olga nahm den Zettel, las ihn und starrte in die Richtung, aus der die Lokomotive mit der Zugspitze gekommen war.

Von dort, vom Horizont, jagte das Zugende ohne Lokomotive immer schneller heran. Zunächst war nur die stumpfe, blinde Stirnwand des vordersten Wagens zu erkennen, die durch die Geschwindigkeit zusehends größer wurde.

Olga wußte nicht, wohin mit dem Zettel, sie nahm ihn zwischen die Lippen, drehte mehrmals das Handrad nach vorn bis zum Anschlag und öffnete den Regler; die Lokomotive setzte sich in Bewegung.

Nun schloß Olga den Regler, öffnete ihn wieder ganz weit und stellte ihn auf Volldampf. Die Lokomotive schoß vorwärts, aus dem Schornstein schlug mit heftigem Gekeuche weißes Gewölk.

Die Rangierlok hatte den Bahnhof schon verlassen, aber der Vorsteher zog für alle Fälle das Haltsignal, die rote Scheibe, auf und hielt die Innenfläche der freien Hand dem Zug zugekehrt. Mit Gebraus, mit der Musik der freien Geschwindigkeit tauchte vor ihm das Zugende auf, zwanzig, dreißig Wagen, meist offene Plattformen. Leichte Kanonen und Feldküchen standen darauf, unter Planen lag diverses Militärgut. Die Rotarmisten saßen ruhig auf den Wagen und sangen ihre Lieder. Nur ihr Kommandeur, der sich an einer Runge des Bremswagens festhielt, blickte schweigend nach vorn, und die Bremsen unter diesem Wagen waren, wie der Bahnhofsvorsteher zufällig bemerkte, fest angezogen; aber die Bremsen eines einzelnen Wagens konnte einen Zug, der talwärts jagte, unmöglich aufhalten.

Der Bahnhofsvorsteher begab sich sofort in den Dienstraum, um der Betriebsabteilung das heranreifende Ereignis zu melden.

Die von Olga geführte Lokomotive schaukelte bei der hohen Geschwindigkeit heftig, aber Olga verminderte die Dampfzufuhr nicht. Von Zeit zu Zeit warf sie einen Blick auf das Wasserstandsglas und nach hinten, wo der bergab mehr und mehr in Fahrt kommende abgerissene Zug immer näher rückte. Iwan Podmjotko beschickte ununterbrochen das Feuerbett, um den Druck im Kessel hochzuhalten und Vorsprung zu gewinnen. Aber bei einem Blick nach hinten kamen ihm Zweifel: das abgerissene Zugende näherte sich rasch.

„Den können wir nicht halten, der haut uns in Klump“, sagte er. „Wir gehen drauf dabei!“

„Spring ab!“ rief ihm Olga zu.

„Und du?“ fragte Podmjotko.

„Ich bleibe“, antwortete Olga.

Podmjotko öffnete das Feuerloch und schippte wieder Kohle ein. „Ich mach mit“, sagte er. „Wir schaffen's schon.“

Olgas Maschine lief mit Höchstgeschwindigkeit; die Treibstangen waren kaum noch zu sehen, so schnell bewegten sie sich. Nur Olga sah jetzt, in welcher Lage sich ihre Maschine befand. Der führerlose Zug fuhr schneller als ihre Lokomotive und war schon dicht an die fliehende Maschine heran.

„Iwan!“ schrie sie. „Schür das Feuer, schnell! Du hast die Flamme mit der Kohle erstickt. Was machst du mit mir!“

Podmjotko nahm den Feuerhaken und steckte ihn ins brausende Feuer. Aber der Abstand zwischen der Lokomotive und dem führerlosen Zug verringerte sich immer mehr. Werde ich jetzt wirklich sterben? dachte Olga. Ich möchte doch nicht!

Da hörte sie das Lied der Rotarmisten, das auf den Flachwagen des heranjagenden toll gewordenen Zuges gesungen wurde. Ich werde nicht sterben! entschied sie. Sie lehnte sich weit aus dem Fenster des

Führerstandes und sah, daß sie es jetzt schwer haben würde: die rasenden Wagen brachten ihre leichte Lokomotive bestimmt zum Entgleisen.

Sie drehte sich zu Iwan Podmjotko um.

„Spring ab! Gleich haut's uns in Klump!"

Iwan überlegte noch eine Weile.

„Wir müssen das Wasser aus den Zylindern ausblasen, dann geht's schneller!" Er riß den Hebel des Zylinderventils herum, faßte sodann nach der Griffstange und verschwand. Wahrscheinlich hatte er sich in die Sandbettung fallen lassen, um sein Leben zu retten.

Olga merkte, daß Podmjotko nicht mehr da war, und flüsterte „o Gott!", so wie ihre verstorbene Mutter zu sagen pflegte. Dann konnte sie keinen Gedanken mehr fassen. Sie spürte einen Schlag gegen die Maschine, und ihre Lokomotive machte einen Satz nach vorn wie ein verständiges Lebewesen. Olga sah aus dem Fenster nach hinten – was war passiert? –, da spürte sie einen zweiten, dumpf dröhnenden Schlag. „Ach, du Arme!" sagte sie vor Schreck laut zu sich. „Sie sollen ohne dich Lieder singen!" Olga schloß den Regler, streute Sand unter die Räder, kurbelte die Steuerung zurück, öffnete wieder den Regler auf Höchstgeschwindigkeit und leitete die Stellbremsung ein. Die Maschine blieb einen Augenblick unbeweglich stehen; Olga löste sofort die Luftbremse, dann stemmte sie sich in Rückwärtsfahrt mit der Maschine gegen den rammenden Zug, aber das Beharrungsvermögen der andrängenden hinteren Wagen hielt an, und sie drückten mit ihrer blinden Kraft den Tender in den Führerstand der Lokomotive mit dem einsamen Lokführer. Olga begriff, was da geschah, und machte sich auf ihrem Führerstand winzig klein. Tantes Mann, der Lump Blagich, Arkadi Michailowitsch, war das, er hat den Zug reißen lassen! Ich hatte doch den Zettel zwischen den Zähnen – wo ist er hin? Und wo ist Lisa, schläft sie etwa immer noch?

Olga wurde in der Maschine zusammengedrückt. Sie spürte, wie ihr heiß wurde, wie sie – ganz und gar, samt Kleidung – von einer fremden Kraft in den metallenen Leib des heißen Kessels gepreßt wurde und wie ihre Brust, an der Juschka gesaugt, barst.

Die Rangierlok entgleiste nicht einmal; es hatte nur den Tender in die Maschine hineingedrückt, gegen den Kessel, dafür war der ganze abgerissene Zugteil bis auf die Kupplung des gegen die Lok geprallten vorderen Wagens unversehrt geblieben. Jetzt stand der Zug friedlich auf der hohen Böschung, inmitten eines Feldes, auf das die windlose Morgensonne schien. Die Rotarmisten und der Kommandeur waren abgesprungen und liefen zur Lokomotive. Drin lag, schlafend oder tot, eine unbekannte einsame Frau. Der Kommandeur und sein

Gehilfe nahmen das Dach des Führerstandes auseinander, befreiten die Frau aus der Maschine und ließen sie auf die Arme der Rotarmisten hinab.

Dann trat der Kommandeur zur Seite und befahl laut:

„Vier Mann bleiben hier! Die übrigen im Laufschritt zurück zum Bahnhof. Die ersten vier gehen mit der Verletzten los, übergeben sie dann auf die Arme der nächsten vier und diese wieder den nächsten! Alles."

Eine halbe Stunde später war Olga, von den Rotarmisten getragen, wieder auf dem Bahnhof Serga. Mit ihr traf auch der Kommandeur des Militärzuges ein, der sie den ganzen Weg begleitet hatte. Er nahm über den Eisenbahntelegraphen Verbindung auf mit dem Militärbezirkskommando und meldete den Vorfall: Der Lokführer an Kopf und Brust verletzt, alle Rotarmisten unversehrt, das Militärgut heil; hätte der abgerissene Zugteil mit unkontrollierter Geschwindigkeit weiterfahren können, dann wäre er unweigerlich in der Kurve vor der Wolgabrücke oder auf der Brücke selbst entgleist oder aber auf dem Bahnhof jenseits der Brücke, in den er hineingerast wäre, in Trümmer gegangen. Aus dem Militärbezirk kam die Antwort, daß in einer Minute ein Rettungswagen mit zwei Ärzten und allem, was für die Behandlung benötigt wurde, abfahren würde; er würde die Chaussee als kürzeste Verbindung nehmen und den Bahnhof schneller als eine Eillokomotive erreichen.

Der Kommandeur beugte sich zu Olga herab, die auf einem Sofa im Telegraphenraum lag.

„Wen möchten Sie sehen? Wir lassen ihn gleich holen. Vielleicht jemanden von Ihren Angehörigen oder Freunden?"

„Juschka", sagte Olga, „sonst niemand. Mögen statt meiner alle Menschen auf der Erde leben ..."

„Gut", antwortete der Kommandeur und gab dem Telegraphisten ein Zeichen, sich bereit zu halten. „Und wer ist Juschka?"

„Ein Kind", sagte Olga.

Der Kommandeur wunderte sich über die Jugendlichkeit der Mutter, sagte aber nichts.

Sie war lange krank, ertrug die Krankheit mit Geduld, genas aber, lebte wieder auf und lebt bis heute.

Michail Scholochow

Sturm über der Steppe

Von weit her zieht durch die Steppe am Don die alte Hetmanstraße zum Meer, linker Hand begleitet von Flachland und Schwemmwiesen wie von fahlgrünem Nebel, durch den hie und da ein See aufblitzt, der keinen Namen hat. Rechts mürrische, breitstirnige Berge. In der Ferne, hinter dem im Dunst vergehenden Band des Heerweges und der Kette niedriger Hügel, erkennt man kleine Fließe, verstreute Kosakendörfer und Weiher und das graue, zottelige Grasmeer der Steppe.

Der Herbst ist in diesem Jahr zeitig dran. Seine ätzenden Frühfröste spritzend, nimmt er der Steppe ihr Kleid.

Als der Vater eines Morgens in der Walkstube die Wolle verlas, sagte er zu Pjotr: „Na, Söhnchen, jetzt hätten wir Arbeit, daß es gern knapper sein dürfte. Der Frost ist da. Die Kosakenfrauen kämmen die Wolle, da heißt's für unsereinen, die Krempel gedreht. Raus aus den Ärmeln, sonst wird der Rücken naß."

Der Vater hob den Kopf, lächelte. Seine hellen, verblichenen Augen wurden schmal, und in die graustoppeligen Wangen schoben sich schwarze, krumme Furchen.

Pjotr saß auf dem Tisch und schnitzte an einem Leisten. Er blickte den Vater an, sah das Lächeln auf seinem müden Gesicht erlöschen und schwieg.

Stickig war's in der Walkstube, zum Übelwerden. Von der abgeschrägten Decke tropfte es gleichmäßig. Brummer krochen träge über die fliegenbeschmutzte Glimmerscheibe des Fensterchens. In blassen Regenbogenfarben spiegelten dahinter der bereifte Knüppelzaun, die Weidenbäume und der Brunnenschwengel, mit stumpfem Grünspan überzogen. Pjotr hatte nur kurz hinausgesehen, dann richtete sich sein Blick wieder auf den nackten, gebückten Rücken des Vaters. Die Lippen bewegend, zählte er die Vorsprünge am Rückgrat und sah lange zu, wie die Schulterblätter sich regten und die welke Haut sich zu wulstigen Falten zusammenschob.

Mit raschem, geübtem Griff klaubten die gichtigen Finger des Vaters Disteln, Hacheln und Halme aus der Wolle. Im Takt der arbeitenden Hände nickten der zottige Kopf und an der Wand sein Schatten. Der gedämpften Schafwolle entstieg ein widerwärtig süßer und beißender Gestank. Schweiß lief in kleinen Perlen über Pjotrs Gesicht, die nassen Haare fielen ihm in die Augen. Er wischte mit der Hand über die Stirn und schmiß den Leisten aufs Fensterbrett. „Wie wär's, Vater, mit Mittagmachen? Sieh mal, wie hoch die Sonne schon steht. Fast im Zenit."

„Mittag? Wart's ab. Schau dir das Distelzeug an, das in der Wolle steckt. Ich plag mich hier schon über 'ne Stunde."

Doch Pjotr war schon vom Tisch gesprungen und guckte in den Ofen. Der Feuerschein züngelte über sein verschwitztes Gesicht. „Ich nehm die Suppe raus, Vater. Hab mächtig Kohldampf. Möcht was zwischen die Zähne kriegen."

„Gut, nimm sie raus, die Arbeit kann warten."

Sie setzten sich an den Tisch, wie sie waren, ohne erst das Hemd überzuziehen, und löffelten ohne Hast die mit Sonnenblumenöl angemachte Kohlsuppe.

Pjotr schielte zum Vater hin und sagte kauend: „Bist du aber mager geworden, Vater. Als ob eine Krankheit an dir zehrt. Nicht du ißt dein Brot, nein, dein Brot frißt dich."

Über die malmenden Backenknochen des Vaters glitt ein Lächeln. „Du komischer Kauz, du! So was will sich mit dem Vater messen. Ich komm zu Mariä Schutz und Fürbitte ins siebenundfünfzigste, und du bist kaum über siebzehn. Das Alter zehrt an mir, keine Krankheit." Er seufzte. „Die selige Mutter sollte dich sehen können."

Da waren sie still und hörten dem baßtiefen Brummen der Herbstfliegen zu. Auf dem Hof schlug wütend der Hund an. Schritte polterten am Fenster vorbei. Dann sprang die Tür auf, schlug an die Bütte mit der eingeweichten Wolle, und in die Hütte kam, mit dem Hintern voran, Sidor, der Schmied, ohne die Mütze abzunehmen. Er spie auf den Boden. „'n verdammter Rüde, wo ihr habt! Hat's alleweil auf die Partie oberhalb der Beine abgesehen, das Biest. Schnappt nach nichts anderem."

„Er weiß eben, du kommst die Filzstiefel abholen, und die sind noch nicht fertig. Deshalb will er dich nicht reinlassen."

„Ich bin gar nicht wegen der Filzstiefel da."

„Na, wenn's nicht deshalb ist, dann hock dich hin auf das Fäßchen hier und sei willkommen."

„Alle Jubeljahr mal kommt einer zu dir, und da soll er im Nassen Platz nehmen. Werd bloß nicht so ein Heimtücker wie dein Alter, Petrucha!"

In seinen Schnauzbart kollernd, hockte sich der Schmied neben die Tür. Lange drehten seine steifen Finger an einer Zigarette. Schmatzend rauchte er sie an, dann brummte er: „Weißt du's noch nicht, Großvater Foma?"

Der Vater stopfte gerade Wolle in den Sack, er schüttelte den Kopf, griente, gewahrte dann aber, daß die Augen Sidors vor Freude funkelten, und wurde neugierig. „Was gibt's?"

Das Gesicht des Schmiedes schwamm hinterm Rauchschleier. Wie beim Hasen huschten die Augen aufgeregt und vergnügt unter den flachshellen Brauen hin und her. „Die Roten gehen ran. Sind am Ufer drüben nicht mehr weit vom Don. In der Staniza wird schon von Rückzug gemunkelt. Heute früh bei Sonnenaufgang hab ich in meiner Schmiede geschafft, da hör ich auf einmal Reiter durch die Gassen sprengen. Ich steck den Kopf raus und seh sie auf mich zukommen. ‚Ist der Schmied da?' fragen sie. ‚Hier ist er', sag ich. ‚Im Handumdrehen wird die Stute beschlagen, machst du's schlecht, kriegst du die Knute, daß du nicht mehr aufstehst.' Kohlschwarz von oben bis unten, komm ich also raus, wie sich das gehört. Steht ein Oberst da, ich seh's an den Achselstücken, und neben ihm sein Adjutant. ‚Mit Verlaub, Euer Hochwohlgeboren, auf mein Handwerk versteh ich mich', sag ich, beschlag denen ihre Stute, schwing den Hammer und spitz derweil die Ohren. Und da ging mir denn auf, ihre Sache steht oberfaul." Sidor spuckte den Zigarettenstummel aus und zertrat ihn. „Also macht's gut! Sobald ich Zeit hab, komm ich wieder schwatzen."

Die Tür schlug zu. Der Dampf wallte an den schwitzenden Wänden der Walkstube entlang. Eine Weile blieb der Alte still, dann wischte er die Hände ab und trat zu Pjotr. „Siehst du, Petrucha, nun hat das Warten ein End. Die Kosakenherrschaft wird bei uns nicht mehr lange dauern."

„Der Sidor redet bloß so daher, fürcht ich, Vater. Wie oft hieß es

schon bei ihm, sie kommen, sie kommen, dabei war nichts zu hören und zu sehen."

„Laß nur, gut Ding will Weile haben. Hören und Sehen wird den Kosaken vergehen, wenn's soweit ist." Er hob die sehnige Faust, blasse Röte glomm auf den Backen, die nur Haut und Knochen waren. „Von Kindesbeinen an arbeiten wir für die Reichen, Junge. Die Hände anderer haben denen die Häuser gebaut, und ihr Brot ist mit dem Schweiß anderer getränkt. Nun heißt's, fort mit euch!" Der Vater brach in trockenes Husten aus. Wortlos winkte er ab und stand dann lange in der Ecke bei der Bütte, die Hand vor die Brust gepreßt. Schließlich fuhr er mit der Schürze über den Mund, wischte den rötlichen Speichel ab und sagte: „Zwei Wege kann einer nicht gehen, Junge. Uns ist nur einer gegeben, und den geh ohne Schwanken bis zum Tod. Wir sind als Walker zur Welt gekommen, und so müssen wir denn auch zu unserer Arbeitermacht stehen."

Wieder begann die Krempel in des Alten Händen zu surren und sang in tiefen, langgezogenen Tönen. Staub verhüllte das Fenster wie Spinnwebfetzen. Für einen Augenblick schaute die Sonne herein, aber sie machte sich bald davon, abwärts, dem Abend zu.

Tags darauf kam in die Walkstube ein Offizier in Begleitung eines Schreibers von der Vorsteherei. Der Fähnrich war jung und aufgeschwemmt. Er klopfte mit der Reitpeitsche an die blanken Stiefelschäfte und fragte: „Bist du Foma Kremnjow?"

„Der bin ich."

„Auf Befehl des Dorfatamans und des Zeugmeisters muß ich deinen Vorrat an fertigen Filzstiefeln beschlagnahmen. Wo hast du sie?"

„Euer Hochwohlgeboren! Ein Jahr lang haben wir dran gearbeitet, mein Sohn und ich. Wir verhungern, wenn Sie uns die Filzstiefel nehmen."

„Geht mich nichts an. Die Kosaken an der Front haben nichts an den Füßen. Ich frage noch mal: Wo sind die Filzstiefel?"

„Herr Fähnrich! Nicht nur mit Schweiß – mit Blut sind sie getränkt. Unser Brot sind sie!"

Über die pickligen Backen des Fähnrichs kroch ein giftiges Lächeln wie eine eklige Schnecke. Die Goldzähne unter dem Schnurrbärtchen blitzten. „Du sollst ja Bolschewik sein, hört man. Was regst du dich auf? Deine Roten kommen, die werden dir den Krempel bezahlen!" Sporenklirrend trat er in die Ecke, die Zigarette im Mund, und schleuderte mit dem Griff seiner Reitpeitsche ein Stück Sackleinen weg. „Aha, die Filzstiefel! Alles geht mit! Schustrow, schaff das Zeug auf den Hof! Der Wagen wird gleich dasein."

Aber da standen Vater und Sohn auf einmal wie eine Mauer vor den in der Ecke aufgestapelten Filzstiefeln.

Das Gesicht des Fähnrichs schwoll vor glutroter Wut. Auf seinen zuckenden Lippen schäumte Speichel, doch er hielt an sich und sagte nur heiser: „Morgen reden wir anders miteinander, alter Hund! Warte nur, wenn wir dich erst vorm Standgericht haben!"

Mit einem kräftigen Puff stieß er den alten Walker weg und schob die glatten, durchgetrockneten Filzstiefel mit den Füßen zur Schwelle hin. Der Schreiber nahm sie bündelweis auf und warf sie aus der weitgeöffneten Tür.

Rasselnd kam ein Kutschwagen gefahren und hielt vorm Tor. Der Berg Filzstiefel in der Ecke schwand zusehends. Der Alte schwieg. Doch als der Schreiber in einem auch nach seinen abgetragenen Filzstiefeln auf dem Ofen griff, da ging er auf ihn zu und preßte ihn mit unerwartet hartem Griff gegen den Ofen. Der Schreiber, ein stumpf dreinblickender, pockennarbiger Kerl, riß sich los – sein zerschlissenes Hemd platzte am Kragen auf – und hieb dem Alten die Faust ins Gesicht. Pjotr schrie auf und stürzte zum Vater. Doch auf halbem Weg traf ihn der Pistolenknauf des Fähnrichs hart an der Schläfe, und er sank mit vorgestreckten Armen zu Boden.

Die Augen herausquellend und blutunterlaufen vor Jähzorn, sprang der Fähnrich mit einem Satz zu dem alten Walker und schlug ihm schallend ins Gesicht. „Mach ihn mit dem Säbel nieder, Schustrow! Auf meine Verantwortung. Hau zu, sag ich, gottverflucht noch mal!"

Der Schreiber hatte noch immer die Filzstiefel in der Linken, während seine Rechte nach dem Säbel langte. Der Alte war in die Knie gesunken, sein Kopf hing herab, die Schulterblätter auf dem ausgemergelten bräunlichen Rücken arbeiteten. Der Schreiber sah den grauhaarigen, bis auf die Erde gesunkenen Schädel, sah die alte, welke Haut über den kantigen Rippen – da wich er leise zurück und ging mit einem unsicheren Blick auf den Offizier hinaus.

Heiser fluchend, schlug der Fähnrich auf den Alten mit der Reitpeitsche ein. Die Hiebe klatschten auf den gekrümmten Rücken nieder, tiefrote Striemen schwollen auf, die Haut zerplatzte, in dünnen Rinnsalen sickerte Blut. Ohne einen Laut duckte sich der blutüberströmte Schädel des Walkers immer tiefer hinab zum Lehmboden …

Als Petka zu sich kam und sich taumelnd aufrappelte, war die Walkstube leer. Die Tür stand sperrangelweit offen, und der kalte Wind trieb einen Haufen fahler Pappelblätter und Staub herein. An der

Schwelle leckte die Hündin des Nachbars geschäftig eine Lache geronnenen schwarzen Blutes auf.

Durch die Staniza führt die Landstraße. Auf dem Kirchplatz laufen die Wege von den Chutors, den taurischen Siedlungen und den abgelegenen Steppengehöften zu einem Knoten zusammen.

Kosakenregimenter, Troß und Strafkompanien ziehen durch die Staniza zur Nordfront. Auf dem Platz ist immer viel Volk. Die schaumbedeckten Kurierpferde nagen an den verwitterten Zaunpfählen der Vorsteherei. In den Pferdeställen des Dorfes hat das 2. Donkorps seine Versorgungs- und Munitionslager eingerichtet. Die Posten verfüttern schlecht gewordene Konserven an die feisten Schweine. Der ganze Platz riecht nach Lorbeerblatt und Lazarett. Hier liegt auch das Gefängnis: In aller Eile eingesetzte rostige Gitter vor den Fenstern, am Tor ein Posten, eine umgekippte Feldküche, ein Schilderhaus mit Fernsprecher.

Und durch den Ort bis in die entlegenen engen Gassen treibt der Herbstwind an den Knüppelzäunen entlang das rostige Gold der Ahornblätter und zaust an den Schilfzotteln der Scheunendächer.

Petka erscheint vor dem Gefängnis. Der Posten vorm Tor hält ihn an. „He, Junge. Komm nicht zu nah! Halt, sag ich! Zu wem willst du?"

„Den Vater möcht ich sprechen. Foma Kremnjow heißt er."

„Ja, so einen haben wir hier. Wart mal, ich geh den Chef fragen."

Der Posten geht ins Schilderhaus. Er rollt eine angeschnittene Melone unter der Bank vor, säbelt gemächlich eine Scheibe raus und ißt mit Knirschen und Schmatzen. Die braunen Kerne spuckt er Petka vor die Füße.

Petka sieht in das bronzefarbene, breitknochige Gesicht und wartet, daß der Posten mit dem Essen fertig wird. Der nimmt die Schale und schmeißt sie, weit ausholend, auf ein vorüberwackelndes Schwein. Lange und gedankenvoll schaut er ihm nach, schließlich nimmt er gähnend den Telefonhörer ab. „Hier ist der Junge von Kremnjow. Er will ihn besuchen. Darf ich ihn durchlassen, Euer Wohlgeboren?"

Petka hört einen heiseren Baß aus dem Hörer bellen, die Worte sind nicht zu verstehen.

„Warte hier, du wirst durchsucht."

Eine Minute später kommen zwei Kosaken aus dem Tor. „Wer will zu Kremnjow, du? Hände hoch!" Sie wühlen in Petkas Taschen, befühlen die zerrissene Mütze, das Jackenfutter. „So, und jetzt die Hose runter! Nun ziert er sich noch, das Luder. Bist wohl ein kleines Mädchen, wie?"

Das Gatter fällt hinter Petka ins Schloß, dann quietscht der Riegel. An vergitterten Fenstern vorbei geht es in die Kommandantur. Aus jeder Ritze starren ihn Augen an.

Der lange Gang stinkt nach menschlichen Exkrementen und nach Schimmel. Die Steinwände blühen von wassergrüner Flechte und Schimmelpilz. Trüb leuchten die Ölfunzeln. Vor der letzten Tür im Gang macht der Posten halt, schiebt den Riegel zurück, stößt die Tür mit dem Fuß auf. „Los, rein!"

Die Arme vorgestreckt, sich mit den Füßen über den schadhaften Boden tastend, tappt Petka zur Wand. Durch ein winziges Fensterchen oben, dicht unter der Decke, sickert das blaue Licht des Herbsttages herein.

„Petka, bist du's?"

Stoßweis und keuchend kommt die Stimme des Vaters, wie bei einem, der lange krank gewesen ist. Petka läuft auf die Stimme zu. Unterm bloßen Fuß spürt er eine Filzmatte, er kauert sich hin und umfaßt wortlos den verbundenen Kopf des Vaters. Der Posten lehnt an der Tür, spielt mit dem Säbelriemen und grölt ein freches Lied. Gruselig huscht das Echo unter der gewölbten Decke.

Petkas Vater gibt ein ersticktes, meckerndes Lachen von sich, das Mut vortäuschen soll. Und Petka sieht von unten durch das winzige runde Fensterauge die trüben, grauen Wolkenballen in der Welt draußen und zwei Züge von ehernstimmigen Kranichen, die unter den Wolken den Himmel durchschneiden.

„Zweimal haben sie mich zum Verhör geholt. Der Untersuchungsrichter hat mit den Füßen auf mir rumgetrampelt, ich sollte unterschreiben, was ich nie ausgesagt hab. Nein, Petka, aus Foma Kremnjow bekommen sie kein Wort raus, und wenn sie sich auf den Kopf stellen. Totschlagen können sie mich, dafür fassen sie ihren Sold, aber von dem Weg, der mir vorgezeichnet ist von Geburt an, kriegt mich keiner ab."

Petka vernimmt das vertraute heisere Lachen des Vaters, und von aufquellender Freude erfaßt, starrt er in das erdfarbene, von Schlägen geschwollene, entstellte Gesicht. „Und was wird weiter? Wirst du lange hierbleiben, Vater?"

„Ich denke nicht, heut oder morgen komm ich raus. Am liebsten würden sie mich ja erschießen, die Schweinehunde, aber sie haben Angst. Das zugereiste Volk fängt mit Streik an, und so was können sie auf den Tod nicht leiden."

„Wirst du ganz freigelassen?"

„Nein. Damit die Sache nach was aussieht, bestimmen sie ein Ältestengericht aus der Staniza. Vor der ganzen Gemeinde soll ich gerichtet werden. Da werden wir ja sehen, auf welcher Seite das Recht ist. Noch ist nicht aller Tage Abend."

Der Posten an der Tür schnippt mit den Fingern und ruft, mit dem Fuß aufstampfend: „He, du Spaßvogel, schmeiß ihn raus, deinen Sohn! Für heute ist der Spaß zu Ende!"

Gegen Abend kam ein Nachbarjunge in die Walkstube gelaufen. „Pjotr!"

„Was ist?"

„Flink, lauf zum Platz! Vor der Vorsteherei schlagen die Kosaken deinen Vater tot."

Pjotr jagte los, barhäuptig, wie er war. Wie gehetzt rannte er die krumme Gasse hinauf, die sich am Fluß hinwand. Vor ihm flirrte das rosa Kattunhemd des Nachbarjungen an den Weidenzäunen entlang. Der von der Sonne strohgelb gebleichte Haarschopf flatterte im Winde. In jeden Hof schrie der Junge mit sich überschlagendem dünnem Stimmchen: „Zum Platz! Zum Platz! Die Kosaken schlagen den Walker Foma tot."

Aus Türen und Toren stürzten Kinder heraus, und das Trappeln ihrer nackten Füße erfüllte die Gasse.

Doch als Pjotr auf den Platz kam, war vor der Vorsteherei niemand mehr. Die Straßen und Gassen ringsum hatten die sich zerstreuenden Leute bereits aufgesogen.

Vor dem Pfarrhaus stand die dicke Popenfrau. Die Hand schirmend über die Augen gelegt, sah sie dem daherjagenden Petja entgegen. Sie trug über dem Kattunkleid ein Schultertuch, auf ihren dünnen bösen Lippen lag ein erstauntes Lächeln. Zu Petja hinüberblikkend, stand sie da, schabte sich mit dem Fuß die wie Sülze wabbelnde fette Wade und drehte sich zum Haus um. „Fekluscha, wo wird denn der Walker geschlagen?"

„Beim Kreuz, Mütterchen! Ich hab's mit eigenen Augen gesehen, wie sie ihn geschlagen haben." Auf der Treppe patschten Tritte. Mit den Armen rudernd, kam die schiefsteißige Köchin angehumpelt und sprudelte mit schriller Stimme hervor: „Ich guck, und da seh ich doch, sie bringen ihn aus dem Kerker zum Platz. Die Kosaken johlen und schreien, aber ihn ficht's nicht an! Geht ruhig dahin, der alte Hund, und feixt sich eins. Dabei hat er ein Gesicht, grün und blau, daß man Angst kriegt. Wie sie ihn also bei der Vorsteherei haben, geht's los, und wie! Patsch, patsch! hör ich's nur. Er hat ganz jämmerlich gebrüllt. Ja, da haben sie ihm den Garaus gemacht. Mit Stangen und Äxten sind sie drauf auf ihn, die meisten sogar nur mit Füßen."

Die Stufen der Vorsteherei herab stieg mit schwänzelndem Hintern der Dorfschreiber.

„Ach, Iwan Arsenjewitsch, auf ein Minütchen nur."

Der Schreiber zupfte an seiner weiten Reithose und ging, trippelnd und mit seinen blitzblanken Stiefeln liebäugelnd, auf die Popenfrau zu. Etwa acht Schritt vor ihr bog er seinen krummen Rücken gerade und legte lässig zwei Finger an den Mützenschirm, wie es der Oberst in der Kommandantur zu tun pflegte. „Wünsche einen guten Tag, Anna Sergejewna."

„Guten Tag, Iwan Arsenjewitsch. Es heißt, bei Ihnen ist jemand umgebracht worden."

Der Schreiber schob geringschätzig die Unterlippe vor. „Die Kosaken haben den Walker Foma totgeschlagen – wegen Zugehörigkeit zum Kommunismus."

Die Popenfrau hob schaudernd die Schultern und sagte seufzend: „Ach, wie schrecklich! Haben Sie etwa auch teilgehabt an dieser Untat?"

„Hm ..., ja ... Als sie losgeschlagen haben, sehen Sie, und der Kerl auf der Erde lag und schrie: ‚Schlagt mich tot, aber von der Sowjetmacht laß ich nicht', da freilich hab auch ich ihm mit dem Stiefel eins versetzt, aber ich hab's gleich bereut, daß ich mitgemacht hab. Nichts als Ärgernis hatt ich davon – die Hosen und die Stiefel sind ganz voll Blut gewesen."

„Ich hätt nie gedacht, daß Sie ein so gewalttätiger Mensch sind." Die Popenfrau zwinkerte dem feschen Schreiber lächelnd zu, während Petja, von einem buntscheckigen Haufen Dorfjungen umgeben, im blutgetränkten Sand vor der Vorsteherei hockte und eine formlose blutige Masse anstarrte.

Kraniche zogen übers Dorf und streuten ihre Lockrufe über die herbstkalte Erde. Stundenlang stand Petja in der Walkstube am Fenster und blickte hinaus.

Gegen Mittag kam Sidor, der Schmied, sah ein Weilchen zu, wie Petja Maiskörner zwischen zwei Ziegelsteinen zerrieb, seufzte und sagte: „Ach, Junge, viel Elend mußt du schmecken. Aber wart nur, laß den Mut nicht sinken, bald sind die Unsren da, dann wird das Leben leichter. Komm morgen zu mir ran und hol dir zwei Maß Mehl."

Aber das Leben wurde nicht leichter. Als Petja am nächsten Tag vor Sonnenuntergang über den Dorfplatz ging, kamen zwei Kosaken aus dem Gefängnistor geritten. Zwischen ihnen lief Sidor in knielangem Leinenhemd. Das Hemd war vom Kragen bis zum Bauch aufgerissen, und aus dem Riß sah das krause, borstige Brusthaar hervor.

Als sie neben Petja waren, wandte der Schmied ihm den Kopf zu und kam aus dem Tritt. „Zum Verschroten bringen sie mich. Leb wohl, Petjenka, mein Täubchen“, rief er.

Er winkte mit der Hand ab, Tränen liefen über seine Backen.

Die Zeit dehnte sich endlos wie in einem bösen Alptraum. Petja war voller Läuse. Die gelben Wangen mit verfilztem Flaum bedeckt, sah er älter aus als siebzehn Jahre.

Träge schlichen die grauen, trüben Tage dahin. Doch jeder Tag, der mit der Sonne hinterm Dorfrand verglomm, brachte die Roten näher. Bange Unruhe senkte sich in die Kosakenherzen, füllte sie zum Bersten.

Als die Frauen eines Morgens das Vieh zur Weide trieben, hörten sie hinter dem Stschegolsker Feld Kanonenschüsse. Hin und her sprang der dumpfe Hall zwischen den im grünen Morgendunst schlummernden Höfen, schlug gegen die Lehmwände der Walkstube und ließ das Glimmerfensterchen wie im Schüttelfrost erzittern.

Petja kletterte vom Ofen, warf rasch den Rock über und lief in den Hof. Neben dem runzligen alten Weidenbaum legte er sich auf den mit dünnem Eis überkrusteten Boden und hörte die Erde unter den Einschlägen der Kanonenkugeln greisenhaft ächzen, krächzen und stöhnen. Hinter dem dichten Pappelhain tackten hastig Maschinengewehre, ihr Tacken vermischte sich mit dem Kreischen der Dohlen.

Auch am nächsten Tag eilte Petja ganz früh auf den Hof raus. Das Ohr an die sengend kalte Erde gelegt, an der es festzufrieren schien, lauschte er. Verschlafen dröhnten die Geschütze, während die Maschinengewehre fröhlich und unternehmungslustig in der frostklaren Luft steppten: „Tack-tack-tack-tack.“

Erst seltener, dann häufiger trat minutenlange Stille ein, doch dann wieder, kaum hörbar: „Tack-tack-tack-tack.“

Petja zog sich den Mantel unter die frierenden Knie, als plötzlich hinter dem Zaun eine heisere Stimme krächzte: „Lauschst der Musik, Bürschchen? Eine hübsche Musik, he?“

Erschrocken sprang Petja auf die Füße. Helle Greisenaugen unter zottigen Brauen funkelten ihn an, aus einem gelben Bart stahl sich ein schlaues Lächeln.

An der Stimme erkannte Petja Alexander den Vierten, das war der Spitzname des Alten. Bemüht, das Beben in seiner Stimme zu unterdrücken, sagte er ärgerlich: „Mach, daß du weiterkommst, Väterchen. Das hier geht dich nichts an.“

„So, dich geht's was an, und mich geht's nichts an?“

„Laß mich in Frieden, Väterchen, sonst nehm ich Steine und vertreib dich. Dann jammerst du ach und weh.“

„Du gehst arg ins Zeug, Jungchen. Nur ruhig Blut, mein ich. Für solchen Respekt vor einem alten Mann möcht ich dich den Stock kosten lassen.“

„Ich tu dir nichts, tu du mir auch nichts.“

„So eine Rotznase, eine grüne, wenn man's recht nimmt. Und plustert sich auf wie ein Gottweißwer.“

Der Alte stützte sich mit den Händen auf zwei Zaunpfähle und schwang seinen hageren, sehnigen Körper leicht herüber. Die zerrissene Hose hochziehend, trat er zu Petja und ließ sich neben ihm nieder. „Sind die Maschinengewehre zu hören?“

„Der eine hört sie, der andere nicht.“

„Ich werd sie schon hören.“

Petja warf einen aufmerksamen Blick zu dem Alten hinüber, der sich bäuchlings auf der Erde hingestreckt hatte, und sagte unsicher: „Hinter dem Weidenbaum ist's noch besser zu hören.“

„Dann horchen wir mal hinter dem Weidenbaum.“

Der Alte kroch auf allen vieren zur Weide, krallte seine knorrigen Hände in die bloßliegenden Wurzelknorren und verhielt sich wohl zwei Minuten mäuschenstill. „Sieh mal an!“ sagte er schließlich und setzte sich auf. Er wischte sich den Rauhreif von den Knien und kehrte das Gesicht Petja zu. „Hör mal, Bürschchen, ich kann alles sehen, bis auf den Grund der Erde kann ich sehen. Und was in dir vorgeht, das tut sich mir auch offenbaren. Die Musik hier können wir noch lange hören, aber ich und mein Sohn, wir haben was vor. Meinen Jaschka kennst du doch? Den die Kosaken für seinen Bolschewismus verprügelt haben!“

„Ja.“

„Wir wollen also den Roten entgegengehn und nicht dasitzen und warten, bis sie kommen.“ Er beugte sich herab, sein Bart kitzelte Petja im Ohr, und sein säuerlicher Atem wehte ihm ins Gesicht. „Du tust mir leid, Bürschchen. Von Herzen leid! Komm mit uns weg von hier, spucken wir auf die ganze Donkosakenherrlichkeit. Einverstanden?“

„Spinnst du auch nicht, Väterchen?“

„Bist noch viel zu grün, um so was zu mir zu sagen. Ordentlich durchwalken sollte man dich für solche Reden. Die Spinnen spinnen, ich aber spreche die Wahrheit. Doch wozu mit dir streiten? Wenn du Lust hast, bleib hier.“

Er stapfte los, seine gestreiften Hosen flimmerten durch den Knüppelzaun.

Petja lief ihm nach und faßte ihn am Ärmel. „So wart doch, Väterchen.“

„Warten gibt's nicht. Wenn du mitwillst, bist du willkommen. Und wenn nicht, ist's auch kein Schande. Fällt das Weib vom Karren, haben's die Pferde leichter."

„Ich komm mit, Väterchen. Wann wollt ihr los?"

„Das bereden wir hernach. Komm heute abend zu uns auf die Tenne, da werden wir sehen."

Alexander der Vierte war von jeher ein aufsässiger Kerl gewesen. So wüst er im Rausch war, nüchtern war er der vortrefflichste Mensch. Seinen Nachnamen wußte niemand in der Staniza. Als er vor langer Zeit aus Iwanowo-Wosnessensk, wo eine Kosakenhundertschaft in Garnison lag, vom Militär zurückkam, hatte er auf einer Gemeindeversammlung im Suff erklärt: „Ihr habt euch mit eurem Zaren Alexander dem Dritten. Ich bin kein Zar, aber ich will Alexander der Vierte heißen, wenn ich nicht auf euren Zaren huste."

Es waren ihm damals durch Ältestenspruch die Kosakenrechte aberkannt und sein Landanteil entzogen worden. Obendrein hatte er auf dem Gemeindeplatz wegen Mißbrauchs des Herrschertitels fünfzig Keulenhiebe bekommen. Ansonsten sollte die Sache in Stillschweigen begraben sein. Nach beendeter Exekution verbeugte sich Alexander der Vierte vor seinen Dorfgenossen. Sich den letzten Hosenknopf zumachend, sagte er: „Ergebensten Dank, meine Herren Ältesten, bildet euch bloß nicht ein, ich hätt nun Respekt vor euch."

Wutentbrannt stieß der Ataman seinen Atamanenstab auf den Boden. „Wenn du keinen Respekt hast, kriegst du noch eine Zugabe."

Nach dieser Zugabe hielt Alexander der Vierte den Mund. Er wurde nach Hause getragen. Aber den Namen Alexander der Vierte behielt er bis an sein Lebensende.

Petja kam am frühen Abend zu ihm. Die Kate war leer. Im Vorraum knabberte eine schmutzigbraune Ziege an Kohlstrünken. Petja ging über den Hof. Da hörte er aus dem Schuppen den Alten ächzen: „Komm her, Junge."

Petja ging hin und sagte guten Abend. Aber der Alte sah nicht auf. Vornübergebeugt kniete er und schlug Kerben in einen Stein für den Dreschflegel. Unter den Hammerschlägen spritzten graue Splitter und grüne Funken auf. Jakow, der Sohn des Alten, stand gebückt bei der Kornschwinge und hämmerte ein loses Blech fest.

Warum sich die, wo's zum Winter geht, die Arbeit machen, dachte Petja. Da tat der Alte noch einen letzten Hammerschlag und sagte, ohne Petja anzusehen: „Wir wollen die Wirtschaft in guter Ordnung zurücklassen. Meine Alte ist so ein rechter Querkopf. Stimmt was nicht, gleich schreit sie zetermordio. Meinethalben hätt's liegenbleiben können, wie's war, aber wenn man an die Schimpferei hernach denkt ... Hauen ab, die Kerls, heißt's dann, und lassen alles drunter und drüber zurück."

Die Augen des Alten lachten. Er stand auf, tätschelte Petja den Nacken und sagte zu Jakow: „Mach Schluß, Jascha. Wir haben mit dem Walker seinem Jungen manches zu bereden."

Jakow schnalzte den Rest der Nägel, mit denen er das Blech festgehämmert hatte, von den Lippen in die Hand und trat zu Petja, den Mund zu einem breiten Lächeln verzogen. „Grüß dich, Roter."

„Guten Tag, Jakow Alexandrowitsch."

„Du willst also mit?"

„Ich hab dem Großvater heut morgen gesagt, ich geh mit."

„Mit dem Gehen ist noch nichts getan. So einer einfältig ist, kann er sich nachts still davonstehlen – ade, Staniza! Aber wir sollten dem lieben Heimatort ein kleines Andenken hinterlassen! Wo es uns soviel Liebwertes beschert hat! Den Vater haben sie geprügelt, mich, als ich nicht an die Front wollte, halbtot gepeitscht, ganz zu schweigen von deinem Vater." Und Jakow beugte sich dicht zu Petja vor. Die buschigen Brauen gerunzelt, brummte er ihm ins Ohr: „Daß sie, die Lumpen, bei uns in den Pferdeställen Artilleriemunition eingelagert haben, weißt du doch? Du hast doch gesehen, wie sie Granaten und all das andere Zeug hergebracht haben?"

„Ja."

„Und wenn wir nun, sagen wir, ein Streichholz drunterhalten – was meinst du dazu?"

Der Alte stieß Petja mit dem Ellbogen in die Seite und kicherte. „Uh, wie schaurig!"

„Der Vater kriegt's Gruseln, schaurig sagt er, ich aber sehe es anders. Die Roten sind beim Stschegolsker Feld, stimmt's?"

„Gestern haben sie den Krutenski-Chutor genommen", erwiderte Petja.

„Na, siehst du. Und wenn hier das Depot in die Luft fliegt, dann sind die Kosaken Proviant und Munition los und ziehen sich Hals über Kopf zum Donez zurück. So ist das."

Der Alte strich sich den Bart und sagte: „Morgen in der Früh, eh's hell wird, sei wieder dahier und wart auf uns. Bring alles Nötige für die Reise mit. Um Wegzehr brauchst du dich nicht zu kümmern. Wir nehmen reichlich mit."

Als Petja schon an der Pforte war, rief ihm der Alte nach: „Nicht übern Hof! Auf der Straße sind Leute. Spring übern Zaun und renn durch die Steppe. Vorsicht ist besser."

So stieg Petja denn übern Zaun, setzte über den Bach, der stellenweise mit einer dünnen Eisschicht bedeckt war, und ging an den düsteren, bereiften Heuschobern hinter dem Dorf entlang zu seiner Kate.

In der Nacht kam Ostwind auf und brachte großflockigen nassen Schnee. In jeder Gasse, in jedem Gehöft nistete Dunkelheit. In des Vaters Mantel gehüllt, trat Petja aus der Kate, blieb ein Weilchen am Zaun stehen, dem Knarren der Weiden lauschend, die der Wind unten am Fluß tief zur Erde bog, und ging langsam die Straße hinab zum Hof Alexanders des Vierten.

Aus dem Dunkeln kam vom Schuppen her eine Stimme: „Bist du's, Petruscha?"

„Ja, ich."

„Komm her, aber geh weiter links; da stehen die Eggen."

Petja fand den Alten und Jakow im Schuppen wirtschaftend. Es war soweit. Der Alte bekreuzigte sich, tat einen tiefen Schnaufer und ging zum Tor.

Vor der Kirche hüstelte er heiser und flüsterte: „Petruscha, mein Täubchen, du bist fixer als wir und fällst nicht so auf. Schleich übern Platz zum Depot. Du weißt doch, wo an der Mauer Patronenkisten stehen."

„Ja."

„Hier hast du Feuerstein und Stahl, und das hier ist Hanf, den ich in Petroleum getaucht hab. Kriech rüber und deck dich gut mit dem Mantel ab, wenn du Feuer schlägst. Sobald der Hanf brennt, steckst du ihn zwischen die Kisten und kommst zurück. So, und jetzt geh, wir warten auf dich. Hab keine Angst."

Der Alte und Jakow kauerten sich an der Kirchenmauer nieder, und Petja kroch auf dem Bauch durch den flaumigen Schnee zum Depot. Seinen alten Mantel durchbohrte der Wind. In brennenden Wellen lief ihm die Kälte über den Rücken und stach in den Füßen. Vom eiskalten Erdboden wurden seine Hände klamm. Petja tastete sich am Schuppen entlang. Etwa fünfzehn Schritt vor ihm bewegte sich wie ein glimmendes Stückchen Kohle die Zigarette des Postens. Unter den Dachsparren heulte der Wind, klapperte ein loses Brett. Aus der Richtung, wo die Zigarette glühte, trug der Wind gedämpfte Stimmen herüber.

Petja hockte sich hin, zog den Mantel über den Kopf. Der Stahl tanzte in seinen Händen, der Zunder rutschte ihm immer wieder aus den klammen Fingern.

Ganz leise rieb der Stahl am Rand des Feuersteins, aber Petja meinte, es müsse weit in der Runde zu hören sein, und die Angst schnürte ihm wie eine klebrige Natter die Kehle zu. Der Zunder war in den Händen feucht geworden und wollte nicht brennen. Noch ein Schlag, noch einer, ein purpurnes Fünkchen schwelte auf. Im nächsten Augenblick flackerte das Hanfbündel hell und frech. Mit zitternder Hand steckte es Petja unter die Kisten, und sogleich spürte er den Geruch von schwelendem Holz. Er sprang auf, schon hörte er Füße herantraben und dumpfe, im Dunkeln gedämpfte Stimmen rufen: „Feuer! Feuer! Seht ihr nicht den Schein?"

Petja fing sich und stürzte in das lauernde Dunkel. Ihm nach dröhnten Schüsse. Zwei Kugeln pfiffen über seinen Kopf, eine dritte durchfurchte rechts von ihm die Nacht. Nun war er fast an der Kirchenmauer. Hinter ihm schrie es gellend: „Feuer! Feu-er! Es brennt!"

Schüsse krachten.

Nur bis zur Ecke! fuhr es durch Petjas Kopf. Er nahm alle Kraft zusammen und lief, so schnell die Füße ihn trugen. Stechend dröhnte es ihm in den Ohren. Nur bis zur Ecke!

Ein heißer Schmerz durchzuckte sein Bein. Humpelnd lief er noch ein paar Schritte weiter. Unterhalb des Knies rann etwas Nasses, Warmes das Bein hinab. Er stürzte. Rappelte sich auf und kroch auf allen vieren, im Mantel verheddert, ruckweise vorwärts.

Lang war dem Alten und Jakow das Warten geworden. Hinter der Mauer zerrte der Wind am Glockenstrick, brachte den Klöppel der kleinen Glocken zum Schwingen und entlockte ihnen einen leisen Mißton. Schließlich wurden in der Dunkelheit hinter den Lagerbaracken, die zu buckligen Hügeln erstarrt lagen, mitten auf dem Platz dumpfe, vom Wind zerrissene Stimmen laut. Dann leckte eine gelbrote Flammenzunge in die Finsternis, ein Schuß krachte, dann noch einer, ein dritter ... Ein Rascheln an der Mauer, keuchender Atem, eine gepreßte Stimme: „Väterchen, hilf mir ... Mein Bein."

Der Alte und sein Sohn packten Petja, hoben ihn auf und tauchten mit ihrer Last ins Dunkel einer Gasse. Sie rannten, stolperten, fielen, rannten weiter. Zwei Straßen lagen schon hinter ihnen, als vom Turm Sturmläuten losbrach und sich, die Stille durchpeitschend, über das schlafende Dorf ergoß.

Heiser keuchte der Alte neben Petja, in wilder Hast liefen die Beine, sein fliegender Bart kitzelte Petjas Gesicht.

„Vater, in die Gärten, in die Gärten!"

Sie sprangen über einen Graben, schöpften Luft.

Da war es, als berste unterm Dorf die Erde. Höher als der Glockenturm schoß eine riesige scharlachrote Feuersäule empor, von Qualmschwaden umwallt. Eine Detonation jagte die andere. Dann wurde es still. Im ganzen Dorf begannen plötzlich die Hunde zu heulen, das Sturmgeläut, das verstummt war, brach mit neuer Gewalt los. Über den Höfen hing Weibergeschrei in der Luft. Und auf dem Platz leckte ein loderndes gelbes Flammenmeer, verschlang die einstürzenden Wände des Depots. Schon streckte es die langen Arme nach dem Pfarrhof aus.

Jakow hockte sich hinter einen kahlen Dornbusch und sagte leise: „Fliehen ist jetzt unmöglich. Wir kommen nicht mehr fort. Im Ort ist's so hell, daß man eine Nadel findet. Seht doch, wie die Flammen lodern! Und dann will auch Petjas Bein nachgesehen werden."

„Wir müssen hier bis zum Morgengrauen warten. Dann werden sich die Leute beruhigt haben, und wir schlagen uns zum Wald durch, zum Forst."

„Bist ein alter Mann, Vater, aber Verstand hast du wie 'n kleines Kind. Ist's denn denkbar, in der Staniza zu bleiben, wo uns jetzt alle suchen? Auch zu Hause schnappt man uns. Keiner im Dorf ist so verdächtig wie wir."

„Stimmt, Jascha. Recht hast du."

„Können wir nicht den Tag über im Schuppen auf unserem Hof abwarten?" fragte Petja mit schmerzverzogenem Gesicht.

„Das läßt sich hören. Habt ihr Gerümpel dort liegen?"

„Einen Haufen trockenen Pferdemist zum Heizen."

„Dann los. Aber mit aller Vorsicht. Wo willst du denn hin, Vater, mitten durch die Staniza? Lieber hintenrum, da ist's sicherer."

Bis zum Morgen hatten Jakow und Petja unter den Mistwürfeln ein tiefes Loch in die Erde gegraben. Zum Schutz gegen die Kälte legten sie es unten und an den Seiten mit trockenem Lehm aus und dichteten es oben mit dürrer Ackerwinde und mit Melonenranken ab, die gleichfalls zum Heizen bestimmt waren.

Jakow riß ein Stück von seinem Hemd ab und verband Petjas durchschossenes Bein. Bis zum Abend saßen sie zu dritt in ihrem Versteck. Am Morgen waren Leute auf den Hof gekommen. Man hatte gedämpfte Stimmen und ein Schloß klirren gehört, dann hatte ganz in der Nähe jemand gesagt: „Der Walkersjunge ist sicher draußen zur Arbeit. Laß das Schloß hängen, sag ich! Wozu brauchst du das Ding? Der Walker hat ja doch bloß Läuse und stinkende Wolle in seiner Bude, da ist nichts zu holen."

Dann verloren sich die Schritte hinter dem Schuppen.

In der Nacht setzte unvermittelt starke Kälte ein. Schon am Abend hatte man gehört, wie auf der Straße die noch vom Herbst her mit Feuchtigkeit gesättigte Erde barst. Über den Himmel jagten flockige

Wolken, und ein schiefer Mond zog geschäftig seine Bahn. Aus tiefblauen Lichtungen blinzelten lockende Sterne. Durchs schadhafte Dach schaute die Nacht in den Schuppen.

Es war warm in dem Loch unter den Würfeln Mist. Der alte Alexander schlief mit dem Kinn auf den hochgezogenen Knien und schnarchte; manchmal bewegte er die Beine. Petja und Jakow unterhielten sich leise.

„Vater, wach doch auf! Wann wirst du endlich aufwachen? Wir müssen fort!"

„Wa-as? Wir müssen fort? Na schön."

Vorsichtig räumten sie die Würfel Mist über ihrem Versteck beiseite. Dann öffneten sie die Tür einen Spalt breit. Auf dem Hof und in der Gasse war keine Menschenseele zu erblicken.

Nun lag das letzte Gehöft des Dorfes hinter ihnen. Sie schlichen durch die Gärten in die Steppe. Bis zur Schlucht krochen sie gut zweihundert Meter durch Schnee. Hinter ihnen spähte die Staniza mit den gelben Tupfen ihrer erleuchteten Fenster unverwandt in die Steppe hinaus. Leise und behutsam wie auf der Pirsch bewegten sie sich durch die Schlucht auf den Wald zu. Unter ihren Füßen knirschten Eis und Schnee. Hie und da hatte der Wind den Schnee auf der Felsensohle der Schlucht zusammengeweht, blau zogen verschlungene Hasenfährten darüber hin. Ein seitlicher Einschnitt führte von der Schlucht zum Wald.

Sie kletterten die Böschung hinauf, hielten Ausschau und gingen beruhigt dem Wald zu.

„Nach Stschegolsk zu ist es gefährlich. Wir wissen nicht Bescheid. Hier muß irgendwo die Front sein, wir können den Weißen in die Arme laufen."

Jakow zog den Kopf ein und mühte sich lange, zwischen den aufgeknöpften Mantelhälften Feuer zu schlagen. Glühende Tropfen sprühten, mit trockenem Geräusch rieb Stahl an Feuerstein. Schließlich entzündete sich der mit Sonnenblumenstaub bestreute Zunder und begann, mit üblem Geruch zu qualmen. Jakow nahm zwei tiefe Züge, dann erst antwortete er dem Vater. „Ich denke, wir gehen zum Förster Danila. Den kennen wir doch gut. Er kann uns sagen, wie wir durch die Stellungen kommen. Dort kriegen wir auch unseren Petja ein bißchen warm, sonst erfriert er uns noch gänzlich."

„Ich frier gar nicht so schlimm."

„Halt die Klappe, Kleiner, rede nicht. Dein Mantel ist mehr für Sonnenhitze gebaut als für die Kälte."

„Los, Jascha, wir müssen weiter. Schau, wie hoch das Siebengestirn schon steht, bald ist Mitternacht", sagte der Alte.

Etwa fünfzig Schritt vor dem Försterhaus hielten sie an. Das Fenster war erleuchtet, aus dem Schornstein stieg träger Rauch. Die Mondsichel hing gefährlich schief überm Wald.

„Scheint alles in Ordnung. Vorwärts!"

Unterm Schuppen bellte ein Hund los. Die vereisten Stufen der Vortreppe knarrten. Sie klopften. „Ist der Förster da?"

Ein Bart preßte sich von innen ans Fenster. „Ja. Und wen führt der Herrgott her?"

„Wir sind's. Brave Leute, Danila Lubitsch. Um Christi willen laß uns rein, wir wollen uns aufwärmen."

Im Vorraum quietschte eine Tür, dann wurde mit Krachen ein Riegel zurückgeschoben. Auf der Schwelle stand der Förster, die Rechte schützend über die Augen gelegt. In der Linken hielt er, auf dem Rücken versteckt, ein Gewehr. „Nein so was, Großvater Alexander, bist du's?"

„Na gewiß doch. Behältst du uns über Nacht hier?"

„Mal sehen ... Na schön, kommt rein. Werden schon alle Platz haben!"

Das Stübchen war stark geheizt. Neben dem Ofen lagen drei auf Pferdedecken, die Sättel unterm Kopf. Die Gewehre lehnten in der Ecke. Jakow wich zur Tür zurück. „Wen hast du da, Förster?"

Von einer Pferdedecke antwortete es: „Du hast wohl vergessen, wie Kosaken aussehen? Wir lauern hier auf euch schon seit gestern abend. Haben uns gedacht, den Staatlichen Forst und Danilas Haus werdet ihr nicht umgehen können. Na, legt ab, werte Gäste! Jetzt wird geschlafen, und morgen früh geht's ohne Umsteigen auf die Zarenschaukel. Der Strick weint schon nach euch!" Sie standen auf, holten die Gewehre. „Bind den Brandstiftern die Hände, Semjon."

Zwei lagen auf ihren Decken, der dritte saß mit hängendem Kopf am Tisch, das Gewehr zwischen den Beinen.

Der Förster warf eine Matte auf den Boden.

„Leg dich drauf, Großvater Alexander. So hast du's weicher für deine Knochen."

„Paß du auf, du Mensch voll Mitleid, daß du dich nicht selber auf die Matte bettest. Hör, Förster, weg mit der Matte! Die haben das Depot angesteckt. Wer so was tut, kann getrost draußen beim Hund in der Kälte kampieren."

Gegen Morgen sagte der Alte: „Laß mich raus, Söhnchen, ich muß mal."

„Piß ruhig in die Hosen, Alter, oder in die Filzstiefel. Morgen, wenn du hängst, trocknet das schon!"

Winterlich kränkliches Frühlicht streifte die Fensterscheiben. Die Kosaken standen auf, wuschen sich und setzten sich an den Tisch zum Frühstück. Unbemerkt flüsterte Jakow dem Vater und Petja zu: „Meinen Strick hab ich über Nacht dünn gescheuert. Sowie wir in der Staniza sind, spritzen wir auseinander. Rein in die Gärten und auf den Berg zur Höhle, wo wir immer Steine gebrochen haben! Da sollen sie zusehen, wie sie uns kriegen."

Als sie abgeführt wurden, hinkte Petja stark auf dem verwundeten Bein, es schmerzte so sehr, daß er mit den Zähnen knirschte.

Nun lag die Staniza vor ihnen. Wie ein Weib, das sich in Fieberglut wälzt, hatte es die grauen Zotteln seiner Gärten um sich geworfen. Als sie in die erste Gasse einbogen, riß Jascha mit verzerrtem, blutleerem Mund den Strick durch. Im Zickzack rannte er durch den Schnee zu den Gärten. Der Alte und Petja liefen ebenfalls los, jeder in eine andere Richtung. Hinter ihnen brüllte es: „Halt, stehenbleiben! Verfluchtes Pack!"

Schüsse und Pferdetrappeln. Petja sprang über einen Graben und blickte zurück: Der alte Alexander lag auf dem Boden, ein Kopfschuß hatte ihn niedergestreckt, seine Beine zuckten in der Luft.

Der Berg mit seiner schneeumgürteten Kuppe lief ihnen entgegen. Wie leere Augenhöhlen blickten die schwarzen Löcher, aus denen die Kosaken ihre Steine geholt hatten. Jakow sprang als erster in eins hinein, Petja folgte ihm.

Sie krochen durch feuchte, dunkle Gänge, das spitze Gestein zerfetzte ihre Kleider und riß ihnen die Haut blutig. Jakow stieß Petja mit dem Stiefel ins Gesicht. Als sich der unterirdische Gang gabelte, krochen sie nach links.

An Petjas Händen klebte kalter Lehm, von oben tropfte es ihm in den Kragen.

Sie kamen an ein Erdloch, kletterten hinab und kauerten sich nebeneinander.

„O Gott! Den Vater hat's erwischt", flüsterte Jakow.

„Beim Graben war's."

Ihre Stimmen waren gepreßt, wie fremd. Die Finsternis drückte ihnen auf den Lidern.

„Jetzt hungern sie uns aus, Petja, wie den Iltis im Bau. Aber vielleicht, wer weiß. Hierher wagen sie sich nicht, da haben sie Angst. Die Löcher und Gänge haben wir schon vorm deutschen Krieg gebuddelt, der Vater und ich. Ich kenne mich hier aus. Komm, weiter geht's."

Sie krochen weiter. Wenn sie an eine Wand stießen, machten sie kehrt und suchten einen andern Weg. –

Zwei Tage lang war die zähklebrige Finsternis um sie.

Die Stille klang ihnen in den Ohren. Selten fiel ein Wort. Meist schliefen sie, aber auch im Schlaf war ihr Ohr hellwach. Über sich hörten sie Wasser in der Erde gurgeln. Sie wachten auf und schliefen wieder ein.

Schließlich tappten sie sich, wie blinde junge Hunde gegen die Wände stoßend, zum Ausgang vor. Sie irrten lange umher, bis ihnen jählings grelles schmerzendes Licht entgegenschlug.

Am Eingang der Felsenhöhle fanden sie Aschenhäufchen, Zigarettenstummel und die Spuren von unzähligen Stiefeln. Aber als ihr Blick weiterging, sahen sie auf der Straße zur Staniza in langem Zug Kavallerie reiten, auf Pferden mit gestutztem Schweif, und dahinter die grauen Haufen der Infanterie. Himbeerrote Fahnen flatterten im Winde. Herüber drangen Stimmengewirr, Lachen, Befehlsrufe, das Knirschen der Schlittenkufen.

Mit einem Satz waren sie draußen. Rannten los, stolperten, fielen hin.

Jakow winkte mit den Armen und schrie mit hoher schriller Stimme: „Brüder! Rote! Genossen!“

Die Reiterei ballte sich zu einer Traube brauner Pferdeleiber. Von hinten drängte verdreckte Infanterie ran.

Schluchzend und zitternd küßte Jakow die Steigbügel und die beschlagenen Stiefel der Rotarmisten. Petja wurde von starken Armen gepackt, auf einen Schlitten in duftendes Steppenheu gebettet und mit Soldatenmänteln zugedeckt.

Leise schaukelte der Schlitten. Die Mäntel rochen vertraut nach saurem Schweiß; so hatte Vaters Hemd gerochen.

„Lebst du, Freund? Willst du ’nen Zwieback?“

Eine Hand schob Petja weichgekauten Zwieback in den starren Mund und rieb mit rauhwollnen Fäustlingen seine erfrorenen Finger. Petja wollte etwas sagen, aber sein Mund war voll Roggenbrei, und in der Kehle würgten ihn Tränen.

Da nahm er die harte dunkle Hand und preßte sie fest an seine Brust.

Das Haus, groß und mit Blech gedeckt, hatte zur Straße sechs lustige Fenster mit blaugestrichenen Läden. Früher hatte der Ataman hier gewohnt, nun war es der Klub der Jugendzelle. Man schrieb das Jahr 1920. Es war ein feuchtkalter, mürrischer September; dunkle Nacht lag über den Gärten und Gassen.

Im Klub war Versammlung. Tabakqualm, Stimmengewirr. Den Vorsitz führte Petja Kremnjow, der Sekretär der Komsomolzelle. Neben ihm saß Grigori Raskow, ein Mitglied des Zellenbüros. Man besprach eine wichtige Frage: die Bestellung des Feldabschnitts, den die Abteilung für Landwirtschaft der Zelle zugewiesen hatte.

Eine halbe Stunde später hieß es im Protokoll:

„Gehört: Bericht des Genossen Raskow über die Feldvermessung im Krutenski-Revier.

Beschlossen: Die Genossen Raskow und Kremnjow werden beauftragt, das Feld schnellstens zu besichtigen und zu vermessen."

Man löschte die Lampe. Stiefel polterten eilig über die Vortreppe. Petja stand noch ein Weilchen an der Ecke und blickte Raskows weißem Hemd nach, das durch die milchige Dunkelheit davonschwankte. Seine Stimme hallte durch die Stille der Staniza: „Grischa, schlag dir das Fuhrwerk aus dem Kopf. Die Leute pflügen doch schon. Wir gehen zu Fuß."

Bleichsüchtiges Frührot. Auf dem festgestampften Weg war kürzlich die Herde getrottet. Die Spitzen des Wermutkrauts hingen voll Staub. Über den Hügel zogen Pflüge mit Ochsengespannen. Der Wind wirbelte die Rufe der Treiber und das Sausen und Knallen der Peitschen herüber.

Petja und Grigori gingen schweigend. Als die Sonne im Mittag stand, waren sie beim Revier. Versteckt in einer kleinen Steppenschlucht, lag das Dutzend taurischer Gehöfte. Am Deich schlug eine Frau, die Röcke geschürzt, mit dem Bleuel Wäsche. Auf der andern Seite standen, bis zum Bauch im Wasser, scheckige Kühe. Die Ohren hochgestellt, glotzten sie die beiden Burschen an. Mit einemmal warf die Leitkuh erschrocken den Schwanz hoch und trabte zum Deich hin. Die andern folgten ihr. Laut knallte der graubärtige Hirt mit der Peitsche, und der Hütejunge flitzte mit schwarzen Fußsohlen hinterdrein, um sie zurückzuholen.

Von der Tenne, wo die Dreschmaschine tuckerte, rief eine helle Mädchenstimme: „Garpischa, schau nur, die Roten sind angekommen!"

Bis zum Abend suchten sie den Reviervorsteher. Sie aßen bei ihm duftende Melonen, ihr Feld wollten sie sich anderntags ansehen. Das Nachtlager hatte ihnen die Bäuerin im Vorraum bereitet. Grischa war sogleich eingeschlafen, Petja hingegen wälzte sich noch lang rum, fing unterm Schaffell Flöhe und überlegte, was für ein Feld der schlaue Vorsteher ihnen wohl zuschieben würde.

Um Mitternacht knirschte der Türriegel. Der Bauer warf von der Türschwelle aus einen Blick nach dem Sternenhimmel und ging in den Stall, um das Pferdefutter einzurühren. Der Brunnenschwengel knarrte, in der Steppe wieherte klagend ein Fohlen. Stimmen ertönten auf dem Hof. Petja wachte auf.

Grigori knirschte im Schlaf mit den Zähnen und warf sich auf die andere Seite. „Das Sterben ist keine Kleinigkeit, Bruder", kam es gepreßt, aber deutlich von seinen Lippen.

Den Vorraum betrat polternd der Vorsteher. „He, Jungens!"

„Was ist los?"

„Weiß der Teufel, was los ist! Eben ist ein Bauer vom Weshinsker Chutor zurückgekommen, der sagt, die Machno-Leute sind im Anmarsch. Macht euch auf die Socken, Jungens, aber schnell."

Petja brummte schlaftrunken: „Und das Feld? Miß morgen erst den Acker ab, dann gehen wir. Sollen wir umsonst hergestiefelt sein?"

Kurz vor Tag hatte Petja einen Traum. Er war auf einer Versammlung im Kreiskomitee, jemand ging dröhnend übers Dach, und bei jedem Schritt bogen sich die Deckenbalken.

Als er aufwachte, hörte er Geschützdonner. Angst durchschauerte sein Herz. Rasch kleideten sie sich an und gingen hinaus, mit dem Meßstab die kläffenden Hunde abwehrend.

„Wieviel Werst sind's bis Weshinski?" fragte Grigori. Nachdenklich pflückte er die purpurnen Blütenblätter von einer Hundsnelke.

„An die dreißig, denk ich."

„Dann schaffen wir's."

Sie gingen durch Melonenfelder und stiegen eine Anhöhe hinan. Petjas Patronentasche fiel zu Boden. Als er sich umdrehte, um sie aufzuheben, bekam er einen Heidenschreck: Vom Berg hinterm Chutor kamen sie in geordneten Reihen zu Tal geritten. Der vorderste Reiter hielt eine schwarze Fahne, die wie der Flügel eines angeschossenen Vogels flatterte.

„Verflucht!"

„Barmherziger Gott", murmelte Grigori mit bebenden Lippen, sein Gesicht war fahlgrau.

Der Vorsteher ließ den Meßstock fallen und griff mechanisch in die Tasche nach dem Tabaksbeutel. Petja hetzte die Böschung hinab; Grigori folgte ihm.

Wie langsam sich die Beine bewegten, wie Schildkrötenbeine. Doch das Herz hämmerte zum Zerspringen, der Mund war heiß und trocken. Drunten in der Schlucht, wo ein Bach plätscherte, war die Luft feucht, und es roch nach Schlamm. Die Füße sanken ein. Petja streifte im Lauf die Stiefel ab und packte das Gewehr fester. Grigoris Gesicht war grün, der Mund verzerrt, sein Atem ging pfeifend. Er fiel hin und warf das Gewehr weit von sich.

„Wirf deins auch weg, Petja. Wenn sie uns kriegen, schlagen sie uns tot.“

Petjas Gesicht verzog sich vor Wut. „Bist du verrückt geworden? Los, nimm das Gewehr auf, feiges Aas!“

Grigori zog das Gewehr widerwillig am Riemen zu sich ran. Mit schweren, feindseligen Blicken durchbohrten sie einander.

Wieder liefen sie. Mitten in der Schlucht stürzte Grigori rücklings nieder und blieb liegen. Zähneknirschend packte Petja den schmächtigen Körper des Freundes und zog ihn an den Schultern weiter. Die Schlucht gabelte sich, der Bergeinschnitt zur Rechten, mit grauem Wermutkraut bewachsen und mit Pferdeknochen bedeckt, stieß an ein Feld. Dort stand ein Leiterwagen, neben dem ein Bauer zwei Pferde vor einen Pflug spannte.

„Die Pferde her! Wir müssen zur Staniza. Die Machno-Leute sind hinter uns her!“

Petja faßte ans Kummet, aber der Bauer fiel ihm in den Arm.

„Ich geb sie nicht. Die Stute ist trächtig. Wie willst du sie reiten?“

Der Bauer war kräftig, seine knotigen Finger klebten an Petjas Gewehrlauf, als wären sie mit ihm verwachsen. Gleich reißt er mir das Gewehr aus der Hand und knallt mich übern Haufen, fuhr es Petja durch den Kopf.

Alles sah er: die stechenden, mordlüsternen Augen, die rötlichen Bartstoppeln, den zuckenden Mund – blitzschnell riß er das Gewehr an sich. Der Verschluß knackte. „Zurück!“

Der andere bückte sich nach dem Beil, das neben dem Wagen lag. Von würgender Übelkeit befallen, hieb Petja den Gewehrkolben auf den breiten Bauernnacken. Wie Spinnenbeine bewegten sich die Beine in den faltigen Schaftstiefeln in der Luft.

Grigori durchschnitt rasch das Geschirr und sprang auf die Stute. Unter Petja tänzelte der taurische Grauschimmel. Sie galoppierten über den Acker zur Straße. Gleichmäßig klapperten die Hufe. Petja blickte zurück – über der Schlucht trieb der Wind Staub auf. Die Verfolger waren ausgeschwärmt und ritten im Galopp.

Fünf Werst waren sie dahingejagt, immer näher rückten die Verfolger. Schon konnte man erkennen, wie unter den Hufen des vordersten Pferdes die Erde hochstob und der schwarze Filzmantel des Reiters im Winde flatterte.

Grigoris Stute wurde langsamer, sie keuchte und wieherte kurz und heiser. „Die Stute fohlt! Petja, ich bin verloren!“ schrie Grischa durch den schneidenden Wind.

Als der Weg um einen Kurgan bog, sprang Grischa mitten im Galopp ab. Die Stute sank sogleich nieder. Petja ließ sein Pferd automatisch weiterlaufen, besann sich aber, wendete jäh und kehrte zurück.

„Was willst du tun?“ rief Grigori mit weinerlicher Stimme. Petja hatte mit raschem Griff den Ladestreifen eingeschoben und sprang vom Pferd. Kniend legte er an und schoß auf den heranjagenden schwarzen Filzmantel. Die leere Patronenhülse ausstoßend, sagte er lächelnd: „Das Sterben ist keine Kleinigkeit, Bruder.“

Er schoß noch einmal. Hochauf bäumte sich das Pferd, und der schwarze Filzmantel glitt zu Boden. Das Tier raste, in eine Staubwolke gehüllt, querfeldein, seinen Reiter am Steigbügel nachschleifend.

Petja sah ihm mit ausdruckslosem Blick nach, spreizte die Beine und ließ sich mitten auf dem Weg nieder. Irre lächelnd, zerrieb Grigori das Samenköpfchen einer Quendelblüte zwischen den schweißfeuchten Händen.

„Aus ist's“, sagte Petja ernst und legte sich mit dem Gesicht nach unten auf die Erde.

Auf dem Hof des Exekutivkomitees wurden in vernähten Säcken die Akten vergraben. Vor der Tür reparierte der Vorsitzende, Jakow der Vierte, ein altes, verrostetes Maschinengewehr. Man erwartete die Milizionäre zurück, die seit dem frühen Morgen einen Erkundungsritt durchführten. Gegen Mittag rief Jakow den daherkommenden Komsomolzen Antoschka Gratschow zu sich ran und sagte: „Hol dir ein Pferd aus dem Stall, nimm das beste, das da ist, und reite zum Krutenski-Revier. Wenn du unsere Milizionäre triffst, sag, sie sollen schleunigst zurückkehren. Hast du ein Gewehr?“

Antoschka lief, daß die bloßen Fußsohlen blinkten, und rief zurück: „Ja, und einundzwanzig Patronen hab ich dazu.“

„Dann los, beeil dich!“

Fünf Minuten später brauste Antoschka wie der Sturmwind zum Hoftor hinaus. Seine grauen Mäuseaugen blitzten den Vorsitzenden an. Staub hüllte ihn ein.

Eine Weile stand Jakow auf der Vortreppe und sah dem auf und nieder gleitenden Pferdehals und Antoschkas unbedecktem Krauskopf nach. Dann trat er in den mit Spinnweben übersäten Flur. Sämtliche Leute des Exekutivkomitees und der Komsomolzelle waren versammelt. Er streifte sie mit müdem Blick und sagte: „Den Antoschka hab ich losgeschickt, den Trupp zurückzuholen.“ Er hielt inne. Nachdenklich mit den Fingern trommelnd, setzte er hinzu: „Aber die Jungen im Revier? Ob sie Machno entwischt sind?“ Ruhelos wanderten sie durch die leeren, hallenden Räume und lasen wohl zum hundertstenmal die Vierzeiler Demjan Bednys auf den verblichenen Plakaten. Zwei Stunden später jagten die Milizionäre in den Hof. Ohne die Pferde anzubinden, stürmten sie ins Haus. Der erste, staubig und schmutzig, rief: „Wo ist der Vorsitzende?"

„Da kommt er. Habt ihr sie gesehen? Sind's viele? Werden wir uns auf dem Glockenturm halten können?"

Der Milizionär schwang hoffnungslos die Reitpeitsche. „Wir sind auf die Spitzenschwadron gestoßen. Ein Wunder, daß wir mit heiler Haut davongekommen sind. An die zehntausend werden's sein. Wie ein schwarzer Heuschreckenzug rücken sie an."

Mit gerunzelten Brauen fragte der Vorsitzende: „Habt ihr Antoschka gesehen?"

„Einen haben wir gesehen. Er ritt hinter dem Krutenski-Hohlweg durch die Steppe. Bestimmt haben ihn die Machno-Leute gefaßt."

Sie standen auf einem Haufen beisammen und flüsterten. Der Vorsitzende zupfte an seinem Bart und preßte zwischen dem Gestrüpp hervor: „Die Jungen, die den Acker vermessen sollten, sind kaum noch am Leben. Antoschka ist gleichfalls hin. Verbergen wir uns im Schilf. Gegen Machno können wir nicht an."

Der Getreideagent öffnete den Mund, er wollte etwas sagen, doch in diesem Augenblick drang durch die Tür der Alarmruf: „Los, Genossen! Vom Hügel her kommt Kavallerie!"

Im Nu waren alle verschwunden, wie vom Wind weggeweht. Die Staniza erstarb. Zu klappten die Fensterladen. Stille sickerte aus den Höfen, im Wegerich vor dem Zaun des Exekutivkomitees gackerte aufgeregt ein Huhn.

Der Wind blähte das Hemd auf dem Rücken Antoschkas zu einer prallen Luftblase. Es war anstrengend, ohne Sattel zu reiten. Das Pferd lief in ungleichmäßigem Trab. Antoschka zog die Zügel straff, aus dem Hohlweg führte der Weg bergan. Plötzlich erblickte er eine Werst weit vor sich etwa hundert Reiter mit zwei Maschinengewehrwagen. Machno-Leute! Er riß am Zügel, über den Rücken rannen ihm kalte Schauer. Wie zum Trotz bewegte sich das Pferd träge und wollte nicht in Galopp fallen.

Man hatte ihn johlend bemerkt. Schüsse knatterten. Der Wind peitschte ihm ins Gesicht, seine Augen waren blind von Tränen, in den Ohren brauste es. Er hatte Angst, den Kopf zu wenden. Erst als er an den vordersten Häusern der Staniza vorüber war, blickte er sich um. In vollem Ritt sprang er vom Pferd und lief gebückt zur Kirchenmauer. Wenn ich über den Platz renne, knallen sie mich nieder, dachte er. Rein in den Garten und auf den Glockenturm rauf.

Seine Linke umklammerte das Gewehr, mit der Rechten stieß er die Mauerpforte auf. Unter den bloßen Füßen raschelte das welke Laub. Da war die Wendeltreppe. Weihrauch und Modergeruch, Taubenmist.

Im Glockengestühl warf er sich flach hin und horchte. Stille. Ein Hahn krähte, sonst kein Laut.

Er legte das Gewehr neben sich, nahm die Patronentasche ab und wischte sich den klebrigen Schweiß von der Stirn. Hinter seiner Stirn sprangen die Gedanken: Sie bringen mich um ... Ich schieße sie nieder ... Petja Kremnjow sagt, Machno ist ein Söldling der Bourgeoisie.

Eine Woche zuvor hatten sie hinterm Fluß aus hundert Schritt Entfernung auf einen Leiterwagen geschossen. Er, Antoschka, hatte die meisten Treffer gehabt. In der Kehle würgte ihn ein schmerzhaftes Kitzeln, aber das Herz schlug ruhiger.

Vorsichtig Umschau haltend, kamen sechs Berittene auf den Platz. Sie saßen ab; die Pferde banden sie am Zaun vor der Schule fest.

Wiederum begann Antoschkas Herz heftig zu klopfen. Er biß die Zähne aufeinander, bezwang das Frösteln und schob mit zitternden Fingern den Patronenrahmen ein.

Ein weiterer Reiter sprengte auf den Platz, wurde von dem sich wie rasend drehenden Pferd einige Male herumgekreist und jagte, das Tier heftig peitschend, wieder davon. An der nachlässig-verwegenen Haltung hatte Antoschka einen Kosaken erkannt. Er blickte der graugrünen Litewka nach, die über der Pferdekruppe auf und nieder wippte, und seufzte.

MGs knatterten, Getrappel zahlloser Hufe, eine Batterie rollte vorüber. Wie ein Aas von Würmern wimmelte die Staniza von Soldaten. In den Straßen stauten sich Munitions- und Maschinengewehrwagen.

Mit kalten, fremden Fingern berührte Antoschka das Schloß. Ihn fröstelte. Über ihm im Gestühl gurrte eine Taube.

Ich wart noch ein bißchen.

Drunten bei der Kirchenmauer hielten die Machno-Leute Rast. Sie lagen in Haufen zwischen den Pferden und sahen in ihren verschiedenfarbenen Pluderhosen und grellen Schärpen aus wie bunte Kieselsteine in einem Bach. Stimmengewirr, dröhnendes Lachen. Und die Straße entlang rollten unentwegt in zwei Reihen nebeneinander die MG-Wagen.

Entschlossen nahm Antoschka die graue Papacha eines MG-Schützen aufs Korn. Dumpf krachte der Schuß, der MG-Schütze ließ den Kopf auf die Knie sinken. Noch ein Schuß! Einem Kutscher glitten die Zügel aus der Hand, und er rutschte vom Bock zwischen die Räder. Antoschka schoß und schoß.

Die Pferde am Zaun zerrten an den Stricken und schlugen wiehernd aus. Auf der Straße wälzte sich ein angeschossenes Beipferd zuckend im Geschirr. Vor der Schule lag ein MG-Wagen, der in voller Fahrt umgeschlagen war, das MG in weißem Tarnbezug hatte seinen Rüssel hilflos in den Sand gebohrt. Rossewiehern, Schreien, Kommandorufe, Krachen der Schüsse stiegen in einer Wolke zum Glockenturm auf.

Rasselnd und dröhnend jagte die Batterie über den Platz zurück. Antoschka war entdeckt worden. Eine Kugel brannte einen schmatzenden Kuß neben ihm auf das Balkengebinde. Der Platz unten wurde leer. Auf der Treppe vor der Schule handhabte ein Machno-Matrose sicher das Maschinengewehr. Die Kugeln schlugen winselnd gegen die alte Bronzeglocke. Ein Querschläger traf Antoschka in die Hand. Er kroch tiefer in den Turm hinein, schmiegte sich ans Mauerwerk und schoß weiter. Der Matrose warf die Arme hoch, beschrieb einen Kreis und fiel mit der Brust auf die morschen schiefen Stufen.

Am Friedhof hinter der Staniza wurde eine breittatzige Dreizöllige abgeprotzt. Ihr stählerner Schlund richtete sich gähnend auf das baufällige Kirchlein. Brausendes Getöse erfüllte die Staniza.

Die Kugel traf den Turm unterhalb der Kuppel. Sie überschüttete Antoschka mit Steinen und Staub und spritzte zornige Töne in die Glocke.

Petja lag still auf der Erde. Erregend empfand er den würzigen Duft des Quendels und das ungleichmäßige Getrappel der Pferdehufe.

Eine schreckliche Übelkeit würgte ihn. Er bewegte den Kopf, hob ihn an und erblickte neben Grigoris Leinenhemd ein schaumbedecktes Pferdemaul, einen blauen Kosakenrock und geschlitzte Kalmükkenaugen in einem sonnenverbrannten Gesicht. Eine halbe Werst weiter kreisten die andern um das Pferd, das seinen Reiter in zerfetztem Filzmantel hinter sich herschleifte.

Als Grigori plötzlich wie ein Kind losschluchzte und mit erstickter Stimme etwas herauspreßte, fühlte Petja sein Herz wie rasend pochen. Mit starrem Blick sah er, wie der Kalmücke sich in den Steigbügeln hob, mit dem Oberkörper seitlich vorschnellte und der blinkende Stahl durch die Luft sauste. Grigori fiel schwerfällig auf die Fersen, preßte beide Hände an den gespaltenen Schädel und sank röchelnd zusammen. In seiner Kehle gurgelte das Blut und brach wie ein Sturzbach aus seinem Munde.

Grigoris zuckende Beine und die dunkelrote Narbe auf der schuppigen Backe des Kalmücken waren das letzte, was Petja wahrnahm. Dann erlosch sein Bewußtsein, die scharfen Dornen eines Hufeisens hatten seine Brust durchbohrt, ein rauhfaseriger Fangstrick schnürte seinen Hals zusammen. Alles versank hinter flimmernden Funken und sengenden Dünsten.

Wieder zu sich kommend, stöhnte Petja laut auf vor rasendem Schmerz in den Augen. Er faßte sich ins Gesicht und spürte mit Entsetzen, wie es unter dem Lid hervor dick und klebrig auf die Backe troff. Das eine Auge war ausgelaufen, das andere bis auf einen schmalen Ritz zugequollen und tränte.

Mit Mühe konnte Petja Pferdeschnauzen und Menschengesichter unterscheiden. Jemand beugte sich zu ihm herab und sagte: „Hoch, Bursche! Sonst machen wir mit dir eine Ende. Du sollst in den Stab zum Verhör. Nun, hoch mit dir, sag ich, oder willst du nicht? Was schert's mich, dann kommst du ohne Verhör an die Wand."

Petja richtete sich auf. Ringsum ein schillerndes Meer von Köpfen. Lärm, Pferdewiehern. Der Kosak in der hohen grauen Papacha ging voran. Schwankend stolperte Petja hinterdrein.

Sein Hals brannte noch vom Fangstrick, blutverkrustete Wunden bedeckten sein Gesicht, in seinem Körper bohrte der Schmerz, als sei er grausam geschlagen worden.

Unterwegs äugte Petja umher. Überall waren die Plätze, die Straßen, die winkligen Gassen voller Menschen, Pferde und MG-Wagen.

Der Stab lag im Haus des Popen. Aus den weit offenen Fenstern kam das Greisenschmatzen einer Gitarre. In der Küche klirrte Geschirr. Man sah die Popenfrau am Herd wirtschaften; sie hatte liebe Gäste, die wollte sie gut bewirten.

Petjas Begleiter setzte sich auf die Vortreppe und zündete sich eine Zigarette an. Er brummte: „Vor die Treppe stell dich hin, die im Stab haben noch zu tun."

Petja lehnte sich an das knarrende Geländer. Sein Mund war trokken, die geschwollene Zunge klebte am Gaumen. Mühsam bewegte er sie: „Trinken … möcht ich …"

„Im Stab kriegst du zu trinken."

Auf die Treppe trat ein pockennarbiger Matrose, um den blauen Uniformrock eine feuerrote Schärpe, deren Fransen ihm bis an die Knie herabhingen, auf dem Kopf die Matrosenmütze mit dem Streifen der Schwarzmeerflotte und eine mit Bändern geschmückte Harmonika in den Händen. Er ließ seine grünen Augen gelangweilt über Petja gleiten, zog träge den Balg:

Junger Kommunist, laß die Hände davon weg!
Heirat ist wie Vogelleim.
Kommt Väterchen Machno um die Eck,
klebst du fest an Weib und Heim.

Er hatte eine versoffene, doch klangvolle Stimme. Mit geschlossenen Augen wiederholte er:

Kommt Väterchen Machno um die Eck,
klebst du fest an Weib und Heim.

Petjas Begleitsoldat tat einen letzten Zug an der Zigarette und sagte, ohne den Kopf zu wenden: „Los, Einauge, gehn wir."

Petja stieg die Stufen hinan. Im Flur hing eine entrollte schwarze Fahne. Von den weißen Aufschriften „Stab der 2. Gruppe" und „Es lebe die freie Ukraine!" waren im Faltenwurf nur einzelne Buchstaben zu sehen.

Im Schlafzimmer des Popen klapperte eine Schreibmaschine. Durch die offene Tür kamen Stimmen. Petja wartete im halbdunklen Flur. Der dumpfe, sägende Schmerz in den Augen lähmte seinen Verstand und seinen Willen. Die aus der Zelle und aus dem Exekutivkomitee sind von den Machno-Leuten niedergemetzelt worden, dachte er. Und nun zwinkerte der Tod auch ihm, Petja, aus der säuerlich nach Weihrauch riechenden Popenstube zu. Doch ließ der Gedanke daran seine Seele kalt. Petja atmete ruhig, mit gesenkten Lidern, nur seine verkrusteten Wangen zuckten.

Aus dem Schlafzimmer drangen Stimmen. In das Klappern der Schreibmaschine mischten sich gurrendes Frauenlachen und Gläserklang.

Eilig trippelte die Popenfrau an Petja vorbei, hinter ihr erschien, sporenklirrend und das Schnurrbärtchen zwirbelnd, ein Machno-Offizier mit enggeschnalltem Gurt. Die Popenfrau trug eine Karaffe; ihre Äuglein leuchteten wie Mandelblüten. „Der Likör ist sechs Jahre alt. Für eine besondere Gelegenheit hab ich ihn aufbewahrt. Ach, wenn Sie wüßten, wie schrecklich das Leben unter diesen Barbaren war. Ständig diese Drangsalierungen. Die Zelle wollte mir schon das Klavier wegnehmen, denken Sie nur, unser Klavier! Oh ..."

Ihr lüstern hin und her huschender Blick fiel auf Petja. Sie erkannte ihn und wandte sich voll Abscheu zu dem Offizier. „Das ist der Vorsitzende der Komsomolzelle", flüsterte sie ihm zu. „Ein fanatischer Kommunist ..., ihn sollte man ..." Ihre Röcke raschelten so laut, daß Petja die weiteren Worte nicht verstand.

Kurz darauf wurde er ins Zimmer gerufen. „Nach nebenan, aber fix, in drei Teufels Namen."

Am Tisch saß einer mit blondem Bart und in hoher hellgrauer Persianermütze. „Du bist Komsomolze?"

„Ja."
„Hast du auf unsere Leute geschossen?"
„Ja."
Der Machno-Offizier kaute sinnend an seinem Schnurrbart. Über Petja hinwegblickend, fragte er: „Wenn du dafür erschossen wirst, tut's dir leid, wie?"
Petja wischte mit der Hand das Blut von den Lippen und sagte fest: „Ihr könnt nicht alle erschießen."
Der Offizier auf dem Stuhl drehte sich jäh um und rief: „Dolbyschew, schick den Burschen mit dem zweiten Zug spazieren."
Petja wurde abgeführt. Vor der Tür band ihm der Begleitsoldat die Hände mit einem dünnen Lederriemen zusammen. Beim Festziehen des Knotens fragte er: „Tut's weh?"
„Laß mich in Ruhe", sagte Petja und trat auf die Pforte zu.
Der Begleitsoldat klappte die Zauntür zu und nahm das Gewehr von der Schulter. „Warte, da kommt der Zugführer."
Petja blieb stehen. Ganz schrecklich juckte das Kinn, aber mit den gebundenen Händen konnte er sich nicht kratzen.
Da trat der kleine klumpfüßige Zugführer zu ihnen ran. Seine hohen englischen Ledergamaschen verbreiteten Teergeruch. Er fragte den Soldaten: „Bringst du ihn zu mir?"
„Ja, zur schnellen Erledigung befohlen."
Der Zugführer blickte Petja mit schläfrigen Augen an.
„Verschrobenes Volk", sagte er. „Macht mit solch einem Bürschchen soviel Federlesens. Plagt sich ab und quält ihn dazu." Die rötlichen Brauen runzelnd, warf er Petja noch einen mürrischen Blick zu, stieß einen deftigen Fluch aus und schrie: „An den Schuppen, Kerl! Los! Mit der Visage gegen die Wand."
Auf die Vortreppe trat der blondbärtige Stabsoffizier. Sich über das geschnitzte Geländer beugend, rief er: „Zugführer, hörst du? Schieß nicht, der Bursche soll noch mal herkommen."
Petja ging die Stufen wieder hinauf und lehnte sich an die Tür.
Der Blondbärtige trat dicht an ihn ran. Er versuchte, ihm in den schmalen, blutverharschten Schlitz des Auges zu sehen, und sagte: „Du bist ein kräftiger Bursche. Ich begnadige dich und nehme dich in Väterchen Machnos Heer auf. Willst du uns treu dienen?"
„Ja", antwortete Petja und schloß das Auge.
„Und nicht davonlaufen?"
„Wenn ich Essen und Klamotten krieg, lauf ich nicht davon."
Der Blondbärtige zog lachend die Nase kraus. „Das würde dir auch schwerlich gelingen. Dafür werd ich schon sorgen." Und sich an Petjas Begleitung wendend, sagte er: „Dolbyschew, nimm den Burschen

in deine Hundertschaft und gib ihm an Zeug, was nötig ist. Setz ihn auf deinen MG-Wagen. Aber halt die Augen offen. Ein Gewehr kriegt er vorläufig nicht."

Er klopfte Petja auf die Schulter und ging wiegenden Schrittes ins Haus.

Am nächsten Tag um die Mittagszeit zogen sie weiter. Petja schaukelte neben dem schnurrbärtigen Dolbyschew auf dem Bock, trübe Gedanken im Kopf wälzend.

Nach dem Regen bildete der Straßenkot Höcker und Rillen. Der Wagen holperte und schwankte. Telegrafenstangen stelzten vorüber, endlos schlängelte sich die Straße dahin.

Am Rande der Straße lärmende Chutors und Siedlungen. Finstere Bauernblicke, gellendes Weibergekreisch.

Die zweite Gruppe zog rechts vom Gros der Truppen auf Millerowo zu.

Am Abend langte Dolbyschew einen breitgedrückten Brotlaib und eine Melone unterm Bock hervor. Kauend nickte er Petja zu. „Iß, Bruder, bist jetzt einer unseres Glaubens!"

Gierig aß Petja eine honigsüße Melonenscheibe und einen Kanten Brot, der nach Pferdeschweiß roch.

Dolbyschew säbelte mit dem Dolch noch ein Stück Brot ab und reichte es Petja. „So recht vertrau ich dir nicht, Bursche. Ich denk immer, du willst uns davonlaufen. Man sollte dir den Schädel einhauen, da hätt man seine Ruh!"

„Nein, Onkelchen, da sorgst du dich unnütz. Warum sollt ich euch davonlaufen? Es könnt doch sein, ihr kämpft für das Recht."

„Freilich, für das Recht. Wofür denn sonst!"

Petja zupfte an seinem Verband überm Auge und wandte ein: „Wenn ihr fürs Recht seid, warum tut ihr dem Volk soviel Leid an?"

„Leid tun wir ihm an?"

„Ja, Leid. Auf Schritt und Tritt. Eben in dem Chutor, da hast du dem Bauern die letzte Gerste weggeholt zum Pferdefüttern. Und er kann seinen Kindern nichts mehr zu essen geben."

Dolbyschew drehte sich eine Machorkazigarette und zündete sie an. „Auf Väterchen Machnos Befehl hab ich's getan."

„Und wenn er nun befiehlt, alle Bauern aufzuhängen?"

„Aha, da willst du hinaus!" Dolbyschew ließ ein Fähnlein Machorkarauch hochsteigen und schwieg.

Doch am Abend, als sie rasteten, rief der Hundertschaftsführer, der blatternarbige Matrose Kirjucha mit der Harmonika, Petja zu sich ran. Mit der Pistole spielend, sagte er: „Wenn du Hundsfott, elender, noch mal den Mund von wegen Politik auftust, dann laß ich die Deichsel von eurem Wagen hochstellen, und wir hängen dich dran, du Saukerl, mit den Füßen nach oben. Verstanden?"

„Ja", sagte Petja.

„Und nun wend in den Wind und merk dir, du triefendes Einauge: Noch ein Verschulden, und du kriegst das andere Auge rausgehauen und wirst aufgehängt." Petja begriff, daß er vorsichtiger agitieren mußte. Zwei Tage gab er sich Mühe, sein Ungeschick wiedergutzumachen. Er befragte Dolbyschew nach Väterchen Machno und wollte wissen, wo er überall gewesen sei, doch Dolbyschew schwieg hartnäkkig, Petja mit argwöhnischen, finsteren Blicken musternd. Nur selten preßte er ein knappes Wort zwischen den Zähnen hervor. Doch Petjas Dienstfertigkeit und Ehrerbietung vor ihm, Dolbyschew (der nicht irgendwoher, sondern direkt aus Gulai-Polje stammte und gewissermaßen ein lieber Nachbar von Neter Machno war), machten ihn schließlich zugänglicher und für ein Gespräch mit Petja aufgeschlossener. Zwei Tage später gab er Petja einen Karabiner und achtzig Patronen.

An jenem Tag bezog die Hundertschaft ihr Nachtlager bei Koschary. Dolbyschew spannte die Pferde aus. Er drückte Petja einen Eimer in die Hand und sagte: „Reit zu den Weiden dort, Junge. Da ist ein Teich. Hol uns Wasser zum Grützekochen!"

Kaum imstande, das klopfende Herz im Zaum zu halten, schwang sich Petja aufs Pferd und trabte zum Teich.

Ich reit hin, und dann heidi übern Berg! durchzuckte es ihn.

Am Teich bog er um das schmale halbverfallene Wehr, entledigte sich unauffällig des Eimers, hieb dem Tier die Absätze in die Weichen und sprengte hügelan. Hinter ihm krachte ein Schuß, wie zur Warnung pfiff die Kugel über ihn hinweg. Mit trübem Blick maß Petja die Entfernung bis zum Lagerplatz, es mochte etwas mehr als eine halbe Werst sein.

Wenn ich den Berg hinaufreite, schießen sie mich ab, dachte er. Widerstrebend wendete er sein Pferd und ritt zurück.

Dolbyschew hängte eben den Kessel mit den Kartoffeln an die Deichsel. Petja anblickend, sagte er: „Wenn du Zicken machst, kriegst du 'ne Kugel. Merk dir das."

Lautes Getöse riß Petja bei Tagesanbruch aus dem Schlaf. Er fuhr hoch und schlug die Pferdedecke zurück, mit der er sich zur Nacht zugedeckt hatte. In den blauen Herbstmorgen stiegen langgezogene Schreie.

„Onkelchen, was ist los?"

Dolbyschew stand hochaufgerichtet im Wagen und schwenkte seine zottige Pelzmütze. Rot vor Anstrengung, brüllte er: „Es lebe Väterchen Machno! Hur-ra-a-a-a!"

Petja setzte sich auf und sah eine Kutsche mit vier Rappen davor auf der Straße heranjagen. Von den Pferden flogen weiße Schaumflocken, ringsherum Reiter und in der Kutsche Machno, der bei Tschernyscheskaja verwundet worden war, eine Krücke unter der Achsel, den Mund verzogen, vielleicht vor Schmerz, vielleicht vor Freude. Hinten vom Wagen wehte ein Teppich fast bis zur Erde nieder; in zottigen Flechten hing der Straßenkot in den Rädern.

Die Kutsche raste vorbei, wenig später waren nur noch dichte Staubballen auf der Straße zu sehen, und der Lärm ebbte ab und erlosch.

Drei Tage waren vergangen. Die zweite Gruppe näherte sich einer Eisenbahnlinie. Kein einziges Mal stieß man auf den Feind. Die an Zahl schwachen Truppen der Roten zogen sich zum Don zurück. Petja hatte derweilen die ganze Hundertschaft kennengelernt. Mehr als sechzig von den hundertfünfzig waren von den Roten übergelaufen, die andern waren bunt zusammengewürfeltes Volk.

Eines Abends kamen sie am Lagerfeuer zusammen. Sie sangen und tanzten zur Harmonika einen feurigen Trepak. Spröde splitterte die gefrorene Erde unter den stampfenden Füßen.

Dolbyschew hockte nieder und führte einen Rundtanz vor, mit den Händen im Takt an die staubigen Stiefelschäfte schlagend und schnaufend wie ein heißgehetztes Roß.

Nach dem Tanz legten sie sich auf ihren Mänteln und Halbpelzen ums Feuer. Der MG-Schütze Manshulo rauchte an einem brennenden Holzscheit eine Zigarette an und sagte nachdenklich: „Es gehen so allerlei Gerüchte um. Das Väterchen, sagt man, will mit uns über Schachty zur rumänischen Grenze. Es heißt, davor will er uns stehenlassen und selbst rüber ins Rumänische machen."

„Geschwätz", brummte Dolbyschew.

Manshulo fuhr böse hoch. Unflätig fluchend, wies er mit dem Finger auf Dolbyschew und schrie: „Der Eselsbart! Für einen Rubel zwanzig macht er 'n Katzbuckel. Du Schweinerüssel meinst wohl, er bietet dir einen Platz in seinem Wagen an?"

„Das Heer läßt er nicht im Stich", erwiderte Dolbyschew heftig.

„Rindvieh! Hurenbrut! Du denkst wohl, der rumänische Zar läßt zwanzigtausend Mann rein!" brüllte wutbleich der MG-Schütze.

Die anderen stimmten ihm bei.

„Recht hat er."

„Hast ins Schwarze getroffen, Manshulo!"

„Wir sind so lange gut, wie's fürs Väterchen und für das Frauenvolk, das er mitführt, das Blut hergeben heißt."

„Hohoho, hahaha, gib's ihm, Bruderherz!" ertönte es rund ums Feuer.

Dolbyschew stand auf und stapfte zum Wagen des Hundertschaftsführers. Gepfeife und Gejohle begleiteten ihn. Einer warf ihm ein brennendes Scheit nach. „Jetzt geht er's anzeigen. Soll er nur. Im nächsten Gefecht kriegt er eine in den Schädel gebrannt."

Gleich darauf sah Petja den Hundertschaftsführer Kirjucha auf sie zukommen. Rasch rückte er ein Stück vom Feuer ab.

„Na, Burschen, wen gelüstet's hier nach dem Strick, he? Wer hat Lust, an der Telegrafenstange zu baumeln? Raus mit der Sprache!"

Manshulo stand auf. Er trat dicht an den Zugführer ran und atmete ihm heiß und abgerissen ins Gesicht. „Überspann den Bogen nicht, Kirjucha. Sonst bricht er, und du kriegst die Splitter in die Hand. Halt deine dreckige Zunge im Zaum."

„Los, komm mit in den Stab!"

Kirjucha packte ihn beim Ärmel. Ringsum erhob sich ein dumpfes Murren, man sprang auf, und alsbald war der Hundertschaftsführer von einer Mauer zottiger Pelzmützen umgeben.

„Laß ihn in Ruh!"

„Die Seele reißen wir dir aus dem Leib!"

„Samt dem Stab schnallen wir dich an die Räder!"

Man versetzte ihm Püffe, dann erklang eine schallende Ohrfeige. Der blaue Uniformrock des Hundertschaftsführers sprang am Hals auf. Gewehrschlösser knackten. Kirjucha versuchte, sich loszureißen, in der Luft hing ein röchelnder Schrei: „Hilfe, Verra ..."

Manshulo verschloß ihm den Mund mit der Hand und flüsterte: „Hau ab! Aber schweig! Sonst gibt's 'ne Kugel in den Rücken!" Manshulo schob den Hundertschaftsführer vor sich her durch die Menge, brachte ihn zum nächsten Wagen und kehrte ans Feuer zurück.

Wiederum dröhnte das Lachen, wimmerte die Harmonika, stampften die Absätze der Tänzer auf dem Boden. Dolbyschew wurde neben dem MG-Wagen auf die Erde geworfen, mit einer Schärpe geknebelt und mit Gewehrkolben und Füßen lange traktiert.

Tags darauf sprengte eine Ordonnanz aus dem Gruppenstab herbei und reichte dem Hundertschaftsführer einen schmutzigen Zettel. Darauf stand mit Tintenstift hingeworfen: „Ich befehle der Hundertschaft, den Sowchos einzunehmen." –

Der Sowchos lag am Fuße eines Hügels hinter einer sich hinschlängelnden Steinmauer. Man sah Backsteinbauten und den hohen Schornstein einer Ziegelei.

Die Hundertschaft ließ die MG-Wagen auf der Straße stehen und rückte querfeldein gegen den Sowchos vor.

Voran ritt Kirjucha, den Kopf mit einem flauschigen Frauenwolltuch umwickelt. Sein Rappen stolperte. In einem fort blickte er sich nach der dünnen Kette der Männer um, die schweigend hinter ihm herstapften.

Petja ging als siebenter an der linken Seite. Er ahnte, daß sich an diesem Tage etwas Großes, Entscheidendes ereignen würde. Und diese Ahnung erfüllte ihn mit wachsender Freude.

Nachdem man sich dem Sowchos bis auf einen Flintenschuß genähert hatte, sprang der Hundertschaftsführer vom Pferd und kommandierte: „Hinlegen!"

Sie schwärmten in einer Steppensenke aus und warfen sich zu Boden. Eine dünne Salve schlug gegen die Steinmauer. Vom Dach des Sowchos antwortete heiser und hastig ein Maschinengewehr. Leute liefen über den Hof. Die Kugeln schlugen hinter der Kette in die Erde und wirbelten kleine Sandfontänen hoch.

Dreimal ging die Hundertschaft zum Angriff vor, und dreimal wurde sie zur Senke zurückgeworfen. Als Petja zum drittenmal zurücklief, sah er Dolbyschew neben einem Zieselloch liegen. Er lag auf dem Rücken. Als sich Petja über ihn beugte, entdeckte er unterhalb der Pelzmütze auf der Stirn ein kleines Loch. Die Kugel mußte von den eigenen Leuten stammen. Sie war aus nächster Nähe abgefeuert und knapp überm Auge in den Kopf gegangen.

Zum viertenmal riß Kirjucha den krummen kaukasischen Säbel aus der Scheide, überflog mit stumpfem Blick die Hundertschaft und keuchte: „Vorwärts, Jungens. Mir nach!"

Aber keiner rührte sich, ein dumpfes Murmeln erhob sich. Manshulo, der MG-Schütze, riß das Gewehrschloß raus und schrie: „Was, noch mal zur Schlachtbank? Nein, wir wollen nicht mehr!"

Petja fühlte seine Finger kalt werden, klebriger Schweiß bedeckte seinen Körper. Mit flackernder Stimme rief er: „Brüder! Wofür vergießt ihr Blut? Wofür geht ihr in den Tod und tötet Leute von eurem Schlag?"

Die Stimmen verstummten. Petja fühlte den Gewehrriemen in seinen Händen schweißfeucht werden.

„Brüder, werft die Waffen weg! Habt ihr nicht alle Familie? Tut's euch nicht leid um Frau und Kind? Denkt daran, was aus ihnen wird, wenn ihr fallt!"

Der Hundertschaftsführer griff nach der Pistolentasche. Aber Petja war schneller als er. Er riß das Gewehr hoch und schoß, fast ohne zu zielen, auf den offenen blauen Uniformrock. Kirjucha drehte sich wie ein Kreisel um die eigene Achse und sank zusammen, die Hände vor die Brust gepreßt.

Petja wurde umringt. Von hinten traf ihn ein Kolbenschlag. Man stieß ihn zu Boden. Da beugte sich der MG-Schütze Manshulo vor und breitete schützend die Hände über ihn aus. Mit drohender Stimme brüllte er: „Halt! Bringt ihn nicht um. Laßt ihn erst zu Ende sprechen, dann befördern wir ihn ins Jenseits." Er zog Petja hoch und schüttelte ihn. „So red!"

Vor Petjas Auge verschwammen die Erde und der aufgewühlte zerrissene Himmel. Er nahm allen Willen zusammen und sprach: „Schlagt mich tot, dann ist's aus mit mir."

Von hinten schrie einer: „Lauter, wir verstehen nichts."

Da wischte sich Petja das Blut von der Schläfe und sagte mit lauter Stimme: „Überlegt mit Verstand. Bis zur rumänischen Grenze nimmt Machno euch mit, dann überläßt er euch eurem Schicksal. Jetzt braucht er euch noch! Wer ein Knecht sein will, der geht mit ihm nach Rumänien, die andern macht die Rote Armee nieder. Strecken wir aber jetzt die Waffen, dann tut uns keiner was."

In der Senke war es feucht. Schweigen. Schwerer Atem, als reiche die Luft nicht aus. Der Wind breitete die Wolken tief über die Erde hin. Schweigen. Schweigen.

Der MG-Schütze rieb sich die Stirn und fragte leise: „Soldaten, wie ist's?"

Gesenkte Köpfe. Unweit zerriß der Hundertschaftsführer Kirjucha das Hemd über der durchschossenen Brust, ein letztes Mal zuckten seine Beine, dann wurde er still. Nur ein Zittern lief noch durch seinen Körper.

„Wer sich ergibt – nach rechts treten, wer nicht – nach links!" erschallte Petjas Stimme.

Der MG-Schütze schwenkte resigniert die Hand und tat ein paar Schritte nach rechts. Hastig stürzte ihm ein dichter Haufe nach. Etwa acht Mann blieben stehen. Unschlüssig standen sie da und traten dann zögernd zu den andern. Fünf Minuten später zogen sie geschlossen zum Sowchos. An der Spitze Petja und der MG-Schütze Manshulo. Petja trug an einem rostigen Bajonett ein zerfetztes Unterhemd, die weiße Fahne.

Aus dem Tor des Sowchos kamen Männer. Die Gewehre im Anschlag, die Blicke mißtrauisch.

Dreihundert Schritt vor dem Sowchos machte die Hundertschaft halt. Petja und Manshulo gingen allein und ohne Gewehre weiter. Von der andern Seite kamen ihnen zwei Leute aus dem Sowchos entgegen. Auf halbem Weg trafen sie sich. Das Gespräch war kurz. Der eine Bärtige aus dem Sowchos schlang seinen Arm um Petja und drückte ihn fest an sich. Manshulo strich den Schnurrbart glatt und tauschte mit dem anderen nach altem Brauch drei Küsse.

Beipflichtendes Gemurmel ertönte auf beiden Seiten. Die Hundertschaft warf die Gewehre auf einen Haufen und zog einzeln, zu zweit und in kleinen Gruppen durch das offene Tor des Sowchos.

Aus der Kreisstadt kam ein Bevollmächtigter der Tscheka. Er fragte Petja nach diesem und jenem, schrieb sich die Aussagen in sein Taschenbuch, drückte Petja beide Hände und ritt wieder davon.

Die Machno-Leute traten teils dem roten Kavallerieregiment bei, das Machnos Verfolgung aufgenommen hatte, teils meldeten sie sich beim Kriegskommissariat der nächsten Stadt. Petja blieb im Sowchos.

Nach all dem Erlebten tat es wohl, still auf dem Feldbett zu liegen. Der schneidende Schmerz in der leeren Augenhöhle schien nachzulassen. Es war, als sei er nie am Fangseil geschleift und halbtot geprügelt worden. Die Gedanken mieden die Erlebnisse der jüngsten Zeit, Petja wollte sich nicht daran erinnern. Doch als er im Sowchosklub in einen gesprungenen Spiegel sah und sein erdfahles, entstelltes Gesicht erblickte, da verzerrte sich sein Mund vor Bitternis, und es würgte ihn in der Kehle.

An einem Dienstagabend kam der Sekretär der Sowchoszelle in Petjas Zimmer, setzte sich zu ihm auf den Bettrand und schlug die langen, in Jägerstiefeln steckenden Beine unter. Sich räuspernd, sagte er: „Komm in einer Stunde in den Klub zur Versammlung."

„Gut, ich komme."

Er blieb noch ein Weilchen sitzen und ging wieder. Eine Stunde später betrat Petja den Klubraum. Es sprachen der Sowchosvorsitzende, der Agronom, der Ziegeleidirektor und der Veterinär. Petja hörte nüchterne Zahlen, sah ein Leben gleichmäßig wie ein Uhrwerk ablaufen.

Ein Protokoll. Eine Resolution. Viele Wünsche.

Beim Punkt „Sonstiges" bat der Zellensekretär ums Wort. „Genossen, in unserem Sowchos ist der Komsomolze Pjotr Kremnjow. Ihr wißt, daß der Sowchos nur dank seinem Eingreifen noch steht. Die Zelle schlägt vor, Pjotr Kremnjow bis zu seiner Genesung in die Stadt zu schicken und ihm dann in unserer Ziegelei eine frei gewordene Stelle zu geben. Wir stimmen ab. Wer ist dafür? Stimmenthaltungen? Einstimmig angenommen."

Doch Petja war aufgestanden. Aus der leeren Augenhöhle rann ihm eine rauhe trübe Träne über die Wange. Seine Lippen zitterten. So stand er, ließ den Blick von einem zum andern gehen und sagte mit schwerer Zunge: „Ich dank euch. Aber ich kann nicht hierbleiben. Gern tät ich bei euch arbeiten. Aber die Sache ist die ..., ja, die Sache ist, bei euch geht alles wie am Schnürchen, aber in unserer Staniza, wo ich herkomm, da hapert's noch. Nur mit Müh und Not haben wir in die Sache ein bißchen Schwung gekriegt und eine Zelle gegründet. Viele werden nicht mehr dasein. Die Machno-Leute haben sie umgebracht. Ich will in unsere Staniza, da fehlt's an Leuten."

Schweigen. Alle waren einverstanden. Still war es im Klub.

Fast der ganze Sowchos begleitete ihn. Als Petja Abschied nahm und den Berg hinanstieg, dämmerte es. Auf die Straße, auf den stummen Zug der Telegrafenstangen rieselte die Dunkelheit nieder.

Die alte Hetmanstraße kroch über mürrische breitstirnige Berge, immer den Don entlang. Schweigend schritt Petja aus.

Sein Tritt tönte hell durch die zähe Finsternis, die öde, stille Nacht. Unter seinen Sohlen knirschte Rauhreif. Die Eindrücke der Pferdehufe waren mit einer dünnen Eisschicht überzogen. Klirrend splitterte das Eis, und hoch quoll glucksend dunkles, kaltes Wasser.

Hinter einem Kurgan, einem Wächter der Straße, rollte dunkelrot vor Anstrengung der Mond hervor. Krumme Schatten huschten geisterhaft über die Steppe. Wie Silber glänzte die Straße, und bläulich leuchtete das Eis des Flusses.

Schweigend ging Petja, mit offenem Munde gierig die Luft schlukkend. Der welke Wermut am Straßenrand roch nach bitterem Schweiß.

Die Straße wand sich endlos dahin, doch Petja schritt festen Schrittes der heraufziehenden Nacht entgegen. Von der blauen Himmelsdecke blinkte mit blaßgrünem Licht ein fünfzackiger Stern.

Vera Inber

Lalas Interessen

Der Fahrstuhl war alt und einsam hinter seinem Gitter. Vom ununterbrochenen Auf und Nieder war er verbittert worden und hatte begonnen, wütend mit dem Riegel zu knarren und beim Hinabfahren leise zu heulen wie ein verwundeter Wolf. Manchmal verweigerte er vollkommen den Gehorsam, blieb zwischen den Stockwerken hängen und blickte mürrisch auf die Vorübergehenden, die die Treppe hinaufkrochen.

Der Führer des Fahrstuhls war Jakob Mitrochin, elf Jahre alt, Kind unbekannter Eltern. Er kam von der Straße, gefiel dem Nachtwächter und blieb beim Lift. Nach den ihm von der Hausverwaltung erteilten Befehlen durfte Jakob Mitrochin niemand allein im Aufzug fahren lassen; er führte jeden Fahrgast selbst hinauf und erhob von ihm, laut Instruktion, fünf Kopeken.

In den langen Abendstunden, wenn draußen das Unwetter heulte, tobte und wütete, versah Jakob Mitrochin unablässig seinen Dienst am Fahrstuhl, und auf die ins Theater oder zu Besuch gegangenen Leute wartend, sann er über das Leben nach. Er sann über das Leben nach, über seine schäbigen Filzstiefel und auch darüber, daß der Wächter, Mitrofan Awdeitsch, der ihn als Sohn angenommen hatte, ihn so stark prügelte, und noch dazu für nichts, und daß es schön wäre, einen Bleistift zu finden, um sich mit der Wissenschaft zu befassen. Immer und immer wieder betrachtete er die Konstruktion des

Aufzugs, dessen Eingeweide, die Polstersitze und die Knöpfe. Besonders den einen roten: wenn man darauf stark drückte, blieb der Aufzug im vollen Gang stehen. Eine sehr interessante Sache!

Abends, wenn die Erwachsenen im Theater waren oder ihre Gäste gemütlich bei sich zu Hause mit Tee bewirteten, kamen zu Jakob Mitrochin vom ganzen Hofe irgendwelche Mützchen und Schafpelzchen zum Plaudern, ja, manchmal verirrte sich sogar ein Sammetkäppchen, ein Sechsjähriges, zu ihm, namens Lala. Die Mutter Lalas, rundlich wie eine bauchige Kommode, ärgerte sich über diese Bekanntschaft und sagte: „Lala, das ist doch ein Verwahrloster im wahrsten Sinne des Wortes, putz dir die Nase! Er kann doch stehlen und morden, lutsch nicht am Finger! Hast du keine andern Bekannten?"

Wenn Jakob Mitrochin solche Reden hörte, knurrte er vorwurfsvoll, schwieg aber.

Lalas Kinderfrau, eine ehrwürdige Alte, ärgerte sich noch mehr über die Bekanntschaft.

„Lalachen, laß ihn doch, sieh du ihn nicht mehr an! Was du da schon Großes gefunden hast: einen Liftjungen, wo dein Papa einen Schreibtisch hat, der ganz mit Leder bezogen ist, und du selbst täglich Kakao trinkst. Pfui, so ein Schatz! Ist das eine Gesellschaft für dich?"

Aber das zarte, rundliche Lalachen, das einem Knopf ähnelte, brachte es schon fertig, unbedingt so nahe wie möglich an Jakob Mitrochin vorbeizukommen und ihm zuzulächeln.

Eines Tages tauchte unten an der Tür des Fahrstuhls, dort, wo gewöhnlich alle Bekanntmachungen aus dem Hause hingen, folgende neue auf: „Alle Kinder, welche aus diesem Haus sind, werden eingeladen zur Versammlung am morgigen Tag um drei Uhr unter der Treppe, wo der Schafpelz liegt. Es wird wichtige Vorschläge geben. Eintritt frei. Für die aus dem Nachbarhaus ist der Eintritt zwei Pfefferkuchen."

Unterschrift war keine da.

Als erste bemerkte Lalas Mutter diesen Anschlag. Sie las ihn zuerst mit dem Zwicker, dann ohne, und rief sofort die Hausverwaltung im zweiten Stock an. Es erschien der Gehilfe des Hausverwalters.

„Wie denken Sie sich denn das, Genosse Polaitis?" sagte Lalas Mutter. „Wie können Sie so etwas zulassen?" Und dabei stieß sie mit der Handtasche auf den Zettel. „Man verdirbt hier unsere Kinder, und Sie schweigen. Warum schweigen Sie? Meine Lala wird ja sicher nicht hingehen, darum handelt es sich nicht, aber im Prinzip?"

Der Genosse Polaitis schaute näher hin, schneuzte sich und erwiderte: „Ich sehe darin nichts Besonderes, Bürgerin. Die Kinder haben ein Recht, sich zu organisieren zur Wahrung ihrer professionellen Interessen."

Lalas Mutter verschluckte sich vor Empörung und knirschte: „Was heißt Interessen, wenn ihnen die Nase noch läuft. Ich bin mehr als überzeugt davon, daß dies Jura aus der Wohnung achtzehn geschrieben hat. Und das will der Sohn eines Kanzleivorstands sein."

Der Kanzleivorstand Selesnow, ein mürrischer Mensch mit kranken Nieren, schielte auf den Anschlag und dachte: Ich erkenne Juras Handschrift. Was aus ihm werden wird, weiß ich nicht. Irgendein Abenteurer von der Sorte Piłsudskis.

Die Kinder taten so, als ob sie den Anschlag nicht bemerkten. Nur auf der Treppe wurde es ungewöhnlich schmutzig von kleinen Fußstapfen, und im benachbarten Konsum überstieg die Nachfrage nach Pfefferkuchen derart das Angebot, daß vom Lager eine frische Sendung obengenannter Ware geschickt werden mußte.

Die Nacht verging ruhig, aber der Morgen fing schon aufregend an.

Zuerst kam die Milchfrau und erzählte, daß draußen ein Schneegestöber sei, daß man die Hand nicht vor den Augen sehen könne, so daß sie ihr Pferd fast mit dem Schwanz nach vorn eingespannt hätte, und daß infolgedessen die Milch um eine Kopeke teurer geworden sei. Über dem Haus lastete Gewitterstimmung. Aber Selesnow ging doch zum Dienst, sein Diätfrühstück in der Mappe, und Lalas Mutter begab sich zu Lapin, um die neuen Erschwerungen bei der Milchbelieferung nachzuprüfen.

Das Kindervolk saß in seinen Zimmern und verhielt sich verdächtig still.

Um sechs Uhr, als die meisten Eltern sich, müde vom Dienst, Schneegestöber und Mittagessen, zum Ausruhen hingelegt hatten und ihrer ermatteten Hand die „Prawda" oder „Iswestija" entsank, huschten kleine Schatten treppabwärts und begaben sich ganz augenscheinlich dahin, wo der Schafpelz lag.

Nachdem Lalas Mutter eine Stunde bei Lapin in der Reihe angestanden und festgestellt hatte, daß die Milch tatsächlich teurer geworden und Quark überhaupt nicht zu haben war, legte sie sich auch auf die Chaiselongue zwischen eine Unmenge vorwiegend runder Kissen, teils so groß wie ein Automobilrad, teils wie eine Teeuntertasse. Die Kinderfrau stritt in der Küche mit der Wäscherin, ob es einen Gott gäbe. Als plötzlich eine Tür zuschlug.

Lalas Mutter sprang auf und überzeugte sich, daß ihre Tochter Elena Jegorowna Antonowa verschwunden war.

Lalas Mutter warf sich das erste beste über und läutete Sturm an der gegenüberliegenden Eingangstür. Der Kanzleivorstand Selesnow, eine Wärmflasche in der Hand, öffnete die Tür selbst.

„Meine Lala ist verschwunden und Ihr Jura wahrscheinlich auch", sagte Lalas Mutter. „Sie haben dort unter der Treppe eine Versammlung, professionelle Interessen, mit einem Wort, eine todsichere Angina."

Der Kanzleivorstand Selesnow antwortete mürrisch: „Mein Jura ist auch nicht da. Sicher auch dort. Ich vermute sogar, daß er der Anstifter ist. Ich ziehe gleich den Mantel an."

Sie gingen zusammen die Treppe hinunter. Zur gleichen Zeit kroch der Fahrstuhl unter altersschwachem Stöhnen vom siebenten Stock abwärts. Als Jakob Mitrochin die Hinabgehenden bemerkte, hielt er an, schob mit einem Ruck den Riegel zurück und sagte trokken: „Bitt schön."

Zu gleicher Zeit drängten sich unten im Zimmer, wo der Schafpelz und der im Winterschlaf ruhende Schlauch für die Straßenbesprengung lagen, so viele Kinder zusammen, daß man nicht atmen konnte. Es roch nach Pfefferminz wie in der Apotheke.

Jura Selesnow stand auf einem alten Stuhl und war im Begriff, die Versammlung zu eröffnen. Zu ihm kam jeden Augenblick der stellvertretende Vorsitzende, Viktor, ein Zwölfjähriger, parteilos, um Verhaltungsmaßregeln einzuholen.

„Jura, da ist vom Nachbarhof ein Mädchen mit einem Säugling gekommen, kann er ihr seine Stimme übertragen oder nicht?"

Der Säugling gab in diesem Augenblick selbst seine Stimme ab, und zwar so, daß alle fast taub wurden.

„Genossen", bemühte sich Jura ihn zu überschreien, „Genossen, ich bringe zur allgemeinen Kenntnis, daß nur derjenige seine Stimme abgeben kann, der allein gehen kann. Die übrigen müssen sich der Stimme enthalten. Die Stimmen dürfen nicht übertragen werden. Ich bitte die Redner, sich einzutragen. Wir haben nicht viel Zeit. Thema: Neuwahl der Eltern."

Lala, bleich, mit glänzenden Augen, drängte sich zu Viktor durch und sagte leise: „Bitte, mich auch einzuschreiben. Ich möchte mich äußern. Schreiben Sie: Lala vom fünften Stock."

„Über welche Frage, Genossin, gedenken Sie sich zu äußern?"

„Über die Frage der warmen Unterhosen, die kratzen, daß man die nicht zu tragen braucht. Und noch über vieles andere."

Jura klopfte mit einem Pfefferkuchen auf das Fenstersims und begann: „Genossen, ich will einige Worte sagen. Alle Leute – Metallarbeiter, Verkäufer, sogar die Stiefelputzer – haben ihren Verband, der sie vor Ausnutzung schützt, aber wir Kinder können so etwas nicht machen. Jedes von den Eltern, sei es Mutter oder Vater, besonders wenn er nierenkrank ist, macht sich über uns lustig, wie es ihm paßt. So kann es nicht weitergehen. Ich schlage vor, eine Reihe Forderungen aufzustellen und eine Parole auszuarbeiten, die der Zeit geziemt. Wer ist für, wer dagegen, wer enthält sich der Stimme?"

„Hier ist Jakob Mitrochin eingeschrieben", verkündete Viktor, „über die Frage, daß es keine Ohrfeigen mehr geben sollte. Aber er ist nicht da."

Jura runzelte ernst die Stirn und sagte: „Wohl beschäftigt. Er bleibt nicht umsonst weg. Das heißt, er hat etwas Wichtiges zu tun. Seine Vormeldung bleibt bestehen."

Die Versammlung verlief stürmisch. Es gab viele und lauter solch schmerzende Fragen, daß man unmöglich darüber schweigen konnte. Man sprach davon, daß sich die Erwachsenen zuviel herausnehmen und den Kindern sogar verbieten, auf den Gängen in den Kommunalwohnungen zu spielen, was völlig unzulässig sei. Man sprach auch davon, daß es unbedingt nötig sei, die Stiefel in den Pfützen zu waschen, und noch über verschiedenes andere.

Der Schutz der kindlichen Interessen wurde zum erstenmal auf gewerkschaftlichen Boden gestellt.

Anderthalb Stunden hing der Fahrstuhl zwischen dem dritten und vierten Stock. Vergebens tobte Lalas Mutter und klopfte an die Tür, vergebens faßte sich der Kanzleivorstand an seine kranken Nieren, Jakob Mitrochin erwiderte auf alles, daß die Eingeweide des Fahrstuhls krank seien und daß er nichts machen könne: Er hängt – und wird von selbst wieder losgehen.

Als Lalas Mutter, halbtot vor Aufregung und angestrengter Erwartung, endlich zu ihren runden Kissen zurückkehrte, erblickte sie Lala am Schreibtisch ihres Vaters sitzend. Mit einem dicken Blaustift malte sie mit großen Buchstaben auf einem großen Bogen die anscheinend von der Versammlung angenommene Parole: „Kinder, seid vorsichtig in der Wahl Eurer Eltern!"

Lalas Mutter wurde grüngelb vor Entsetzen.

Am nächsten Tag bekam sie durch die Kinderfrau einen Brief. Sie wunderte sich, daß in einem schmutzigen Umschlag etwas Rundes lag. Sie machte den Brief auf. Darin lag eine große, schmutzige Fünfkopekenmünze. Der Zettel lautete: „Bürgerin, das Geld für den Lift schicke ich Ihnen zurück. Aus Gerechtigkeit. Ich habe Sie absichtlich so lange im Fahrstuhl gehalten, damit Ihre Tochter Lala sich über alle ihre Interessen äußern konnte.

Für den Analphabeten Jakob Mitrochin

Jura Selesnow."

Wsewolod Iwanow

Ehrenschuld

Die erste Stunde

Als das Detachement durch das Wäldchen ritt, fiel das Laub und blieb an den nassen Zügeln kleben. Die aufgequollenen Riemen der Geschirre sahen kaum anders aus als die Schmutzklumpen, die unter den zweirädrigen Karren der Maschinengewehre zerbröckelten.

Fadejzew steckte die Karte ins Futteral und äußerte mit seiner durch Krieg und Agitation herausgemeißelten Stimme dem Adjutanten Karnauchow gegenüber folgende Erwägungen: Erstens sei es eine Schmach vor der Revolution, am Vortage oder gar am Tage des Gefechts das Detachement zu zerreißen; zweitens sei es nicht angängig, die ganze Bummelei auf Regen und Dunkelheit abzuschieben; drittens sei es Zeit, das Geheimnis aufzuklären und Patrouillen zu schikken. Und überhaupt etwas mehr Initiative!

Seine Stimme riß ab. Ermüdung.

„Der Arzt bittet um elf Decken. Die Kranken beklagen sich, Genosse Kommissar ... Sie sagen: Die Gesunden kriegen Decken, und wir müssen unter unseren Mänteln liegen ... im Herbst ...“

„Hab ich vielleicht ein Sanitätsdepot an der Hand? Wo wir ohne Train ... Hast du ihnen das erklärt?“

„Sehr genau sogar. Besonders das mit der Halbierung des Detachements. Hier in der Finsternis. Der Stab ohne Verbindung. Soll ich vielleicht eine allgemeine Versammlung wegen elf Decken einberufen? Ich hab ihnen gesagt: Wenn Tschugrejew uns zurückwirft, werdet ihr Decken kriegen – zehn Zoll Erdboden.“

„Den Kranken? Etwas unvorsichtig, Genosse!“

„Zweitens sind es Kranke und erstens Revolutionäre. Im gesellschaftlichen Organismus gibt es Lücken ...“

Der Adjutant Karnauchow liebte gute Formulierungen. Er war ein Permer Bauernsohn mit kurzen Armen und trug seine behaarte Brust offenherzig. Beim Ausmarsch aus der Stadt hatte er sich mit Matrosenjacke und Pelzmütze eingekleidet.

Ein Soldat brachte den Rucksack Fadejzews. Vor der Türe versuchte er, mit einem Holzspan den Schmutz von den Tragriemen abzukratzen, und sagte lachend zum Adjutanten: „Eine alte Frau war da, sie bittet, man soll doch nicht die Kirche als Abort benützen. Lieber ihre eigene Scheune. Die ist auch sauber, sagt sie, soll die ganze Streu, die drin liegt, draufgehen. Die reine ägyptische Finsternis hierzulande. Den Popen haben sie in einem Keller versteckt. Wenn wir ihn kriegen, hängt er ...“

„Sklavenseelen“, sagte Karnauchow in tiefem Baß, „wenn wir die Banditen geschlagen haben und zurückkommen, veranstalte ich einen Diskussionsabend über Religionsfragen. Bestell ihnen das.“

„Mit den alten Weibern eine Diskussion? Sie sollen ihren Morast auspflastern, das ist das einzige, wozu sie gut sind.“

Fadejzew hörte zerstreut zu.

„Den Samowar könnte man aufstellen“, sagte er leise.

Der Besitzer der Hütte, Bakuschew, ein dunkelhäutiger, hagerer Greis, schwenkte unsäglich lange Hemdsärmel durch die Luft und brachte Kohlen auf einem Feuerrost. Der Adjutant und der Soldat stritten hitzig. Fadejzew sah durchs Fenster, unterschied aber nichts. Leere Halme standen auf den Feldern, sie klirrten wie Glas. Der Himmel war graugelb. Das nasse Lederzeug roch nach Heidekraut. Die nackten Bettlergestalten der Halme dörrten die Seele aus. Bei Tage hockte hungrige, knisternde Glut in den Wolken, nachts wühlten sich wilde Winde in die Felder. Und obwohl hinter jeder Bodenschwelle hervor eine Kugel ins Herz treffen konnte, war es noch leichter, sich durch Sumpfland durchzuschlagen als durch völlig offenes Terrain, war es immerhin vorzuziehen, hinter einem Strauch statt ungedeckt seine Konservenbüchse aufzubrechen. Möglich, daß deshalb den Kommissar Fadejzew plötzlich Schlaf überkam. Doch seine entzündeten Lider wollten sich nicht schließen. („Im Namen der Revolution“, pflegte Karnauchow pathetisch zu erläutern.) Sechs Tage und sechs Nächte hatte sich das Detachement durch Felder, Sümpfe und Knüppeldämme durchgeschunden, um endlich im Schilfrohr das

Räubernest der Grünen*, des Galgenvogels Tschugrejew, auszuräuchern.

„Der Kommunismus kennt keine Kompromisse“, erklärte plötzlich der Adjutant Karnauchow mit sonorer Stimme. Der Alte brachte gerade den Samowar herein.

Fadejzew streckte sich langsam auf der Bank aus.

„Kinder, ich möcht schlafen, bis der Samowar kocht. Der Train kommt noch rechtzeitig ...“

Er begann sich die Stiefel auszuziehen. Der Alte eilte ihm zu Hilfe, Karnauchow fluchte mörderisch.

„Glaubst du, wir sind unter dem Zarismus? Stiefellecker!“

„Er ist doch müde, der Kommandant.“

„Wenn er müde ist, wird er in Stiefeln vorzüglich schlafen. Wie denkst du darüber, Genosse?“

„Schlafen möcht ich.“

Der Alte schob ihm noch ein Kissen unter die Schulter. Der Adjutant ließ die Gelegenheit, aufklärend zu wirken, nicht vorübergehen.

„Liefert man euch Literatur? Damit ihr den Gang der Ereignisse versteht? Ihr müßt es schwarz auf weiß haben, Alter.“

„Banditen haben uns heimgesucht, lieber Herr, wie die Heuschrekken sind sie über uns hergefallen. In unserm Landkreis war das Volk immer friedlich, und jetzt kommt einer daher, so ein breiter Kerl, eine Fresse wie ein Kutscher, und schämt sich nicht, Rindsleber zu verlangen. Und was glaubst du? Meinem Nachbarn erschießt er die Kuh, schneidet die Leber heraus, brät sie sich und schmeißt das übrige fort. Und wieviel Menschen sie erschlagen haben ...“

Karnauchow hustete streng.

„Die Aufgabe des Tages, genauer das Tempo der Aufgabe, erfordert die restlose Ausrottung des Banditenwesens und im Anschluß daran den friedlichen Wiederaufbau ...“

Nach einem Flußübergang begannen die Träume Fadejzews regelmäßig damit, daß sich sein ganzes Inneres mit grünem Haarwuchs überzog ...

Doch mit einemmal splitterten und krachten die Dielenbretter. Wie klingendes Kupfer spalteten Hufschläge die riesenhaft ausgebreitete weiße Nacht.

Im Halbschlaf, taumelnd, wirr sprang Fadejzew auf. Er stieß sich die Stirn an der Tischkante. Stockfinster war es, die Lampe mußte erloschen sein.

* Zum Unterschied von den organisierten Truppen der Revolution und Konterrevolution – den „Roten“ und „Weißen“ – bezeichnet man als „Grüne“ die Banden von Deserteuren und verkommenen Elementen, die von beiden Seiten Zuzug erhielten.

Durch den Fensterrahmen pfiff eine Kugel. Dreimal, nach jedem Schuß, rief eine Stimme laut: „Genosse Fadejzew!“ Gedämpftes Getrappel von Pferdehufen hörte sich an, als sprengte einer draußen über gedüngte Erde. Der Alte stand am Fenster und bekreuzigte sich, die Kreuze rieselten schnell und raschelnd wie Kürbiskerne durch seine Finger. Sein Gesicht war weißer als sein Bart, die Finger waren schwarz mit roten Kuppen und die Nägel fetter und größer als seine Augen. Fadejzew sah durchs Fenster. Beim Schein einer großen Laterne schwang ein langmähniger Kerl müde seinen Säbel. Nach jedem Schwung kam ein ebenso müdes Stöhnen. Der Alte sagte: „Er hat ihn erschlagen.“

Fadejzew sah auf den platt an den Ofen gedrückten Alten und wiederholte: „Erschlagen? Ihn? Die Banditen? Wen haben sie erschlagen?“

„Sie. Die Banditen.“

Plötzlich fiel es Fadejzew ein – sein Revolver war wieder nicht geladen. In fünf Jahren Revolution hatte er sich nicht angewöhnen können, den Revolver rechtzeitig zu laden. Der Revolver rasselte hinunter auf den Fußboden. Ein Kätzchen schreckte unter der Bank auf.

Da ging auch im Flur schon ein fürchterliches Gepolter los. Nicht einmal ein Riegel war an der Tür. Der Alte drehte sich um. Geschäftig, mit vielen Flüchen verbarg er den Revolver unter der Asche in der Ofennische.

Schwein gehabt, blitzte es Fadejzew durchs Hirn, und im selben Augenblick tat es ihm um Karnauchow leid: Erschlagen haben sie ihn.

„Mach, daß du auf den Hof hinauskommst ..., sie erschlagen dich so oder so. Hab Mitleid mit mir. Sag ihnen, ich hätt dich nicht freiwillig hinausgelassen. Heilige Gottesmutter, Himmelskönigin! Geh schon, sag es ihnen! Chammunisten, ihr!“ Der Alte winselte durchdringend. „Geh, Kommissar!“

Draußen pfiffen die Kugeln, daß es durch Mark und Bein ging. Fadejzew fühlte seine Beine schwer wie Bauklötze. Er fiel auf die Knie, kroch ein paar Schritte auf allen vieren und hob, ohne recht zu wissen, warum, das Brett aus, das die Vorratskammer unter dem Fußboden deckte. Gegen sein Gesicht strömte der Modergeruch ausgewachsener Kartoffeln.

„Sie finden dich dort! Du kriegst eins über den Schädel!“

Das Gewinsel aus dem zahnlosen Mund bewirkte, daß Fadejzew wieder Herr seiner Nerven wurde. Er riß seinen Rucksack an sich. Darin lag eine Aktenmappe. Seine Mütze schnitt er mitten entzwei.

Durch das Messer, das in seinen Händen zitterte, entstand das Erinnerungsbild einer Schere.

„Gib eine Schere her!" schrie er. „Schnell! Und ein Hemd! Ein Hemd von dir! Oder ich bring dich um!"

Der Alte reichte ihm, den Mund vor Angst sperrweit offen, eine rostige Schere und ein glattgerolltes Hemd. Mit raschen Fingern schnitt sich Fadejzew den keilförmig gestutzten Bart ab.

„Ein altes Hemd ..., ein altes brauch ich! Los! Sag, wie heißt du ...?"

„Ich?"

„Ja, du!"

Der Alte schien vor Angst seinen Namen vergessen zu haben. Er sah sich besorgt in der Hütte um.

„Was willst du für Unheil anstiften?"

„Wird's endlich!"

„Bakuschew, Alexej Ossipytsch."

„Sag ihnen, ich bin dein Sohn! Dein Sohn Semjon ... Semjon Alexejitsch, Soldat der Roten Armee ... Deserteur ... Meine Dokumente hab ich verloren ... Hörst du ... Sonst ist's aus! Die Roten kommen wieder, und wenn sie meine Leiche finden, reißen sie dir die Därme aus dem lebendigen Leib heraus und brennen alles nieder! Dann ist's aus mit euch allen! Wenn du mich verrätst ..."

Er schüttelte drohend die Schere. Der Alte bekreuzigte sich schaudernd die Stirn, als wollte er sein schmutziges Haar scheiteln.

„Was willst du von uns ..., wir sind Bauern ..., unsere Sache ... Gut ..., ich will's meiner Alten sagen ..., ich geh sie suchen ..."

Die Bank, auf der Fadejzew saß, fühlte sich klebrig an, so stark strömte der Schweiß aus seinen Handflächen. Karnauchow hatte auf dem Tisch ein Zigarettenetui liegenlassen. Fadejzew versteckte es in der Röhre des Samowars. Das Leder wird nicht schlecht stinken, wenn angezündet wird, schoß es ihm durch den Kopf. Doch er fühlte nicht mehr die Kraft in sich, es zurückzunehmen.

Er blickte stumpfsinnig auf den Samowar, Schleim zog sich ihm in der Kehle zusammen, er wollte ausspucken, es gelang ihm aber nicht.

Mit einer Waffe wär es noch möglich gewesen, sich durchzuschlagen, ein Pferd zu erreichen! Wind, Wind, kalter, guter, herbstlicher Dreck da draußen! Dort auf den Feldern klingt jeder Hufschlag wie kleines Glockengeläute ... Verdammt, wann werd ich endlich lernen, meinen Revolver rechtzeitig zu laden!

Die zweite Stunde

Fiebertraum? Ging er selbst? Schritte dort, aus der Mauer, von der Decke.

Die Alte kam gelaufen. Füßetrappeln im Hausflur.

„Zum Ofen", stöhnte Fadejzew. Die Tür verschwamm vor seinen Augen, der Ofen dehnte sich, eine endlose Ziegelmauer.

Die Tür flog mit einem Ruck auf. Eine rauhe, kehlige Stimme rief: „Licht! Licht! Komm heraus!"

Ein Kosak mit fleischrotem Schopf stellte eine große Laterne auf den Boden. Eine gelbe Wachskerze war drin – geweihtes Licht. Ein hochgewachsener Mann ging voraus, dessen hagere Schulter gelähmt schien.

„Sind Rote hier, Leute?"

Er hob schwerfällig beide Hände: zwei Revolverläufe wiesen vorwärts wie schmutzstarrende Finger.

„Wo sind die Roten?"

„Geflohen, lieber Herr, zu den Pferden entkommen, bevor ich nur hab ausspucken können ... Vielleicht, daß anderswo noch welche sind, in meiner Hütte nicht ... Meinen Sohn da haben sie mitschleppen wollen, kaum daß er sich hat losmachen können ..."

„Deinen Sohn? Dieser da?"

Aus dem Flur kam es ungeduldig: „Abführen ... Sein Sohn ..., soll man glauben, bei der Schnauze ..."

„Hab ich gesagt, ihr sollt euch einmischen?"

Obwohl sich keiner rührte, machte der Hochgewachsene eine Abwehrbewegung mit dem Ellenbogen. Wieder blieb seine Schulter steif, während er auf Fadejzew zuging. Jedes seiner Worte war weiß und ebenmäßig wie seine Zähne im Mund. Im blutigen Laternenschein zitterten Schmutzperlen an seinem langen, schütteren Schnurrbart. Er steckte die Revolver wieder ins Futteral, seine kalte, viereckige Hand legte sich auf die Finger Fadejzews. Während der weiteren Fragen tastete er höher hinauf, über den Arm zur Brust, zur Hüfte. Seine Nägel schlugen wie Zähne in die Kleider. Sie wühlten darunter in der Wäsche. Fadejzew, der groben Bauerntabak liebte, hatte die Gewohnheit, ihn nicht im Beutel zu tragen, sondern einfach in die Tasche zu stecken. Der Hochgewachsene nahm ein paar Krümel, roch daran und spuckte aus.

„Welches Regiment?"

„Putilowsches Stahlwerk, drittes."

„Name?"

„Bakuschew, Semjon."

„Freiwilliger?"

„Nein, ausgehoben."

„Beurlaubt?"

„Nein."

„Verwundet? Deserteur? Wo sind deine Papiere? Keine Papiere? Du lügst also. Erschießen!"

Im Flur ging die Türklinke. Irgendwer polterte mit dem Gewehrkolben, sprang von der Vortreppe in den Straßenschmutz. Im Hühnerstall schlug ein aus dem Schlaf geschreckter Hahn, den ein Kosak zum Abendbrot schlachten wollte, mit den Flügeln. Der Hochgewachsene ließ seinen Blick nachlässig über die Wand gleiten und schob Fadejzew zur Tür. Schwere Stiefel traten in Reih und Glied, ein Durchgang entstand wie ein Grab, Gewehrläufe gaben die Richtung. Der Hochgewachsene hielt seinen Revolver hinter dem Rücken, sein Schnurrbart hing über Fadejzews Schulter wie ein trockener Tannenzweig. Wie sollte man ihm den Revolver entreißen?

Fadejzew fragte, um näher ans Fenster zu kommen: „Darf ich den Eltern Lebewohl sagen?"

Er warf sich den Alten zu Füßen.

Das Weib heulte. Der Mann beugte sich herab, als wollte er den Sohn segnen, plötzlich jammerte er auf und kroch auf den Knien vor dem Hochgewachsenen.

„Fürst, Geliebter, ich hab deinen Vater und deine Mutter gekannt ... vom Mutterleibe an ... Drei Tage ist's her, daß er wieder bei uns ist ... Das Vieh hat die Seuche ..., dacht ich, jetzt ist mein lieber Sohn aus der Stadt da, hilft ..., und nun soll er sterben ..."

„Mein Goldkind, Semjuschka, mein Falke, mein helläugiger", winselte die Alte.

Der Hochgewachsene blickte finster zu Boden. Die Talgkerze hinterließ atlasweiße Tropfen auf seiner Pelzjacke. Der Alte leckte sie eifrig ab. Pfui Teufel, dachte Fadejzew, doch dem Hochgewachsenen schien das zu gefallen.

„Steh auf! Hol euch der Teufel, ich begnadige ihn – gibt's vielleicht nicht genug Deserteure? Aber sieh zu, Alter, wenn du lügst – weh dir. Ich laß dich's bitter bereuen."

Er ging langsam zur Tür, warf noch einen flüchtigen Blick auf Fadejzew und wandte sich jäh zurück. Unter krampfhaften Zuckungen der Schulter trat er dicht vor ihn und sah ihm in die Augen, Fadejzew glaubte seine kitzelnden Wimpern auf der Wange zu fühlen. Plötzlich preßte er eine Hand aufs Herz und schrie gellend: „Was? Was ist das? Wie heißt du? Nimm die Mütze ab!"

Im Bewußtsein Fadejzews gewann es Gestalt, daß er bei dem Worte „Erschießen!" eine Mütze aufgesetzt hatte, eine fremde, kleine, durchgeschwitzte ...

„Semjon Bakuschew."

Der Hochgewachsene fuhr ihm durch die Haare und sah erstaunt auf eine tiefe Narbe an der Schläfe.

„Bakuschew? Du lügst!"

Er schüttelte den Kopf.

„Gewiß ..., ja ..., ich kenne keinen Bakuschew. Warst du in Orel?"

„Niemals."

„Kennst du den Fürsten Tschugrejew?"

Du bist's! schoß es Fadejzew durch den Kopf. Als er hergeschickt worden war, hatte der Vorsitzende des Gouvernementssowjets ihm eigens noch eine Fotografie mitgegeben, um den General Tschugrejew, den Führer der grünen Banden, zu erkennen. Auf dem Bild war der Mann freilich jünger und voller, aber die schütter bewachsene, dicke Oberlippe war doch vorhanden, und da waren auch die eckigen Brauen. Die Fotografie lag ja in seiner Aktenmappe, im Keller unter ihren Füßen. Fadejzew erinnerte sich an die weit ausholenden Bewegungen, wie die Bauern sie an sich haben; er drängte seine Brust heraus und hob die Ellenbogen.

„Die Tschugrejews? Herrgott! Unser ganzer Landkreis ..."

„Du lügst ..., du lügst, du Schuft!"

Ein Soldat mit roten Achselstücken ließ Wachs auf den Tisch tropfen und klebte die Kerze fest.

„Zum Teufel mit ihm!"

Da saß der General und Fürst Tschugrejew, den zu fangen der Frontkommissar Fadejzew in die Kalitschiner Sümpfe geschickt worden war, leibhaftig vor ihm und kratzte sich die schmutzige Haut am Kinn. Ein Gemisch von Stutzertum und Bettelarmut war ihm und seinen Leuten eigen. Sein Pelzrock war aufgeknöpft. Die grüne Uniform darunter war goldbestickt, aber speckig, die Hosen aus grobem feldgrauem Soldatentuch. Die hohen gelben Stiefel waren über und über beschmutzt.

„Wo hast du im Krieg gegen die Deutschen gedient?"

Fadejzew nannte ein Regiment.

„Kenn ich nicht. Welche Charge?"

„Gemeiner."

„Kusch."

Vom Flur her hörte man Füßescharren, dann eine gleichgültige Stimme: „Soll man ihn abführen?"

„Wart noch. Bauer, gib Milch her!"

Er trank lange und gierig, schüttete die Hälfte in den Bart. Auf der Straße knallten Schüsse. Tschugrejew stellte den Topf hin. Blaue Fliegen, klebrig wie Pappelknospen im Frühjahr, setzten sich auf den Rand. Er stemmte die Hände schwer auf den Tisch.

„Bestimmt hab ich dich schon einmal gesehen. In einem Augenblick, der für mich sehr wichtig war. Kein Zweifel ..."

Er faßte sich an die Brust.

„Siehst du, mein Herz hat's geahnt ..., es ahnt immer ..."

Der alte Bauer warf sich wieder auf die Knie. „Mein Sohn ..., sag doch ..."

„Ach, Väterchen, bei allen Heiligen ..."

„Knien nützt mehr als Hocken. Steh auf! Ich verhör ihn im Stab, dann wird er entlassen. Bete zu Gott, daß er nicht gelogen hat ... Gehen wir!"

Die dritte Stunde

General Tschugrejew war leicht ergraut, hatte weitläufige Bewegungen und einen etwas krampfhaften Gang. Der Kommissar Fadejzew war klein und bucklig. Da er sein ganzes Leben in der illegalen Bewegung zugebracht hatte, war sein Schritt abgezirkelt; als fürchte er ständig, jemandem auf die Füße zu treten. Die Nacht war feucht und stürmisch, schieferblau, der Wind zauste das Stroh von den Dächern, zerrte es zu Spreu und hängte es einem an Kinn und Schultern; man hatte nicht die Kraft, die Halme, die nach faulem Schwamm rochen, abzulesen. Die Kosaken gingen zu zweit mit umgehängtem Gewehr hinterdrein. Der Stab der Grünen war in der Dorfschule einquartiert. Beim Hinaufgehen über die Stufen fragte Tschugrejew: „Hast du Angst?"

„Es gibt nur einen Tod", antwortete Fadejzew volltönig wie ein Versammlungsredner. Der Marsch durch die frische Luft hatte ihn ermuntert und aufgerichtet. Er war entschlossen, angesichts der Gewehrläufe zu rufen: Es lebe die Revolution!

„Wir haben heut Stücker siebzig gekillt. Wenn du addieren kannst, rechne dir selbst aus, der wievielte du bist. Hast du Angst?"

Fadejzew schwieg.

Die Schulbänke waren an die Wand gerückt, eine Petroleumlampe warf purpurblaues Licht auf den Fußboden. Es roch im Raum jedoch nicht nach Petroleum, sondern nach Kreide. Kreidestückchen bröckelten zischend unter den Füßen, wie Kalk im Wasser. Kreideweiß beschmiert, schlief neben der Klassentafel ein kahlköpfiger Mann mit Ohren, die wie überreife Gurken abstanden.

„He, Zahlmeister! Schläft schon wieder. Die Bolschewiken haben Sprit übriggelassen, hat er sich vollgesoffen. Warum sollen sie auch den Sprit mitnehmen?"

„Wir und Sprit? Wir sollen Sprit haben? Schuft!" hätte der Adjutant Karnauchow gerufen. Fadejzew, der sich schwach und haltlos fühlte, wurde von Mitleid mit Karnauchow erfaßt. Er schwieg. Tschugrejew wartete auch nicht auf Antwort. Er runzelte die Stirn und kratzte sich die Wange.

„Wie mir das alles über ist! Hast du Angst?"

Der Tisch wackelte und knarrte.

Tschugrejew wankte auch. Er zog frierend die Knie hoch, fragte nach dem deutschen Krieg und nach Offizieren, die in den verschiedenen Regimentern gedient hatten. Plötzlich sprang er auf.

„Gargarin? Wer war das? Aus Pensa?"

„Woher soll ich's wissen?"

Tschugrejew brachte seine verschlafenen Augen ganz nahe. Sie hatten die Farbe nassen Sandes.

„Ich hab vier Nächte nicht geschlafen. Du hast mich mit meinem Rang anzureden. Hat man das bei den Bolschewiken vergessen?"

Er berührte rasch den Bart Fadejzews. „Heute abgeschnitten", sagte er langsam, „wo waren Sie in Garnison?"

„Tula ... Woronesh ..."

Tschugrejew unterbrach: „Welches Jahr in Woronesh?"

„Siebzehn."

„Welchen Monat?"

„Januar, General."

Tschugrejew schlug sich mit der Hand auf den Schenkel, als wollte er den Staub von den Hosen klopfen, und kicherte. Sein Lachen klang albern und rauh wie durchgerissenes Papier.

„Jetzt hab ich's!"

Er griff unter die Schulbänke und holte aus einem Sack ein Buch und einen Bleistift hervor, riß ein Blatt aus dem Buch – es war das „Dienstreglement für die Artillerie" in einem von Schmutz und Fliegendreck starrenden Einband – und reichte es Fadejzew.

„Schreib das ab! Rasch!"

Fadejzew begann zu schreiben, stellte sich absichtlich ungeschickt, verkrümmte die Finger und fing nach jedem Buchstaben von neuem an. Die Buchstaben mußten bäuerisch, knorrig ausfallen. Sie hüpften. Und das Herz sprang und pulste im Takt. Der lange Mensch hinter seiner Schulter sah ihm scharf auf die Hand, lachte dabei so trocken, daß das Papier reißen wollte. Sein Revolver hämmerte auf den Tisch, trieb zur Eile. Der Bleistift zerkrümelte sich. Das „Reglement" war endlos, und endlos klopfte das Herz in blutigem Nebel. Fadejzew verlor die Beherrschung, vergaß das gekünstelte Schreiben. Es schien ihm, als zöge seine Hand auf einmal die Buchstaben zu gerade, er machte sie darum bauchiger, unregelmäßiger. Besonders das „S" geriet ihm schlecht, bald wie eine langgezerrte Fratze, bald wie ein Ring, bald wie eine leere Schote.

Plötzlich stieß Tschugrejew seinen Stuhl zurück, stampfte mit dem Fuß auf und schrie: „Unterschreib! Deinen Namen!"

Fadejzew setzte an: „Fa ...", strich es rasch durch und schrieb: „Alexej Bakuschew".

Tschugrejew riß ihm das Papier aus der Hand.

„Ausgezeichnet. Fa ... Was ist das? Farisejew oder vielleicht Faraontschikow? Wie?"

„Exzellenz haben mich so erschreckt ..., aus Versehen ..."

„Die Art Versehen kennen wir, Liebling. Erzähl von Woronesh. Hast dort herumgehurt? In der Messe gesoffen?"

Er ging unruhig auf und ab.

„In der Messe? In der Offiziersmesse! Im Januar in Woronesh war es ... Jetzt weiß ich's, hol's der Teufel ... Wie heißt du? Fa ..."

„Bakuschew, Euer Durchlaucht."

„Kusch! Stör mich nicht! Ich komm selbst darauf. In der Offiziersmesse, Januar siebzehn. Und ich – Fürst Tschugrejew ..."

Fadejzew feuchtete die Lippen mit der Zunge an und brachte es fertig zu lächeln.

„Sie belieben zu scherzen ..."

Der Zahlmeister brachte selbstgebrannten Bauernschnaps herein. Tschugrejew schlug die Beine übereinander, strich sich durch die Haare, die nach Pferden rochen, und fuhr fort: „Hör zu! Ich kenne viele ausgezeichnete Offiziere aus den besten Familien, die heute bei den Bolschewiken dienen ... Die einen gezwungen, die anderen aus Charakterschwäche. Schließlich, daß bei einem ein solcher Haß gedeiht wie bei mir, dafür muß er vier Jahre lang gehetzt, gejagt, aus allen Winkeln getrieben werden. Muß man einem in Augen und Mund gespien haben. Wenn ich jetzt durchs Fenster schau, überleg ich: Reitet der Bauer da drüben, oder Kosak von meinen Leuten, in die Stadt oder zum Gegner, mich zu verraten? Für ein gutes Wort verraten sie mich! Alle! Und Sie ..., bei Ihnen war's wohl auch Charakterschwäche, daß Sie hinüber sind? Was? Morgen laß ich alle Bauern durchprügeln, bis ich erfahr, wer Sie sind. Übrigens Unsinn! Von den Bauern, das wissen Sie, krieg ich am wenigsten heraus. Mich fürchten sie, und an die Bolschewiken glauben sie! Wenn es noch zwei Jahre früher wäre ... Ich wiederhole Ihnen, auf Ihren Namen kann ich mich nicht besinnen ... aber die Umstände unseres Zusammentreffens stehen mir klar vor Augen ..."

Er wühlte rasch in seinen Taschen und zerrte zerstreut an seinem Schnurrbart.

„Seitdem ich einmal in der Tscheka einen Zwischenfall gehabt habe, ist mein Gedächtnis geschwächt. Seit zwei Jahren such ich vergeblich mein Notizbuch. Halt! Am neunten oder zehnten Januar des Jahres siebzehn. Sie erinnern sich an den Abend?"

„Nein."

„Hören Sie endlich auf, sich dumm zu stellen ... An diesem Abend hab ich an Sie verloren ..."

Er preßte die Hände auf die Augen, neigte sein langes, knochiges Gesicht dicht an Fadejzews Wangen und flüsterte erstickt: „Verstehen Sie, verstehen Sie ..., ich ..., ich hab vergessen, wieviel ich verloren habe. Wieviel schulde ich Ihnen?"

Er hob die Hände.

„Und kein Hund, der mich erinnert oder mir was von Ihnen gesagt hätte! Wer Sie sind, wo Sie sind! Ja. Am neunten Januar bin ich in der Offiziersmesse von Woronesh Ihnen auf Ehrenwort schuldig geblieben ..., am nächsten Tag hätte ich zahlen sollen, Geld war da. Aber am Tag darauf waren Sie verschwunden. So habe ich, Fürst Tschugrejew, in meinem ganzen Leben dieses eine Mal eine Spielschuld nicht bezahlt. Und jetzt führt Sie ein glücklicher Zufall zu mir."

Fadejzew sah ihm auf die erblaßten Lippen. Im Jahre siebzehn, im Januar – erinnerte er sich wehmütig –, war er verliebt gewesen. Er diente wirklich als gemeiner Soldat und wollte ins Theater gehen. Soldaten wurden nur in den obersten Rang zugelassen, das Mädchen saß mit seiner Mutter im Parkett. Ingrimmig hatte er den nachgeahmten Malachit der Säulen betrachtet, dunkel erinnerte er sich einer langen Gestalt in goldstrotzender Uniform ... Der Grimm hatte sich seit der Zeit gut aufbewahrt! Aber Karten ... Karten hatte er nie in die Hand genommen.

Er schob das Schnapsglas von sich.

„Ich trink nicht, Euer Erlaucht, ich trink nicht und rauch nicht."

In Tschugrejews Pupillen sprangen unruhige Funken. Hinter der Mauer pfiff der Wind unermüdlich. Der Zahlmeister, mit seinem schwarzen, wie aus Kohle gehauenen Schnurrbart, öffnete mit einer trägen, geübten Bewegung einen Koffer, der bis an den Rand mit Geld gefüllt war. Fadejzew tat einen Blick hinein und dachte: Ehre ist eine fette Laus. Für so eine kleine Ehrenschuld hat er seine zweihundert Menschen auf dem Gewissen. Halunke! Er gewann kälteres Blut und tat sogar, als wollte er aus dem Schnapsglas trinken.

Eben tauchte er den Schnurrbart ein, als Tschugrejew heiser flüsterte: „Jetzt erinnere ich mich an Ihr Regiment: sechste Dragoner, Herzog von ..., und heute sind Sie Putilower! Viel Schande haben wir auf uns gehäuft, Hauptmann, für ein Jahrhundert reicht die Schande. Sie glauben, ich verachte Sie? Gott steh mir bei, ich nicht! Ich hab mich einmal vor den Bolschewiken verstecken müssen. Ein

Bauer, den ich gekannt habe, hat mir dabei geholfen. Ein Prachtkerl von Bauer. Er hat gewußt, daß ich Fürst bin. Sein Vater war noch Leibeigener bei meinem Großvater, Gärtner, mein seliger Großvater, Spalierobst hat er gezüchtet ..., und der hat mich bei seiner kranken Frau den Nachttopf tragen lassen! Wie ich später mit meiner Truppe wieder in die Gegend gekommen bin ..., ich hab ihm in die Fratze geschaut und geschaut, nicht einmal hineingespuckt ..., hab ihm verziehen ... Man muß denken, daß es Menschen sind, Hauptmann."

Tschugrejew lehnte sich auf die Schulbank zurück und kniff die Augen halb zu. Die Haut unter den Augen war welk, bläulichweiß. Als wollten die Augen aus dem Gesicht fallen ...

Eine feuchte, vertraute Übelkeit kroch Fadejzew von den Beinen zum Herzen hinauf. Genau wie damals, als die Banditen in den Hausflur drangen. „Lassen Sie mich los", flüsterte er, „ich bin müde."

Tschugrejew furchte die Stirn.

„Sie haben uns tüchtig gejagt, Hauptmann. Drei Tage oder länger hab ich nicht geschlafen. Ich wollt euren Stab abfangen. Er war in der anderen Hälfte des Dorfes einquartiert. Man hat extra für mich einen neuen Kommissar aus dem Gouvernement geschickt. Ich hab seinen Namen noch nicht gehört ... Kennen Sie ihn?"

„Die Roten sagten – Schtschukin."

„Richtig, ‚Genosse' Schtschukin. Er wird mich nicht kriegen. Wissen Sie, wer mich fängt?" Er blinzelte eilig, wie gegen heftigen Lichtschein. „Einer, in dessen Namen die Buchstaben eine gerade Zahl bilden."

Fadejzew zählte rasch nach: acht.

„Gott wird geben, daß man Sie nicht fängt", sagte er heiser.

„Ob der neue Kommissar, den man geschickt hat, vier oder acht Buchstaben hat? Schwein muß man haben!"

„Schwein?" Fadejzew blickte ihm ins Gesicht. „Wer hat Schwein?"

Tschugrejew lachte, daß aus dem weit offenen Mund fauler Atem strömte.

„Es gibt Vorbedeutungen, Hauptmann! Ob Sie's glauben oder nicht. Achten Sie darauf! Viel Bedeutsames gibt es auf dieser Welt. Geben Sie einmal Ihre Hand her."

Tschugrejew stand auf und nahm zitternd Fadejzews Finger in seine welke, viereckige Faust.

„Hauptmann, das Ehrenwort eines Fürsten Tschugrejew, ich entlasse Sie unversehrt durch meine Vorposten, ich zahle Ihnen meine Schuld zurück – jetzt, sofort! Wasska, mach den Koffer auf, schütt das Geld auf den Tisch ... Nimm die Gurken fort! Und Gold, dort aus dem Sack nimm Gold! Ich – eine Kartenschuld, eine Ehrenschuld, niemals, nie im Leben! Hauptmann, Ihren Namen und die Summe!"

Vor Fadejzews Augen häuften sich Banknotenbündel, Goldmünzen, Ringe. Tschugrejew schüttelte aus einem Lederbeutel auf den Gurkenteller blinkende Steinchen.

„Langt es?" fragte er prahlerisch.

Fadejzew bohrte seine Ellenbogen in den Tisch, daß sie schmerzten.

Soll ich die Wahrheit sagen, soll ich lügen? Morgen werden die Bauern alles verraten ... Auf einmal stand das Detachement vor seinen Augen: Wohin war es marschiert, wo war es zu erreichen? Was kümmert ihn diese irrsinnige Schuld? Ist er denn der einzige Gefangene, zum Tode Verurteilte? „Eingedenk der Grundbedingungen der Revolution", hätte der Adjutant Karnauchow gesagt, „Haltung!"

Er seufzte geflissentlich tief und trat einen Schritt zurück.

„Sie laden eine Sünde auf meine Seele, Exzellenz, Euer Durchlaucht ... Ich bin Bakuschew. Fragen Sie das ganze Dorf."

„So, Bakuschew? Werden wir gleich sehen. Augen rechts! Langsamen Schritt, marsch! Eins, zwei! Halt!"

Er faßte ihn unterm Arm und führte ihn an den Tisch.

„Das soll ein Infanterist sein? So schmeißt nur ein Dragoner das rechte Bein! Setzen! Rauchen Sie? Bitte, Sie brauchen die Hände nicht zu verstecken. He, Wasska, Schnaps und Gurken! Schade, bevor ich Sie in die Klauen bekommen hab, sind alle Kommunisten von mir per Eilpost abbefördert worden. Sonst könnt mir einer was über Sie erzählen. Also reden Sie ..."

„Euer Durchlaucht, Gott steh mir bei ..."

Tschugrejew stampfte schwer mit dem Fuß auf.

„Das ist schäbig von Ihnen, Hauptmann. Ich könnt aus Ihnen mit dem Revolver vor der Stirn alles herausholen! Wenn Sie vergessen haben, wie sich ein Edelmann benimmt, zeigen Sie wenigstens, daß Sie ein Stück menschliches Gewissen haben, Hauptmann!"

In der Bedrängnis pflegt man Freude daran zu finden, ein und dasselbe Wort zu wiederholen. Das Wort wird dann dumpf und verbraucht wie das Herz.

Doch Fadejzew schwieg.

„Können Sie nicht offen mit mir reden?"

„Im Namen der Revolution – nein!" hätte Karnauchow geantwortet, der lebensfrohe, aufrichtige Adjutant Karnauchow.

Doch Fadejzew schwieg.

Tschugrejew wandte ihm verzweifelt den Rücken.

„Nehmen Sie den Bleistift, schreiben Sie eine Ziffer auf, und gehen

Sie. Sie sind ja Kommunist – Sie können das Geld als Eigentum des Volkes betrachten, mein Herr, das ich gestohlen habe. Sie haben das Recht, Kinderkrippen dafür einzurichten oder ein Heim für gefallene Mädchen, hol Sie der Teufel!"

Sein Gesicht war hart und grausam.

Was ist denn soviel wert an mir, wozu will er mich kaufen? Zorn und Unruhe erfüllten die Brust Fadejzews.

Da sitzt der Fürst Tschugrejew und säuft Fusel aus einer Teetasse. Tolle Sache! Der Fürst quatscht sich lang und breit aus über zehntausend Hektar Landes, die er im Simbirsker Gouvernement besessen hat.

Die Hähne schlagen mit den Flügeln und putzen den Hals mit dem Schnabel, daß die körperwarmen Federn stäuben. Wieder hat die Erdkugel eine freudige und bittere Feder verloren – einen Tag. Ein Tag ist um. Mitternacht.

Der Fürst hadert wieder: „Fünf Nächte haben Sie mich nicht schlafen lassen. Ein gemeiner Mensch sind Sie. Lassen Sie mich schlafen!"

Der Fürst hat wirklich das Gefühl, als sollte er nie wieder schlafen.

Müde, aber noch immer die Hoffnung auf irgendwas gerichtet, sagt er: „Gehen Sie, morgen werd ich mich erinnern, wieviel Tausend ich Ihnen schuldig bin …"

Fadejzew wendet sich zum Gehen. Nein, sie schießen immer in den Rücken. Wenn, so lieber in die Brust!

Er geht rückwärts zur Tür.

Auf dem Tisch vor dem Fürsten liegen Revolver und Geld. Hat er was im Sinn? Er rülpst nur im Suff.

Wird er bis zum Morgen saufen?

Die breiten Straßen atmen Gras aus. Es ist taufrisch und hat den Schnapsgeruch aufgesogen. Eine Patrouille kehrt ins Dorf zurück. Freudig, mit Quiektönen wie ein Weib, muht ein Kälbchen.

Der Himmel ist leicht und weiß.

Die Erde ist leicht und rosig.

Der alte Bakuschew, in Zwillichhosen, öffnet Fadejzew das Tor. Er klopft ihm freundlich auf die Schulter. Seine Hand riecht nach reinem Weizenmehl.

„Willst du Milch?" fragt er leise. „Ich hab hier um dich gelitten …"

Fadejzew lächelt trübe. Er läßt sich auf die Pritsche fallen, schließt die Augen und will nun begreifen, Erinnerungen festhalten. Das Kissen riecht nach einem kräftigen Körper, die Lippen haben einen süßen Geschmack … –

Die vierte Stunde
Geschrei.
Maschinengewehre.
Die leeren Straßen tosen.
Fadejzew springt von der Pritsche auf.
„Unsere!"
„Ja?" grunzt der Alte mißtrauisch.
Eine halbe Stunde später packen kräftige Soldatenfäuste einen Mantel an den Zipfeln, der Kommissar Fadejzew wird zur Begrüßung in die Luft geschwungen. Das Detachement singt die „Internationale" und verfaßt einige Aufrufe. Der Adjutant Karnauchow steht auf der Vortreppe. Sein ganzer breiter Körper lächelt. Auf seinen olivgelben Reithosen sitzen Blutflecke, sein Hals ist dick verbunden.
„Ich dachte schon, du bist tot", wiederholt Fadejzew.
„Und ich dachte von dir: Wieder Schwein gehabt! Wie sie zu schießen angefangen haben wie verrückt, in der Finsternis, bin ich auf den Hof hinaus und seh nach. Dein Pferd war nicht mehr da. Sag ich mir: Na, er ist ausgerückt. Mit wem soll ich da die Verteidigung organisieren? Also ich los zum Detachement, die beiden Hälften vereinigen. Nirgends einer, der dich gesehen hätte … Sind wir zurück, angreifen, wenigstens deinen Leichnam heraushauen."
„Und der Fürst?"
„Entwischt, der Halunke. Sein Geld hat er hiergelassen. Den Zahlmeister haben unsere Leute erschlagen. Alle unsere verwundeten Genossen sind …"
Er ging in die Hütte.
„Wir kriegen sie, Genosse Kommissar, jetzt kriegen wir sie."
In der Tür stieß Fadejzew auf den Alten mit dem Samowar.
„Ist Tee da, Alter?"
„Tee, mein Sohn."
„Gieß mir ein, Tee tut jetzt gut."
Fadejzew ging um den Tisch herum, auf dem sein Rucksack lag, und sah aus dem Fenster. Sanitäter trugen einen Verwundeten, ein Bauer fuhr drei Pferdekadaver aus dem Dorf ab, unten, am Abhang des Hügels, wuchs ein Birkenwäldchen, daneben zog sich eine kleine Schlucht hin, mit einem winzigen Teich, an dem junge Gänse ihre ersten Flüge versuchten. Die Sonne glänzte kupferfarbig, und die Gänse hatten unter den Flügeln ein hell blutrotes Gefieder …
Und da kam Fadejzew die Erinnerung …
Vor zwei Jahren war's, als er stellvertretender Kommandant der Tscheka des Gouvernements Orel war.
Er hatte Befehl, eine Anzahl zum Tode verurteilter weißgardisti-

scher Offiziere zu füsilieren. Es war gerade so ein kupferfarbiger Morgen wie der heutige. Die Verurteilten – es waren ihrer fünf – unterhielten sich, während das Lastauto den knirschenden Straßendreck hinter der Stadt zermalmte, von der Jagd. Einer von ihnen, ein hochgewachsener, mit schütterem, aschfarbenem Schnurrbart, erzählte merkwürdige Geschichten von seinem Wunderhund Fingal. „Solche Kerls zu füsilieren macht Spaß", flüsterte einer der Tschekisten Fadejzew ins Ohr. Aber Fadejzew wohnte zum erstenmal einer Hinrichtung bei, und Scham erfüllte ihn, obgleich er sich um die Überzeugung bemühte, daß solche Elemente vernichtet werden mußten. Sie machten an einem kleinen Teich halt, genau wie der drüben. Gänse waren da, die vor dem Auto davonrannten. Die Verurteilten wurden zur Schlucht geführt, der Hochgewachsene bat den Transportführer um eine letzte Zigarette. Fadejzew verlor die Fassung und schlug es ab. Der Hochgewachsene zog die eckigen Brauen zusammen und sagte trocken: „Konsequent." Nach der Salve hatte Fadejzew Puls und Herz zu befühlen, einen Arzt hatte er aus irgendwelchen Hemmungen nicht mitgenommen. Vier waren glatt tot, der fünfte, der Hochgewachsene, biß die Zähne zusammen und sah ihn aus seinen trüben Augen an. Sie hatten die Farbe nassen Sandes. Jetzt hätte ihm Fadejzew nach der Vorschrift den Gnadenschuß geben müssen. Die Soldaten warfen schon die Leichen in die Schlucht und streuten nur eine dünne Sandschicht darüber, da alles wußte, daß innerhalb von drei bis vier Stunden die Angehörigen zur Schlucht kommen und die Körper wegbringen würden. Anfangs hatte man dem gewehrt, dann nachgegeben. Dem Hochgewachsenen war die Schulter durchschossen. Ohne den Blick vor ihm zu senken, zog Fadejzew seinen Revolver, hielt ihn dem Verwundeten vor die Brust und drückte ab. Versager. Er drehte die Trommel, sie war leer. Wie immer, hatte er den Revolver zu laden vergessen. Heute, wo er an den Tod gewöhnt war, hätte er einem Soldaten befohlen zu schießen, damals aber schützte er vor, seinen dienstlichen Verstoß decken zu müssen, und sagte: „Tot – werft ihn hinein!"

Fadejzew fühlte nach seinem Revolver und wandte sich vom Fenster ab.

„Dummkopf", er atmete schwer, „so ein Dummkopf, so ein ..."

„Wer?"

„Wer? Weiß ich? Ich leg mich jetzt ein bißchen hin, Genosse Karnauchow."

Vor dem Einschlafen griff er nochmals nach seinem Revolver: Er war prall wie eine Ähre zur Schnittzeit.

Alexander Newerow

Marja, die Bolschewistin

1

Bei uns war eine: groß, voller Busen, die Augenbrauen kühn geschwungen, rabenschwarz! Der Mann wie 'n Fingerhut! Wir nannten ihn Kosonok. So 'n Kleiner, Unansehnlicher! Ein wahrer Däumling. Konnte der streng und böse werden! War er auf Marja wütend, brüllte er los wie toll und hämmerte mit den Fäusten auf den Tisch, wie 'n Schmied mit seinem Hammer.

„Ich schlag dich tot! Ich zerschmettre dich!"

Aber Marja war schlau. Sie tat, als hätte sie große Angst, sagte mit geheuchelter Demut zu ihm: „Prokofij Mitritsch! Was ist denn ...?"

„Ich reiß dir den Kopf ab!"

Sie tat noch freundlicher: „Ich hab heut Brei gekocht. Willst du?"

Sie füllte die Schüssel bis zum Rande mit Brei, legte sternchenförmige Butterklumpen darauf, nötigte ihn zum Essen wie auf einer Hochzeit: „Nimm doch, Prokofij Mitritsch! Sei mir nicht bös. Ich weiß, ich bin schuld ..."

Es freute ihn, das Weib so um sich herumspringen zu sehen, er trug den Kopf noch höher, fühlte eine unermeßliche Kraft in sich.

„Will nicht!"

Marja bediente ihn wie eine Magd, reichte ihm Wasser, suchte seinen Tabakbeutel. Vorm Schlafengehen zog sie sich mitten in der Stube aus, schaffte die Bastschuhe und Strümpfe ordentlich beiseite, nahm ihn dann in ihren Arm, streichelte sein Haar, schnurrte an seinem Ohr wie eine Katze ... Kosonok zwickte sie und lächelte.

„Was machst du, Prokofij Mitritsch? Das tut ja weh ..."

„Wenn's auch ein wenig weh tut ... Wirst daran nicht sterben ..."

Und er zwickte sie weiter: Dazu war er doch ihr Mann, nicht irgendein fremder Bauer. Hatte er genug, dann sagte sie ihm gewöhnlich Bescheid: „Ach, du, Koson, Koson! Ich brauch nur zweimal auszuholen, und nichts ist von dir übrig ... Denkst du, ich bin aus Holz? Denkst du vielleicht, es macht mir Spaß, von so 'nem kleinen Filz mich beleidigen zu lassen?"

2

Früher hatte sie wenig Charakter gezeigt, hatte alle häuslichen Unannehmlichkeiten schweigend hinuntergeschluckt. Als aber die Bolschewisten mit ihrer Freiheit kamen, mit den Weibern schön taten und ihnen erzählten, sie hätten dasselbe Recht wie die Männer, da öffneten sich auch Marja die Augen. Sobald ein Redner ins Dorf kam, lief sie in die Versammlung. Sie schien jede Scham verloren zu haben. Einmal ging sie auf den Redner zu, spielte mit den Augen wie ein junges Mädchen. „Genosse Redner, kommen Sie bitte zu uns Tee trinken."

Kosonok, der dabei war, bekam ein ganz anderes Gesicht. Seine Augen wurden dunkel. Die Nüstern blähten sich auf. Wir dachten schon, er wolle gleich in der Versammlung losschlagen. Aber er beherrschte sich doch, trat von der Seite an sie heran, sagte: „Los! Nach Haus!"

Sie aber, wie mit Absicht ..., klettert auf die Rednertribüne, hält eine Rede an uns: „Genossen Bauern!"

Wir fielen fast um vor Lachen.

Da geriet Kosonok außer sich: „Genosse Redner, jagen Sie sie doch zum Teufel!"

Zu Hause ging er mit Fäusten auf sie los.

„Ich zerschmettere dich!"

Doch Marja neckte ihn bloß: „Wer lärmt denn so bei uns, Prokofij Mitritsch? So 'n Lärm – und macht einem gar keine Angst!"

„Ich reiß deinen Rock in tausend Stücke, wenn du dich noch mal in Versammlungen herumtreibst."

„Wirst dich hüten, mein Lieber!"

Kosonok geriet in Hitze, suchte nach einem Stock, um Marja zu

prügeln. Die aber drohte ihm: „Probier's mal und rühr mich an! Dann schlag ich alle Töpfe an deinem Köpfchen kaputt!"

Damit begann es. Kosonok will seine Macht zeigen. Marja zeigt ihre Macht. Kosonok schläft im Bett. Marja schläft auf dem Ofen. Kosonok will zu ihr. Sie will von ihm nichts wissen.

„Nein, mein Lieber, die alten Zeiten sind vorbei. Sieh zu, wo du bleibst ..."

„Komm zu mir!"

„Ich komme nicht. Lern dich beherrschen!"

Kosonok tobte eine Stunde, zwei Stunden, mußte schließlich doch allein unter die kalte Decke kriechen. Einmal passierte was, es ist zum Lachen! Marja weigerte sich, Kinder zu gebären. Zwei hatte sie geboren. Die lagen schon auf dem Friedhof. Kosonok will ein drittes haben, doch Marja stellt sich auf die Hinterbeine.

„Ich will nicht. Den Spaß hab ich satt ..."

„Welchen Spaß?"

„Den Spaß. Hast du schon mal Kinder geboren?"

„Bin ich denn ein Weib?"

„Nun, und ich bin keine Kuh und hab keine Lust, für dich jedes Jahr Kälber zu werfen. Hab ich Lust, dann krieg ich schon ein Kind ..."

Kosonok war außer sich. „Ich reiß dir den Kopf ab, wenn du so was sagst!" Marja gibt nicht nach. „Ich bin unfruchtbar geworden ..."

„Wieso unfruchtbar?"

„Das Blut ist mir eingetrocknet. Wenn du mich zwingst, geh ich weg ..."

Der Bauer war ratlos. Früher liebte er Scherz, besuchte die Nachbarn. Jetzt ging er nicht mehr vors Haus, kletterte auf den Ofen und lag da wie 'n Witwer! Wenn er sie tüchtig verprügeln dürfte. Doch dann läuft sie ihm weg. Und nicht nur das! Sie verklagt ihn dann, und das bolschewistische Gericht verurteilt ihn dann sicher, denn es ist Mode geworden, den Frauen in allem recht zu geben. Ihr in allem ihren Willen zu lassen, dazu schämt er sich zu sehr vor den Leuten. Sie werden sagen, er hat keinen Charakter, läßt sich Angst machen. Zweimal ging er zur Zauberin, doch auch die konnte ihm nicht helfen. Marja brachte Zeitungen und Bücher aus dem Verbandsklub mit nach Hause. Sie entfaltete eine Zeitung, die über dem ganzen Tisch wie eine Decke lag, saß da und bewegte die Lippen wie irgendeine Lehrerin. Sie las nicht laut. Kosonok schwieg natürlich. Soll sie lesen, wenn sie nur zu Hause bleibt. Manchmal verspottete er sie: „Hältst ja das Telegramm mit den Beinen nach oben ... Schöne Leserin!"

Marja beachtete ihn nicht. Bekanntlich üben Bücher und Zeitungen eine geheimnisvolle Macht auf den Menschen aus. Wer liest, wird ein anderer, sich selbst nicht mehr gleichender Mensch. Auch Marja kam soweit. Sie saß unbeweglich am Fenster, starrte vor sich hin.

„Ich hab alles satt hier ..."

„Was willst du denn?"

„Ich will was anderes. Ein neues Leben anfangen ..."

Kosonok litt, litt, hielt es dann nicht länger aus.

„Ich zeig's dir, du Teufelsweib! Mach keine Geschichten!"

Sie schien allmählich wirklich nicht mehr richtig im Kopf zu sein. Sie mischte sich in Männerangelegenheiten. Sobald die Männer eine Versammlung abhielten, gleich war sie mit dabei. Die Bauern wurden ärgerlich: „Kümmre dich nicht um unsere Sachen. Geh Kohlsuppe kochen!"

Aber Marja hört gar nicht hin. Sie zuckt nicht mit einer Wimper! Hat irgendeine Frauenabteilung erfunden! Hat man so was schon gehört! So ein Wort hat noch kein Mensch in unserem Dorf über die Lippen gebracht. Und was müssen wir erleben? Eine Frau gesellt sich zu ihr, dann eine andere, und so ging's weiter. Bei Kosonok in der Stube wurden Kurse eröffnet. Da versammelten sich die Weiber und schnatterten auf Teufel komm raus! Der Sowjetkommissar kam auch dorthin. Der war aus unserem Dorfe. Früher hieß er Waska. Als er aber zu den Bolschewisten überging, wurde aus ihm Wassilij Iwanytsch. Da mußte Kosonok ganz still sein. Wenn er ein Wort wagt, antworten ihm gleich zehn Stimmen: „Schweig still, du!"

Der Kommissar hält natürlich zu den Frauen. So verlangt es das heutige Programm. „Heutzutage", sagt er, „darf man die Frauen nicht anbrüllen, Prokofij Mitritsch, denn jetzt ist Revolution ... Mitritsch lächelt wie 'n Narr. Am liebsten hätte er diese Revolution in Stücke zerrissen. Aber man darf nicht; es können Unannehmlichkeiten entstehen. Marja wird immer übermütiger. „Ich will", sagt sie, „regelrecht in die bolschewistische Partei eintreten." Kosonok antwortet ihr: „Hast du denn gar keine Ehre mehr im Leibe? Schämst du dich nicht? Gib nur acht, Gott wird dich für deine Schandtaten bestrafen!"

Marja lacht nur. „Gott? Welcher Gott? Ich kenne keinen."

Sie wurde richtig verrückt, schloß schamlos Freundschaft mit dem Kommissar. Er brachte ihr bolschewistische Bücher ins Haus, verwirrte ihr den Kopf, und sie hörte ihm zu, rot vor Freude. Einmal saßen sie so am Tisch, Schulter an Schulter, während sich Kosonok unter dem Bett verborgen hatte: Eifersucht plagte ihn. Er ließ das Laken bis zum Boden herunterhängen und lag dahinter wie ein Iltis in seinem Loch.

Der Kommissar sagte: „Sie haben einen sehr unansehnlichen Mann, Genossin Grischagina. Ich versteh nicht, wie Sie mit ihm leben können.“

Marja lachte. „Ich lebe schon vier Monate nicht mehr mit ihm ... Es sieht nur so aus, als ob wir zusammen leben ...“

Er ergriff ihre Hände. „Ist das möglich? Ich glaub’s nicht ...“ Dabei schaut er ihr in die Augen, schmiegt sich an sie, umarmt sie über der Taille, hält sie fest. „Ich fühle mit Ihnen mit“, sagt er.

Kosonok hört das alles unter dem Bett, glaubt wahnsinnig zu werden. Er will schon zur Axt greifen und beide totschlagen, doch Furcht hält ihn zurück. Er streckt den Kopf unter dem Laken hervor, schaut sie an, sie aber fangen zu lachen an.

„Wir wußten ja, daß du unter dem Bett liegst ...“

3

Wir hatten Neuwahlen für den Sowjet. Es kamen Weiber an wie zu einem Jahrmarkt. Wir lärmen, sprechen miteinander und hören plötzlich, wie jemand vorschlägt: „Marja! Marja Grischagina!“

Einen juckte der Affe, daß er sagte: „Wir bitten darum!“

Wir dachten, das wird lustig, doch es wurde ernst. Die Weiber schnatterten auf die Männer los. Das sind allerlei Witwen, Soldatenfrauen, ein ganzer Haufen. Bekanntlich sind unsere Frauen nicht allzusehr darauf erpicht, öffentliche Ämter zu bekleiden, besonders heutzutage. Also mußten wir uns damit abfinden. Wenn Marja, dann eben Marja. Soll sie sich die Finger verbrennen ...

Man zählt die Stimmen für Marja. Fünfundzwanzig! Der Kommissar Wassilij Iwanytsch hält eine Rede und gratuliert ihr. „Sie“, sagt er, „Marja Fedorowna, sind bei uns die erste Frau, die in den Sowjet der Bauerndeputierten gewählt wird! Dienen Sie ihm in Ehren! Ich gratuliere Ihnen“, sagt er, „zu diesem Amt im Namen der Sowjetrepublik und hoffe, Sie werden die Interessen des Arbeiterproletariats hochhalten ...“

Marja bekam große Augen. Ihre Backen wurden rot. Ohne zu lächeln, steht sie da.

„Ich will euch dienen, Genossen, soviel ich kann. Verurteilt mich nicht, wenn ich versagen sollte, sondern steht mir hilfreich zur Seite.“

Da verlor Kosonok jede Fassung. Er wußte nicht, machte man sich über ihn lustig, oder war das eine Auszeichnung. Er kam nach Hause, begann zu überlegen: Wie soll ich mit ihr jetzt sprechen? Sie ist eine amtliche Person!

Auch uns war merkwürdig zumute. Eine Frau soll unsere Angelegenheiten im Dorfsowjet entscheiden! ... Wir schimpften aufeinander los: „Was sind wir für Narren! Kann man denn einer Frau so ein Amt anvertrauen ...?"

Großvater Nikanor sagte Marja direkt ins Gesicht: „Marja, Marja, du willst durch eine falsche Tür."

Doch sie schüttelte nur den Kopf. „Die Gemeinde hat mich gewählt. Ich geh nicht von allein."

4

Wir kommen in den Sowjet, um sie uns anzusehen. Sie ist nicht zu erkennen. Hat dort einen Tisch, ein Tintenfaß hingestellt, zwei Bleistifte auf den Tisch gelegt, einen roten und einen blauen. Daneben sitzt ein Sekretär und schreibt. Und sie, die verfluchte Hexe, hat sogar eine andere Stimme bekommen. Ihre Augen rasen förmlich über die Zeilen.

„Das betrifft die Lebensmittelfrage, Genosse Jeromejew?" Sie setzt ihren Namen unter das Schriftstück und sagt wieder, wie irgendein hoher Beamter: „Sind die Verzeichnisse fertig? Machen Sie schnell!"

Wir trauten unseren Augen nicht. Sollte das Marja sein? Sie wurde nicht ein einziges Mal rot ... Uns alle belegte sie mit dem Namen „Genosse". Einmal kam Großvater Klimow. Auch zu ihm sagte sie: „Was wünschen Sie, Genosse?"

Er konnte sich nicht überwinden. Hätte man ihm doch lieber aufs Hühnerauge getreten. „Wenn Sie auch Sowjetmitglied sind", sagte er, „so bin ich für dich noch lange kein Genosse ..."

Kann man aber Marja in Verlegenheit bringen? Einen Monat später trug sie eine Soldatenmütze mit rotem Stern und ein Bauernhemd. Kosonok quälte sich, quälte sich, hielt es nicht länger aus, bat sie um Scheidung.

„Befrei mich von diesem Leben ... Ich kann nicht ... Ich will mir eine andere, eine passendere Frau suchen."

Marja sagte nur: „Bitte, ich bin ganz einverstanden."

Fünf Monate arbeitete sie im Sowjet. Wir kriegten sie satt. Sie hielt zu sehr zu den Bolschewisten und steckte auch die anderen Weiber an. Die eine begann zu mucksen, die andere begann zu mucksen, zwei verließen ihre Männer ganz und gar. Wir dachten schon, die werden wir nie mehr los, doch da kam eine Geschichte dazwischen. Die Kosaken machten einen Überfall auf unser Dorf. Marja stieg in den Wagen mit den Bolschewisten und fuhr fort. Wohin, kann ich nicht sagen. Man glaubt, sie in einem anderen Dorf gesehen zu haben. Vielleicht aber war das nicht sie, sondern eine andere, die ihr ähnlich war. Es gibt jetzt viele solche Weiber.

Alexander Serafimowitsch

Zwei Tode

In den Moskauer Sowjet, den Stab, kam ein grauäugiges Mädchen, ein Tuch um den Kopf.

Droben war ein strenger Oktoberhimmel, und über die kalten, nassen Dächer, zwischen den Schornsteinen hindurch kletterten die weißen Junker und knallten mit ihren Gewehren Unvorsichtige ab, die sich auf den Sowjetplatz wagten.

Das Mädchen sagte: „Ich kann für die Revolution nichts Nützliches tun. Doch ich würde euch in den Stab Informationen über die Junker bringen. Krankenschwester kann ich nicht sein, übrigens habt ihr hier ja genügend Schwestern. Kämpfen kann ich auch nicht – hab nie ein Gewehr in den Händen gehabt. Doch wenn ihr mir einen Passierschein gebt, werde ich euch Informationen bringen."

Ein Genosse mit einem Mauserrevolver im Gürtel, in einer fettigen Lederjacke, mit einem durch schlaflose Nächte und die Schwindsucht ausgemergelten Gesicht blickte sie prüfend und durchdringend an und sagte: „Wenn Sie uns verraten, werden wir Sie erschießen. Verstehen Sie? Wenn Sie dort gestellt werden, wird man Sie dort erschießen. Wenn Sie uns verraten, werden Sie hier erschossen."

„Ich weiß es."

„Haben Sie auch alles genau in Betracht gezogen?"

Sie rückte das Tuch auf dem Kopf zurecht.

„Geben Sie mir einen Passierschein für alle Wachposten und eine Bescheinigung, daß ich die Tochter eines Offiziers bin."

Man führte sie in ein besonderes Zimmer und stellte einen Wachposten an die Tür.

Hinter den Fenstern auf dem Platz knallten wieder Schüsse – ein Panzerauto der Junker war herangebraust, hatte gefeuert und war wieder davongerollt.

„Der Teufel mag es wissen ... Habe sie ausgefragt, Erkundigungen eingezogen“, sagte der Genosse mit dem ausgemergelten, von der Schwindsucht gezeichneten Gesicht. „Natürlich kann sie uns reinlegen. Nun, meinetwegen, wir geben ihr's. Viel wird sie von uns dort nicht berichten können. Und wenn sie uns verrät und uns in die Hände fällt, werden wir sie abknallen.“

Man gab ihr gefälschte Papiere, sie machte sich auf den Weg zum Arbat, in die Alexandra-Schule, und wies an den Straßenkreuzungen den Rotarmisten ihren Passierschein vor.

Auf dem Snamenka-Platz versteckte sie den roten Passierschein. Die Junker umringten sie und führten sie in die Wachstube der Schule.

„Ich möchte gern hier als Schwester arbeiten. Mein Vater ist im Kriege mit den Deutschen beim Rückzug General Samsonows gefallen. Zwei Brüder von mir sind im Dongebiet bei den Kosakenformationen. Ich bin hier mit einer kleinen Schwester.“

„Sehr gut, ausgezeichnet. Wir freuen uns. In unserem schweren Kampf für das große Rußland freuen wir uns über die aufrichtige Mithilfe eines jeden edelgesinnten Patrioten. Sie sind die Tochter eines Offiziers? Wir heißen Sie willkommen!“

Man führte sie ins Gastzimmer, brachte Tee.

Und der wachhabende Offizier sagte zu einem vor ihm stehenden Junker: „Hören Sie mal, Stepanow, ziehen Sie Arbeiterkleider an, und schlagen Sie sich bis zum Pokrowka-Platz durch. Hier ist die Adresse. Suchen Sie alles über das junge Mädchen, das bei uns sitzt, in Erfahrung zu bringen.“

Stepanow ging und zog einen Mantel mit einem blutumrandeten kleinen Loch auf der Brust an – man hatte ihn soeben einem getöteten Arbeiter ausgezogen. Er zog dessen Hosen an und die zerrissenen Stiefel, setzte dessen Mütze auf und begab sich bei Anbruch der Dämmerung zum Pokrowka-Platz.

Dort sagte ihm ein Mann mit roten zottigen Haaren, der auf sonderbare Weise mit den Augen rollte: „Ja, in Nummer zwei wohnt so eine. Zusammen mit einer kleinen Schwester. Verfluchtes Bourgeoispack.“

„Wo ist sie jetzt?“

„Schon seit dem Morgen ist sie nicht mehr da. Ist wohl verhaftet worden. Ist die Tochter eines Stabskapitäns, das ist Gesindel ... Was wollen Sie denn von ihr?"

„Eine von ihren Dienstboten ist aus demselben Dorf wie ich. Würde sie gern wiedersehen. Entschuldigen Sie die Störung!"

Als die Junker in der Nacht von ihren Wachposten zurückkamen, umgaben sie das grauäugige junge Mädchen mit lebhaftestem Interesse. Kuchen und Konfekt wurden herbeigeschafft. Einer von ihnen setzte sich ans Klavier und spielte keß auf, ein anderer beugte sein Knie und reichte ihr lachend einen Blumenstrauß.

„Wir werden diese ganze Dreckbande zusammenschlagen. Haben es ihnen schon gehörig gegeben. Und morgen nacht werden wir vom Smolensker Markt einen Angriff starten, daß die Fetzen fliegen."

Am nächsten Morgen führte man sie in das Lazarett, sie sollte Verwundete verbinden.

Als sie an einer weißen Mauer vorbeigingen, sprang es ihr in die Augen: Nah der Wand lag ein Arbeiter in einem rosa Kattunhemd, den Kopf zurückgeworfen, die Stiefel mit den abgetretenen Sohlen im Straßenschmutz, über dem linken Auge ein kleines dunkles Loch.

„Ein Spion", sagte im Vorbeigehen schroff, ohne einen Blick auf die Leiche zu werfen, der Junker.

Das Mädchen arbeitete den ganzen Tag über still und geschickt im Lazarett, und die Verwundeten blickten dankbar in ihre grauen Augen mit den dichten schwarzen Wimpern und Brauen.

„Danke, Schwester."

Für die zweite Nacht erbat sie Hausurlaub.

„Wohin wollen Sie denn gehen? Erlauben Sie, es ist doch gefährlich. Jetzt lauert an jeder Straßenecke ein Hinterhalt. Wenn Sie unseren Herrschaftsbereich verlassen, werden Sie sofort von den Schweinehunden gefaßt und ohne Federlesen abgeknallt werden."

„Ich werde ihnen meine Papiere zeigen – ich bin ja eine Zivilperson. Ich kann es nicht mehr aushalten. Dort zu Hause ist meine kleine Schwester. Gott weiß, wie es ihr geht. Ich bin voller Unruhe."

„Nun ja, Sie haben eine kleine Schwester. Schön und gut. Aber ich gebe Ihnen zwei Junker mit, sie werden Sie begleiten."

„Nein, nein, nein ...", wehrte sie, die Hand ausstreckend, erschreckt ab. „Ich gehe allein ..., allein ... Ich fürchte mich vor nichts."

Der Offizier blickte sie prüfend an.

„Na ja ... Gut! Gehen Sie."

Ein rosafarbenes Hemd, über dem Auge ein kleines dunkles Loch ..., der Kopf zurückgeworfen ...

Das junge Mädchen ging zum Tor hinaus auf die Straße und wurde sofort von einem Ozean der Finsternis umflutet. Nicht ein Strichelchen, nicht die geringste Andeutung eines Gegenstandes, nicht der geringste Laut.

Sie ging aus der Schule über den Arbater Platz zum Arbater Tor, begleitet von einem kleinen Kreis der Finsternis, in dem sie ihre eigene Gestalt wußte. Sonst nichts – sie war allein in der weiten Welt.

Doch sie fühlte keine Furcht; sie war nur ganz und gar von innerer Spannung erfüllt.

Als sie noch Kind war, pflegte sie, wenn der Vater fortgegangen war, sich in sein Zimmer zu schleichen, nahm vom Wandteppich über seinem Bett die Gitarre herab, setzte sich mit untergeschlagenen Beinen auf das Bett, zupfte an der Saite und zog dabei den Wirbel immer mehr an; immer dünner und höher tönte klagend die Saite, immer unerträglicher. Wie ein feiner, schriller, sich in das Herz einsaugender Krampf – ti-ti-ti-i ... Ach, gleich platzt sie, die Saite, hält es nicht aus ... Kalt läuft es ihr über den Rücken, und auf ihrer kleinen Stirn erscheinen Schweißtröpfchen ... Dieses Spiel bereitete ihr einen überwältigenden, mit nichts zu vergleichenden Genuß ...

So schritt sie durch das Dunkel und fühlte keine Angst, und immer höher schrillte in ihr ein feines Ti-ti-ti-i ... Und undeutlich sah sie ihre eigene dunkle Gestalt.

Plötzlich streckte sie die Hand aus: vor ihr war eine Hauswand. Entsetzen faßte sie und ergoß sich als ermattende Schwäche durch ihren ganzen Körper; wie damals in ihrer Kindheit erschienen Schweißtröpfchen auf ihrer Stirn. Hier war eine Hauswand, doch ihrer Berechnung nach mußte es das Gitter des Boulevards sein. Folglich hatte sie sich verirrt. Nun, was tut's, sie würde sofort die Richtung wiederfinden. Doch ein unbezähmbares inneres krampfhaftes Zittern ließ ihre Zähne aufeinanderschlagen. Es schien ihr, als beugte sich unsichtbar jemand über sie und flüsterte: „Das ist doch der Anfang vom Ende ... Begreifst du es denn nicht? Du denkst, du hättest dich verirrt, doch das ist ja der Anf ...“

Mit übermenschlicher Anstrengung überlegte sie, wo sie war: Rechter Hand muß der Snamenka-Platz sein und links der Boulevard ... Sie hatte vermutlich die Richtung zwischen den beiden eingeschlagen. Sie streckte ihre Hände aus – vor ihr war ein Pfosten. Ein Telegrafenpfosten? Mit klopfendem Herzen ließ sie sich auf die Knie nieder und tastete auf dem Boden um sich: Ihre Finger trafen auf kaltes, nasses Eisen ... Es war das Gitter des Boulevards. Sogleich fiel eine Last von ihrer Seele. Sie erhob sich beruhigt und – erbebte. Alles ringsherum regte sich: die Gebäude, die Mauern, die Bäume. Die Masten der Straßenbahn, die Straßenbahnschienen bewegten sich –

blutrot in der blutroten Finsternis. Auch das Dunkel ringsum, von trüber Röte erfüllt, war in Bewegung. Und die niedrig herabhängenden, blutrot übergossenen Wolken schwankten.

Sie ging in die Richtung, aus der dieses schweigende Lodern kam. Sie ging zum Nikita-Tor. Sonderbar, warum bisher noch niemand sie angerufen und angehalten hatte. Sie wußte, daß im dunklen Schatten der Tore, der Hausauffahrten, der Straßenecken Wachposten lauerten, die sie nicht aus den Augen ließen. Nun ging sie, allen sichtbar, vom roten Feuerschein übergossen, inmitten des Loderns.

Sie schritt ruhig vorwärts, hielt fest in der einen Hand gepreßt den Passierschein der Weißen, in der andern den der Roten. Wer von den beiden sie anrufen würde, dem würde sie den entsprechenden Schein vorweisen. Ringsum war alles öde und leer, bis auf das unaufhörliche, unheildrohende rote schweigende Lodern. Auf dem Nikita-Platz tobte ein ungeheuerliches Flammenmeer. Rasende Flammenzungen bohrten sich in die tiefhängenden blutroten Wolken, unter denen sich purpurrot der Rauch ballte. Ein riesiges Haus war ganz und gar von einem blendenden Glutschein erhellt. Und in dieser blendenden Glut raste alles, in irrem Tanz erbebend, empor zu den Wolken; nur die Eisenträger, die Schienen und die Wände starrten dunkel wie ein schwarzes Skelett aus dem Flammenmeer. Und ebenso wild und rasend leuchteten die leeren Fensterhöhlen.

Zu den Wolken hin jagten, gleich langen Schwärmen roter Vögel, Funkengarben, Geknatter drang hinauf und unaufhörliches, glühendes Rascheln, das alles ringsum übertönte.

Das junge Mädchen wandte sich um. Die Stadt war von der Finsternis eingehüllt. Die Stadt mit den zahllosen Gebäuden, den Kirchtürmen, den Plätzen, den Parks, den Theatern, den Freudenhäusern – sie war verschwunden. Nur ungeheuerliches Dunkel lag da.

Und in dieser unendlichen Weite herrschte Schweigen, und in dem Schweigen war verhaltene Spannung: Jetzt – sofort – jeden Augenblick würde etwas ausbrechen, was noch keinen Namen hatte. Doch es herrschte Schweigen, und in diesem Schweigen bebte Erwartung. Und das Mädchen wurde von Grauen erfaßt.

Unerträglich heiß flammte ihr Glut entgegen. Sie schlug eine andere Richtung ein, um der Glut zu entkommen. Doch als sie zu der dunklen Straßenecke gekommen war, schob sich eine untersetzte Gestalt hervor, und ein Bajonett blitzte.

„Wohin?! Wer bist du?“

Sie blieb stehen und blickte auf. Sie hatte vergessen, welcher der beiden Passierscheine in welcher Hand war. Die Sekunde des

Schwankens zog sich in die Länge. Die Mündung des Gewehrs richtete sich in Brusthöhe auf sie.

Was war denn das nur? Sie wollte die rechte Hand ausstrecken, doch sie hielt, ihr selbst unerwartet, krampfhaft die linke hin und öffnete die zusammengepreßte Handfläche.

In ihr lag der Passierschein der Weißen.

Er stellte das Gewehr beiseite und begann ungeschickt, mit unfügsamen Fingern das Papier zu entfalten. Ein feines Zittern, das sie noch nie gespürt hatte, durchlief ihren Körper. Knatternd fuhr aus dem Feuermeer eine Funkengarbe hoch und warf einen zuckenden Schein auf sie ... Auf der schwieligen Innenfläche der Hand lag – verkehrt – der Passierschein der Weißen.

Ach, er kann nicht lesen und schreiben!

„Da!"

Sie preßte wieder das verdammte Stückchen Papier in ihrer Hand zusammen.

„Wohin gehst du?" rief er ihr nach.

„In den Stab ..., zum Sowjet."

„Geh durch die Seitengassen, sonst knallt man dich ab."

Im Stab wurde sie mit Aufmerksamkeit empfangen und angehört: Die Mitteilungen waren sehr wertvoll. Alle sprachen freundlich mit ihr und fragten sie aus. Der Mann in der Lederjacke mit dem von der Schwindsucht gezeichneten Gesicht lächelte ihr freundlich zu.

„Bist ja ein Teufelsmädchen! Sieh nur zu, daß sie dich nicht schnappen ..."

In der Dämmerung, als das Gewehrfeuer nachzulassen begann, begab sie sich wieder zum Arbat. In das Lazarett wurden immer neue Verwundete aus dem Kampfbezirk eingeliefert. Der Angriff der Junker vom Smolensker Markt aus war abgeschlagen worden; sie hatten Verluste erlitten.

Die ganze Nacht hindurch verband sie mit zerquältem, verquollenem Gesicht die Verwundeten, rückte ihre Verbände zurecht, gab ihnen zu trinken, und die Verwundeten verfolgten ihre Hilfeleistungen mit dankbaren Blicken ... In der Morgendämmerung stürmte ein Junker in das Lazarett, er war ohne Mütze, in Arbeiterkleidung, das Haar zerzaust, das Gesicht verzerrt.

Er sprang auf das Mädchen zu.

„Diese ... Schlampe da ... hat uns verraten ..."

Sie fuhr, totenblaß, zurück, dann flammte ihr Gesicht glühendrot auf, und sie schrie ihnen zu: „Ihr ..., ihr ... mordet Arbeiter! Sie kämpfen sich aus ihrem furchtbaren Schicksal heraus ... Ich habe ...,

ich kann nicht mit dem Gewehr umgehen, deswegen tötete ich euch so ..."

Sie wurde zur weißen Mauer geführt und fiel mit zwei Kugeln im Herzen auf derselben Stelle, wo der Arbeiter im Kattunhemd gelegen hatte. Und bis man sie von dort fortschaffte, blickten ihre grauen, von dichten Wimpern und Brauen umgebenen Augen unverwandt in den strengen und drohenden Oktoberhimmel.

Arkadi Gaidar

R. K. R.

1

Früher kamen manchmal die Kinder aus dem Dorf und kletterten zwischen den halb in der Erde versunkenen Scheunen herum. Schön war es hier draußen.

Als die Deutschen in der Ukraine standen, ließen sie dort Heu und Stroh anfahren. Doch die Deutschen wurden von den Roten aus dem Lande gejagt, und nach den Roten kamen die Haidamaken. Die Petljuraleute vertrieben die Haidamaken, mußten aber am Ende auch andern das Feld räumen. Nur das Heu lag immer noch dort, schwarz und halb verfault.

Doch seit den Tagen, da Kriwolob, der Ataman mit dem gelbblauen Band quer über der Papacha, vier Männer aus Moskau und einen aus der Ukraine an dieser Stelle erschießen ließ, war den Kindern die Lust vergangen, hier herumzustreifen und sich in dem Gewirr von Heu und Stroh zu verstecken. Nur die schwarzen Scheunen standen noch da, schweigend und verfallen.

Aber den kleinen Dimka zog es immer wieder an diesen Platz. Hier schien die Sonne besonders warm, hier duftete der Wermut so wunderbar bittersüß, und die Hummeln summten friedlich über den weithin wachsenden Kletten.

Und die Toten ...? Sie waren schon lange nicht mehr da. Man hatte sie in ein gemeinsames Grab gelegt und mit Erde bedeckt. Awdej aber, der alte Bettler, vor dem sich Tappel und die anderen kleinen Bürschchen so sehr fürchteten, hatte aus zwei Ästen ein starkes Kreuz gezimmert und heimlich auf das Grab gesetzt. Niemand hatte es gesehen außer Dimka. Aber der sprach nicht darüber.

In seinem Schlupfwinkel angekommen, blieb Dimka stehen und schaute sich aufmerksam um. Er bemerkte nichts Verdächtiges. Da griff er ins Stroh und zog zwei Ladestreifen mit Patronen heraus, einen Reinigungsstock und ein rostiges österreichisches Bajonett ohne Scheide.

Dimka spielte Soldat und tat so, als wäre er ein Kundschafter. Auf den Knien kroch er weiter; als er schließlich den Feind in der Nähe vermutete, legte er sich auf den Boden und bewegte sich nur noch mit der allergrößten Vorsicht, wobei er alles ringsum aufs schärfste beobachtete. Durch einen glücklichen Zufall – oder aus irgendeinem anderen Grunde – gelang es ihm heute zum erstenmal, ungesehen bis fast an die vermeintlichen Posten des Feindes heranzuschleichen. Schließlich kehrte er wohlbehalten in seine Ausgangsstellung zurück, verfolgt von einem Geschoßhagel aus Gewehren, aus Maschinengewehren, ja sogar aus Kanonen.

Er überdachte die Ergebnisse seiner Erkundung und schickte darauf die Reiterei ins Feld. Mit lautem Kriegsgeschrei stürzte er sich in das dichteste Gestrüpp von Kletten und Disteln, die lieber eines heldenhaften Todes starben, als daß sie unter dem Druck des heftigen Angriffs die Flucht ergriffen.

Dimka achtete ihre große Tapferkeit und machte deswegen die Übriggebliebenen zu Gefangenen. Dann kommandierte er „Antreten!“ und „Stillgestanden!“ und hielt ihnen eine zornige Rede: „Gegen wen kämpft ihr eigentlich? Gegen eure Brüder, die Arbeiter und Bauern? Wozu braucht ihr noch Generale und Admirale?“

Ein andermal brüllte er sie an: „Ihr seid wohl für die Kommune? Für die Freiheit? Und da erhebt ihr euch gegen die gesetzliche Macht?!“

Das hing davon ab, welche Rolle er spielte und auf welcher Seite er stand. Bald betrachtete er sich als Führer der einen, bald der anderen Armee.

Heute war er so in sein Spiel vertieft, daß er erst durch das Geläute der heimkehrenden Herde wieder zur Wirklichkeit zurückfand.

Du lieber Himmel! dachte er. Jetzt gibt's Prügel, und Mutter läßt mir bestimmt nichts zu essen übrig. Rasch versteckte er seine Waffe, dann rannte er nach Hause und überlegte unterwegs, wie er sich am besten herausreden könnte.

Doch wie staunte er, als es keine Prügel gab und er sich auch nicht herauszureden brauchte.

Beinahe wäre er mit seiner Mutter vor der Haustreppe zusammengestoßen, aber sie beachtete ihn fast gar nicht. Großmutter kam, mit dem Schlüsselbund klirrend, aus der Rumpelkammer und trug eine alte Männerhose und eine Jacke über dem Arm. Was will sie denn damit? wunderte er sich.

Tappel, sein kleiner Bruder, saß auf dem Hof und stocherte mit einem Holzspan in einem Lehmhaufen herum.

Da wurde Dimka ganz sacht an der Hose gezupft. Er drehte sich um und sah sein Hündchen Brummel. Ganz zerzaust war es und blickte traurig zu ihm auf.

„Na, Brummelchen?“ fragte er zärtlich. Da bemerkte er, daß jemand dem Hündchen die Nase blutig geschlagen hatte.

„Mami! Wer hat das getan?“ fragte Dimka empört.

„Ach, laß mich in Ruhe!“ antwortete sie verdrießlich und wandte sich ab. „Hab ich es denn gesehen?“

Aber Dimka fühlte, sie sagte nicht die Wahrheit.

„Das hat der Onkel mit seinen Stiefeln gemacht“, erklärte Tappel.

„Was für ein Onkel?“

„Der Onkel ..., der graue Onkel ... Da drin, da sitzt er.“

Wütend über den „grauen Onkel“, öffnete Dimka die Tür. Auf dem Bett sah er einen kräftigen Burschen liegen. Er hatte eine Soldatenbluse an, nebenan auf der Bank lag sein grauer Militärmantel.

„Schlappohr!“ wunderte sich Dimka. „Wo kommst du denn her?“

„Na, woher schon?“ war die kurze Antwort.

„Warum hast du Brummel geschlagen?“

„Was für einen Brummel?“

„Meinen Hund ...“

„Der soll nicht so kläffen, sonst dreh ich ihm noch den Hals um.“

„Daß dir nur keiner den Hals umdreht!“ antwortete Dimka voller Zorn, verschwand aber gleich hinter dem Ofen, denn Schlappohr langte nach einem schweren Stiefel.

Dimka konnte es einfach nicht fassen, wo Schlappohr auf einmal herkam. Vor kurzem erst hatten ihn die Roten eingezogen, und jetzt war er schon wieder zu Hause. Die Dienstzeit konnte doch nicht zu Ende sein.

Beim Abendessen hielt er es nicht länger aus und fragte: „Bist du auf Urlaub?“

„Ja.“

„Ach so! Hast du lange Urlaub?“

„Lange.“

„Du lügst ja, Schlappohr!" erklärte Dimka voller Überzeugung. „So langen Urlaub gibt es bei den Roten ja gar nicht, auch nicht bei den Weißen oder den Grünen. Jetzt ist doch Krieg, du bist weggelaufen."

Im nächsten Augenblick spürte Dimka einen heftigen Schlag gegen den Kopf.

„Warum schlägst du das Kind?" mischte sich Dimkas Mutter ein. „Prügele dich doch mit anderen. Nun hast du wohl einen gefunden, mit dem du Streit anfangen kannst."

Schlappohr bekam einen knallroten Kopf, wandte seinen runden Schädel mit den abstehenden Ohren – daher sein Spitzname – und erwiderte grob: „Haltet die Schnauze ... Wartet nur, ich schmeiß euch noch raus hier, Petrograder Proletenpack!"

Die Mutter sank in sich zusammen, setzte sich hin und schimpfte mit Dimka, der die Tränen hinunterwürgte: „Misch du dich nicht in Dinge, die dich nichts angehen, dann ist alles gut."

Nach dem Abendbrot verkroch sich Dimka hinter ein paar Kisten auf dem Hausflur. Dort legte er sich auf einen Haufen Stroh und zog Mutters Jacke über den Kopf. Er blieb noch lange wach. Schließlich kam Brummel leise heran und schmiegte den Kopf an seine Schulter ...

„Mami, fahren wir doch lieber nach Petrograd, zum Vater."

„Ach, Dimka! Das würde ich auf der Stelle tun ... Aber wir kommen jetzt nicht durch. Da braucht man verschiedene Ausweise, und dann ..., du weißt doch, was jetzt überall los ist."

„Mami, was für Soldaten sind denn jetzt in Petrograd?"

„Wer kann das wissen! Die Roten, sagt man. Vielleicht stimmt das aber nicht. Wer soll sich da auskennen?"

Dimka gab ihr recht, es war schwer, sich zurechtzufinden. Man wußte nicht einmal, wer jetzt im Amtsdorf an der Macht war, obwohl es doch so nahe war. Die Leute erzählten sich, Kosolup hätte es dieser Tage genommen ... Doch wer war Kosolup, zu welcher Partei gehörte er?

Die Mutter saß da und war ganz in Gedanken versunken.

„Mami, der Kosolup, ist das einer von den Grünen?"

„Sie können mir alle gestohlen bleiben!" gab die Mutter erbittert zur Antwort. „Früher, da waren sie alle noch Menschen wie wir auch, doch heute, ach, geh mir ..."

Dunkel war es in der Diele. Hinter der offenen Tür blinkte der sternübersäte Himmel, hing ein Stückchen vom hellen Mond. Dimka wühlte sich tiefer ins Stroh. Er wollte den schönen Traum von gestern nacht weiterträumen. Beim Einschlafen spürte er, wie sich der treue Brummel an seinen Hals schmiegte. Das war so schön warm …

Oben am blauen Himmel hatten die Wolken einen silbrigen Rand vom Sonnenlicht. Weithin über die Felder spielte der Wind mit dem gelben Korn. Blau und voller Frieden war der Sommertag. Friedlos waren allein die Menschen. Irgendwo hinter dem dunklen Saum der Wälder ratterten hart die Maschinengewehre, und irgendwo hinter dem Wald dröhnten dumpf die Geschütze. Eine Abteilung leichter Kavallerie jagte vorbei. Irgendwohin ging ihr Ritt.

„Mami, wo wollen die hin?"

„Laß mich in Ruh!"

Dimka ließ die Mutter in Ruh. Er lief zum Zaun, kletterte auf einen Pfahl und blickte noch lange hinter den Reitern her.

Schlappohr lief mit grimmigem Gesicht herum. Immer wenn rote Soldaten durch das Dörfchen marschierten, versteckte er sich. Dimka war nun ganz sicher, daß Schlappohr von der Truppe weggelaufen war.

Eines Tages schickte Großmutter Dimka mit einem Stück Speck und einem Kanten Brot zu Schlappohr auf den Heuboden. Unbemerkt gelangte er bis zu dem Schlupfwinkel … Da sah er, daß Schlappohr mit irgend etwas beschäftigt war. Er saß mit dem Rücken zu Dimka. Und was sah Dimka …? Ein Gewehr! Das ist ja allerhand! Was will er damit? dachte er verwundert. Sorgfältig wischte Schlappohr das Schloß ab, stopfte einen Tuchfetzen in den Lauf und verbarg das Gewehr im Heu.

Den ganzen Abend lang und auch noch an den nächsten Tagen quälte Dimka die Neugierde, was das wohl für ein Gewehr sei, ein russisches oder ein deutsches? Ob Schlappohr auch einen Revolver hatte?

Um diese Zeit wurde es still in ihrer Gegend. Die Rote Armee hatte den Kosolup vertrieben und war weitermarschiert – irgendwohin an die Front. Still und wie verlassen lag das kleine Dorf. Schlappohr kam wieder von seinem Heuboden herunter und war oft längere Zeit verschwunden.

Eines Abends beschloß Dimka, wieder auf den Heuboden zu kriechen.

Vom Teich her erscholl das Quaken der Frösche. Sein Wasser schimmerte im Abendlicht rosenrot. Flinke Schwalben segelten durch die Luft, und wie toll summten die Mücken.

Die Tür zum Heuboden war mit einem Schloß versperrt, aber Dimka kletterte durch den Hühnerstall. Ein Brett knarrte, als er es zur Seite schob, und laut gackerten die verängstigten Hühner. Erschrocken von all dem Lärm, verschwand Dimka auf schnellstem Wege nach oben. Auf dem Heuboden war es still und drückend heiß. Er kroch bis in die Ecke vor, wo ein rotes Federkissen lag. Als er unter dem Dach herumtastete, stieß er auf etwas Hartes, auf einen Gewehrkolben! Angespannt horchte er eine Weile – doch es war niemand auf dem Hof. Dann langte er mit der Hand ins Heu und zog das Gewehr heraus. Einen Revolver fand er nicht. Es war ein russisches Gewehr. Lange drehte es Dimka hin und her, betastete es vorsichtig und betrachtete es von allen Seiten.

Und wenn ich nun bloß mal das Schloß aufmache?

Wie man das macht, hatte er oft bei den Soldaten gesehen, es aber selbst noch nie versucht. Behutsam bewegte er den Kammerstengel – er ging nach oben –, zog, bis es nicht mehr weiterging.

Ich hab's! dachte er voller Stolz, doch da bemerkte er, wie sich eine gelbe Patrone nach oben schob.

Das machte ihn stutzig, und er wollte das Schloß gleich wieder zumachen. Doch das war schon schwieriger. Die Patrone glitt dabei in den Lauf. Unschlüssig hielt er inne und hielt das Gewehr von sich ab.

Wo will die Patrone hin?

Aber zum Überlegen war keine Zeit mehr. Er mußte schleunigst verschwinden. Rasch machte er das Schloß wieder zu und schob die Waffe behutsam an ihren alten Platz. In diesem Augenblick flog plötzlich die Tür weit auf, und vor Dimka erschien Schlappohrs erstauntes, zorniges Gesicht.

„Was machst du hier, verdammter Kerl?"

„Och, gar nichts!" Dimka fuhr erschrocken hoch. „Ich hab hier nur so ein bißchen geschlafen ..." Ohne daß es Schlappohr bemerkte, schob er dabei mit dem Fuß den Gewehrkolben weiter ins Heu. In diesem Augenblick löste sich ein Schuß. Beinahe hätte Dimka den Burschen von der Leiter gestoßen, als er mit einem Satz auf den Boden hinuntersprang. Er raste durch den Garten, setzte über den Flechtzaun am Wege, stolperte und fiel in den Straßengraben. Als er wieder aufsprang, hatte ihn der wütende Schlappohr schon gepackt.

Jetzt schlägt er mich tot, dachte Dimka. Die Mutter ist nicht da, niemand kann mir hier helfen – jetzt ist es vorbei.

Er erhielt einen heftigen Schlag in den Rücken, daß ihm schwarz vor Augen wurde. Dann fiel er zu Boden. Fürchterliche Prügel würde er kriegen. Er war auf alles gefaßt.

Da ... Getrappel von Pferdehufen auf der Straße ... Schlappohrs

Griff ließ nach. Eine zornige, befehlende Stimme: „Laß den Jungen los!"

Als Dimka die Augen aufschlug, sah er zunächst nur Pferdebeine um sich herum, einen ganzen Wald von Pferdebeinen.

Eine starke Hand nahm ihn bei der Schulter und stellte ihn wieder auf die Füße. Erst jetzt sah er, daß eine Gruppe von Kavalleristen auf der Straße hielt. Schlappohr stand in völliger Verwirrung vor einem Reiter in schwarzer Uniform, der einen roten Stern auf der Brust trug.

„Rühr ihn nur nicht an!" sagte der Unbekannte. Er schaute Dimka in das verweinte Gesicht. „Nun wein doch nicht, Junge, du brauchst keine Angst mehr zu haben. Der faßt dich nicht mehr an, heute nicht und auch später nicht." Einem seiner Reiter gab er ein Zeichen mit dem Kopf, dann jagte die Abteilung davon.

Der Reiter fragte mit strenger Miene: „Wer bist du überhaupt?"

„Ich bin von hier", war Schlappohrs finstere Antwort.

„Warum bist du nicht Soldat?"

„Mein Jahrgang ist noch nicht dran."

„Wie heißt du ...? Wenn wir zurückkommen, überprüfen wir das." Dann gab er dem Pferd die Sporen und ritt im Galopp davon.

Dimka stand immer noch auf dem Weg. Er konnte einfach nicht fassen, was geschehen war. Er schaute zurück – niemand zu sehen. Er blickte nach allen Seiten – Schlappohr war auch weg. Weit hinten in der Ferne verschwanden – schwarzen springenden Pünktchen gleich – die roten Reiter hinter dem Horizont.

2

Dimka weinte nicht mehr, der Schmerz hatte etwas nachgelassen. Aber noch traute er sich nicht nach Hause, wollte lieber bis zum Abend warten, wenn alle schliefen. Er ging zum Flüßchen hinunter. Still und dunkel war das Wasser unter den Büschen am Ufer, nur auf der Mitte des Flusses lag noch ein rosiger Schein. Leise plätscherten die Wellen über dem seichten, steinigen Grund.

Auf dem anderen Ufer, am Rand des Waldes von Nikolskoje, schimmerte der matte Schein eines Feuerchens. Sein Licht schien aus weiter Ferne zu kommen. Verlockend war es und voller Geheimnisse. Wer mag dort wohl sein? dachte Dimka. Vielleicht sind es Hirten ...? Oder Banditen! Die essen vielleicht jetzt Kartoffeln mit Speck oder sonstwas ... Dimka war hungrig. Als es dunkler wurde, leuchtete das Feuer immer heller und heller, als wolle es den Jungen aus der Ferne grüßen. In tiefem Schwarz versank der düstere, unheimliche Wald von Nikolskoje.

Dimka ging den Pfad hinab. Plötzlich blieb er stehen. Er hatte etwas gehört. Hinter der Wegbiegung am Fluß sang jemand ein Lied, sang mit hoher, klangvoller Stimme. Der unsichtbare Sänger hatte eine eigene Art, die Worte des Liedes zu setzen. Irgendwie seltsam, aber schön klang sein Lied.

Genossen, liebe Genossen,
hell seine Antwort klang.
Hoch lebe unsre Rätemacht,
das russische Heimatland!

Kann der aber singen! dachte Dimka. Er war ganz begeistert und rannte hinunter.

Unten am Ufer erblickte er einen kleinen, hageren Jungen. Der lag auf dem Boden, neben sich einen verschlissenen Beutel. Als er die Schritte hörte, brach er das Lied jäh ab und schaute Dimka furchtsam an. „Was willst du denn hier?"

„Ich? Och, ich kam gerade hier so vorbei."

„Ach so", erwiderte der andere gedehnt. Anscheinend genügte ihm die Antwort. „Du willst mich also nicht verhauen?"

„Was?"

„Verhauen, meine ich ... Nimm dich nur in acht! Wenn ich auch klein bin, ich hau wieder ..."

Dimka dachte überhaupt nicht daran, sich zu prügeln. Er fragte: „Hast du eben gesungen?"

„Ja, das war ich."

„Wie heißt du denn?"

„Ich? Zigeunerchen", antwortete der Junge stolz. „Ich bin das Zigeunerchen aus der Stadt ... Zigeunerchen, das ist mein Spitzname."

Dimka warf sich neben ihn zu Boden. Erschrocken wich der Junge zur Seite.

„Wird wohl nicht viel mit dir los sein, aber ein Zigeuner bist du nicht ... Die sehen ganz anders aus ... Kannst du aber singen."

„Ich kenne viele Lieder. Ich habe immer auf den Bahnhöfen gesungen, wenn die Züge mit den Soldaten durchfuhren. Ganz egal, ob das die Roten waren, die Petljuras, ganz egal ... Für die Genossen, da hab ich immer das Lied vom Aljoscha gesungen oder sonstwas gegen die Burschua. Bei den Weißen, da muß man was anderes singen: ‚Früher, da hatten wir Geld genug – in Münzen und in Scheinen', oder ‚Ruß-

land ist untergegangen‘, ja, und dann, weißt du, das Lied vom Äpfelchen, das kann man für beide Seiten singen, die Worte sind bloß ein bißchen anders.“

Sie schwiegen.

„Und was willst du hier bei uns?“

„Meine Patentante wohnt hier, die alte Onufricha. Da hab ich gedacht, ich kann mich hier einen Monat durchfressen. In einer Woche oder in vierzehn Tagen soll ich aber wieder weg, sagt sie.“

„Und wohin willst du dann?“

„Irgendwohin. Wo es schöner ist als hier.“

„Aber wo ist es denn schöner?“

„Wo es schöner ist? Ja, wenn ich das nur wüßte! Das muß man finden.“

„Weißt du was? Komm doch morgen runter an den Fluß. Da wollen wir Krebse fangen, ich weiß, wo wir sie kriegen können – in den Löchern am Ufer.“

„Lügst du auch nicht? Ich komme bestimmt!“ antwortete der andere. Krebse fangen gefiel ihm.

Dimka sprang über den Zaun und tappte über den dunklen Hof.

Auf der Treppe vor dem Haus saß die Mutter. Er trat heran, zog sie am Kopftuch und sagte mit ernster Stimme: „Schimpf nicht, Mami. Ich weiß, ich bin lange weggeblieben, aber Schlappohr hat mich furchtbar verhauen.“

„Das war noch viel zuwenig!“ antwortete sie und wandte sich zur Seite. „Wozu das alles …“

Schmerz und bittere Traurigkeit klangen aus ihren Worten. Aber sie hatte Mitleid mit Dimka und war ihm nicht böse. Er fühlte es.

Traurig, ganz traurig ging Dimka zum Fluß hinunter.

„Du, Zigeunerchen, wir wollen weglaufen!“ schlug er vor. „Irgendwohin, nur weit weg von hier!“

„Läßt dich deine Mutter denn fort?“

„Ach, du bist ja dumm, Zigeunerchen! Wenn man wegläuft, fragt man doch nicht lange. Schlappohr ist ein böser Kerl, wenn der mich kriegt, haut er mich zusammen. Meinetwegen quält er auch meine Mutter und den kleinen Tappel.“

„Was für einen Tappel?“

„Das ist mein kleiner Bruder. Der tappelt immer so komisch, wenn er läuft, na, und da nennen sie ihn eben so. Mir ist alles egal. Was soll ich noch zu Hause?“

„Klar, wir laufen fort!“ Zigeunerchen war Feuer und Flamme. „Warum auch sollte ich nicht weglaufen? Ich muß ja sowieso bald fort. Von mir aus gehen wir gleich los. Dann sammeln wir an den Soldatenzügen."

„Wie sollen wir das denn machen?"

„Ganz einfach! Zuerst singe ich was ..., irgend so 'n Lied, und dann kommt mein Spruch:

> Allen Genossen zur Freud und Belehrung
> sang ich mein Lied in tiefer Verehrung.
> Ich wünsch euch zum Rauchen ein Achtel Tabak
> und zwei Pfund Brot in euren Sack,
> wünsch euch im Kriege Soldatenglück,
> kehret gesund in die Heimat zurück!

Dann freuen sie sich und lachen, und ich nehme sofort die Mütze ab und sage: ‚Bürger! Ich bitte um eine Kleinigkeit für mein Lied.'"

Dimka wunderte sich, mit welcher Leichtigkeit und wie überzeugt Zigeunerchen seinen Spruch aufsagte. Aber damit sein Brot verdienen, das gefiel ihm nicht. Viel besser wäre es, sich freiwillig zu den Soldaten zu melden, selbst eine Truppe aufzustellen oder zu den Partisanen zu gehen. Zigeunerchen widersprach nicht. Im Gegenteil! Als Dimka so begeistert von den Roten sprach, „weil sie für die Revolution sind", stellte sich heraus, daß Zigeunerchen schon bei der Roten Armee gedient hatte.

Verwundert blickte Dimka ihn an und meinte, auch bei den Grünen wäre es nicht schlecht, weil es bei denen immer viel Gänse zu essen gäbe. Aber Zigeunerchen war auch schon bei den Grünen gewesen und hatte regelmäßig jeden Tag eine halbe Gans bekommen.

Lange und sorgfältig arbeiteten die beiden ihren Fluchtplan aus. Zigeunerchen wäre am liebsten gleich auf der Stelle weggelaufen, er wollte gar nicht mehr nach Hause gehen. Aber Dimka war dagegen.

„Zuerst brauchen wir Brot, wenigstens für den Anfang Brot", erklärte Dimka, „und Streichhölzer brauchen wir auch ..."

„Ein kleiner Kessel wäre auch nicht schlecht. Dann könnten wir auf den Feldern Kartoffeln ausmachen. Das gäbe ein feines Mittagessen!"

Dimka erinnerte sich, daß Schlappohr einen kleinen Kupferkessel mitgebracht hatte. Den hatte Großmutter mit Asche blank geputzt und, als er so richtig glänzte wie ein Samowar am Feiertag, in der Kammer versteckt.

„Aber die Kammer ist abgeschlossen, und den Schlüssel hat sie bei sich."

„Das macht nichts!" entgegnete Zigeunerchen. „Jedes Schloß kriegt man auf, man muß es nur verstehen."

Sie beschlossen, sich sofort Vorräte anzuschaffen. „Die könnten wir draußen bei den Scheunen im Stroh verstecken“, schlug Dimka vor.

„Warum gerade bei den Scheunen?“ fragte Zigeunerchen. „Das kann man doch auch sonstwo machen ... Aber so gleich neben den Toten!“

„Die Toten tun dir nichts“, spöttelte Dimka.

Am selben Tage brachte Dimka ein Stückchen Speck mit, und Zigeunerchen kam mit drei Streichhölzern an, die sorgsam in ein Papierchen gewickelt waren.

„Mehr konnte ich nicht nehmen“, erklärte er. „Tante Onufricha hat überhaupt nur zwei Schachteln. Und sie darf nichts merken.“

Von diesem Augenblick an war ihre Flucht beschlossene Sache.

Und wieder gärte es überall im Land. Die Front war nicht mehr fern, schon in allernächster Nähe wurde gekämpft. Rote Soldaten jagten hinter den Banden her oder die Banden hinter den roten Soldaten.

Die Atamane bekämpften sich gegenseitig. Der Mächtigste von ihnen war Kosolup. Über seiner trotzigen Stirn lag eine tiefe Falte. Kalt war der Blick seiner Augen unter den dunklen Brauen. Ein gefährlicher Mensch, dieser Ataman! Lewka, der andere, war gerissen wie der Teufel. Sein Pferd schien zu lachen wie er selbst, so bleckte es seine weißen Zähne. Seit er sich von Kosolup losgesagt hatte, war Feindschaft zwischen den beiden, schwelte am Anfang verborgen dahin und brach schließlich offen aus.

Kosolup schrieb einen Befehl an die Bewohner der Dörfer: „Gebt Lewka keinen Speck für seine Leute, kein Heu für seine Pferde und kein Quartier für die Nacht!“

Da lachte Lewka und schrieb einen Gegenbefehl.

Die Roten lasen beide Befehle und schrieben einen dritten dazu. „Lewka und Kosolup stehen außerhalb der Gesetze.“ Das war alles. Sie hatten keine Zeit, mehr zu schreiben, die Hauptfront machte ihnen viel zu schaffen.

Kein Mensch fand sich mehr zurecht und wußte, was eigentlich los war. Nicht einmal Vater Sachari! Und der hatte doch drei Kriege mitgemacht. Er saß auf dem Erdwall am Haus, neben ihm sein rothaariger kleiner Hund, dem ein betrunkener Petljuramann ein Ohr abgesäbelt hatte, und sagte: „Das sind Zeiten!“

Heute waren Grüne ins Dorf gekommen, zwanzig an der Zahl. Zwei von ihnen besuchten Schlappohr. Sie lachten laut und tranken aus Tassen den trüben, starken, selbstgebrannten Schnaps.

Neugierig schaute Dimka zu.

Als Schlappohr hinausgegangen war, goß Dimka die Reste aus den

Tassen zusammen. Er hatte schon immer mal wissen wollen, wie der Selbstgebrannte schmeckt.

„Dimka, ich auch was haben ...", rief Tappel weinerlich.

„Ich laß dir was drin!"

Aber kaum hatte er die Tasse an den Mund gesetzt, da spuckte er verzweifelt alles wieder aus und war mit einem Satz auf dem Hof.

Draußen bei den Scheunen traf er auf Zigeunerchen.

„Du, ich hab was gesehen!"

„Was hast du gesehen?"

„Bei uns hinterm Haus, da machen die Grünen einen Graben, quer über den Weg. Weiß der Teufel, warum. Da soll sicher niemand mehr durchfahren können."

„Wie, wieso soll da keiner durchfahren?" fragte Dimka zweifelnd.

„Da ist bestimmt irgendwas los. Da passiert was."

Die beiden gingen und schauten nach ihren Vorräten. Sie hatten noch nicht viel zusammen: zwei Stück Speck, ein Stück gekochtes Fleisch und ein Dutzend Streichhölzer.

Wie eine riesige rote Scheibe hing die Sonne an jenem Abend am Horizont über den Feldern von Nadjeshdinskoje. Sie hatte es gar nicht eilig und sank nur ganz langsam, als genieße sie die Weite und Stille der ruhenden Erde.

Aus dem fernen Olchowka, einem Dörfchen am Rande des Waldes von Nikolskoje, klangen einige Glockentöne herüber. Es war kein Sturmzeichen, nur ein einfaches, ganz weiches Anschlagen. Als die vollen, zitternden Klänge über die Strohdächer zogen und bis zu den Ohren des alten Sachari drangen, wunderte sich der Alte ein wenig über den lange nicht mehr gehörten friedlichen Klang. Bedächtig schlug er ein Kreuz. Dann setzte er sich wieder auf seinen Platz neben dem schiefen Treppchen und dachte bei sich, ob denn morgen ein Feiertag sei. Er sann und sann und kam nicht darauf. Das Altarfest in Olchowka war schon gewesen, und für die Feier des Kirchenheiligen war es doch noch zu früh. Er klopfte mit dem Stock an das Fensterchen der alten Gorpina. Sie blickte hinaus, und er fragte: „Sag mal, Gorpina, haben wir denn morgen Sonntag?"

„Was fällt dir ein, Alter?" antwortete sie ärgerlich. Sie war über und über mit Mehl bestäubt. „Kommt denn nach dem Mittwoch schon der Sonntag?"

„Ja, das hab ich mir auch gedacht ..."

Der alte Sachari war im Zweifel, ob er nicht vielleicht umsonst ein Kreuz geschlagen habe, ob das Läuten nicht gar etwas Schlimmes bedeute.

Ein Lüftchen hatte sich aufgetan und spielte mit seinem grauen Bart. Auf einmal sah der alte Sachari, wie die neugierigen Weiber aus ihren Fenstern schauten und die Kinder aus den Toren herausstürzten. Vom Felde her aber kam ein langgezogener, seltsamer Ton, als ob ein Ochse brülle oder eine Kuh in der Herde, nur schneidender und länger.

Plötzlich krachte es in der Luft, Schüsse peitschten von der Viehweide herüber ... Mit einem Schlage flogen die Fenster zu, verschwanden die Kinder von den Straßen.

Der Alte war so erschrocken, daß er kaum aufstehen konnte, bis ihn die alte Gorpina anschrie: „Beweg dich doch schneller, alter Esel! Oder siehst du nicht, was hier los ist?“

Ungleichmäßig wie die Schüsse draußen pochte Dimkas Herz. Es zog ihn hinaus, er wollte wissen, was das alles zu bedeuten hatte ... Doch dann packte auch ihn die Angst, als er sah, wie sich das Gesicht seiner Mutter verfärbte, als er hörte, wie sie mit seltsam fremd klingender Stimme rief: „Leg dich auf den Boden ..., leg dich hin, Dimuschka. Lieber Gott, hoffentlich fangen sie nicht auch noch mit Kanonen an!“

Tappel lag wie erstarrt auf dem Boden, die Augen weit aufgerissen, und preßte den Kopf an ein Tischbein. Aber das Liegen gefiel ihm nicht, und er greinte: „Mami, ich will nicht auf dem Boden liegen, ich will auf den Ofen ...“

„Bleibst du liegen! Die Haidamaken kommen ... Die werden dir schon!“

In diesem Augenblick krachte es so laut, daß die Fensterscheiben klirrten. Dimka schien es, als bebe die Erde. Jetzt werfen sie Handgranaten! dachte er und hörte, wie einige Leute schreiend vor den verdunkelten Fenstern vorbeiliefen.

Dann wurde es mit einem Male still. Eine halbe Stunde verging. Schließlich tappte jemand im Flur herum, stieß an einen leeren Eimer und fluchte laut. Die Tür flog auf, und Schlappohr trat ein. In der Hand trug er ein Gewehr.

Irgend etwas hatte ihn wohl sehr geärgert. In einem Zug trank er eine Kelle Wasser leer, warf das Gewehr zornig in die Ecke und sagte mit unverhohlener Wut: „Wenn wir den kriegen ...!“

Am nächsten Morgen trafen sich die beiden Jungen schon in aller Frühe.

„Du, Zigeunerchen“, fragte Dimka, „was war da eigentlich gestern los?“

Selbstzufrieden glänzten Zigeunerchens lebhafte Augen; mit wichtiger Miene begann er: „Ja, mein Lieber! Gestern, da war wirklich allerhand los bei uns ...“

„Gib nur nicht so an! Ich hab doch gesehen, wie du sofort weggelaufen bist durch den Garten."

„Stimmt ja gar nicht! Ich bin nur außen rum gelaufen!" antwortete Zigeunerchen beleidigt.

Dimka bezweifelte das zwar, aber er wollte ihn nicht unterbrechen.

„Also, gestern, da kam ein Auto ... Das kam aus Olchowka, da hatten sie es repariert. Und als es dann aus Olchowka rausgefahren war, da läutete der Diakon Gawrila die Glocken. Das war ein Signal, verstehst du."

„Versteh ich nicht, und dann?"

„Und dann ..., dann kam das Auto hier in unser Dorf ... Und da haben sie drauf geschossen, und da wollte es zurückfahren ... Aber da war dann der Graben im Weg. Es kam nicht mehr weg."

„Haben sie einen gekriegt?"

„Nein ... Die aus dem Auto haben so viel geschossen, daß keiner rankonnte. Aber als es dann immer schlimmer wurde, sind sie rausgesprungen und weggelaufen ..., und dabei wurden sie totgeschossen. Aber einen haben sie nicht gekriegt. Der hat eine Handgranate geschmissen, nebenan bei Tante Onufricha sind alle Scheiben kaputtgegangen. Auf den haben sie mit Gewehren geschossen, dann sind sie hinterhergelaufen, aber da ist er über den Zaun gesprungen und dann durch die Gärten durch, ja ..., und dann war er weg."

„Und das Auto?"

„Das liegt noch da ... Aber das ist ganz kaputt, weil der eine, als er weglief, noch eine Handgranate reingeschmissen hat. Es ist ganz verbrannt ... Ich bin schon hingelaufen ... Fedka Marin war aber noch früher da. Der hat die Hupe abgemacht. Wenn du die zusammendrückst, dann heult sie ganz laut!"

Den ganzen Tag über gab es nur ein Gespräch: die Schießerei von gestern. Die Grünen waren noch in der Nacht weggeritten. Und das Dörfchen blieb wieder ohne Obrigkeit.

Inzwischen waren die Vorbereitungen zur Flucht so gut wie beendet. Es fehlte nur noch das Kesselchen aus der Rumpelkammer. Mit einem langen Stock, an dem oben ein Nagel eingeschlagen war, wollten sie es am nächsten Abend durch das Fensterchen an der Gartenseite herausangeln ...

Zigeunerchen war essen gegangen.

Dimka mochte nicht allein zurückbleiben und ging schon zu den Scheunen voraus.

An seinem Ziel angelangt, balgte er sich in dem Strohhaufen mit

Brummel, der ausgelassen an ihm hochsprang. Mit einemmal hielt Dimka inne und richtete sich auf. Irgend etwas stimmte nicht.

Die Strohgarben lagen anders als sonst. Das beunruhigte ihn. Sollte eins von den Kindern aus dem Dorf hier herumgekrochen sein? Vielleicht hatte gar jemand ihr Versteck mit den Vorräten entdeckt? Auf der Stelle ging er nachsehen und tastete im Stroh umher. Das Stück Speck, die Streichhölzer und das Brot waren noch da, aber das Fleisch war verschwunden.

„Verflucht!" schimpfte er. „Das kann ja nur Zigeunerchen geschluckt haben. Andere Kinder hätten gleich alles genommen."

Bald darauf erschien Zigeunerchen. Er kam gerade vom Mittagessen und war in bester Stimmung. Unbekümmert pfiff er vor sich hin.

„Hast du Fleisch gegessen?" fragte Dimka und blickte ihn böse an.

„Hab ich!" antwortete Zigeunerchen. „Und das hat geschmeckt ..."

„Geschmeckt!" Dimka stürzte sich zornig auf ihn. „Und wer hat dir das erlaubt? Hatten wir das abgemacht? Was sollen wir nun unterwegs essen ...? Ich hau dir eine runter, dann merkst du erst, wie es schmeckt!"

Zigeunerchen machte sein dümmstes Gesicht.

„Ich meine doch, zu Hause habe ich Fleisch gegessen. Tante Onufricha hat es in Stücke geschnitten und mir eins aus der Suppe rausgelangt, einen ganz dicken Brocken!"

„Und wer hat hier unser Fleisch weggenommen?"

„Das kann ich nicht sagen."

„Hand aufs Herz."

„Ich schwöre es! Ich will auf der Stelle umfallen, wenn ich es genommen habe."

Doch da er nicht auf der Stelle umfiel und sich weiter mit ungewöhnlicher Hartnäckigkeit verteidigte, glaubte Dimka, daß Zigeunerchen diesmal wirklich nicht gelogen habe.

Noch einmal glitten seine Augen über das Stroh, dann griff er nach einem Stock und rief: „Brummel, komm mal her!" Brummel aber mochte es nicht, wenn man in dem Ton mit ihm sprach. Er ließ den Riemen los, an dem er herumgezerrt hatte, kniff den Schwanz ein und verdrückte sich, so rasch er konnte.

„Der hat unser Fleisch gefressen", meinte Zigeunerchen empört. „Und das war gerade so ein fettes Stück!"

Den Rest ihrer Vorräte versteckten sie etwas höher, deckten ein Brett drüber und warfen noch ein paar Steine drauf.

Dann lagen sie lange im Stroh und malten sich aus, wie schön das Leben demnächst sein würde.

„Im Wald werden wir liegen, an einem Feuer ... Das wird fein!"

„Es ist nur so dunkel in der Nacht", bedauerte Zigeunerchen.

„Was heißt dunkel! Wir haben doch Gewehre und können uns selbst ..."

„Aber wenn sie uns nun totschießen ...", setzte Zigeunerchen fort und fügte ernst hinzu: „Weißt du, das gefällt mir gar nicht."

„Mir auch nicht", gestand Dimka. „So in einer Grube liegen wie die da." Und er deutete mit dem Kopf nach der Richtung, wo im Zwielicht der hereinbrechenden Dämmerung ein windschiefes Kreuz gerade noch zu erkennen war.

Beim Gedanken daran schauerte Zigeunerchen zusammen und hatte auf einmal das Empfinden, als sei es irgendwie kälter geworden.

Aber er wollte zeigen, daß er keine Bange hatte, und begann mit gleichmütiger Stimme: „Du, ich hab mal was erlebt ..."

Er hielt inne, weil Brummel, der neben Dimka lag, plötzlich den Kopf hob, die Ohren spitzte und zornig knurrte.

„Was hast du denn? Was ist los, Brummel?" fragte ihn Dimka beunruhigt und streichelte ihm den Kopf.

Brummel beruhigte sich und legte den Kopf wieder zwischen die Pfoten.

„Der riecht eine Ratte", flüsterte Zigeunerchen. Er tat, als gähne er, und fügte hinzu: „Wir müssen jetzt nach Hause, Dimka."

„Ja, gleich, aber du wolltest doch erzählen, was du mal erlebt hast."

Doch Zigeunerchen war die Lust zum Erzählen vergangen, und er hatte auch vergessen, was er sagen wollte. Es hätte sowieso nicht gestimmt.

„Wir wollen gehen", pflichtete ihm Dimka bei, froh, daß Zigeunerchen nicht weitererzählen wollte.

Sie standen auf.

Brummel sprang auch hoch, lief aber nicht gleich los, sondern blieb stehen und knurrte wieder unruhig, als ob ihn jemand aus dem Dunkeln heraus ärgere.

„Das sind bestimmt Ratten, die riecht er!" wiederholte jetzt Dimka.

„Ratten?" flüsterte Zigeunerchen. „Aber warum hat er die nicht schon früher gerochen?" Leise fuhr er fort: „Kalt ist es hier. Komm, Dimka, wir wollen rennen ...! Und der Bolschewik, der weggelaufen ist, der soll auch noch irgendwo hier in der Nähe sein."

„Woher weißt du das?"

„Das denke ich mir so! Tante Onufricha hat mich vorhin zur alten Gorpina geschickt. Sie sollte mir eine halbe Tasse Salz leihen. An dem Tag, als die Schießerei war, da ist bei ihr ein Hemd vom Zaun weggekommen. Als ich in ihr Haus kam, hörte ich schon vom Flur aus, wie in der Stube jemand schimpfte: ‚Da hat mir doch einer ein

Hemd über den Zaun geschmissen. Die Jegoricha und ich gucken nach ..., es war ganz zerrissen.' Und der alte Sachari hörte immer nur zu, ja, und dann sagte er: ,Ach, Gorpina ...'"

An dieser Stelle brach Zigeunerchen plötzlich ab und machte ein vielsagendes Gesicht, schaute Dimka an und fuhr erst fort, als sein Freund ihn ungeduldig aufforderte: „Ja, also, der alte Sachari sagte: ,Ach, Gorpina, du hältst am besten den Mund!' Und da kam ich gerade in die Stube. Ich sah, wie auf der Bank ein Hemd lag, das war ganz zerrissen und voller Blut. Und wie mich die alte Gorpina sah, setzte sie sich schnell auf das Hemd und sagte zu dem Alten: ,Gib ihm 'ne halbe Tasse voll.' Sie selbst stand nicht auf. Ich aber hatte es doch gesehen. Da hab ich gedacht, das ist von dem Bolschewiken, der ist verwundet."

Sie schwiegen und dachten über die große Neuigkeit nach. Der eine starrte mit zusammengekniffenen Augen ernst und unbeweglich vor sich hin, während der Blick des anderen unruhig umherschweifte.

Da meinte Dimka: „Du hältst am besten auch den Mund, Zigeunerchen. In unserem Dorf haben sie schon so viele Rote umgebracht, immer einzeln."

Am Morgen darauf sollte es losgehen. Den ganzen Tag kam Dimka nicht zur Ruhe. Vor lauter Aufregung zerbrach er eine Tasse, er trat Brummel auf den Schwanz, und als die Großmutter ins Zimmer kam, hätte er ihr beinahe den Krug mit saurer Milch aus der Hand geschlagen. Dafür bekam er von Schlappohr eine heftige Ohrfeige.

Die Zeit verging. Stunde um Stunde verstrich der Morgen, sie aßen zu Mittag, es wurde Abend.

Da verbargen sie sich im Garten hinter dem Holunderstrauch am Zaun und warteten.

Es war noch etwas früh. Immer wieder ging jemand über den Hof. Schließlich kam Schlappohr nach Hause, und die Mutter rief nach Tappel. Dann hörten sie ihre Stimme von der Treppe: „Dimka! Dimuschka! Wo steckst du denn?"

Jetzt essen sie zu Abend! dachte er bei sich, aber er gab keine Antwort. Die Mutter ging schließlich ins Haus.

Die beiden Jungen warteten noch eine Weile und stahlen sich dann hinaus. An der Wand der Rumpelkammer blieben sie stehen. Das Fensterchen lag hoch. Dimka bückte sich, stützte die Hände auf die Knie, und Zigeunerchen kletterte ihm auf den Rücken. Vorsichtig beugte er sich hinein.

„Mach schnell! Mein Rücken ist doch nicht aus Stein."

„Es ist ganz dunkel hier drin", gab Zigeunerchen flüsternd zurück. Mit Mühe und Not angelte er nach dem Kesselchen, zog es zu sich heran und sprang hinunter. „Das haben wir!"

„Zigeunerchen“, fragte Dimka, „wo hast du denn die Wurst her?“

„Die hing gleich daneben. Nichts wie weg.“

Geschwind huschten sie fort, aber am Zaun fiel ihnen ein, daß sie den Stock mit dem Haken hatten stehenlassen. Dimka lief noch einmal zurück. Er nahm den Stock, da sah er plötzlich, daß Tappel seinen Kopf durch ein Loch im Zaun hindurchsteckte und ihn neugierig beobachtete.

Dimka, mit dem Stock und der Wurst in den Händen, war so verwirrt, daß er seine Sprache erst wiederfand, als Tappel ihn fragte: „Warum hast du denn die Wurst gestohlen?“

„Die hab ich nicht gestohlen, Tappel. Die brauch ich“, antwortete Dimka hastig. „Damit will ich die Vögelchen füttern, die hast du doch so gern. Tappel, die kleinen Spatzen. Tschik, tschik ... Du darfst aber nichts sagen. Wirst du das auch nicht tun? Morgen kriegst du dafür einen ganz feinen Nagel.“

„Die Spätzchen?“ fragte Tappel ernsthaft.

„Na klar! Ganz bestimmt, die haben nicht viel zu fressen. Die sind doch so arm.“

„Und gibst du mir auch den Nagel?“

„Gewiß geb ich dir den ... Wirst du auch den Mund halten, Tappel? Sonst geb ich dir den Nagel nicht und laß dich auch nicht mehr mit Brummel spielen.“

Tappel versprach alles. Dimka war keineswegs davon überzeugt, rannte aber los. Zigeunerchen erwartete ihn schon voller Ungeduld.

Rasch brach die Dämmerung herein, und als die Jungen bei den Scheunen ankamen, wo sie den Kessel samt der unheilvollen Wurst verstecken wollten, war es schon finster.

„Tu alles rasch weg!“

„Gib mal her!“ Zigeunerchen schlüpfte durch das Loch unters Dach. „Dimka, hier ist es ganz dunkel“, rief er aufgeregt hinunter. „Ich kann überhaupt nichts finden ...“

„Das kann doch gar nicht sein ... Hast bloß Angst.“

Dimka kroch selbst hinein, tastete im Dunkeln nach Zigeunerchens Hand und spürte, wie sie zitterte.

„Was hast du denn?“ fragte er und merkte, wie auch ihn die Furcht überkam.

„Horch mal ...“ Zigeunerchen klammerte sich fester an Dimka.

Auch Dimka hörte es ganz deutlich, wie aus der dunklen Tiefe der Scheune ein schweres, unterdrücktes Stöhnen hervordrang.

Mit einem lauten Schrei rutschten die beiden nach unten und jagten voller Schreck davon; sie achteten nicht auf den Weg und nicht auf Löcher im Boden.

3

In dieser Nacht konnte Dimka lange nicht einschlafen. Langsam kam ihm eine Ahnung: Die Ratten ... Wer hat das Fleisch gegessen ...? Das blutige Hemd ... Dann das Stöhnen in der Scheune ... Und wenn nun ...?

Lange wälzte er sich hin und her. Ein Gedanke ließ ihn nicht mehr los.

Früh am nächsten Morgen war er wieder draußen bei den Scheunen. Er rückte das Stroh zur Seite und kroch hinein. Sonnenstrahlen drangen durch die zahllosen Spalten und zerschnitten das Halbdunkel der leeren Scheune. Die vorderen Stützbalken, die einmal das Tor gehalten hatten, waren eingestürzt, das Dach hatte sich gesenkt und den Eingang versperrt. Hier muß es sein, dachte Dimka. Er kroch um einen Haufen ungebrannter, zerbröckelter Ziegel und hielt plötzlich erschrocken inne. Auf dem Stroh in der Ecke lag ein Mann, mit dem Gesicht nach unten. Als er das Geräusch hörte, hob er ein wenig den Kopf. Seine Hand griff nach einem neben ihm liegenden Revolver. Ob ihn die Kräfte verließen oder ob es einen anderen Grund hatte – er ließ die Waffe wieder sinken. Dann richtete er sich etwas auf, blickte Dimka aus entzündeten, trüben Augen an. Heiser und mit schwerer Zunge flüsterte er: „Wasser!“

Dimka trat einen Schritt näher. Er sah ein Abzeichen blinken, einen kleinen Stern in weißem Kranz, und – fast hätte er vor Verwunderung laut aufgeschrien, als er in dem Verwundeten den Fremden erkannte, der ihn damals vor Schlappohr gerettet hatte.

Furcht und Zweifel waren wie weggeblasen. Es blieb nur ein Gefühl des Mitleids mit dem Menschen, der so für ihn eingetreten war.

Dimka nahm das Kesselchen und rannte zum Fluß hinunter, um Wasser zu holen. Schnell kehrte er zurück und wäre beinahe dem Fedka Marin in den Weg gelaufen, der seiner Mutter half, die nasse Wäsche zu tragen. Mit einem Satz verschwand Dimka in den Büschen und sah von dort aus, wie Fedka etwas langsamer ging und neugierig in seine Richtung zurückschaute. Hätte ihm nicht seine Mutter, als der Korb plötzlich schwerer wurde, ärgerlich zugerufen: „Nun trag doch schon, du dummer Kerl, was schaust du dich denn um?“, Fedka hätte ganz gewiß einmal nachgeschaut, wer da so rasch in den Büschen verschwunden war.

Als Dimka zurückkehrte, sah er, daß der Unbekannte mit geschlossenen Augen dalag und leise die Lippen bewegte, als spräche er im Traum. Dimka berührte ihn an der Schulter. Der Mann schlug die Augen auf, und als er den Jungen vor sich sah, ging es wie ein schwa-

ches Lächeln über seine trockenen Lippen. Nachdem er getrunken hatte, fragte er – diesmal schon deutlicher –: „Sind die Roten weit von hier?"

„Sehr weit. Man hört überhaupt nichts von ihnen."

„Und in der Stadt?"

„Da sind die Petljuraleute, glaub ich ..."

Der Verwundete ließ den Kopf sinken, dann fragte er weiter: „Junge, du wirst doch niemandem etwas erzählen?"

Aus diesen Worten sprach so viel Besorgnis, daß Dimka ganz rot wurde und versicherte, er werde nichts sagen.

„Nur vielleicht dem Zigeunerchen."

„Ist das der, mit dem du weglaufen wolltest?"

„Ja, das ist er", antwortete Dimka verlegen. „Da kommt er schon, glaub ich."

Eine Nachtigall schlug. Das war Zigeunerchen. Er suchte und wunderte sich, wo sein Gefährte geblieben war.

Dimka schaute aus seinem Loch hervor und ließ ein Steinchen hinunterfallen, weil er nicht rufen wollte.

„Was ist los?" fragte Zigeunerchen.

„Leise! Komm hier rein ... Es muß sein."

„Du hättest doch rufen sollen, aber dafür wirfst du mit Steinen!"

Beide krochen ins Loch hinein. Als Zigeunerchen den Mann mit dem dunklen Revolver vor sich sah, blieb er erschrocken stehen.

Der Unbekannte machte die Augen auf und sagte ganz einfach: „Nun, Jungens?"

„Das ist Zigeunerchen!" Behutsam schob Dimka ihn etwas vor.

Der Fremde antwortete nicht, senkte nur den Kopf.

Dimka zog von ihren Vorräten ein Stück Brot und die Wurst von gestern hervor.

Der Verwundete war hungrig, zunächst aber aß er nur wenig, trank dafür um so mehr Wasser.

Zigeunerchen und Dimka saßen schweigend daneben.

Die Kugel der Grünen hatte den Unbekannten am Fuß verletzt; drei Tage lang hatte er keinen Tropfen Wasser getrunken und viel durchgemacht.

Nachdem er etwas gegessen hatte, fühlte er sich besser, und seine Augen gewannen wieder an Glanz.

„Jungens!" sagte er schon wieder ganz deutlich. Jetzt erkannte Dimka auch an der Stimme den Reiter, der Schlappohr angebrüllt hatte: „Laß den Jungen los!" – „Ihr seid prächtige Kerle ... Ich habe euch oft miteinander sprechen hören ... Aber wenn ihr euch verplappert, dann schlagen sie mich tot ..."

„Dann sagen wir lieber nichts!“ fiel Zigeunerchen ein.
„Was heißt ‚sagen wir lieber nichts‘?“ fragte Dimka zornig.
„Du sollst sagen ‚nein‘, und das genügt ... Hören Sie nicht auf ihn“, wandte er sich an den Unbekannten und konnte kaum seine Tränen zurückhalten. „Wir werden schon nichts sagen! Zum Teufel noch mal, das verspreche ich ... Und wenn der da was sagt, dann kriegt er es mit mir zu tun!“
Aber Zigeunerchen spürte selbst, daß er etwas Dummes gesagt hatte, und fügte, so als wolle er sich entschuldigen, noch hinzu: „Ja, Dimka und ich ..., ich meine, ich werde gar nichts sagen.“
Und Dimka sah, wie der Unbekannte wieder lächelte ...

Nach dem Mittagessen saß Tappel eine Zeitlang ganz friedlich da. Dann hielt er es nicht mehr aus. „Jetzt gib mir aber auch den Nagel, Dimka, sonst sag ich der Mami, du hast eine Wurst weggenommen ..., für die Spatzen.“
Fast wäre Dimka an seiner Kartoffel erstickt, laut klapperte er mit seinem Schemel. Zum Glück war Schlappohr nicht da, die Mutter nahm gerade die Suppe aus dem Ofen, und Großmutter hörte sowieso schlecht.
Er stieß Tappel mit dem Fuß an und flüsterte: „Ich muß nur noch zu Mittag essen, ich hab schon einen.“
Im stillen aber dachte er: Der Teufel soll dich holen! Dann stand er vom Tisch auf.
Nach einigem Suchen zog er aus der Scheunenwand einen langen eisernen Nagel und brachte ihn Tappel.
„Der ist ja viel zu groß, Dimka!“ meinte Tappel und betrachtete verwundert den dicken, unförmigen Nagel.
„Wieso zu groß? Der ist gerade gut, Tappel. Was willst du denn mit einem kleinen Nagel? Da haust du einmal drauf, und das ist alles. Mit dem aber kannst du lange sitzen und tuck, tuck, tuck machen ... Das ist ein feiner Nagel.“
Am Abend fand Zigeunerchen bei Tante Onufricha ein Stück sauberes Linnen zum Verbinden. Und Dimka nahm aus seinen Vorräten ein etwas größeres Stück Speck, damit wollte er Jod besorgen.

Im Leibrock und ohne Stiefel lag Vater Perlamutri auf dem Sofa. Bekümmert dachte er an seine zerfallene Kirche, die im letzten Jahr durch eine Granate in Brand geschossen worden war. Als er eine Zeitlang so gelegen hatte, fiel ihm ein, daß ja der Kirchweihtag nicht mehr fern war. Dann gäbe es wieder die schönen milden Gaben. Er dachte an die Kostproben von Ferkelfleisch, an die Schüsseln voll

Butter und an die schönen Krüge voll Sahne. Offenbar hatte ihn das wieder heiter gestimmt, er hustete kräftig und lächelte vergnügt.

Da trat Dimka ein – sein Stück Speck verbarg er auf dem Rücken – und begann leise: „Guten Tag, Väterchen."

Seufzend blickte Vater Perlamutri Dimka an und fragte, ohne sich zu erheben: „Nun, mein Sohn, willst du zu mir oder zu meiner Frau?"

„Zu Ihrer Frau möchte ich, Väterchen."

„Hm. Sie ist nicht da, aber vielleicht kannst du's mir auch sagen."

„Meine Mutter schickt mich. Sie hat sich geschnitten und hat mir gesagt: ‚Geh zu der Frau des Popen und bitte sie um etwas Jod.' Und dieses Fläschchen hier hat sie mir mitgegeben."

„Das Fläschchen ..., hm ..." Vater Perlamutri hüstelte und machte ein Gesicht, als traue er dem Jungen nicht. „Aber was hast du denn da auf dem Rücken, mein Junge?"

„Auf dem Rücken, da hab ich ein Stück Speck. Das soll ich Ihrer Frau geben, hat meine Mutter gesagt, für das Jod, aber erst wenn sie das Jod reingegossen hat ... Auch schön bedanken soll ich mich dann, hat sie gesagt."

„Erst wenn sie es reingegossen hat ...?"

„Ja wirklich, das hat sie gesagt."

„Nein, so was!" meinte Vater Perlamutri und stand auf. „Nein, sie wollte uns das nicht einfach schenken, sie hat gesagt, ‚erst wenn sie es reingegossen hat' ..." Und er schüttelte den Kopf. „Na, gib schon her. Aber der ist ja ganz alt!"

„Den neuen haben wir noch nicht angeschnitten, Väterchen."

„Das mag ja sein, aber von dem alten hättet ihr doch etwas fetteren nehmen können. Und wo ist das Fläschchen? Warum hat dir deine Mutter nicht gleich ein Viertellitermaß mitgegeben! Das soll ich doch wohl nicht vollgießen?"

„Aber Väterchen, da gehen doch gerade zwei Fingerhut voll rein. Ein kleineres Fläschchen gibt's doch gar nicht."

Der Pope dachte einen Augenblick nach.

„Du, sag mal, am besten kommt deine Mutter selbst. Dann kann ich ihr gleich Jod auf die Wunde machen. Wozu soll ich ihr etwas in das Fläschchen gießen?"

Verzweifelt schüttelte Dimka den Kopf.

„Was schüttelst du denn den Kopf?"

„Ach, Väterchen, gießen Sie doch bitte etwas rein", erwiderte Dimka hastig. „Meine Mami hat gesagt: ‚Wenn sie dir nichts geben wollen, Dimka, dann nimm den Speck und bring ihn wieder mit.'"

„So, und du sag ihr: ‚Der Gebende sorge sich nicht um seine Gabe, anders wird sie vor dem Angesicht des Höchsten nicht angenommen.‘ Vergißt du das auch nicht?“

„Bestimmt nicht ...! Aber nun gießen Sie mir doch bitte etwas rein, Väterchen.“

Vater Perlamutri zog Pantoffeln an seine nackten Füße. Dimka wunderte sich, wie groß die Pantoffeln waren. Dann nahm der Pope den Speck und ging mit dem Fläschchen in das Zimmer nebenan.

„Da, nimm“, sagte er, als er wieder heraustrat. „Nur weil ich so ein gutes Herz habe ...“ Dann kam ihm ein Gedanke, und er fragte: „Legen eure Hühner schon, mein Junge?“

Nur weil er so ein gutes Herz hat ..., dachte Dimka empört. Noch nicht mal halbvoll ... Und er antwortete mit ernsthaftem Gesicht: „Wir haben keine Hühner, Väterchen, wir haben nur Hähne.“

Von den Roten war immer noch nichts zu hören. Die Jungen mußten sehr auf der Hut sein.

Trotzdem schlichen sie oft heimlich zu den Scheunen und saßen lange bei dem fremden Manne.

Er plauderte gern mit den beiden, erzählte ihnen manches und scherzte sogar schon. Nur wenn sie auf den Krieg zu sprechen kamen, stand eine tiefe Falte auf seiner Stirn. Dann schwieg er und wurde nachdenklich.

„Na, was gibt's Neues, Jungens, nichts zu hören von draußen?“

„Draußen“ – das war die Front. Gerüchte liefen durch das Dorf, unklare, einander widersprechende Gerüchte.

Ernst und finster blickte der Unbekannte vor sich hin. Die Unruhe hatte ihn gepackt. Er wußte nicht, wie es draußen stand, er lag untätig herum – das alles quälte ihn mehr als die Sorge um sein eigenes Leben.

Die beiden Jungen hingen an ihm wie die Kletten, ganz besonders Dimka. Eines Tages, als die Mutter zu Hause wieder einmal bitter geweint hatte, kam er ganz traurig und niedergedrückt bei den Scheunen an.

„Schlappohr, der schlägt immer gleich drauflos ...“, erklärte er. „Meinetwegen quält er die Mutter, auch den Tappel ... Am besten, wir fahren zu meinem Vater nach Petrograd ... Aber das geht ja nicht.“

„Wieso nicht?“

„Es kommt keiner durch. Da muß man verschiedene Ausweise haben. Und wo sollen wir die Fahrkarten hernehmen? Ohne Fahrkarten geht's überhaupt nicht.“

Der Unbekannte meinte nachdenklich: „Wenn die Roten hier wären, dann könnte ich dir einen Ausweis besorgen, Dimka."

„Du?!"wunderte sich der Junge. Er zögerte und fuhr fort, fragte, was er schon lange auf dem Herzen hatte: „Wer bist du überhaupt? Ich weiß, du bist der Offizier von den Maschinengewehren, der Soldat damals bei dir, der hatte ja ein Maschinengewehr bei sich."

Der Unbekannte lächelte und schüttelte den Kopf. Das konnte „ja" heißen oder auch „nein".

Von nun an wünschte Dimka noch mehr, daß die Roten bald kämen.

Zu Hause wurde es inzwischen immer schwieriger für ihn. Erbarmungslos verlangte Tappel schon den fünften Nagel. Er bekam sie alle, verplapperte sich aber trotzdem vor der Mutter. Schließlich fand die Mutter in Dimkas Hosentasche den Machorka, den er für seinen Verwundeten stibitzt hatte.

Das Allerschlimmste jedoch sollte heute kommen. Es war ein Feiertag, und Vater Perlamutri kam, um sich seine Geschenke zu holen. Im Laufe der Unterhaltung sagte er – so ganz nebenbei – zur Mutter: „Weißt du, der Speck neulich, der war ja schon alt, du solltest mir deshalb für die Arznei noch ein Dutzend Eier dazugeben ..."

„Für welche Arznei?"

Dimka rutschte unruhig auf seinem Stuhl hin und her und wurde immer kleiner, während ihn alle gespannt anschauten.

„Ja, Mami ... Das war für unser Hündchen, für Brummel ..." Seine Antwort klang nicht überzeugend. „Er hatte sich das Fell aufgerissen ..."

Alle schwiegen, Schlappohr aber stand von der Bank auf und sagte: „Heute schieß ich deinen Hund ab." Mit seltsamem Blick fügte er hinzu: „Außerdem hast du gelogen, scheint mir." Weiter sagte er nichts, er schlug ihn auch nicht.

„Da sieht man's wieder! Für so eine Kreatur die teure Medizin!" Vater Perlamutri tat ganz entrüstet. „Aber weil er gelogen hat, hat er sich zweifach schuldig gemacht – auf Erden und im Himmel." Bei diesen Worten hob er mit vielsagendem Blick seinen dicken Finger, ließ die Augen vom Boden bis zur Decke gleiten; vom nötigen Gewicht seiner Worte überzeugt, wandte er sich an die Mutter: „Das heißt also, du gibst mir ein Dutzend."

Als Dimka am Abend aus dem Hause trat, sah er Schlappohr am Zaun stehen. Mißtrauisch schaute ihm der Bursche nach.

Darum schlug Dimka zunächst den Weg ein, der zum Fluß hinunterführte.

„Du, Dimka, von dem Mann in der Scheune, da sprechen schon die

Leute im Dorf ..." Mit dieser Neuigkeit brachte Zigeunerchen ihn vollends aus der Fassung. „Er soll ganz in der Nähe sein, sagen sie ..., weil sie sein Hemd gefunden hätten ... Und außerdem hat der Starost Sjomka am Gartenzaun der Gorpina so 'n Büchelchen gefunden, das war auch ganz blutig. Ich hab selbst eine Seite daraus gesehen, ein weißes Blatt, in der Ecke standen drei Buchstaben: R.K.R. Und daneben waren Pfeile, so wie die Zeiger auf der Uhr."

Dimka war wie vor den Kopf gestoßen.

„Zigeunerchen", sagte er flüsternd, obwohl weit und breit niemand zu sehen war, „wir müssen ihn ... Du darfst nicht direkt dahin gehen ..."

Sie erzählten dem Unbekannten alles, was sie wußten.

„Seid nur vorsichtig, Kinder, und wenn das nicht hilft, können wir's auch nicht ändern ... Ich möchte nur nicht auf so dumme Art vor die Hunde gehen. Wenn aber der Tod einen Sinn hat, dann habe ich nichts dagegen."

„Ich kenne ein schönes Lied", warf Zigeunerchen ein, „das möchte ich jetzt mal singen ... Aber das geht ja nicht. Da haben sie einen Kommunisten an die Wand gestellt, und als er erschossen werden soll, da ruft er noch: ‚Wir wissen, wofür wir kämpfen, wir wissen auch, wofür wir sterben ...' Gesprochen klingt das nicht, das muß man singen. Als die Soldaten an die Front fuhren, da haben sie's gesungen, und die Eisenbahner, die haben nur so gestaunt, so hat sie das Lied gepackt."

Die beiden gingen getrennt nach Hause. Dimka als erster. Gewissenhaft, wie er war, lief er zum Fluß hinunter und kehrte erst von dort nach Hause zurück.

Zigeunerchen aber sollte vorher noch für den Verwundeten eine Feldflasche voll Wasser am Flusse holen. In seiner leichtsinnigen Art ließ er alle Vorsicht außer acht und nahm den kürzesten Weg durch die Gärten. Gedankenverloren pfiff er ein Lied, als er plötzlich hörte, wie es neben ihm in den Büschen knackte.

„Stehenbleiben, du Halunke!" brüllte jemand. „Bleib stehen, du Hund!"

Erschrocken sprang er zurück und wollte gerade über einen Zaun klettern, als er mit hartem Griff am Bein gepackt wurde. Mit verzweifelter Anstrengung schlug er um sich und traf dabei den anderen mit dem Fuß im Gesicht. Dann machte er einen Satz über den Zaun, stürzte in ein Kohlbeet und verschwand im Dunkeln. Die Feldflasche aber war dabei verlorengegangen.

Ahnungslos kam Dimka nach Hause und legte sich gleich schlafen. Es verging keine Viertelstunde, als Schlappohr fluchend ins Haus stürzte und gleich die Mutter anschrie: „Dein verdammter Bengel kommt am besten gar nicht mehr nach Hause ... Ins Gesicht getreten hat er mich ... Diesmal schlag ich ihn tot ...“

„Wann soll das denn gewesen sein?“ fragte die Mutter angstvoll.

„Wann? Gerade eben.“

„Aber der schläft doch schon lange.“

„Dummes Zeug! Gerade eben war's ... Mit dem Absatz hat er mich ins Gesicht getreten. Und da sagt die noch, er schläft.“

Weit riß er die Tür auf und ging auf Dimka zu.

„Was willst du? Was hast du vor?“ rief die Mutter, zu Tode erschrokken. „Mit was für einem Absatz ...? Er hat schon seit dem Frühjahr überhaupt keine Schuhe mehr, läuft doch immer barfuß. Wer soll ihm die denn gekauft haben ...? Du bist wohl ganz verrückt geworden, wie?“

Offenbar mußte selbst Schlappohr einsehen, daß Dimka keine Schuhe hatte. Schimpfend machte er kehrt und trat wieder ins Zimmer.

Dort setzte er sich auf die Bank und warf die Feldflasche auf den Tisch. „Das ist schiefgegangen ...“, murmelte er vor sich hin. „Aber wer hat den Kerl versteckt? Wo kann das sein? Das Hemd, die Blätter aus dem Heft und jetzt noch diese Feldflasche ...“ Er schwieg und bemerkte nach einer Weile: „Aber euren Köter, den hab ich kaputtgeschlagen.“

„Wie, was hast du ...?“ unterbrach ihn die Frau.

„Dem hab ich eins auf den Kopf geknallt, und fertig.“

Tief vergrub Dimka sein Gesicht im Pelz, zog die Jacke über sich und weinte bittere Tränen. Ihm war so schwer ums Herz, und er zitterte am ganzen Körper.

Endlich trat wieder Stille ein – Schlappohr war auf den Heuboden schlafen gegangen. Die Mutter wußte, daß ihr Junge weinte, und trat jetzt an sein Lager, um ihn zu beruhigen und zu trösten: „Er wird dir nichts tun, Dimuschka! Und wein doch nicht über Brummel ...“

Dimka konnte den Gedanken an sein Hündchen nicht loswerden. Ganz deutlich sah er es vor sich, wie es auf ihn zukam, zutraulich mit dem Schweif wedelte. Noch tiefer verbarg er das Gesicht in der tränennassen Pelzjacke.

„Ach, Zigeunerchen, wenn du wüßtest ...“, sprach Dimka, sonst sagte er nichts.

Der andere spürte in seinen Worten so viel Kummer und so viel Schmerz, daß am Ende auch er ein ganz trauriges Gesicht machte.

„Das konnte ich doch nicht wissen, Dimka.“

„Wissen? Aber was hab ich dir denn gesagt …? Der Umweg war dir wohl zu weit? Was sollen wir nun anfangen? Schlappohr repariert schon an seinem Sattel herum, ich glaub, er will wegreiten. Wohin, kann ich mir schon denken …, zum Lewka oder sonst so einem. Und dann fangen sie an zu suchen!"

Der Unbekannte warf einen langen Blick auf Zigeunerchen. Aber in diesem Blick lag nur ein leiser Vorwurf, und seine Stimme klang auch gar nicht böse, als er sagte: „Ihr seid anständige Kerle …" Er blieb ruhig, so als ginge ihn das Ganze gar nichts an.

Zigeunerchen stand da und sprach kein Wort. Mit seinen sonst so unruhigen Augen blickte er unverwandt vor sich hin. Er suchte sich auch nicht zu entschuldigen. Schließlich begann er finster: „Die Roten sind in der Stadt. Awdej, der Bettler, ist wieder hier und hat es erzählt. Es wären sehr viele, hat er gesagt, und es kämen immer noch mehr …, lauter Reiter." Dann blickte er dem Fremden ins Auge und fuhr mit derselben schuldbewußten Stimme leise fort: „Ich käme schon durch … Ich käm auch schon noch zur rechten Zeit wieder hierher."

Dimka war ganz erstaunt, und der Unbekannte wunderte sich auch, wie ihn der Junge mit seinen großen dunklen Augen so ernst anblickte. Am meisten aber wunderte sich Zigeunerchen selbst, staunte über die Entschlossenheit, die ihn plötzlich gepackt hatte.

Rasch riß der Unbekannte ein Blatt aus einem Büchelchen. Während er schrieb, sah Dimka in der linken Ecke des Blattes dieselben drei rätselhaften Buchstaben R.K.R. mit den Pfeilen daneben, die wie die Zeiger auf der Uhr aussahen.

„So", sagte er und gab Zigeunerchen das Blatt Papier. „Das nimmst du mit. Ich setze noch zwei Kreuze drauf. Jeder Soldat, ob bei Tag oder Nacht, muß diesen Zettel sofort an seinen Vorgesetzten weitergeben. Aber laß dich nur nicht erwischen!"

„Daß sie dich nicht kriegen!" setzte Dimka hinzu. „Sonst bleib lieber gleich hier …"

Aber Zigeunerchens Augen strahlten schon wieder im alten Glanz, und in seinen Worten klang auch bereits wieder die alte Angeberei mit, als er antwortete: „Das weiß ich selbst … Mach ich ja nicht zum erstenmal."

Dann schlüpfte er ins Freie, schaute sich vorsichtig nach allen Seiten um und rannte, als er nichts Verdächtiges bemerkte, zur Landstraße hinunter.

Die Sonne stand noch hoch über dem Wald von Nikolskoje, als Zigeunerchen am Straßenrand anlangte. Da ritt Schlappohr auf derselben Straße an ihm vorbei.

Nicht weit vor dem Walde stieß Zigeunerchen auf drei Fuhren mit Mehl und Speck. Auf den Wagen saßen fünf Männer mit Gewehren. Langsam zogen die Fahrzeuge ihres Wegs. Doch da sich Zigeunerchen nicht aufhalten durfte, verschwand er sofort im Gebüsch am Straßenrand. Dort, neben der Straße, setzte er seinen Weg fort.

Er kam über Waldwiesen, auf denen hohe gelbe Blumen standen. Im Schatten summten die Mücken, und verlockend leuchteten die roten Früchte der Himbeersträucher. Im Laufen riß er eine ab und dann noch eine, aber dabei blieb er auch nicht einen Augenblick stehen.

„Fünf Werst hab ich schon hinter mir!" sagte er. „Hoffentlich werde ich nicht noch einmal aufgehalten."

Herunterhängende Zweige machten ihm das Gehen schwer, schließlich trat er wieder auf die Straße hinaus. Bei einer Biegung blieb er stehen und schaute blitzschnell in die untergehende Sonne. Ihre roten Strahlen fielen ihm gerade ins Gesicht. Hoch oben in einem Ahornbaum sang ein Vogel sein Abendlied ... Plötzlich vernahm er ein Rascheln in den Büschen am Wege.

„Hallo!" hörte er einen leisen Ruf.

Er drehte sich um, konnte aber niemanden entdecken.

„Hallo, Junge, komm mal hierher!"

Hinter einem niederen Heuhaufen am Straßenrand sah er zwei Männer mit Gewehren stehen, sie schienen dort auf jemanden zu warten. Daneben unter den Bäumen waren ihre Pferde angebunden.

Er ging hin.

„Wo kommst du her ... Wohin willst du?"

„Ich bin von dahinten ...", er deutete mit der Hand in eine Richtung und überlegte, was nun zu tun sei. „Ich komme von dem Hof da. Mir ist eine Kuh weggelaufen... Vielleicht habt ihr sie gesehen? Eine rote, ein Horn ist abgesägt. Wo mag sie nur sein? Ohne die Kuh kann ich nicht zurück."

„Wir haben sie auch nicht gesehen ... Aber ein Kalb ist hier rumgelaufen, das haben unsere Soldaten heute morgen gefressen ... Sag mal, hast du nicht irgendwelche Wagen gesehen?"

„Ja, die hab ich gesehen, die müssen schon ganz nahe sein."

Das interessierte die beiden sehr, und schon eilten sie zu ihren Pferden. „Komm, sitz auf!" rief einer, der die Pferde heranführte. „Setz dich hinter mich auf mein Pferd!"

„Aber ich muß doch nach Hause. Meine Kuh ...", jammerte Zigeunerchen. „Wo soll ich denn hin?"

„Aufsitzen, hab ich dir gesagt. Nicht weit von hier lassen wir dich wieder los. Sonst verrätst du uns noch an die Fuhrleute."

Vergebens beteuerte Zigeunerchen, er suche seine Kuh und müsse nach Hause, er werde den Fuhrleuten gewiß nichts sagen; aber das half alles nichts. Ehe er sich's versah, saß er hinter einem der Grünen auf dem Pferd. Ab ging's im Trabe. Sonst hätte ihm so ein Ritt riesigen Spaß gemacht, jetzt aber gar nicht, erst recht nicht, als er aus einigen hingeworfenen Worten entnahm, daß sie zu Lewka gehörten, dessen Leute im Walde warteten. Ein Gedanke schoß ihm durch den Kopf: Wenn nun auch Schlappohr dabei ist und mich sieht, was dann? Er überlegte nicht lange, ließ sich Hals über Kopf vom Pferd fallen und verschwand mit einem Satz von der Straße.

„Wo willst du hin, du Saukerl?" rief der Grüne, brachte jäh das Pferd zum Halten und riß sein Gewehr hoch.

Vielleicht wäre Zigeunerchen nicht bis zu den Bäumen gekommen, wäre nicht der andere seinem Kameraden in den Arm gefallen und hätte ihn ärgerlich angebrüllt: „Halt! Nicht schießen, du verrätst ja alles!"

Zigeunerchen rannte los, brach durch das dichteste Gehölz und drang immer tiefer und tiefer in den Wald ein, bis er schließlich vor einem undurchdringlichen Espengebüsch haltmachte. Er holte tief Luft, bis hierhin würden ihm die Reiter nicht folgen können.

Lewka! dachte er. Ausgerechnet zu dem wollte ja auch Schlappohr. Er fühlte, wie sich sein Herz zusammenkrampfte. Wenn sie den Unbekannten nur nicht vor Anbruch der Dunkelheit kriegen, in der Nacht finden sie ihn sowieso nicht! Am Morgen aber, da sind vielleicht schon die Roten da ...

Auf der Straße fiel ein Schuß, dann noch einer ... Darauf wurde es wieder still.

Jetzt schießen sie sich mit den Fuhrleuten herum, vermutete er. Ich muß mich noch mehr beeilen, aber wo bin ich hier überhaupt? Ich weiß den Weg nicht mehr.

Doch bald lichtete sich der Wald, und er fühlte wieder einen Weg unter den Füßen. Einen Augenblick mußte er verschnaufen, dann rannte er weiter. Noch war keine Viertelstunde vergangen, als eine Reiterabteilung gerade auf ihn zutrabte. Ehe er es sich recht versah, war er von den Reitern umringt. Erschrocken blickte er um sich. Da fiel sein Blick auf – Schlappohr. Das Herz wollte ihm stehenbleiben. Aber der Kerl beachtete ihn überhaupt nicht. Vielleicht, weil er Zigeunerchen nur ein- oder zweimal gesehen hatte oder weil er gar nicht damit rechnete, ihn gerade hier zu treffen. Am Ende vielleicht aber auch nur, weil er den Sattelgurt nachziehen mußte.

„He, Bursche", sprach ihn einer an, ein schwerer Kerl mit großem grauem Schnurrbart, „was treibst du dich hier herum?"

„Ich bin von dem Hof dahinten ...", begann Zigeunerchen wieder. „Meine Kuh ist weg, eine schwarze mit so 'nem Fleck ..."

„Du lügst ja! Hier gibt's überhaupt keinen Hof."

Zigeunerchen erschrak noch mehr und antwortete stockend: „Der ist ja auch gar nicht hier ... Aber als sie anfingen zu schießen, da bin ich erschrocken und bin weggelaufen ..."

„Habt ihr gehört?" unterbrach ihn der Reiter. „Hab doch gesagt, hier wird irgendwo geschossen."

„Und wie die geschossen haben!" fügte Zigeunerchen schnell hinzu. Er ahnte, um was es ging, und fuhr fort: „Auf der Straße von Nikolskoje, da sind Bauern, die bringen dem Kosolup Lebensmittel. Und die Leute von Lewka, die Soldaten, die haben sie überfallen."

„Überfallen?!" brüllte zornig der Reiter. „Das sollen die gewagt haben?"

„Bestimmt, das haben sie getan ... Ich hab selbst gehört, wie sie gesagt haben: ‚Der Kosolup soll krepieren ... Er ist sowieso viel zu fett ... Der wird sich noch überfressen, der alte Halunke ...'"

„Habt ihr das mitgekriegt?!" brüllte der Grüne. „Ich überfresse mich?"

„Ja, das haben sie gesagt, der würde sich noch überfressen", bestätigte Zigeunerchen. Seine Zunge ging wie ein Mühlrad so schnell. „‚Wenn der sich hier einmischt', haben sie gesagt, ‚dann kriegt er einen Denkzettel, den vergißt er nie ...!' Was sollte ich denn machen? Das haben die doch gesagt."

Zigeunerchen war noch längst nicht am Ende, aber Kosolup raste vor Zorn und schrie: „Aufsitzen!"

„Und was machen wir mit dem da?" fragte einer seiner Leute und deutete auf Zigeunerchen.

„Dem haust du eine mit der Peitsche über, daß ihm Hören und Sehen vergeht. Damit er in Zukunft so was nicht mehr hören kann!"

Der Trupp galoppierte los, Zigeunerchen aber, der für nichts und wieder nichts den Buckel voll bekommen hatte, jagte nach der anderen Richtung davon, froh, daß es noch einmal so glimpflich abgelaufen war.

Jetzt kriegen sie sich in die Haare, dachte er. Bis sie fertig sind, ist es dunkel.

Die Dämmerung versank in der Nacht. Sterne traten am Himmel hervor. Bald lief Zigeunerchen, bald schritt er dahin, schwer atmend, zuweilen mußte er stehenbleiben und Luft holen. Einmal hörte er ein gleichmäßiges Plätschern und stieß in der Dunkelheit auf einen Bach.

Ihm war heiß vom Laufen, und hastig trank er ein paar Schluck von dem kalten Wasser. Ein andermal wich er erschrocken zurück, als er auf ein einsames zerfallenes Kreuz am Wege stieß. Langsam überkam ihn die Verzweiflung. Er lief und lief, aber der Weg nahm kein Ende. Vielleicht hatte er sich schon längst verirrt. Wenn er nur einem Menschen begegnet wäre, den er hätte fragen können!

Aber weit und breit war niemand zu sehen – kein Bauer, der mit seinen müden Ochsen des Weges zog, keine Leute aus der Stadt, die sich verspätet hatten, nicht einmal Schnitter, die an ihrem Feuer saßen … Verlassen und schweigend lag die Straße in der dunklen Nacht. Nur eine Nachtigall sang unentwegt, sie allein hatte keine Angst und verspottete mit ihrem hellen Lied die nächtlichen Schrekken des schweigenden Landes.

Als Zigeunerchen schon alle Hoffnung aufgegeben hatte, gabelte sich der Weg. Das hat mir gerade noch gefehlt! Wo geht es jetzt weiter? Er blieb stehen. Da drang ein leises Schnattern an sein Ohr. Gänse! Fast hätte er vor Freude laut aufgeschrien. In diesem Augenblick erkannte er dicht vor sich einen kleinen Bauernhof, der versteckt hinter einem Gebüsch lag.

Wütend heulte ein Hund los, als käme nicht ein kleiner Junge, sondern ein ausgewachsener Bär des Wegs. Aufgeschreckt quiekten Schweine. Doch schon stand Zigeunerchen vor der Haustür und klopfte an.

„Hallo! Macht mal auf!“

Keine Antwort. Schließlich vernahm er in dem Haus ein Hüsteln und Poltern. Eine Frauenstimme fragte leise: „Lieber Herrgott, wer mag das sein?“

„Macht doch mal auf!“ wiederholte Zigeunerchen.

Aber die Zeiten waren nicht danach, mitten in der Nacht einem Fremden die Tür aufzuschließen. In heiserem Baß fragte eine schlaftrunkene Stimme: „Wer ist denn draußen?“

„Macht doch mal auf! Ich bin's, Zigeunerchen.“

„Zum Teufel noch mal, ein Zigeuner?! Wenn du nicht gleich verschwindest, schieße ich dich über den Haufen!“

Mit einem Satz sprang Zigeunerchen zur Seite. Er sah seinen Fehler ein und jammerte: „Ich bin kein richtiger Zigeuner … So nennen sie mich doch nur. Ich heiße Waska und bin noch ganz klein … Ich möchte nur wissen, wie ich in die Stadt komme.“

„Dahinten der Weg, der geht in die Stadt, der andere nach Poddubowka.“

„Die sind doch beide hinten …! Das kann ich doch durch die Tür nicht verstehen.“

Hinter der Tür wurde es wieder still. Offenbar überlegte man dort, was zu tun sei.

„Komm mal ans Fenster, von da zeig ich dir den Weg. Aber rein laß ich dich nicht. Vielleicht bist du gar nicht allein ..., hast noch einen bei dir."

Das Fensterchen öffnete sich, und man zeigte Zigeunerchen den Weg. „Es ist nicht mehr weit, eine Werst nur ..., gleich hinter dem Wald."

„So nahe!" Von Hoffnung beflügelt, lief Zigeunerchen wieder los.

In einer winkligen Gasse des Städtchens hielt ihn eine Streife an und zeigte ihm den Weg zum Stab. Dort fragte ihn ein schlaftrunkener Rotarmist in brummigem Ton: „Was für 'n Zettel? Komm morgen wieder." Als er aber die eilig hingekritzelten Kreuzchen sah, nahm er das Papier und rief: „Hallo ...! Wo ist der Wachhabende?"

Der Wachhabende warf einen Blick auf Zigeunerchen, faltete den Zettel auseinander, und als er in der linken Ecke die drei rätselhaften Buchstaben R. K. R. sah, rückte er die Lampe zu sich heran und las. Dann griff er zum Telefon: „Den Kommandeur ...! Und den Kommissar auch!"

Zwei Männer traten ins Zimmer.

„Das kann doch gar nicht sein!" rief der eine verwundert.

„Er ist es ...! Doch, das ist er!" unterbrach ihn freudig der andere. „Das ist seine Unterschrift, und das ist eins von seinen Formularen. Wer hat das gebracht?"

Erst jetzt richteten sich aller Blicke auf Zigeunerchen, der still in einer Ecke hockte.

„Wie sieht er denn aus?" fragte ihn einer.

„So 'n Schwarzer ... mit hohen Stiefeln ... Und einen Stern hat er am Rock, da ist eine rote Flagge drauf."

„Jawohl, ja, sein Orden!"

„Macht aber nur rasch", fügte Zigeunerchen hinzu. „Bald wird es hell ... Dann sind die Banditen da ... Wenn die ihn finden, schlagen sie ihn tot."

Und dann ging's los. Soldaten kamen angelaufen, Telefone klingelten, Pferdegetrappel auf den Gassen. In all dem wilden Hin und Her verstand das todmüde Zigeunerchen immer wieder die Worte: „Natürlich, die Armee ...! Er ist es ...! Der Revolutionäre Kriegsrat!"

Eine Trompete schmetterte ein Signal, die Fensterscheiben zitterten vom Stampfen der Pferde.

„Wo?!" Die Tür flog auf, ein Kommandeur mit Säbel und Pistole trat ins Zimmer. „Du bist das, Junge ...? Wassiltschenko, nimm ihn mit aufs Pferd ..."

Später konnte sich Zigeunerchen nicht mehr genau erinnern, wie er mit starker Hand vom Boden gehoben und auf ein Pferd gesetzt wurde. – Wieder ein Hornruf.

„Beeilen!“ rief eine befehlende Stimme von der Treppe her. „Ihr müßt euch beeilen!“

„Beeilen!“ antworteten Dutzende Stimmen.

Dann ein Kommando: „Marrrsch!“ Wie ein Mann stob die Reiterabteilung in die Dunkelheit davon.

Inzwischen warteten der Unbekannte und Dimka voller Unruhe, horchten angespannt auf alle Geräusche um sich her.

„Geh jetzt lieber nach Hause“, schlug der Fremde dem Jungen mehrere Male vor.

Der aber rührte sich nicht vom Fleck.

„Nein, ich gehe nicht.“ Er schüttelte den Kopf.

Er arbeitete sich aus dem Loch heraus, wühlte das Stroh um und um, verstopfte die Eingangsöffnung und zog sich wieder zurück.

Schweigend saßen sie nebeneinander. Sie mochten nicht reden. Einmal nur meinte Dimka zögernd: „Ich hab meiner Mutter gesagt, vielleicht fahren wir doch bald zum Vater; da hat sie sich beinahe verschluckt, aber dann hat sie geschimpft: ‚Dummes Zeug, was redest du da?‘ “

„Du wirst schon fahren, du fährst ganz bestimmt, Dimka. Nur müßte …“

Dimka fühlte selbst, was sich alles hinter den Worten „nur müßte“ verbarg. Still saß er im Stroh und überlegte.

Langsam wurde es Abend … Aus den Winkeln der Scheune drang die Finsternis hervor und verschlang das letzte Licht, das durch die Ritzen in den Wänden hereindrang.

„Horch!“

Dimka lief es kalt über den Rücken.

„Hörst du?“

Fest packte ihn der Fremde an der Schulter.

„Wer mag das sein?“

Vom Feld her hinter dem Dorf tönte Gewehrfeuer – rasche, unregelmäßige Schüsse. Der Wind trug sie herüber, sie klangen so leise und harmlos wie Schüsse aus Spielzeugkanonen.

„Ob das die Roten sind?“

„Nein, Dimka, nein. Dafür ist es noch zu früh. Die Roten können noch nicht hier sein.“

Dann wurde es wieder totenstill. Eine Stunde verstrich. Mit einem Male widerhallte das Dörfchen vom Stampfen vieler Füße und von lautem Geschrei. Bis zu ihrer Scheune herüber drang der Lärm und verriet, daß sie schon ganz dicht herangekommen waren.

Die Stimmen näherten sich und entfernten sich wieder, kamen dann aus allernächster Nähe.

„Habt ihr in den Kellern und Scheunen nachgesucht?" rief eine schneidende Stimme.

„Wir waren überall", antwortete eine andere. „Aber hier in der Nähe muß er sein!"

Das war Schlappohr. Dimka erkannte ihn an der Stimme. Der Unbekannte streckte die Hand vor. Im Dämmerdunkel der Scheune schimmerte das kalte Eisen des Revolvers.

„Verdammte Dunkelheit! Hätten wir bloß nicht soviel Zeit wegen Lewka vertrödelt!"

„Eine Finsternis ist das!" wiederholte jemand. „Den Hals kann man sich brechen. In der Scheune, da ist mir beinahe ein Brett auf den Kopf gefallen."

„Aber das ist gerade der richtige Ort. Am besten bleiben fünf Mann bis zum Hellwerden hier."

„Gut, sollen hierbleiben!"

Die beiden atmeten erleichtert auf. Sie faßten wieder Hoffnung. Durch eine Ritze in der Wand sahen sie ganz in der Nähe ein Lagerfeuer lodern. Einmal kam ein Pferd bis an die zusammengesunkene Scheunentür heran und kaute träge an einem Büschel Stroh.

Bis zur Morgendämmerung dauerte es noch lange ... Wetterleuchten flackerte über den Himmel, langsam verblaßten die Sterne.

Bald werden sie anfangen zu suchen. Zigeunerchen hat es nicht geschafft, oder sie haben ihn erwischt.

„Dimka", flüsterte der Unbekannte, „jetzt werden sie bald kommen und uns suchen. Da, an der Seite, wo das Tor eingestürzt ist, ist ein kleines Loch am Boden. Du bist klein und kommst hindurch ... Geh jetzt und kriech hinaus."

„Und du?"

„Ich bleibe hier ... Unter den Steinen, du weißt, wo, liegt meine Tasche mit dem Siegel. Dabei ist auch ein Zettel für dich. Das gibst du alles den roten Soldaten, wann auch immer sie kommen. Und nun rasch!" Fest, wie einem Erwachsenen, drückte ihm der Unbekannte die Hand und schob ihn sanft von sich weg.

Dimka stiegen die Tränen in die Augen. Er hatte große Angst, aber es fiel ihm so schwer, den unbekannten Fremden allein zurückzulassen. Er biß die Zähne zusammen, unterdrückte seine Tränen und kroch los. Dabei stieß er gegen den Haufen Ziegelsteine. Tara-tatach! Plötzlich erzitterte die Luft unter einem krachenden Bersten.

Tara-ta-tach ...! Ba-bach ...! Tju-u ..., tju-u ...! pfiff es über die Scheunen hinweg.

Lärm und Rufen, Getrappel von Füßen ... Laut ratterten die Maschinengewehre. Plötzlich war es da, zerriß die tiefe Stille vor dem ersten Morgenlicht und setzte dem langen Warten der beiden in der Scheune ein jähes Ende. Später konnte sich Dimka nicht mehr erinnern, wie er plötzlich wieder zu dem Unbekannten gekommen war. Er weinte fassungslos und ließ seinen Tränen freien Lauf. „Was hast du denn, mein Junge?" fragte ihn der Unbekannte, erregt und froh.

„Sie sind ja da ...", antwortete Dimka, lachend und weinend zu gleicher Zeit.

Hinter dem Dorf wurde noch geschossen, und immer noch hörte man lautes Schreien und Rufen ... Aber da kamen schon die roten Reiter auf die Scheune zugaloppiert. Die beiden hörten eine bekannte, klangvolle Stimme.

„Hierher! Hier!"

Die Strohbündel flogen zur Seite. Licht drang herein. Jemand fragte hastig und voll tiefer Besorgnis: „Sind Sie hier, Genosse Sergejew?"

Und dann waren sie alle da, von allen Seiten kamen sie herbei – der Kommandeur, der Kommissar, Rotarmisten, ein Feldscher mit seiner Tasche. Und alle sprachen durcheinander, redeten völlig unsinniges Zeug.

„Dimka", Zigeunerchen war außer sich vor Stolz, es drängte ihn zu erzählen, „ich hab's geschafft ... Zurück bin ich auf einem Pferd geritten ... Auch mit den Grünen hab ich mich geschlagen ... Ich war mittendrin ... Einem hab ich auf den Kopf geknallt, überschlagen hat er sich!"

„Du kohlst ja, Zigeunerchen, ist ja alles gelogen ... Du hast ja gar keinen Säbel", antwortete Dimka und lachte unter Tränen.

Den ganzen Tag lang dauerte das fröhliche Leben und Treiben. Dimka trieb sich überall herum, gefolgt von den bewundernden Blikken der Dorfkinder. Scharenweise liefen sie hinaus zu den Scheunen, wo sich der unbekannte Fremde verborgen gehalten hatte. Am Abend war das Stroh dort draußen niedergetrampelt, als wäre eine Herde Kühe darüber hinweggezogen.

Der Fremde mußte wohl ein ganz Hoher sein – alle gehorchten ihm, die Soldaten und die Kommandeure.

Er stellte Dimka alle möglichen Papiere aus und setzte auf jeden Ausweis sein Siegel. Damit würden Dimka, seine Mutter und Tappel ungehindert bis Petrograd kommen.

Zigeunerchen aber ging mit stolzgeschwellter Brust zwischen den Soldaten umher und sang seine Lieder. Den Rotarmisten machte das großen Spaß, sie hatten ihre helle Freude an ihm und wunderten sich, wie gut er singen konnte.

„Und jetzt, Zigeunerchen, wo willst du hin?“ fragte Dimka.

Einen Augenblick blieb Zigeunerchen stehen. Es war, als liefe ein leichter Schatten über sein schmales Gesicht. Aber dann schüttelte er energisch den Kopf. „Ich, Bruderherz, ich verschwinde! Ich singe wieder auf den Bahnhöfen, wenn die Soldatenzüge durchkommen, hab auch ein neues Lied gelernt:

Durch dunkle Fenster im Feldspital
drang strahlend ein Frühlingstag,
auf blutiger Bahre der junge Soldat
beim Frührot im Sterben lag ...

Ein herrliches Lied! Wie ich das so sang, da sind der alten Gorpina die Tränen gekommen. ‚Was hast du‘, sag ich. ‚Großmutter?‘ – ‚Ach, daß er so sterben muß!‘ – ‚Aber das ist doch nur ein Lied, Großmutter.‘ – ‚Und wenn auch ...‘, meint sie, ‚wieviel Wahres steckt doch dahinter.‘“ Und dann fügte er stockend hinzu: „Nur bei den Militärzügen, da ist das so, da wollen mir einige Genossen immer nicht trauen. ‚Hau bloß ab!‘ sagen sie. ‚Wer weiß, wo du herkommst? Vielleicht hast du sogar gestohlen ...‘ Ja, wenn ich auch so eine Bescheinigung kriegen könnte ...“

„Klar, der muß auch eine haben, selbstverständlich“, meinte einer von den Soldaten.

„Wir schreiben dir eine!“

Und sie schrieben, daß Zigeunerchen kein Tunichtgut und auch kein unehrlicher Kerl sei, sondern eine Person, die tatsächlich schon revolutionäres Bewußtsein gezeigt habe. Daher solle man ihm alle Hilfe angedeihen lassen, wenn er auf den Bahnhöfen, in den Zügen und vor den Militärtransporten Rotarmistenlieder singe.

Viele Soldaten unterschrieben diesen Schein, sogar die Rückseite war noch mit Namen bedeckt. Selbst der pockennarbige Pantjuschkin, der erst in der letzten Woche begonnen hatte, schreiben zu lernen, malte Buchstaben um Buchstaben seinen Namen darunter.

Dann brachten sie den Zettel zum Kommissar, damit er das Siegel drauf setze. Der Kommissar las den Schein durch.

„Nein, das geht nicht“, meinte er, „auf so ein Papier kann man nicht das Regimentssiegel setzen.“

„Wieso denn nicht? Was ist schon dabei? Bitte, setzen Sie das Siegel drunter. Soll der Junge denn das alles umsonst mitgemacht haben?“

Da lächelte der Kommissar.

„Ist das der mit Sergejew?“

„Ja, das ist doch kein Spitzbube.“

„Schön, ausnahmsweise …“ Und der Kommissar drückte das Siegel mit Hammer und Sichel und den Buchstaben RSFSR auf das Papier. So wurde aus dem Stück Papier ein richtiges Dokument …

So einen Abend hatte das Dorf schon lange nicht mehr erlebt. Auf den Straßen ging es hoch her, alle waren auf den Beinen. Hell klang das Lachen der roten Soldaten, und die Mädchen kreischten vor Vergnügen. Pridoroshny, der Sanitäter, saß auf einem Baumstamm, von dem jungen Volk umlagert, und spielte auf seiner Ziehharmonika. Wie blank geputzt strahlten die Sterne am Himmel, und der Wind, der über das Dorf ging, war schwer vom Duft des verblühenden Buchweizens.

Leise, ganz leise sank die Nacht hernieder; in den verstreuten Häuschen gingen die Lichter an. Die Alten und die kleinen Kinder gingen nach Hause schlafen. Aber lange noch klang das Lachen der Jugend in den Gäßchen, die hell waren vom Licht des Mondes. Im nahen Gehölz schlug eine Nachtigall. Ihr Lied wetteiferte mit den Klängen der Ziehharmonika.

Aber am anderen Tag ritt der Unbekannte fort. Zigeunerchen und Dimka gaben ihm bis zum Dorfanger das Geleit. Draußen an dem zusammengesunkenen Zaun machte er noch einmal halt, mit ihm die ganze Abteilung.

Vor allen Soldaten drückte er den beiden Jungen kräftig die Hand.

„Vielleicht treffe ich dich einmal wieder in Petrograd“, sagte er zu Dimka. „Und dich …“ Er stockte.

„Vielleicht auch mich – irgendwo“, antwortete Zigeunerchen unbestimmt.

Leicht bewegte der Wind das Haar auf seinem zerzausten Jungenkopf. Seine mageren Hände spannten sich fest um die Zaunlatte, und seine großen tiefen Augen schauten weit, weit in die Ferne …

Die Reiter auf der Straße wurden kleiner und immer kleiner. Jetzt jagten sie den letzten Hang an der Schlucht von Nikolskoje hinauf, dann waren sie verschwunden. Als sich der Staub verzog, den die Pferde aufgewirbelt hatten, kam wieder das Buchweizenfeld zum Vorschein – aber kein Mensch war mehr zu sehen.

Nikolai Ognew

Die Feuerprobe

Erzählung

1.

Freundlich wie stets leuchtete über der Klubtür der rote Stern in der sammetweichen Luft des Sommerabends; wie stets belagerten Jungen und Mädchen, die in den Klub wollten, die Tür, und der Diensthabende hielt sie zunächst zurück. Die Tür flog auf, schlug zu, flog wieder auf, und in die blaue Luft der Gasse drangen, Schreien gleich, Gesprächsfetzen.

Manka Gusikowa stieß jemand mit dem Ellbogen, mit der Faust, ihr Kopf verschwand vorn in der Menge, jemand packte sie von hinten. Plötzlich stand sie vor Waska, der mit den Worten: „Geh nur durch, Gusikowa!" die Tür aufstieß. Manka schlüpfte unter Waskas Arm durch, und sogleich schlugen ihr Tabakqualm, helles Licht, Geschrei und Geschimpfe entgegen. Im Klub war alles wie sonst. Nur Manka war anders. Sie war besudelt, unrein, hatte sich und den Klub beschmutzt. Schon seit zwei Tagen war ihr dauernd schlecht, hatte sie Appetit auf Hering und saure Gurken. Ihren geringen Verdienst, sechsundzwanzig Rubel dreißig Kopeken, hatte sie der Mutter gegeben, und der kam sie vergeblich mit ihrem Verlangen nach Gesalzenem: Friß Kohlsuppe und Kartoffeln, was anderes gibt's nicht!

Die Mädchen, eine wie die andere im roten Kopftuch, stürzten sich auf Manka und drehten sie im Kreis herum. Mit Mühe machte sie sich los und ging in den Gemeinschaftsraum, aber schon wurde ihr schwindlig, verschwamm ihr alles vor den Augen. So übel war ihr noch nie gewesen. Sie setzte sich auf den Fußboden, auf ihre kalten Füße. Mitten im Zimmer stand Wolodka, der Zuchthäusler, lachte wie ein Verrückter und trieb wie ein kleiner Junge allerlei Unfug mit den anderen.

Man hob Manka hoch, legte sie auf eine Bank. Der Rand eines Kruges mit kaltem Wasser fuhr ihr zwischen die Zähne. Manka schrak zusammen, öffnete die Augen, schloß sie aber gleich wieder. In dichtem Kreis umringten sie Jungen und Mädchen, die Mädchen tuschelten, und alle schauten sie Manka unentwegt an. Sie wissen alles, durchfuhr es Manka. Und ich ..., mit Schande bedeckt ..., verflucht ... Wolodka aber, der Schuft, der lacht ... Merkwürdige Worte drangen an ihre Ohren.

„Den Feldscher brauchen wir."

„Die kommt von selber wieder zu sich."

„So was Nervöses."

„Hör doch auf, du Dummkopf. Siehst du denn nicht, daß die krank ist."

„Was hat sie denn?"

„Sie hat bestimmt zuviel gegessen ..."

Und endlich die einfachen, aber schrecklichen Worte: „Man muß es Chailo melden."

Manka sprang auf und wollte rufen: Nicht nötig, nein, ich bin gesund!, aber der Boden schwankte ihr unter den Füßen, eine Bank schob sich wie von selber unter ihren Körper. Die Zeit verging, Worte verklangen, und schon ertönten wie die Schläge eines wuchtigen Stahlhammers die Worte des furchtbaren Chailo im Zimmer: „Verzieht euch, Leute! Sie ist krank, ihr aber hindert sie am Atmen!"

Manka hatte was anderes erwartet. Sie fühlte sich von allen verlassen, glaubte, daß Chailo sie ausschimpfen und, weil alle es wußten, sie aus dem Klub hinauswerfen werde. Als sie ihn aber jetzt sagen hörte: „Sie ist krank", war ihr alles noch furchtbarer, noch schrecklicher, und sie erstarrte förmlich. Doch die Übelkeit verging, das Schwindelgefühl verlor sich allmählich; nur sehr schwach fühlte sie sich noch. Vorsichtig, wie eine Kranke, schlug sie ein wenig die Augen auf, damit er sie nicht sofort aus dem Klub jagte, damit er Mitleid mit ihr hätte und ihr noch etwas Zeit ließe, sich zu erholen. Aber Chailo fragte: „Kannst du aufstehen?"

Manka sprang auf wie früher bei der strengen Lehrerin in der

Schule und wollte sich seitwärts wegschleichen. „Ich gehe ja. Ich kann allein ..."

Doch mit eisernem Griff packte sie Chailo an der Hand.

„Komm mit. Ins Lesezimmer."

Chailo sprach herrisch, in abgerissenen Sätzen. Vielleicht fürchteten ihn die Jungen deshalb und auch, weil er jedem mit seinem bohrenden, stahlharten Blick fest in die Augen sah, vielleicht unterbrachen die Mädchen deshalb, sobald er sich ihnen näherte, ihr übliches Geschnatter. Chailo war genauso ein Arbeiter aus der Fabrik wie die anderen, nur daß er früher der schlimmste Rowdy der Arbeitervorstadt gewesen war. Aus dieser Zeit stammte auch sein häßlicher Spitzname: Chailo, Schnauze.

2.

Im Lesezimmer sah sich Chailo drohend um und sagte: „Geht mal für fünf Minuten raus, Leute."

Die Leser legten raschelnd die Zeitungen weg, schlugen die Bücher zu und verschwanden.

Chailo setzte sich auf eine Bank und starrte Manka ins Gesicht. Sie fühlte es, ohne aufzusehen. Dann fragte er: „Also. Was ist?"

Manka fiel ein Stein vom Herzen: Chailo wußte also nichts. Sie konnte ihn also belügen ..., und er würde sie nicht aus dem Klub jagen. Sie platzte heraus: „Ich hab mich mit meiner Mutter gezankt. Meine Mutter hat mich rausgeschmissen."

Tapfer sah sie zu Chailo auf. Seine gütigen, müden grauen Augen fixierten sie nach wie vor. So hatte er Manka noch nie angesehen. Lange starrte auch sie ihn an, und mit einemmal fiel ihr auf, daß die gerade, furchtbare Falte auf seiner Stirn verschwunden war. Immer war sie dagewesen, jetzt aber war sie weg.

„Warum hat sie dich rausgeschmissen?"

Darauf war Manka nicht vorbereitet. Ihre Augen lösten sich von Chailo und verharrten auf dem bärtigen Karl Marx; dann zwinkerte sie, und wieder traf ihr Blick den geraden, gütigen aus Chailos Augen.

Chailo machte wie zufällig eine Bewegung mit dem Ellbogen und wiederholte: „Also, Manka! Warum hat sie dich rausgeschmissen?" Nach wie vor fixierte er sie.

Mankas Augenlider fielen wie von selber zu. Sie konnte ihm nicht länger in die Augen sehen. Ihr Kopf neigte sich zur Seite wie bei einem Vogel, und sie starrte auf das Stück Teppich, das zwischen ihrem Arm und ihrer Hüfte zu sehen war.

Da legte sich eine heiße Hand auf ihre Schulter; eine fremde, anscheinend nicht mehr so gütige Stimme wie zuvor schlug einem Hammer gleich an ihr Ohr.

„Also?"

„Gleich, Chailo! Sei nicht böse, daß ich dir nicht geantwortet habe. Mir ist immerzu so schlecht ..., und du bist ..., ich vertraue dir mehr als meiner Mutter. Ich sag dir gleich alles ... Warte doch ... Warte und sei nicht böse. Ich verlasse gleich den Klub. Ich gehe von selber. Nur sag niemand was. Ich weiß, du wirst nichts sagen, du bist ..."

Manka sprang auf. Sie war ganz außer Atem. Noch nie hatte sie soviel auf einmal gesprochen. Noch nie war sie dazu gezwungen gewesen.

„Mir ist immerzu schlecht. Ich hab keinen Appetit. Nur Heringe möchte ich ..., und dann ..., das ist auch ausgeblieben ..., was alle Mädchen haben. Und ... ich ..., ich bin doch mit einem gegangen ... und ... und ... und alles ..."

Sie sank auf der Bank zusammen, den Kopf in den Händen, den Rücken Chailo zugewandt. Jetzt weiß er alles. Soll er sie nur gleich rausschmeißen. Ihr ist alles egal.

„Weiß es deine Mutter?"

„Nein. Sie weiß es nicht." Manka wunderte sich über die Frage. „Sie fixiert mich, als ob sie mich durchschaute. Ich hab dich aber angelogen. Sie hat mich gar nicht rausgeschmissen. Aber wenn sie's erfährt, tut sie's bestimmt."

Mankas Stimme zitterte. Stockend sprach sie, jeder Laut eine tropfende Träne. Zorn stieg in ihr auf. Warum quält er mich noch? Warum wirft er mich nicht raus? Je schneller, desto besser.

„Weshalb willst du fort aus dem Klub?" fragte Chailo leise und deutlich.

„Die Mädchen werden mich doch auslachen", sagte Manka wütend. „Und die Jungen? Werden die mich noch dulden? Und du selber ... Weiß ich das etwa nicht? Ich lauf weg", schrie sie verzweifelt. „Auch von zu Hause lauf ich weg. Ich geh auf die Straße. Ich bin verflucht. Ich bin mit Schande bedeckt. Für mich ist kein Platz mehr im Klub. Der Teufel hole euch alle!"

Manka stürzte zur Tür, aber Chailos feste Hand hielt sie an der Schulter zurück. „Halt, Gusikowa!"

Vielleicht war es für Manka gerade das richtige, daß jemand ihr fest und gebieterisch „Halt!" zurief. Vielleicht war noch nicht alles verloren, vielleicht brauchte sie doch nicht all die Bilder und Plakate an

ВСЯ
ВЛАСТЬ
СОВЕ

den Wänden, das gemütliche, warme, teppichbelegte Lesezimmer zu verlassen.

„Halt, Gusikowa!“ rief Chailo noch einmal, und Manka blieb wie angewurzelt stehen. „Also, die Sache ist die ... Kurz: Wir bringen das alles in Ordnung. Ich will dir jetzt nicht erklären, wie. Wir wollen keine Zeit verlieren. Zuerst aber beantworte mir eine Frage. Aber lügen darfst du jetzt nicht. Antworte mir: Wer ist es? Oder besser: Einer aus unserm Klub oder nicht?“

Hätte man Manka vor einer Stunde danach gefragt, hätte sie bestimmt geschwiegen. Jetzt aber, nachdem er vor den Augen aller Unfug getrieben hatte, als ob ihm Mankas Leid gar nichts anginge, sagte Manka gleichgültig: „Wolodka, der Zuchthäusler.“

„Ah! Wolodka!“ rief Chailo, und die furchtbare, gerade Falte erstand wieder auf seiner Stirn, als pflanzte er vor Manka ein Bajonett auf. „So so! Wir haben den Teufel in den Klub gelassen, und jetzt richtet er Schaden an! Und wie sieht es aus: Will er dich heiraten?“

„Ich hab ihn nicht gefragt. Vierzehn Tage ist er mir ausgewichen, und gestern, da hab ich ... es ihm gesagt ... Er überlegte eine Weile, dann fing er an zu schimpfen ..., und dann ..., dann ...“

„Was dann?“

„Dann lief er weg. Nahm die Beine untern Arm, und weg war er. Ich wollte ... Ich wollte ... es ihm heut wieder sagen, aber da amüsierte er sich gerade mit den andern ..., und da ...“

„Schon gut“, meinte Chailo, drohend und vielsagend. „Also merk dir: Wir kriegen das alles wieder hin. Verzweifle bloß nicht. Verlaß dich auf mich. Willst du dich auf mich verlassen?“

„Ja natürlich.“

Der Krampf in der Kehle verschwand, und Manka sah die gerade Falte an. Auf wen sollte sie sich sonst verlassen, wenn nicht auf Chailo?

„Also geh jetzt zu den anderen und warte, bis ich dich rufe.“

„Zu den Mädchen? Die wissen doch alles.“

„Hast du's ihnen denn gesagt?“

„Gesagt habe ich nichts, aber sie können sich's doch bestimmt denken.“

„Unsinn! Gar nichts können die sich denken. Sag, du hättest in dem heißen Raum gearbeitet und nichts gegessen, das genügt. Sie werden darüber quatschen, aber sie hören auch wieder auf. Sicherlich. Noch was ... Wie alt bist du eigentlich?“

„1907 geboren. Bald siebzehn.“

„Dreckstück! Was ist denn? Dich meine ich doch nicht, den Wolodka meine ich! Also geh jetzt!“

3.

Chailo stand in der Tür zum Sportzimmer; die jungen Leute turnten in kurzen roten Hosen an den Stangen, am Reck und an anderen Geräten.

Er rief laut: „Der Klubrat in den Kesselraum!"

Sofort legten zwei von den jungen Leuten die Hanteln hin und zogen Hose und Hemd an. Im dramatischen Zirkel brachen das Lachen und der Gesang ab.

Ein langer Bursche, trotz des Sommers eine Lammfellmütze auf dem Kopf, trat zu Chailo und fragte: „Wohin? In den Kesselraum?" Dann folgte er Chailo.

Waska, den Schnaufer, der noch immer an der Tür stand, ließ Chailo von einem anderen ablösen und nahm auch ihn mit.

Kesselraum nannte man im Klub einen kleinen Raum mit einem nicht mehr funktionierenden Kessel. In den Räumen des Klubs war früher eine Gastwirtschaft gewesen.

„Vier fehlen. Na, das macht nichts", sagte Chailo und kletterte auf den Kessel. „Also, Leute, folgendes ist passiert: Manka Gusikowa scheint ein Kind zu kriegen. Von Wolodka, dem Zuchthäusler. Heiraten aber will er sie nicht, und deshalb geht er ihr aus dem Weg."

Und nun prasselten Chailos Worte wie Hammerschläge herunter. Im Takt zu den Worten schlug er mit der Faust auf den Messingdeckel des Kessels.

„Ich hatte euch gesagt, ihr Teufel, daß man einen Schurken wie Wolodka nicht in den Klub aufnehmen sollte. Daß ich selber ein Rowdy war, hat dabei nichts zu sagen. Den einen kann man ändern, den anderen nicht. Das sieht man einem Menschen doch an. Aber ich komme vom Thema ab. Was ganz anderes müssen wir untersuchen. Was soll jetzt geschehen? Meiner Ansicht nach muß der Hundesohn gezwungen werden, sie zu heiraten. Was meint ihr?"

„Tja, zwingen ist so 'ne Sache!" meinte der Lange mit der Lammfellmütze. „Er wird sagen: Mein Name ist Hase, ich weiß von nichts."

„Und was käme dabei raus?" fragte einer der Burschen, die eben noch geturnt hatten, ein stets fröhlicher Lockenkopf. „Was erreichen wir, wenn wir ihn zwingen, sie zu heiraten? Komische Idee. Nur, daß er sich am Tag darauf wieder scheiden läßt."

„Du spinnst ja, Achtyrkin", sagte Chailo. „Da müssen wir eben aufpassen. Wenigstens muß er dann Alimente zahlen."

„Aufpassen ist so 'ne Sache!" mischte sich der Lange wieder ein. „Außerdem, glaubst du, sie hätte ein schönes Leben, wenn er sie heiratet? Totprügeln würde er sie, und Alimente ziehst du dem Rowdy doch nicht aus der Tasche."

Er sprach die Worte gedehnt aus.

„Wirklich eine komische Idee", beharrte der krausköpfige Achtyrkin.

„Schon am nächsten Tag läuft sie ihm von selber weg."

„Und was meinst du, Waska?" wandte sich Chailo an seinen Nachbarn.

„Hm." Waska schnaufte. „Ja, das ist so eine Sache. Hm, eine Sache ist das, hm. Ich bin mir, hm, ich bin mir selber noch nicht im klaren ..."

„Brauchst du noch lange, um dir endlich darüber klarzuwerden, du Schnaufteufel! Hier muß man sofort einen Ausweg finden und nicht erst lange überlegen." Die Falte auf Chailos Stirn wurde immer bedrohlicher. Immer mehr ähnelte sie einem stoßbereiten Bajonett. „Das Mädchen wartet auf Antwort. Und du bist dir noch nicht im klaren."

„Das ist natürlich ..., hm ...", stammelte Waska verlegen

„Hier kann es gar keinen anderen Ausweg geben ..., hm. Aber andererseits, hmmm ..., was die Sache selber betrifft, so ist die Sache, hm ..., die Frage ist die, hm, wie man ihr helfen soll."

„Helfen müssen wir ihr", sagte der Lange. „In erster Linie ..., das wichtigste ist, ihr zu helfen."

„Na, ich sehe schon, im großen ganzen seid ihr einverstanden", faßte Chailo zusammen. „Ich verstehe euch so, daß ihr ihr helfen wollt, zu klären bleibt nur: Womit und wie soll man ihr helfen? Wem fällt was ein? Übrigens, was ich noch vergessen habe: Ihre Familienverhältnisse sind nicht sehr rosig. Die Mutter schmeißt sie sicherlich raus, wenn sie die Sache spitzkriegt. Na?"

Achtyrkin wickelte sich eine Locke um den Finger und riß dann mit aller Gewalt den Finger nach unten.

„Folgendes schlag ich vor: Wir nehmen sie für ganz in den Klub und kümmern uns hier um sie, bis das Kind da ist. Soll sie ruhig hier wohnen ..." Achtyrkin riß so sehr an dem Finger, als wollte er sich die Locke vom Kopf reißen.

„Ja ..., aber, hm ..." Waska rutschte unruhig hin und her. „So geht das doch nicht. Wir müssen einen anderen Ausweg finden ...hm ..., von wegen ..., hm. Wir sollten ihr Geld geben ... zum Leben ... Soll sie ..., hm, soll sie leben, wie sie will ..., allein, ohne ihre Mutter ..."

„Blödsinn", sagte der Lange gedehnt. „Und wohin soll sie dann mit dem Kind? Hast du das bedacht? Geld ist 'ne wichtige Sache! Und dann? Wohin?"

„Ja, aber wir haben kein Geld", ergriff Chailo entschlossen das Wort. „Woher willst du welches nehmen? Du heulst uns doch immer die Ohren voll: Für Bücher reicht's nicht, für Holz reicht's nicht. Dafür brauchen wir aber viel mehr. Mindestens drei Tscherwonzen im Monat! Wer hat einen anderen Vorschlag?"

„Abort!" platzte einer heraus, der bisher geschwiegen hatte.

Im Kesselraum konnte man plötzlich hören, wie drüben, auf der anderen Seite des Korridors, im Zimmer des dramatischen Zirkels, gesungen, gesprochen und hin und her gegangen wurde. Dann schrie jemand: „Fedka!" Und jemand stapfte mit schweren Stiefeln an der Tür vorbei. Anscheinend rannte er.

Chailo fragte: „Ja ... Ist das nicht gefährlich?"

„Ach was!"

„Das ist sogar äußerst gefährlich. Das ist so 'ne Sache." Der Lange seufzte. „Meine Mutter ist an einer Geburt gestorben."

„Na ja, an einer Geburt. Hier geht's doch aber um einen Abort. Um eine Lappalie ... Eine Minute ..."

„Das stimmt nicht!" rief Chailo, und sein Falte bedrohte den Sprecher. „Gefährlich ist es, sehr gefährlich. Ich hab darüber gelesen. Gefährlich ist es, wenn was verunreinigt wird und wenn es nicht ganz richtig gemacht wird. Man muß dabei sehr vorsichtig sein. Von wegen Lappalie! Für dich natürlich, das Mädchen aber kann unter dem Messer sterben, für die ist es keine Lappalie! Na schön, ich sehe, das ist ein Ausweg, wenn sie nur selber damit einverstanden ist! Wir nehmen da eine große Verantwortung auf uns. Wollen wir die Verantwortung auf uns nehmen oder nicht? Was meint ihr?"

Wieder lief jemand im Korridor vorüber, leise, kaum hörbar trat er auf, in Filzstiefeln anscheinend. Aus dem dramatischen Zirkel hörte man die Worte: „Deshalb, Galilei ... Deshalb, Galilei, klagen wir dich an ..."

Laute Stimmen erschollen im Korridor: „Jungen und Mädchen, zum marxistischen Zirkel! Zum marxistischen Zirkel! Begunow, geh zum marxistischen ..."

„Noch etwas", sagte Achtyrkin verlegen. „Man sagt sowieso schon ..., daß der Klub der Arbeiterjugend ..., daß wir uns hier Ausschweifungen hingeben ... Wenn man das jetzt erfährt ..."

„Zum Teufel!" rief Chailo wütend. „Wer sagt das? Nun? Wer sagt das? Welcher Dreckskerl behauptet das? Nun?"

„Bloß die alten Klatschweiber. Die müssen immer was quatschen. Das ist so 'ne Sache", sagte der Lange wegwerfend. „Lohnt nicht ..., laß sie nur ... Die wissen immer alles ..."

„Nein! Achtyrkin, sag, wer sagt so was?" Chailo ließ nicht locker.

„Wenn du's mir nicht sagst, dann sag ich's dir: Die Spießer sagen das, damit du's weißt. Also sollen wir uns mit den Spießern messen? Na, antworte! Du großer Denker. Du solltest mal an die Weißgardisten denken. Außerdem versteht es sich natürlich von selber, daß man darüber nicht schwatzt."

„Wer was verrät, der kriegt's mit mir zu tun!" Waska schnellte auf einmal von seinem Platz hoch und drohte mit seiner Riesenfaust. Seine Trägheit, sein Schnaufen waren wie weggeblasen. Waska war der einzige im Klub, der sich so plötzlich verwandeln konnte. „Ich werde denen das Schwatzen austreiben. Die Zunge reiß ich ihnen raus mitsamt der Wurzel."

„Na also!" Chailo schlug auf den Kesseldeckel. „Gleich geh ich zu ihr, erklär ihr alles, und morgen bringen wir sie hin. Du, Waska, rennst in die Klinik, erkundigst dich nach dem Wann und Wie. Wenn's in der staatlichen Klinik nicht geht, dann eben in 'ner privaten. Frage, was es kostet. Achtyrkin, wieviel ist in der Kasse?"

„Drei Rubel sechsundsiebzig", antwortete Achtyrkin, ohne zu zaudern.

„Na ..., nötigenfalls ... Ich treib das Geld schon auf ...", sagte Chailo. Er war schon in der Tür. „Es muß sein."

Hinter ihm huschte Waska hinaus.

4.

Von dem Augenblick an, wo Manka Gusikowa zusammen mit Waska, dem Schnaufer, in der Aufnahme des Krankenhauses erschienen war und sich als Gusikowa, Maria, Arbeiterin, sechzehn Jahre alt, unter der Nr. 102 eingetragen hatte, wo sie die saubere, kalte, fremde Wäsche und den ebenfalls sauberen und fremden Kittel angezogen hatte, fühlte sie sich nicht mehr als die junge Arbeiterin aus der Spinnerei, die sie bisher gewesen war. Manka Gusikowa schien dort draußen, vor der Schwelle des Krankenhauses, in der Arbeitersiedlung, geblieben zu sein. Hier aber, auf dem Krankenbett, saß Maria Gusikowa, und erwachsene, ernste Menschen betrachteten sie aufmerksam; mit Maria Gusikowa würde nun sehr bald etwas Furchtbares und Schändliches geschehen, weshalb sich Marias Wäsche nicht mehr erwärmen konnte auf ihrem Körper, ihr Schauer den Rücken hinunterliefen und ihr die Beine zitterten.

„Gusikowa, in den Operationsraum!" sagte gleichgültig eine Krankenschwester.

Mühsam, wie eine Schwerkranke, stand Manka vom Bett auf. Erst jetzt bemerkte sie, wie bleich die Gesichter waren, die sie aus den Betten heraus beobachteten. Der Rücken der Krankenwärterin schwankte vor ihr her. Sie bewegte sich ruhig und gleichmäßig. Zuerst klopfte Mankas Herz so heftig, daß sie beinahe umgefallen wäre, aber sie riß sich zusammen: Geschieht dir ganz recht. Mach bloß jetzt keine Dummheiten ... Den Operationsraum betrat sie fast vollkommen ruhig.

Der dicke, grauhaarige Arzt mit dem roten Gesicht wusch sich die Hände fertig. Dann drehte er sich um, trat zu Manka, faßte sie am Kinn und sagte: „Sie wollen also kein Baby? Schade, schade! Na, ziehen Sie den Kittel aus!"

Manka zog ihn aus und legte sich hin, wie man es sie hieß. Schon stand die Krankenschwester von vorhin neben ihr und hielt ihr die ausgebreiteten Arme fest. Jemand faßte ihre Beine, und nach einer unheimlichen Pause durchfuhr ihren Körper, ihr erstarrendes Herz ein unwahrscheinlicher, unerträglicher Schmerz, und eine feurige, glühende Spitze bohrte sich immer weiter, immer tiefer hinein. Oooh! wollte sie rufen, schreien wollte sie, heulen, doch sie biß nur die Zähne zusammen und warf den Kopf zurück. Über ihr war die helle, sehr hohe Decke, weiß war sie und unerbittlich, als wollte sie sagen: Wage ja nicht zu brüllen! Lieg ruhig! Bist selber an allem schuld, du widerliches Weibsbild! Doch der Schmerz hörte nicht auf; er erfaßte ihren ganzen Körper, wurde gleichsam zu einem Lebewesen, das sich mit scharfen Krallen in ihrem Körper festkrallte und in ihr bohrte und bohrte, ohne Erbarmen, scheinbar, ohne je wieder aufhören zu wollen. Plötzlich verschwamm die Decke vor ihren Augen, flog hoch hinauf und war plötzlich nicht mehr zu sehen. Ein trüber, widerlicher Schleier legte sich Manka über die Augen, verschmolz mit dem Schmerz, füllte ihren Körper völlig aus und löste sie von der Erde, von den Menschen, vom Operationsraum. Manka war allein, allein auf der ganzen Welt, und nur der Schmerz verließ sie nicht, der rasende, sie zerfressende, den Körper in Stücke zerreißende und in jedem einzelnen Stück gleichermaßen unerträglich wirkende Schmerz. Wann wird das bloß vorbei sein? Wann? dachte sie. Der Schmerz ließ langsam nach, so als verginge er, als erstürbe er. Mankas Hände waren plötzlich frei. Man hatte sie losgelassen. Also war alles zu Ende. Sie konnte gehen. Doch tief im Innern klammerte sich der Schmerz noch fest. Manka richtete sich auf, fiel wieder um, sah die Decke, die schwarzen Augen der Schwester.

„Großartig, Kleine, großartig", sagte der freundliche, rotgesichtige

Doktor. „Einfach ein Prachtmädchen, so klein und hat doch nicht geschrien! Tapferes Mädchen!"

Manka wurde direkt stolz auf sich. Am liebsten wäre sie aufgesprungen und in den Klub gelaufen zu Chailo, um ihm zu sagen: Siehst du, der Oberarzt hat gesagt, daß ich tapfer bin! Verlaß dich auf mich. Ich laß mich nicht unterkriegen! Doch da wurde sie hochgehoben und in ihr Bett im Krankensaal gebracht.

Tief in ihrem Innern wütete noch der Schmerz, nur nicht mehr so heftig. Man konnte es aushalten. Manka lag eine Zeitlang mit geschlossenen Augen da; als sie sie wieder aufschlug, sah sie Waska, den Schnaufer, vor ihrem Bett.

„Na ... Hm ... Wie geht's dir? Hm ... Manka?"

„Geh, geh", flüsterte Manka entsetzt. „Sonst glauben sie hier, du bist der Schuft gewesen."

„Aber nein, hm ...", murmelte Waska verlegen. „Ich hab dir Brot gebracht. Vielleicht hast du Hunger ... Da ..., iß ..."

Und beinahe hätte er ihr das lange Weißbrot direkt aufs Gesicht gelegt.

5.

Zwei Tage und zwei Nächte waren seit dem Abend vergangen, an dem Manka Wolodka, den Zuchthäusler, im Klub gesehen hatte; Manka aber schien es, als hätte sie seitdem ein ganzes langes und schweres Leben durchlebt, als hätte eine große Hand sie ergriffen und erbarmungslos in einen gräßlichen, ekelhaften Wasserwirbel gestoßen, als hätte dieser Wirbel ihr den Kopf vollständig verdreht, sie aus dem gewohnten, normalen Leben herausgerissen, sie nach allen Seiten gezerrt und sie dann fortgeschleudert, direkt vor die Tür des windschiefen Häuschens in der Arbeitersiedlung. Etwas mußte sie der Mutter sagen. Zum erstenmal in ihrem Leben hatte sie nicht zu Hause übernachtet. Man hatte sie gezwungen, eine Nacht im Krankenhaus liegenzubleiben, obwohl sie sich gesund gefühlt und gleich nach der Operation nach Hause gewollt hatte. Was sie jetzt der Mutter sagen sollte, wußte sie nicht. Sollte sie sagen, sie habe bei ihrer Freundin geschlafen? Die Mutter würde sie verprügeln, weil sie's nicht vorher gesagt hatte. Es war ein stiller Sommerabend. Manka trat von einem Fuß auf den anderen und traute sich nicht, die Tür aufzumachen. Da ging sie plötzlich von innen auf, und die Mutter erschien mit einem Eimer in der Hand auf der Schwelle.

„Bist du da?" rief sie, setzte den Eimer ab und faltete die Hände vor der Brust. „Bist du da, du Luder?" sagte sie leise, damit die Nachbarn nichts hörten. „Kommst du endlich, du Rumtreiberin? Endlich, du Schlampe! Wo hast du dich rumgetrieben? He? Marsch ins Haus!"

Manka begriff, daß die Mutter etwas wußte oder ahnte. Aber sonderbar: Sonst, wenn die Mutter schimpfte und sie schlug, konnte es Manka nicht ertragen, wurde ihr immer unheimlich, entsetzlich zumute. Jetzt aber nicht. Manka ging hinein. Die Mutter räumte den Eimer weg und kam dann wutschnaubend hinterher.

„Ah, du Dreckstück! Du Dirne! Mach bloß den Mund jetzt nicht auf! Sag ja kein Wort! Reiz mich nicht noch mehr! Ich glaube dir doch nicht. Du machst also deiner Mutter Schande? Glaubst du, ich bin taub? Denkst vielleicht, das geht schon so vorüber? Du Dreckstück, du elendes!"

Die Mutter stürzte sich auf sie und riß ihr das rote Tuch vom Kopf.

„Na, warte, du Aas!"

Ich laß mich nicht schlagen! fuhr es Manka durch den Kopf. Auf keinen Fall laß ich mich schlagen!

„Gib das Tuch zurück!" Manka streckte die Hand aus. „Mutter, gib das Tuch zurück, sag ich!"

„Ich will nichts von dir hören!" zischte die Mutter als Antwort und krallte sich mit gekrümmten Fingern in Mankas Haar fest, als sei sie nicht mehr die Mutter, sondern eine Hexe, grauhaarig, schrecklich und fremd. Manka riß sich los und rannte in eine Ecke.

„Gib das Tuch her, sag ich dir. Sonst passiert was!"

„Du willst nicht gehorchen? Du willst nicht gehorchen?" schrie die Mutter mit durchdringender Stimme. „Was soll man dazu sagen. Sie gehorcht nicht! Sie gehorcht der eigenen Mutter nicht! Was hat man dir bloß im Somkomol beigebracht?" Die Mutter ließ sich mit einem Ruck auf einen Schemel fallen und schlug sich mit den Händen auf die Knie. „Der eigenen Mutter gehorcht sie nicht mehr! Du Schlampe, du unglückselige!" Sie sprang auf und stürzte wieder auf Manka los. Aber wie von selber stemmten sich ihr Mankas Arme entgegen, die Mutter prallte dagegen und flog an den Tisch.

„Gib das Tuch her, Mutter, sonst verklag ich dich beim Gericht", sagte Manka ruhig. „Ich mach keinen Spaß. Ich verklag dich."

„Die eigene Mutter willst du verklagen? Du lieber Himmel, hat man denn so was schon gehört? Treibt sich wer weiß wo und wer weiß mit wem rum und will dann die Mutter verklagen! Warum bist du denn im Krankenhaus gewesen, du Luder?" schrie die Mutter noch wütender als zuvor. „Antworte, du Schlampe! Die ganze Schnauze schlag ich dir kaputt, wenn du nicht antwortest. Mein Gericht sollst du kennenlernen, du Rumtreiberin. Ich habe ja den Rüden gesehen, mit dem du im Krankenhaus gewesen bist!“

„Gib das Tuch her!“

Manka packte die Hand der Mutter. Die Mutter riß sich los, stolperte über ein Tischbein, fiel hin und brüllte: „Hiiilfe! Hiiilfe! Leute! Man schlägt mich tot!“

Manka widerte das alles an. Sie riß die Tür auf und trat mit bloßem Kopf in den Hof. Die blaue Luft war frisch und erquickend. Irgendwo in den Gärten bellte mit kurzen Unterbrechungen herausfordernd ein Hund. Eine Zeitlang blieb Manka vor der Tür stehen, dann lief sie entschlossen in den Klub.

Hol der Teufel das Tuch! fuhr es ihr durch den Kopf. Ich borg mir dort eins, bei den Mädchen. Soll ich einfach so in den Klub gehen? Bestimmt haben es die Mädchen erfahren. Ach was ..., mit den Mädchen ist es nicht so schlimm. Die reden eine Weile darüber und hören dann wieder auf. Aber Chailo so unter die Augen zu treten schäme ich mich. Sicherlich ist er wieder böse! Er wird mich wie ... so eine ansehen. Ach, ich schäm mich so! Am besten gehe ich gar nicht hin ...

Manka blieb stehen. Die Gasse war genauso ruhig und leuchtete blau wie immer. In einigen Häusern brannten schon gelbliche Lichter; es mußte also etwa zehn Uhr sein. Um die Zeit ist Unterrichtspause im Klub. Alle sind im Korridor. Da treffe ich jetzt bestimmt Chailo. Aber wo soll ich sonst hin? Nach Hause?

„Ah! Da bist du ja!“ Eine merkwürdig freundliche und bekannte Stimme direkt an ihrem Ohr. Von hinten umfaßten sie zwei Arme und ließen sie nicht los. Wolodka! Und weiter flötete er: „Ich habe hier auf dich gewartet, Manka. Im Klub ist es mir peinlich, mit dir zu sprechen. Gehen wir lieber ein Stück spazieren! Die Nacht ist dunkel, ich fürcht mich so, begleite mich doch, Manka.“ Er flüsterte ihr ins Ohr. Manka riß sich los, drehte sich um, und wie von selber flog ihre Faust hoch und schlug ihm voller Wucht in die freche, widerwärtige Schnauze. Gleich darauf rannte sie mit klopfendem Herzen davon. Sie rannte, so schnell sie konnte, damit er sie bloß nicht einholte. Hinter ihr schimpfte er, daß es in der ganzen Gasse widerhallte. „Warte doch auf mich, warte!“ hörte sie ihn zwischen den einzelnen Tritten seiner schweren Stiefel sagen. Schnell, sonst holt er mich ein! Noch eine kleine Gasse. Gleich hat er mich. Unwillkürlich schrie sie auf, lief noch schneller, alle ihre Kräfte zusammennehmend. Noch ein Haus, noch ... Und an der nächsten Straßenecke leuchtete ihr der freundliche rote Stern entgegen. Ihre Füße wurden schon steif, aber sie rannten weiter, als ob sie selbständige Lebewesen wären. Wolodkas schwerer Atem streifte schon ihren Hals.

Die Tür flog auf, als hätte man sie erwartet. Manka stürzte hinein und Waska, dem Schnaufer, fast in die Arme.

„Oooch“, stöhnte sie und lehnte sich an die Wand.

Waska sagte: „Was rennst du denn so, als hättest du dich von einer Kette losgerissen?“

Weiter konnte er nicht sprechen, denn schon stand Wolodka der Zuchthäusler in der Tür. Waska stürzte vor und versperrte ihm den Weg.

„Bist du verrückt, du Satan? Läßt die Klubmitglieder nicht mehr rein?“ knurrte Wolodka.

„Die Klubmitglieder laß ich rein“, sagte Waska, mit seinem Körper die Tür verstellend. „Du aber mußt ein bißchen warten.“

„Warum?“ Schon standen, wie aus dem Boden gestampft, mehrere bleiche, entschlossene Jungen an der Tür. Anscheinend hatte man auf Wolodka gewartet.

„Bis wir über dich Gericht gehalten haben“, antwortete Waska. „Das werden wir bestimmt tun.“

„Geh zum Teufel mit deinem Gericht!“ Wolodka wollte die Jungen beiseite drängen, aber sie standen wie eine Mauer. Waska gab ihm einen Stoß, daß er auf die Straße flog. Da schimpfte und fluchte er entsetzlich.

Über Manka aber fielen die Mädchen her, umringten sie, drehten sie im Kreis herum und zogen sie auf dem Korridor mit sich fort. Unterwegs begegnete ihnen der furchtbare Chailo, und die Falte auf seiner Stirn drohte wie ein Bajonett. Er sah Manka mit strengen, ganz und gar nicht gütigen Augen an und wollte vorbeigehen. Aber etwas Merkwürdiges fiel ihm in Mankas Augen auf. Er blieb deshalb stehen und fragte: „Warum guckst du so traurig?“

Sie wollte antworten, daß das gar nicht stimme, daß sie tapfer sei und sich wohl fühle, aber die Zunge versagte ihr, und nun merkte sie erst, daß sie tatsächlich traurig war. Tränen traten ihr in die Augen. Das schien Chailo zu bemerken. Er schlug ihr leicht auf die Schulter.

„Was hast du denn, du kleines Proletariermädchen? Mach schnell, du dummes Ding, sonst verpaßt du den politischen Kursus.“

Damit ging er. Manka hüpfte den Korridor entlang. Heiß und wohltuend überlief es ihren Körper und durchströmte ihr Herz. Vielleicht deshalb, weil ihr aus Chailos Augen die große Liebe der ganzen Arbeiterklasse zu einer kleinen, unvernünftigen Arbeitertochter entgegengeleuchtet hatte.

Boris Lawrenjow

Der letzte Schuß

(Der einundvierzigste)

Dem Andenken
Pawel Dmitrijewitsch Shukows

ERSTES KAPITEL

das der Verfasser nur schrieb,
weil es zum Verständnis der Geschichte unbedingt notwendig ist

In der Frühe zerfiel im Norden für einen Augenblick der blitzende Ring der Kosakensäbel, gesprengt von den sengenden Garben eines Maschinengewehrs, und durch die Öffnung zwängte sich mit letzter, verzweifelter Anstrengung der himbeerrote Kommissar Jewsjukow.

Mit ihm entrannen dem tödlichen Ring um den samtenen Talkessel alles in allem nur dreiundzwanzig Mann und Marjutka.

Hundertneunzehn und fast alle Kamele blieben auf der Strecke inmitten der hartgefrorenen Sandhügel zwischen schlangenähnlichem Saksaulgestrüpp und roten Tamariskensträuchern.

Als man dem Kosakenrittmeister Buryga meldete, die Überreste des Feindes seien durchgebrochen, zwirbelte er sich mit seiner Raubtierpranke den buschigen Schnurrbart, riß den Mund weit auf, daß er der Öffnung eines hohen Aschenbechers glich, gähnte und rülpste faul. Dann entschied er: „Hol sie der Teufel! Werden ihnen nicht nachjagen, müssen die Pferde schonen. Sie verrecken sowieso im Sand."

Indes zogen sich der himbeerrote Jewsjukow, die dreiundzwanzig und Marjutka mit der Findigkeit eines in die Enge getriebenen Steppenschakals in die endlose Sandwüste zurück.

Der Leser ist sicherlich schon gespannt, zu erfahren, warum Jewsjukow „himbeerrot" genannt wird.

Doch alles zu seiner Zeit.

Nachdem Koltschak die Orenburger Strecke mit einem festen Pfropfen aus gewehrgespicktem Menschenteig verstopft hatte, wodurch die erstaunten Lokomotiven auf toten Gleisen zum Rosten verurteilt waren, gab es in der Republik Turkestan bald keine schwarze Lederfarbe mehr.

Die hereinbrechende Zeit aber war lärmerfüllt, wirr und ledern.

In sengender Glut und eisigem Frost, in Regen und Dürre, im schrillen Pfeifen der Kugeln brauchte der menschliche Körper – herausgerissen aus der trauten Gemütlichkeit seiner vier Wände – eine feste Hülle.

Und die Menschen begannen Lederjoppen zu tragen.

Die Farbe dieser Joppen war stets ein stählern schimmerndes Schwarz, kräftig und beständig, wie die Besitzer dieser Joppen. Nun aber war in Turkestan keine solche Farbe mehr aufzutreiben. Der Revolutionsstab mußte bei der Bevölkerung die Vorräte an deutschen Anilinfarben requirieren, mit denen die Usbeken von Fergana die luftigen Seiden ihrer Schals in den bunten Farbtönen des Paradiesvogels oder die schmallippigen Turkmenenfrauen die flauschigen Gewebe der Tekinteppiche zierten.

Man färbte die frischen Hammelfelle damit, und bald schillerte die Turkestaner Rote Armee in allen Regenbogenfarben – himbeerrot, orangefarben, zitronengelb, smaragden, türkisgrün und lila.

An den Kommissar Jewsjukow gab das Schicksal in Gestalt des pokkennarbigen Kleiderverwalters Hose und Joppe von leuchtend himbeerroter Farbe aus.

Jewsjukows Gesicht war seit seinen ersten Kindheitstagen ebenfalls himbeerrot und voller Sommersprossen, und an Stelle von Haaren bedeckte ein zarter Flaum seinen Kopf.

Hinzu kommt, daß Jewsjukow klein von Wuchs und untersetzt war und seine Figur ein regelrechtes Oval bildete, so daß er in himbeerroter Joppe und ebensolchen Hosen ganz wie ein gefärbtes Osterei aussah.

Auf Jewsjukows Rücken kreuzten sich die Schultergurte wie der russische Buchstabe „X", und wenn er sich umdrehte, erwartete man auf seiner Brust den Buchstaben „B" zu sehen.* „Christ ist erstanden!"

Aber davon konnte keine Rede sein. An Ostern und Christus glaubte Jewsjukow nicht. Er glaubte an die Sowjets, an die Internationale, an die Tscheka und an den schweren brünierten Nagantrevolver in seinen derben, knotigen Händen.

Die dreiundzwanzig, die mit Jewsjukow zusammen dem todbringenden Säbelring entrannen, waren Rotarmisten wie andere auch. Ganz gewöhnliche Menschen.

Ungewöhnlich unter ihnen aber war Marjutka.

Marjutka, eine Vollwaise, stammte aus einer Fischersiedlung mitten im Schilf des wasserreichen Wolgadeltas bei Astrachan.

Zwölf lange Jahre, seit ihrem siebenten Lebensjahr, hatte sie in steifen, wasserdichten Hosen auf der von Fischgekröse fettigen Bank gesessen und mit dem Messer silbrigglitschige Heringsbäuche aufgeschlitzt.

Als dann später in den Städten und Dörfern für die Rote Garde – so hieß sie damals noch – Freiwillige geworben wurden, stieß Marjutka plötzlich ihr Messer in die Bank, stand auf und ging in ihren steifen Hosen hin, um sich für die Rote Garde zu melden.

Zuerst warf man sie hinaus.

Als sie jedoch hartnäckig jeden Tag wiederkam, schmunzelte man und nahm sie in die Rote Garde auf. Ihr wurden die gleichen Rechte wie allen anderen zugestanden, doch mußte sie eine Verpflichtung unterschreiben, laut der sie bis zum endgültigen Sieg der Arbeit über das Kapital darauf verzichtete, als Weib zu leben und Kinder in die Welt zu setzen.

Marjutka war ein schlankes Mädchen, hochaufgeschossen wie ein Schilfrohr. Ihre fuchsroten Zöpfe pflegte sie als Krone unter ihrer schwarzbraunen turkmenischen Pelzmütze zu tragen, und ihre wilden Schlitzaugen leuchteten gelb wie die Augen einer Katze.

Das Wichtigste in Marjutkas Leben waren Träumereien. Sie gab sich ihnen gern hin und liebte es überdies, mit einem Bleistiftstummel auf irgendeinem Papierfetzen, der ihr gerade in die Finger geriet,

* Es war eine alte russische Sitte, auf die Ostereier die Buchstaben „X" (CH) und „B" (W) zu malen, die Anfangsbuchstaben der kirchenslawischen Worte „Christos woskresse" – Christ ist erstanden.

mit schiefen, zur Fallsucht neigenden Buchstaben Verse zu schreiben. Das wußte die ganze Abteilung.

Sobald man in eine Stadt kam, in der es eine Zeitung gab, erbettelte sich Marjutka in der Redaktion einen Bogen Papier. Dann schrieb sie ihre Gedichte sorgfältig ab und fuhr sich dabei mit der Zunge über ihre vor Aufregung trockenen Lippen. Jedes bekam eine Überschrift, und darunter setzte sie die Worte: „Gedicht von Marja Bassowa". Die Gedichte handelten von Verschiedenem: von der Revolution, vom Kampf, von den Führern des Proletariats. Auch über Lenin war eins dabei.

Lenin, du unser proletarischer Held,
wir bauen dir ein Denkmal auf dem Platze.
Du hast gestürzt die Zarenwelt
und dich auf die Arbeit gestellt mit dem Fuße.

Sie brachte die Gedichte in die Redaktion. Dort riß man beim Anblick des kleinen schlanken Mädchens in der Pelzjacke, mit dem Kavalleriekarabiner auf dem Rücken, die Augen auf, nahm erstaunt die Gedichte in Empfang und versprach, sie durchzulesen.

Marjutka schaute sich alle Anwesenden ruhig an und ging wieder.

Das Interesse des Redaktionssekretärs war geweckt, und er vertiefte sich in die Verse. Seine Schultern hoben sich und begannen zu zucken, sein Mund öffnete sich zu einem unbändigen Gelächter. Die Mitarbeiter sammelten sich um den Sekretär, und er las ihnen Marjutkas Gedicht mit vor Lachen erstickender Stimme vor. Die Mitarbeiter wälzten sich auf den Fensterbrettern – Möbel waren damals in den Redaktionsstuben nicht zu finden.

Am nächsten Morgen erschien Marjutka von neuem. Sie blickte dem Sekretär starr ins krampfhaft zuckende Gesicht, nahm ihre Blätter wieder an sich und sagte: „Es ist also unmöglich, sie zu veröffentlichen? Nicht durchgearbeitet? Dabei habe ich sie wie mit der Axt aus meinem Innersten herausgehauen, und trotzdem sind sie immer noch schlecht. Nun, ich muß mir noch mehr Mühe geben – nichts zu machen! Wie kommt es eigentlich, daß sie so schwerfällig sind, Fischcholera? He?"

Sie schob sich ihre turkmenische Pelzmütze in die Stirn, zuckte mit den Achseln und ging.

Verse gelangen Marjutka nicht, dafür aber verstand sie mit seltener Geschicklichkeit, ihr Gewehr zu gebrauchen. In Jewsjukows Abteilung war sie der beste Schütze, und im Kampf fand man sie stets an der Seite des himbeerroten Kommissars.

„Marjutka! Da! Ein Offizier!“ pflegte Jewsjukow zu sagen und mit dem Finger in die Richtung zu zeigen.

Marjutka kniff dann ein Auge zu, fuhr sich mit der Zunge über die Lippen und zielte ruhig. Der Schuß krachte und verfehlte niemals sein Ziel.

Danach setzte sie das Gewehr ab und sagte: „Der neununddreißigste, Fischcholera. Der vierzigste, Fischcholera!“

„Fischcholera“ – das war Marjutkas Lieblingswort.

Gemeine Flüche liebte sie nicht. Wenn jemand in ihrer Gegenwart fluchte, machte sie ein finsteres Gesicht, errötete und schwieg.

Die vor dem Stab übernommene Verpflichtung hielt Marjutka streng ein. Niemand in der Abteilung konnte sich rühmen, Marjutkas Gunst zu besitzen.

Eines Nachts kroch der Magyar Guca zu ihr, der erst seit kurzem bei der Truppe war und Marjutka schon tagelang mit gierigen Blicken verschlungen hatte. Die Geschichte nahm ein schlimmes Ende. Der Magyar mußte seine Kühnheit mit einem Schädelbruch und drei ausgeschlagenen Zähnen bezahlen. Marjutka hatte ihm den Revolvergriff zu kosten gegeben.

Die Rotarmisten spotteten liebevoll über Marjutka, doch im Kampf hüteten sie sie mehr als sich selbst.

Daraus sprach eine unbewußte Zärtlichkeit, die tief unter der festen grellfarbigen Schale der Lederjoppen verborgen war, die Sehnsucht nach den warmen, behaglichen Frauenkörpern, die sie zu Hause zurückgelassen hatten.

Solcherart waren die dreiundzwanzig, der himbeerrote Jewsjukow und Marjutka, die durch die trostlosen Gefilde des hartgefrorenen Sandes gen Norden zogen.

In silbrigen, stürmischen Trillern sang das Schneegestöber des Februar. Wie mit weichen Teppichen bedeckte es die Täler zwischen den Sandhügeln mit eisigem Flaum, und über den Häuptern der im trüben Dämmer des Schneetreibens Dahinziehenden zischte und heulte es – bald wie sturmgepeitschte Brandung, bald wie feindliche Kugeln, die mit aufdringlichem Pfeifen die Luft durchschneiden.

Mühsam stapften die bleischweren Füße in dem zerfetzten Schuhwerk durch Sand und Schnee. Heiser röchelten, schrien und spuckten die hungrigen zottigen Kamele.

Auf den vom Sturm leergefegten Stellen glitzerten die Salzkristalle, und längs der ebenen, trüben Linie des niedrigen Horizontes war der Himmel Hunderte von Werst wie mit einem Fleischmesser von der Erde getrennt. –

Dieses Kapitel ist in meiner Erzählung eigentlich völlig überflüssig. Das einfachste wäre gewesen, mit der Hauptsache anzufangen, mit dem, wovon in den nächsten Kapiteln die Rede sein wird.

Aber der Leser muß ja schließlich wissen, weshalb und wie die Überreste der Gurjewer Sonderabteilung siebenunddreißig Werst nordwestlich der Wasserstelle Kara-Kuduk auftauchten, warum sich in dieser Abteilung der Roten Armee eine Frau befand, wie es kam, daß der Kommissar Jewsjukow himbeerrot war – und noch vieles mehr, was für ihn wissenswert ist.

So habe ich mich der Notwendigkeit gefügt und dieses Kapitel geschrieben.

Ich kann Ihnen aber versichern, daß es keinerlei Bedeutung hat.

ZWEITES KAPITEL

in dem am Horizont ein dunkler Fleck auftaucht, aus dem sich bei näherem Hinsehen der Gardeleutnant Goworucha-Otrok herauskristallisiert

Von der Wasserstelle Dschan-Geldy bis zur Wasserstelle Soi-Kuduk sind es siebzig Werst, von dort bis zur Quelle Uschkan weitere zweiundsechzig.

Es war Nacht geworden.

Jewsjukow stieß den Gewehrkolben zwischen knorriges Wurzelwerk und sagte mit vom Frost heiserer Stimme: „Halt, Nachtlager!"

Man zündete ein Feuer aus Saksaulreisern an. Es brannte mit fettiger, rußender Flamme. Rund um das Feuer bildete sich ein dunkler Ring feuchten Sandes.

Man holte Reis und Fett aus den Ballen hervor. Bald brodelte im gußeisernen Kessel der Brei, und es verbreitete sich der beißende Geruch von Hammeltalg.

Alle scharten sich in engem Kreise um das Feuer. Schweigend und mit den Zähnen klappernd, waren sie darauf bedacht, den Körper vor den eisigen Krallen des Schneesturms zu schützen, die in alle Schlitze und Öffnungen drangen. Sie wärmten sich die Füße unmittelbar über dem Feuer, das derbe Leder der Stiefel knarrte und zischte.

Die Schellen der an den Beinen gefesselten Kamele klirrten melancholisch im weißlichen Schneegestöber.

Jewsjukow drehte sich mit zitternden Fingern ein Ziegenbeinchen*. Er blies den Rauch in die Luft und sagt abgehackt: „Genossen, wir müssen beraten, wie es weitergehen soll.“

„Egal, wie“, antwortete eine Grabesstimme hinter dem Feuer, „wir sind sowieso verloren! Nach Gurjew können wir uns nicht durchschlagen, da ist alles schwarz von Kosaken. Und woandershin hat es keinen Zweck.“

„Vielleicht nach Chiwa?“

„Daß ich nicht lache! Beinahe sechshundert Werst im Winter durch die Karakum. Und was willst du unterwegs fressen? Willst du dir vielleicht eine Läusezucht in deinen Fußlappen anlegen?“

Dröhnendes Gelächter ertönte. Die Grabesstimme aber sagte verzweifelt: „Bleibt nichts anderes übrig als verrecken!“

Jewsjukow krampfte sich unter dem himbeerfarbenen Leder das Herz zusammen; er ließ sich jedoch nichts anmerken. Wütend putzte er den Sprecher herunter.

„Du Waschlappen. Mach hier keine Panik! Verrecken kann jeder Trottel. Man muß eben sein Gehirn ein bißchen anstrengen, um nicht zu verrecken.“

„Versuchen wir's mit Fort Alexandrowsk. Die Fischer dort sind auf unserer Seite.“

„Geht nicht“, warf Jewsjukow ein. „Wir haben Meldung, daß Denikin dort Truppen gelandet hat. Und auch Fort Krasnowodsk ist in den Händen der Weißen.“

Jemand stöhnte im Halbschlaf laut auf.

Jewsjukow schlug sich mit der Hand auf das vom Lagerfeuer heiße Knie und sagte abgehackt: „Basta! Ein Weg, Genossen, bleibt uns noch: zum Aralsee! Schlagen wir uns zum Aralsee durch; dort am Ufer hausen Nemakanen. Wir werden uns ein wenig bei ihnen ausruhen und dann auf Umwegen nach Kasalinsk marschieren. In Kasalinsk ist der Stab. Da sind wir dann beinahe schon zu Hause.“

Sprach's und schwieg. Er glaubte selbst nicht daran, daß sie sich durchschlagen würden.

Der neben ihm lag, hob den Kopf und fragte: „Was werden wir aber bis zum Aral fressen?“

Und Jewsjukow wieder abgehackt: „Werden den Riemen enger schnallen müssen. Sind schließlich keine Fürsten. Willst etwa Sardinen mit Honig serviert haben? Wirst auch so marschieren können. Einstweilen haben wir noch Reis und auch ein bißchen Mehl.“

„Für drei Tagemärsche?“

* Ziegenbeinchen – eine improvisierte Zigarette. Man reißt von einer Zeitung einen etwa 10 cm langen Streifen ab, rollt daraus eine kleine Tüte und schüttet in die Öffnung Machorka.

„Für drei! Bis zur Tschernyschbucht sind's von hier zehn! Wir haben sechs Kamele. Wenn unsere Vorräte aufgegessen sind, werden wir die Kamele schlachten. Brauchen sie reinweg zu nichts. Wenn wir eines geschlachtet haben, packen wir das Fleisch einem andern auf, und dann geht's weiter. So werden wir schon durchkommen."

Sie schwiegen. Marjutka lag auf die Ellbogen gestützt da und schaute mit leeren starren Katzenaugen ins Feuer. Jewsjukow wurde es unbehaglich zumute.

Er erhob sich und klopfte den Schnee von der Joppe.

„Schluß! Mein Befehl: In der Morgendämmerung marschieren wir los. Vielleicht werden nicht alle durchhalten" – die Stimme des Kommissars flatterte wie ein aufgeschreckter Vogel – „müssen aber vorwärts ..., weil, Genossen ..., wir machen doch jetzt Revolution ... Für die Werktätigen der ganzen Welt!"

Der Kommissar schaute den dreiundzwanzig nacheinander in die Augen. Doch er fand nicht mehr das Feuer, an das er während eines Jahres gewöhnt war. Trübe blickten die Augen, wichen aus, und hinter den gesenkten Wimpern flimmerten Verzweiflung und Unglaube.

„Erst werden wir die Kamele auffressen, und dann wird die Reihe an uns kommen."

Abermals Schweigen.

Plötzlich schrie Jewsjukow, außer sich vor Wut, mit schriller Weiberstimme: „Keine Flausen! Kennst nicht deine revolutionäre Pflicht? Genug jetzt! Ich hab befohlen, und damit basta! Oder sofort an die Wand!"

Er hustete und setzte sich wieder hin.

Der Rotarmist, der mit einem Gewehrstock den Brei umrührte, rief plötzlich lustig: „Was laßt ihr den Rotz hängen? Ran an den Brei – oder hab ich ihn etwa umsonst gekocht? Ihr seid mir Helden!"

Mit den Löffeln fischten sie die dicken Klumpen fetten, aufgequollenen Reises heraus und verbrannten sich lieber den Mund, als daß sie den Brei kalt werden ließen. Während sie aber noch schluckten, bildete sich auf ihren Lippen bereits eine dicke Kruste Hammeltalg von widerlichem Stearingeschmack.

Das Feuer, das am Erlöschen war, sprühte hin und wieder schwach orangefarbene Funkengarben in die Nacht. Die Rotarmisten rückten noch näher aneinander, schliefen ein, schnarchten, stöhnten und fluchten im Schlaf.

Es war schon gegen Morgen, als Jewsjukow durch heftige Stöße gegen die Schulter geweckt wurde.

Mühsam öffnete er die vereisten Lider, kam endlich ganz zu sich und griff gewohnheitsmäßig mit der steifgefrorenen Hand nach dem Gewehr.

„Halt, nicht stachlig werden!“

Über ihn gebeugt stand Marjutka. Im gelbgrauen Dunst des Schneesturms blinkten ihre Katzenaugen.

„Was willst du?“

„Steh auf, Genosse Kommissar! Aber ohne Radau! Während ihr noch geschnarcht habt, bin ich schon auf dem Kamel ausgeritten. Eine Kirgisenkarawane rückt von Dschan-Geldy heran.“

Jewsjukow drehte sich herum. Fragte schluckend: „Was für 'ne Karawane, was faselst du da?“

„Bei G …, soll mich die Erde verschlingen! Fischcholera! Nemakanen! Vierzig Kamele!“

Jewsjukow sprang auf und stieß einen schrillen Pfiff aus. Nur mit Mühe erhoben sich die dreiundzwanzig, reckten die halberfrorenen Glieder. Als sie jedoch von der Karawane hörten, kamen sie schnell zu sich.

Es waren zweiundzwanzig aufgestanden. Der dreiundzwanzigste hatte sich nicht erhoben. Er lag da, fest in seine Pferdedecke eingewickelt. Der Fieberfrost schüttelte seinen Körper. Ein Zittern lief über die Decke.

„Fieber!“ sagte Marjutka mit harter Stimme, nachdem sie ihre Finger in seinen Kragen gesteckt hatte.

„Teufel noch mal! Was ist da zu machen? Deckt ihn mit Filzdecken zu und laßt ihn liegen. Wenn wir zurückkommen, nehmen wir ihn mit. Wo, sagst du, ist die Karawane?“

Marjutka wies mit der Hand nach Westen.

„Nicht weit! Etwa sechs Werst. Reiche Nemakanen. Die Kamele vollbepackt mit Ballen!“

„Haben wir ein Schwein! Daß sie uns nur nicht durch die Lappen gehen. Sobald wir sie sehen – von allen Seiten auf sie los. Was das Zeug hält. Die einen von rechts, die anderen von links. Marsch!“

Sie brachen auf, hielten sich gebückt im Schutz der Bodenfalten und wurden vom schnellen Marsch bald munter und warm.

Von einem welligen Hügel aus erblickten sie fern auf einer Erhebung, die flach wie ein Eßtisch war, die dunklen Punkte einer langgezogenen Reihe von Kamelen. Auf den Kamelrücken schwankten schwere Ballen.

„Die hat der Herrgott geschickt! Hat sich unser erbarmt“, flüsterte verzückt der pockennarbige Molokan* Gwosdew.

Das war zu stark für Jewsjukow, und er fuhr ihn an: „Der Herrgott? Wie oft soll ich dir noch sagen, daß es keinen Herrgott gibt und daß für alles eine physische Basis da ist.“

* Molokanen – eine christliche Sekte

Aber es war keine Zeit zum Streiten. Auf Jewsjukows Kommando arbeiteten sie sich sprungweise vor, jede Bodenfalte, jedes kleine Gestrüpp als Deckung benutzend. Ihre Finger umkrampften die Kolben, daß es schmerzte. Sie wußten, daß sie diese Gelegenheit auf keinen Fall verpassen durften, daß mit diesen Kamelen ihre letzte Hoffnung, ihre Rettung, das Leben entschieden würde.

Langsam und ruhig nahte die Karawane. Schon sah man die farbigen Filzschabracken auf den Kamelrücken und die Kirgisen mit ihren langen, warmen Röcken und ihren Wolfsfellmalachais.*

Da stand plötzlich, wie aus dem Boden gewachsen, in himbeerrot leuchtender Lederjoppe Jewsjukow auf dem Kamm eines Sandhügels. Er hielt das Gewehr im Anschlag und brüllte mit Posaunenstimme: „Tochta!** Schmeißt die Gewehre weg – und keine Flausen, sonst drehe ich euch allen den Hals um!"

Er hatte kaum zu Ende gesprochen, als die Kirgisen, zu Tode erschrocken, in den Sand fielen und ihre Hintern in die Luft streckten.

Atemlos vom Laufen, sprangen die Rotarmisten von allen Seiten heran.

„Jungs, nehmt die Kamele!" brüllte Jewsjukow. Doch seine Stimme wurde von dem Knall einer Gewehrsalve, die plötzlich von der Karawane her kam, übertönt.

Wie wütende Köter kläfften die Kugeln. Neben Jewsjukow stürzte jemand vornüber zu Boden und streckte starr die Arme von sich.

„Hinlegen! Auf die Kanaillen!" schrie Jewsjukow und warf sich in eine Mulde. Laut trommelten die Schüsse.

Es war nicht zu erkennen, was für Leute da hinter den Kamelen lagen und schossen. Kaum anzunehmen, daß es sich um Kirgisen handelte. Zu regelmäßig und zu genau war das Feuer. Die Kugeln bohrten sich dicht neben den Körpern der liegenden Rotarmisten in den Sand.

Die Steppe hallte vom Kampfeslärm wider. Doch allmählich wurden die Schüsse von der Karawane her seltener.

Die Rotarmisten begannen sprungweise vorzurücken.

Es waren nur noch knapp dreißig Schritt zurückzulegen, als Jewsjukow plötzlich hinter einem der Kamele einen Kopf mit einer Pelzmütze und einem weißen Baschlyk***, dann eine Schulter und auf der Schulter einen goldenen Streifen erblickte.

* Malachai – kirgisische Pelzmütze mit drei langen Lappen, die die Wangen und den Hals bedecken

** Tochta! – Halt! (kirgisisch)

*** Baschlyk – Flanellkapuze mit zwei langen Enden, die um den Hals, dann über Kreuz um die Brust geschlungen und auf dem Rücken hinter den Gürtel gesteckt werden

„Marjutka! Da! Ein Offizier!“ Er wandte sich zu Marjutka um, die von hinten herangekrochen kam.

„Sehe schon.“

Sie legte bedächtig an. Der Schuß krachte.

Waren Marjutka die Finger steif gefroren, oder zitterten ihr vor Aufregung und vom Laufen die Hände – kaum hatte sie gesagt: „Der einundvierzigste, Fischcholera“, als sich ein Mann mit weißem Baschlyk und kurzer blauer Pelzjoppe hinter dem Kamel erhob und sein Gewehr hochhielt. Am aufgepflanzten Bajonett baumelte ein weißes Tuch.

Marjutka warf ihr Gewehr in den Sand und begann vor Wut zu weinen. Mit dem Handrücken wischte sie sich die Tränen aus dem schmutzigen Gesicht.

Jewsjukow rannte auf den Offizier zu. Ein Rotarmist, der schneller war, holte im Laufen bereits mit dem Bajonett zum Stoß aus.

„Nicht anrühren! Nehmt ihn lebendig!“ rief der Kommissar mit heiserer Stimme.

Sie stürzten sich auf den Offizier und warfen ihn zu Boden. Die fünf Mann, die zu dem Offizier gehörten, lagen regungslos hinter ihren Kamelen, niedergemäht vom scharfen Blei.

Die Rotarmisten zogen die Kamele lachend und fluchend an den Nasenringen hoch und banden jeweils mehrere zusammen.

Die Kirgisen rannten hinter Jewsjukow her, wackelten mit dem Steiß, versuchten ihn an der Joppe, am Ellbogen, an der Hose, am Leibriemen festzuhalten, stammelten unverständliche Worte und schauten ihn aus engen, traurigen Schlitzaugen an.

Der Kommissar riß sich los, lief weg, tobte und tupfte ihnen, während sich sein Gesicht mitleidig verzog, mit dem Revolver auf die flachen Nasen und die wettergebräunten spitzen Backenknochen.

„Zurück! Weg! Da gibt's gar nichts!“

Einem alten, graubärtigen Kirgisen in einem fast neuen Pelz gelang es schließlich, Jewsjukow am Leibriemen festzuhalten. Mit einschmeichelnder Stimme sprudelte er hervor: „Uj-Baj* ... Deine schlecht getan ... Kirgis Kamele für Leben brauchen. Kirgis ohne Kamele geht sterben ... Deine, Baj, nicht so mache. Deine will Geld – unsere gibt. Silberne Geld, Zarengeld ... Kirenka-Papier** ... Sag, wieviel deine geben, Kamel zurück gib?“

„So kapier doch, du Dickschädel, daß auch wir ohne Kamele verrekken müssen. Ich raub doch nicht, sondern nehm nur aus revolutionä-

* Uj-Baj – guter Herr (kirgisisch)

** Kirenka – Kerenka – Kerenski-Banknoten

rer Notwendigkeit zu zeitweiliger Benutzung. Ihr Nemakanenteufel werdet euch auch zu Fuß zu den Eurigen durchschlagen, uns aber droht der Tod."

„Uj-Baj: Nicht gut. Gib Kamel zurück – nehmen Abas*, Kirenka nehmen", fuhr der Kirgise fort.

Jewsjukow riß sich los.

„Der Satan soll dich holen! Hab's gesagt, und damit basta! Schluß jetzt! Hier, nimm deine Quittung, und damit hat sich's."

Er drückte dem Kirgisen eine Quittung in die Hand, die aus einem mit Tintenstift bekritzelten Fetzen Zeitungspapier bestand.

Der Kirgise ließ sie achtlos in den Sand fallen, warf sich hin, bedeckte das Gesicht mit den Händen und begann laut zu weinen. Die übrigen standen schweigend da, in ihren samtschwarzen Schlitzaugen glitzerten beredte Tropfen.

Jewsjukow drehte sich um und erinnerte sich des gefangenen Offiziers. Er erblickte ihn zwischen zwei Rotarmisten. Der Offizier stand ruhig da, das rechte Bein in dem hohen schwedischen Filzstiefel ein wenig vorgestellt. Er rauchte und schaute ironisch lächelnd auf den Kommissar.

„Wer bist du?" fragte Jewsjukow.

„Gardeleutnant Goworucha-Otrok. Und wer bist du?" fragte der Offizier seinerseits und stieß eine Rauchwolke aus.

Dabei hob er den Kopf.

Und als er die Rotarmisten anschaute, sahen Jewsjukow und alle anderen, daß der Leutnant tiefblaue Augen hatte, Augen, die wie Kügelchen besten französischen Wäscheblaus im schneeweißen Seifenschaum seiner Augäpfel schwammen.

DRITTES KAPITEL

über gewisse Unbequemlichkeiten des Reisens ohne Kamele in Mittelasien und über die Empfindungen der Reisegefährten des Kolumbus

Der einundvierzigste in Marjutkas Rechnung hatte Gardeleutnant Goworucha-Otrok werden sollen.

War es vor Kälte oder vor Aufregung, jedenfalls verfehlte Marjutka ihr Ziel. Der Leutnant blieb in der Welt als überflüssige Zahl auf dem Konto der lebenden Seelen.

* Abas – Geld

Auf Befehl Jewsjukows kehrte man dem Gefangenen die Taschen um und fand im wildledernen Uniformrock, innen auf dem Rücken eingenäht, ein geheimes Täschchen.

Wie ein Steppenfohlen bäumte sich der Leutnant, als die Rotarmistenhand die Tasche ertastete. Aber starke Fäuste hielten ihn, und nur die zitternden Lippen und sein bleiches Gesicht verrieten noch seine Erregung und Verwirrung.

Jewsjukow faltete das leinene Päckchen vorsichtig auf seiner Meldetasche auseinander und begann die Schriftstücke zu lesen; dabei wurden seine Augen immer größer. Schließlich schüttelte er den Kopf und grübelte.

In den Schriftstücken wurde mitgeteilt, daß der Gardeleutnant Wadim Nikolajewitsch Goworucha-Otrok zum bevollmächtigten Vertreter der Regierung des Obersten Regenten Rußlands, des Admirals Koltschak, bei der Transkaspischen Regierung des Generals Denikin ernannt sei. Die geheimen Aufträge, hieß es an einer Stelle, solle der Leutnant dem General Drazenko mündlich übermitteln.

Jewsjukow faltete die Schriftstücke wieder zusammen, steckte sie behutsam in die Brusttasche und fragte den Leutnant: „Was sind das für geheime Aufträge, Herr Offizier? Ich fordere Sie auf, alles zu erzählen, nichts zu verheimlichen, denn Sie sind in den Händen roter Kämpfer. Ich bin der kommandierende Kommissar Arsenti Jewsjukow."

Die Ultramarinkügelchen des Leutnants warfen einen flüchtigen Blick auf Jewsjukow. Der Leutnant lächelte verbindlich und machte einen Kratzfuß.

„Monsieur Jewsjukow? Sehr erfreut, Ihre Bekanntschaft zu machen! Leider bin ich von meiner Regierung zu diplomatischen Verhandlungen mit einer so bemerkenswerten Persönlichkeit nicht ermächtigt."

Jewsjukows Sommersprossen wurden bleicher als sein Gesicht. Vor der ganzen Abteilung machte sich der Leutnant über ihn lustig.

Der Kommissar riß seinen Nagant heraus.

„Du weiße Motte! Werd nicht frech! Entweder du packst aus – oder du schluckst eine Kugel."

Der Leutnant zuckte mit den Schultern.

„Das nennt sich Kommissar! Ein Trottel bist du! Wenn du mich niederknallst, wirst du überhaupt nichts erfahren."

Der Kommissar ließ fluchend den Revolver sinken.

„Ich werde dich Hopak* tanzen lehren, du Hundebraten. Werd dich schon zum Sprechen bringen!" knurrte er.

* Hopak – Volkstanz

Der Leutnant lächelte verächtlich.

Jewsjukow spuckte aus und ging weg.

„Genosse Kommissar, sollen wir ihn ins Paradies schicken?“ fragte ein Rotarmist.

Der Kommissar kratzte sich mit dem Fingernagel an der Nase.

„Nein ..., geht nicht. Er ist ein großes Tier. Wir müssen ihn nach Kasalinsk bringen. Da wird man dann im Stab ein richtiges Verhör mit ihm anstellen.“

„Teufel noch mal! Wir sollen ihn also mit uns herumschleppen und wissen selbst nicht, ob wir lebend ankommen?“

„Nehmen wir jetzt auch Offiziere?“

Jewsjukow straffte sich und zischte: „Das geht dich gar nichts an. Verstanden? Das ist meine Sache – ich trag die Verantwortung dafür. Basta!“

Er drehte sich um. Da fiel sein Blick auf Marjutka.

„He! Marjutka! Ich vertraue dir Seine Hochwohlgeboren an. Paß gut auf ihn auf. Wenn er auskneift, zieh ich dir das Fell über die Ohren.“

Marjutka schulterte schweigend ihr Gewehr und trat an den Gefangenen heran.

„Na, komm mal her. Wirst unter meiner Bewachung stehen. Glaub ja nicht, weil ich ein Frauenzimmer bin, kannst du ausrücken. Auf dreihundert Schritt im Laufen treff ich dich. Einmal hab ich vorbeigehauen – das zweite Mal rechne nicht darauf, Fischcholera.“

Der Leutnant blinzelte mit den Augen, schüttete sich aus vor Lachen und machte eine elegante Verbeugung.

„Sehr schmeichelhaft, der Gefangene einer so reizenden Amazone zu sein.“

„Was? Was meckerst du da?“ sagte Marjutka langsam und maß den Leutnant mit einem vernichtenden Blick. „Gesindel! Außer Pas de quatre tanzen hast wohl nichts gelernt? Quatsch nicht! Trab an! Marsch!“

An diesem Tage übernachteten sie am Ufer eines kleinen Sees. Unter dem Eis hervor stank das Salzwasser nach Fäulnis und Jod.

Sie nahmen die Filzdecken und die Teppiche von den Kamelen der Kirgisen und mummelten sich darin ein – bald verspürten sie paradiesische Wärme.

Marjutka fesselte den Gardeleutnant an Händen und Füßen mit einer wollenen Kamelleine, wickelte sie sich dann um den Leib und band sich das Ende ums Handgelenk.

Ringsum wieherten die Rotarmisten vor Lachen. Der glotzäugige Semjanny brüllte: „Guckt, Brüder, Marjutka fesselt den Liebsten an sich. Mit ’ner Zauberwurzel!“

Marjutkas Blick glitt über die Lachenden hin.

„Schert euch zum Kuckuck, Fischcholera! Laßt eure faulen Witze ... Und wenn er auskneift?"

„Bist wohl nicht recht gescheit! Hat er vielleicht zwei Leben? Wohin soll er hier mitten im Sand auskneifen?"

„Sand hin, Sand her – so ist es sicherer. Schlaf, du Pest von Kavalier."

Marjutka stieß den Leutnant unter die Filzdecke und legte sich neben ihn.

Es ist herrlich, unter einer wolligen Kameldecke, unter dickem Filz zu schlafen. Der Filz duftet nach der Julischwüle der Steppe, nach Wermut, nach der weiten, endlosen Sandwüste. Wohlige Wärme umfängt den Körper und lullt ihn in süßen Schlummer.

Unter einem Teppich schnarcht Jewsjukow; mit einem verklärten Lächeln auf den Zügen liegt Marjutka da, und langausgestreckt auf dem Rücken ruht der Gardeleutnant Goworucha-Otrok, die dünnen, schöngeformten Lippen fest zusammengekniffen.

Nur der Wachposten schläft nicht. Er sitzt auf dem Rand einer Filzdecke, auf den Knien die Büchse, seine unzertrennliche Begleitung, die ihm näher ist als die Frau oder die Liebste. Er schaut in die bleiche schneeige Finsternis, in der dumpf die Schellen der Kamele tönen.

Jetzt sind's vierundvierzig Kamele. Mag der Weg auch noch so schwer sein, jetzt haben wir wenigstens Gewißheit!

Kein Zweifel frißt mehr an den Herzen der Rotarmisten.

Pfeifend und heulend singt der Sturm sein Lied, jagt dem Posten Schneeflocken in die Ärmel. Der Posten kriecht in sich zusammen, nimmt das Ende der Filzdecke und wirft es sich über den Rücken. Sofort hört die Kälte auf, ihn mit eisigen Nadeln zu stechen. Der frierende Körper wird wieder warm.

Schnee, trübes Dunkel, Sandwüste.

Trauriges asiatisches Land.

„Wo sind die Kamele? ... Die Kamele? Der Teufel hol deine Mutter! Verdammter Kerl! Pockennarbiges Aas! Du hast geschlafen? Geschlafen? Was hast du angerichtet, du Schuft? Die Därme reiß ich dir aus dem Leib!"

Der Posten taumelt, von einem furchtbaren Fußtritt getroffen, in die Höhe. Mit trüben Augen blickt er um sich.

Schnee und trübes Halbdunkel.

Neblige Morgendämmerung. Sandwüste. Keine Kamele.

Wo die Kamele weideten, sieht man Spuren von Kamelen und Menschen. Spuren von spitzen, kirgisischen Schnabelstiefeln.

Wahrscheinlich waren die Kirgisen die ganze Nacht hindurch heimlich der Abteilung nachgegangen und hatten die Kamele fortgetrieben, während der Posten schlief.

Starr vor Schrecken, schwiegen die Rotarmisten. Keine Kamele! Was tun? Man kann sie nicht einholen, kann sie in der Wüste nicht finden.

„Erschießen ist viel zuwenig für dich, du Hundesohn!" brüllte Jewsjukow.

Der Posten schwieg, nur die Tränen auf seinen Wimpern gefroren zu Kristallen.

Unter seiner Filzdecke kroch der Leutnant hervor. Er sah sich um, pfiff leise und bemerkte spöttisch: „Eine nette Disziplin haben die Sowjets! Des Herrgotts Schlafmützen!"

„Maul halten, du Lausevieh!" schrie Jewsjukow wütend und fuhr dann mit spröder Stimme fort: „Was, zum Teufel, stehen wir hier noch herum? Los, brechen wir auf, Jungs!"

Es waren nur noch elf, die sich, in Fetzen gehüllt, im Gänsemarsch über die Hügel dahinschleppten.

Die übrigen waren als Wegzeichen auf dem schwarzen Pfad liegengeblieben.

Am Morgen öffneten sich die vor Schwäche trübe gewordenen Augen zum letzten Male, steif wie Balken streckten sich die geschwollenen Beine, aus der Kehle kroch heiseres Röcheln.

Zu dem Liegenden trat der himbeerrote Jewsjukow. Das Gesicht des Kommissars war schon nicht mehr von der gleichen Farbe wie seine Lederjoppe. Es war trocken und grau geworden, und die Sommersprossen glichen alten Kupfermünzen.

Er sah hin, schüttelte den Kopf.

Dann versengte der eiskalte Lauf des Jewsjukowschen Nagants die eingefallene Schläfe und hinterließ eine kreisförmige, fast unblutige Wunde mit schwärzlichem Rand.

In aller Eile schütteten sie einen Sandhügel auf und zogen weiter.

Joppen und Hosen waren bald zerfetzt, das Schuhzeug zerrissen. Sie wickelten sich Filzfetzen um die Füße und Lappen um die erfrorenen Finger.

Zehn ziehen wankend dahin, im Winde taumelnd.

Einer geht aufrecht, ruhig.

Es ist Gardeleutnant Goworucha-Otrok.

Mehr als einmal wandten sich die Rotarmisten an Jewsjukow: „Genosse Kommissar! Wie lange sollen wir ihn noch mitschleppen? Frißt nur unnütz Portionen. Seine Kleidung und sein Schuhzeug aber sind noch gut; wir könnten die Sachen aufteilen."

Doch Jewsjukow verbot ihnen, den Leutnant anzurühren.

„Ich werde ihn im Stab abliefern oder zusammen mit ihm verrecken. Er weiß viel. Solch einen Menschen darf man nicht ohne weiteres umbringen. Er wird seinem Schicksal nicht entgehen."

Dem Leutnant sind die Ellbogen mit einer Kamelleine gefesselt, deren Ende Marjutka an ihrem Gürtel befestigt hat. Marjutka schleppt sich mühsam vorwärts. In dem schneebleichen Gesicht spielt einzig das Katzengelb ihrer riesengroß gewordenen Augen.

Dem Leuntnant aber ist fast nichts anzumerken. Nur ein wenig blaß sieht er aus.

Einmal trat Jewsjukow zu ihm, blickte in die Ultramarinkügelchen und brachte mit heiserem Laut hervor: „Der Teufel soll aus dir klug werden! Hast wohl zwei Leben? Siehst so zart und schwächlich aus, hast aber Kräfte für zwei! Woher hast du diese Kräfte?"

Um die Lippen des Leutnants zuckte wie stets ein ironisches Lächeln. Ruhig entgegnete er: „Das verstehst du nicht. Das macht der Unterschied in der Kultur. Bei dir drückt der Körper den Geist zu Boden, bei mir aber beherrscht der Geist den Körper. Ich kann mir befehlen, nicht zu leiden."

„So-o", antwortete der Kommissar gedehnt.

Zu beiden Seiten türmten sich die Hügel aus weichem, welligem Flugsand. Auf ihren Kämmen wirbelte zischend, vom Wind getrieben, der Sand empor, und es schien, als wollten sie nie ein Ende nehmen.

Einer nach dem andern fielen die Männer in den Sand, knirschten mit den Zähnen und heulten mit erstickter Stimme.

„Ich geh nicht weiter. Laßt mich hier verrecken. Hab keine Kraft mehr."

Dann trat Jewsjukow heran und brachte sie mit Flüchen und Schlägen wieder auf die Beine.

„Vorwärts! Von der Revolution desertieren gibt's nicht."

Sie erhoben sich. Gingen weiter.

Wieder einmal war der Vorderste einen Sandhügel hinaufgekrochen. Plötzlich wandte sich sein Schädel mit den wild zu Berge stehenden Haaren nach den übrigen um, und er heulte auf: „Der Aral! ... Brüder!"

Dann sackte er zusammen. Jewsjukow spannte seine letzten Kräfte an und rannte den Hügel hinauf. Blendendes Blau stach ihm in die entzündeten Augen. Er verzog schmerzhaft das Gesicht, und seine Finger krallten sich in den Sand.

Der Kommissar wußte nichts von Kolumbus, auch nichts davon, daß sich die Finger der spanischen Seefahrer bei dem Ruf „Land!" ebenso in die Planken der Karavellen gekrallt hatten.

VIERTES KAPITEL

in dem das erste Gespräch zwischen Marjutka und dem Leutnant zustande kommt und der Kommissar eine Expedition zur See ausrüstet

Am zweiten Tag ihres Marsches längs des Ufers stießen sie auf einen Kirgisenaul.

Zuerst stieß ihnen der ätzend scharfe Geruch des Kisjakrauchs* in die Nase, der ihre leeren Mägen heftig reizte.

In der Ferne wurden die runden fuchsroten Kuppeln der Jurten sichtbar. Mit wütendem Gekläff stürzten ihnen struppige kleine Köter entgegen.

Die Kirgisen liefen vor den Jurten zusammen und schauten voll Verwunderung und Mitleid auf die heranwankenden traurigen Gestalten.

Ein Greis mit eingedrückter Nase strich mit den Händen zuerst über seine spärlichen Bartsträhnen, dann über seine Brust, nickte und sagte:

„Seljam Alejkum. Wohin geht dieser, Freund?"

Jewsjukow drückte schwach die dargebotene flache rauhe Hand.

„Rote sind wir. Wollen nach Kasalinsk. Nimm uns auf, Alter, und gib uns zu essen. Wirst dafür vom Sowjet Dank bekommen."

Der Kirgise wackelte mit dem Bärtchen, schmatzte mit den Lippen.

„Uj-Baj, roter Asker**. Bolschak. Sentir*** gekommen?"

„Nein, Freund! Sind nicht aus dem Zentrum. Haben uns von Gurjew durchgeschlagen!"

„Gurjaw? Uj-Baj, Uj-Baj! Karakum gegangen?"

In den kirgisischen Schlitzäuglein sprühten Furcht und Achtung vor dem ausgeblichenen himbeerroten Menschen, der im Februarfrost zu Fuß die Karakum-Wüste von Gurjew bis zum Aralsee durchquert hatte.

Der Alte klatschte in die Hände und rief den herbeilaufenden Frauen in seiner gutturalen Sprache ein paar Worte zu.

Dann nahm er den Kommissar beim Arm.

„Komm, Freund, in Jurte. Schlaf wenig-wenig. Ausschlafst, Pilaw† essen."

Restlos erschöpft sanken sie in der dunstigen Wärme der Jurten zu Boden, schliefen wie tot bis zur Dämmerung. Die Kirgisen hatten Reis-

* Kisjak – Kameldung, der getrocknet als Brennmaterial verwandt wird
** Asker – Krieger
*** Sentir – der Kirgise radebrecht das russische Wort Zentr (Zentrum, Hauptstadt).
† Pilaw – Reis mit Hammelfleisch

brei zubereitet, bewirteten die Rotarmisten und streichelten ihnen freundschaftlich die spitz aus dem Rücken ragenden Schulterblätter.

„Essen, Freund, essen. Dein ein bißchen mager. Essen – gesund wirst."

Sie aßen gierig, rasch, verschluckten sich. Die Bäuche blähten sich vom fetten Reisbrei, und vielen wurde übel. Sie liefen in die Steppe, steckten die zitternden Finger in den Hals, erleichterten sich und fielen von neuem über das Essen her. Fraßen sich halbtot und schliefen aufgedunsen wieder ein.

Nur Marjutka und der Leutnant schliefen nicht.

Marjutka saß am glimmenden Feuerbecken. Die überstandenen Qualen waren ihrem Gedächtnis entschwunden.

Sie holte ihren geliebten Bleistiftstummel aus der Tasche und begann auf der illustrierten Beilage der „Nowoje Wremja"*, die sie einer Kirgisin abgebettelt hatte, ihre Buchstaben zu malen. Die ganze Seite, auf der sie schrieb, nahm ein Bild des Finanzministers Graf Kokowzew ein, und quer über Kokowzews hohe Stirn und sein blondes Bärtchen legten sich die schiefen Zeilen Marjutkas.

Um den Leib hatte Marjutka nach wie vor die Kamelleine geschlungen, mit deren anderem Ende die Handgelenke des Leutnants auf dem Rücken gefesselt waren.

Nur für eine Stunde hatte Marjutka die Leine gelöst, damit sich der Leutnant am Reisbrei satt essen konnte; aber kaum war er vom Kessel weggerückt, da hatte sie ihm von neuem die Hände gefesselt.

Die Rotarmisten grinsten.

„Guck, der reinste Kettenhund."

„Hast dich wohl verknallt, Marjutka? Binde deinen Schatz nur fest an dich. Wer weiß, vielleicht kommt sonst auf einem fliegenden Teppich eine Königstochter und stiehlt dir deinen Liebsten."

Marjutka würdigte sie keiner Antwort.

Der Leutnant saß mit der Schulter an einen Jurtenpfosten gelehnt da und verfolgte mit seinen Ultramarinkügelchen die mühevollen Wanderungen von Marjutkas Bleistift.

Er beugte sich mit dem ganzen Körper vor und fragte leise: „Was schreibst du da?"

Marjutka sah ihn von der Seite unter einer fuchsroten Haarsträhne hervor an.

„Was kümmert's dich?"

„Vielleicht hast du einen Brief zu schreiben. Diktier ihn mir, ich werde schreiben."

* Nowoje Wremja" – „Neue Zeit", das führende reaktionäre Blatt während des Zarismus

Marjutka lachte leise auf.

„Sieh mal an, gar nicht dumm! Ich soll dir die Hände frei machen, damit du mir eins in die Fresse gibst und losrennst? Bist an die falsche Adresse geraten, Freundchen. Deine Hilfe brauche ich nicht. Ich schreibe keinen Brief, sondern ein Gedicht."

Die Wimpern des Leutnants klappten weit auseinander wie Fächer.

Er rückte vom Jurtenpfosten ab.

„Ein Gedicht? Du schreibst Gedichte?"

Marjutka hörte auf, krampfhaft mit dem Bleistift zu kritzeln, und errötete.

„Na und? Denkst, du kannst Pas de quatre tanzen, ich aber bin ein dummes Bauernmädel? Nicht dümmer als du!"

Der Leutnant machte eine Bewegung mit den Ellbogen – mehr ließen die Fesseln nicht zu.

„Ich halt dich nicht für dumm. Wundere mich nur. Ist denn jetzt Zeit, Gedichte zu schreiben?"

Marjutka legte den Bleistift beiseite. Warf den Kopf in den Nakken, daß ihr die rotbraunen Locken auf die Schultern fielen.

„Was bist du für ein komischer Kauz! Glaubst, Gedichte müßten im weichen Federbett geschrieben werden? Wenn aber meine Seele kocht? Wenn ich zum Beispiel davon träume, zu beschreiben, wie wir in Hunger und Kälte durch die Wüste gezogen sind? Alles zu schildern, daß es den Menschen die Brust zusammenpreßt! Meine ganze Glut lege ich hinein. Doch keiner will sie veröffentlichen – sie sagen, ich muß lernen. Wo soll ich aber die Zeit zum Lernen hernehmen? Ich schreib eben ganz einfach, aus dem Herzen heraus!"

Der Leutnant lächelte.

„Lies sie doch mal vor. Das interessiert mich sehr. Ich verstehe was von Versen."

„Du wirst nichts verstehen. Hast schleimiges Herrenblut. Mußt was über Blümchen und über Weiber haben, bei mir aber ist alles über das arme Volk, über die Revolution", sagte Marjutka traurig.

„Warum sollte ich sie nicht verstehen können?" antwortete der Leutnant. „Vielleicht ist mir ihr Inhalt fremd, aber ein Mensch kann einen anderen Menschen immer verstehen."

Unentschlossen drehte Marjutka Kokowzews Bildnis um. Sie senkte schamhaft den Kopf.

„Nun, der Teufel soll dich holen, hör zu! Aber lach nicht! Dich hat vielleicht dein Papachen bis zum zwanzigsten Jahr durch Givernöre* unterrichten lassen, ich dagegen hab selbst alles lernen müssen."

* Gouverneure, fälschlich von Gouvernante abgeleitet; gemeint sind Hauslehrer

„Nein, mein Ehrenwort, ich werde nicht lachen!“

„Dann hör zu! Hier ist alles beschrieben: wie wir uns mit den Kosaken geschlagen haben, wie wir in die Steppe gezogen sind ...“

Marjutka räusperte sich. Senkte ihre Stimme bis zum Baß. Abgehackt brachte sie die Worte heraus, wild funkelten ihre Augen:

„Als die Kosaken angriffen –
Henker, Gefolgschaft der Zaristen –,
empfingen wir sie mit Kugeln,
tapfere Rotarmisten.
Kosaken waren sehr viele,
damit mußten wir rechnen.
Jewsjukow befahl mit Heldenmiene,
die Aasbande zu durchbrechen.
Unser MG schoß wie nie
und mähte nieder die Kosakenhorde.
Doch es fiel auch fast unsere ganze Kompanie.
Zwanzig zogen in die Steppe fort ...

Aber weiter geht es nicht, es ist zum Aus-der-Haut-Fahren, Fischcholera. Ich weiß nicht, wie ich die Kamele hineinbringen soll“, sagte Marjutka stotternd.

Die Ultramarinkügelchen des Leutnants lagen im Schatten, nur im Weißen seiner Augen glimmte mit lila Reflexen die lustige Glut des Feuerbeckens, als er nach einiger Zeit antwortete: „Ja ..., kraftvoll! Viel Expression, Gefühl, verstehst du? Man sieht, daß das aus dem Herzen kommt.“ Dabei bebte der ganze Körper des Leutnants heftig, er schluckte einmal und fügte dann rasch hinzu: „Sei bitte nicht beleidigt, aber die Verse sind sehr schlecht, nicht durchgearbeitet, ungeschickt.“

Marjutka ließ das Blatt traurig auf ihre Knie sinken, blickte schweigend nach der Decke der Jurte und zuckte mit den Achseln.

„Das sage ich doch, daß sie gefühlvoll sind. Mein ganzes Inneres weint, wenn ich sie schreibe. Und daß sie nicht durchgearbeitet sind, sagt man mir überall, genauso wie du. ‚Ihre Verse sind nicht durchgearbeitet, man kann sie nicht drucken!‘ Wie soll man sie aber durcharbeiten? Was ist für ein Trick dabei? Sie sind doch ein Intelligenzler, vielleicht wissen Sie's?“ Marjutka gebrauchte in ihrer Aufregung sogar die Anrede „Sie“.

„Es ist schwer, darauf zu antworten. Verse, weißt du, sind eine Kunst. Jede Kunst aber muß erlernt werden, hat ihre Regeln und Gesetze. Wenn zum Beispiel ein Ingenieur nicht alle Regeln des Brükkenbaus kennt, wird er entweder überhaupt keine Brücke zustande bringen oder aber eine häßliche und unbrauchbare."

„Ja, eine Brücke ist etwas anderes. Dazu muß man Arichmetik und alle möglichen Inscheneurkunststücke gelernt haben. Die Gedichte aber sind mir von der Wiege an ins Herz gelegt. Ist das nicht Talent?"

„Nun ja. Aber Talent wird auch durch Lernen entwickelt. Der Ingenieur ist ebendeshalb Ingenieur und kein Arzt, weil er seit seiner Kindheit Neigung dazu hat. Wenn er aber nicht lernt, wird nichts aus ihm."

„Ach, so ist das also, Fischcholera! Nun, sobald wir aufhören, Krieg zu führen, werde ich ganz bestimmt in die Schule gehen, damit ich lerne, Gedichte zu schreiben. Es gibt doch wohl solche Schulen?"

„Ja sicherlich", antwortete nachdenklich der Leutnant.

„Unbedingt werde ich hingehen. Sie zehren an meinem Leben, diese Gedichte. Meine Seele brennt geradezu darauf, sie im Buch gedruckt zu sehen, überall mit der Unterschrift: ‚Gedicht von Marja Bassowa'."

Das Feuerbecken erlosch. In der Dunkelheit heulte der Sturm und wütete im Filz der Jurte.

„He, Kadett", sagte Marjutka plötzlich. „Sie tun wohl weh – die Hände?"

„Nicht sehr! Sie sind nur ganz steif geworden!"

„Hör mal zu! Schwör mir, daß du nicht weglaufen wirst. Dann nehme ich dir die Fesseln ab."

„Wo soll ich wohl hinlaufen? In die Wüste? Damit mich die Schakale zerreißen? Ich bin nicht mein eigener Feind."

„Nein, du mußt schwören. Sprich mir nach. Ich schwöre beim armen Proletariat, das für seine Rechte kämpft, vor der Rotarmistin Marja Bassowa, daß ich nicht weglaufen werde."

Der Leutnant wiederholte den Schwur.

Die feste Schlinge der Kamelleine löste sich und gab die blutunterlaufenen Handgelenke frei.

Mit wahrer Wonne bewegte der Leutnant seine Finger.

„Nun schlaf", sagte Marjutka gähnend, „wenn du jetzt auskneifst, bist du der gemeinste Schuft! Hier hast du eine Filzdecke, wickle dich darin ein."

„Danke, ich werde mich mit der Pelzjoppe zudecken. Gute Nacht, Marja ..."

„Filatowna", ergänzte Marjutka mit Würde und kroch unter die Filzdecke. –

Jewsjukow wollte dem Stab so rasch wie möglich Nachricht zukommen lassen.

Der Aufenthalt im Aul war nötig, damit sie sich ausruhen, durchwärmen und satt essen konnten. Nach einer Woche beschloß Jewsjukow, am Ufer entlang nach Aralski Posjolok und von dort nach Kasalinsk zu ziehen.

Anfang der zweiten Woche erfuhr der Kommissar bei einem Gespräch mit nomadisierenden Kirgisen, daß die Herbststürme etwa vier Werst enfernt ein Fischerboot ans Ufer einer Bucht geworfen hätten. Die Kirgisen erzählten, das Boot sei noch ganz in Ordnung. Es liege herrenlos am Strande, die Fischer seinen offenbar ertrunken.

Der Kommissar ging sich das Boot ansehen.

Es stellte sich heraus, daß das Boot noch wie neu war. Wind und Wetter hatten dem festen gelben Eichenholz nichts anhaben können. Nur das Segel war zerrissen, und das Steuer fehlte.

Jewsjukow beriet mit den Rotarmisten und ordnete an, daß sich ein Teil der Leute sofort auf dem Wasserwege zur Mündung des Syrdarja begeben sollte. Das Boot konnte ohne weiteres vier Personen mit nicht zu großem Gepäck tragen.

„So ist's besser", sagte der Kommissar. „Erstens schaffen wir auf diese Weise den Gefangenen schneller hin, sonst passiert, weiß der Teufel, unterwegs noch was. Es ist aber unbedingt notwendig, daß wir ihn beim Stab abliefern – dann werden sie dort dadurch auch früher von uns erfahren und uns Kavallerie mit Ausrüstung und sonstigen Dingen entgegenschicken. Bei günstigem Wetter macht das Boot den Weg quer über den Aralsee in drei bis vier Tagen, am fünften ist man dann in Kasalinsk."

Jewsjukow schrieb eine Meldung und nähte sie zusammen mit den Dokumenten des Leutnants, die er die ganze Zeit über in der Innentasche seiner Joppe aufbewahrt hatte, in ein Leinensäckchen.

Die Kirgisinnen flickten das Segel mit Mattenstücken. Und der Kommissar selbst zimmerte ein neues Steuerruder aus Bretterresten und einer Bank, die er aus dem Boot herausgerissen hatte.

An einem frostigen Februarmorgen, als die niedrige Sonne wie ein blankpoliertes Kupferbecken über den klaren Türkis des Himmels kroch, zogen sie das Boot bis an den Rand des Eises.

Sie ließen es ins Wasser und halfen der Bemannung einsteigen.

Jewsjukow sagte zu Marjutka: „Ich übergebe dir das Kommando! Du trägst die ganze Verantwortung. Paß auf den Kadetten auf. Geht er dir durch – dann wehe! Liefre ihn lebend oder tot im Stab ab. Wenn ihr aber auf Weiße stoßt, gib ihn nicht lebend aus der Hand. Fertig, los!"

FÜNFTES KAPITEL

von Anfang bis Ende bei Daniel Defoe gestohlen, ausgenommen, das unser Robinson nicht lange auf Freitag warten muß

Der Aral ist kein heiterer See.

Flache Ufer, mit Wermut bewachsener Sand und endlos sich hinziehende Dünen. Die Inseln im Aral sind wie Plinsen in der Pfanne; flach, glänzend liegen sie im Wasser, das Ufer ist kaum zu sehen. Vergeblich würde man auf ihnen Spuren von Leben suchen.

Weder Vögel noch Pflanzen findet man. Und Menschen trifft man nur im Sommer.

Die größte aller Inseln im Aral heißt „Barsa Kelmes".

Was das bedeutet, weiß man nicht. Die Kirgisen sagen, es bedeutet: Menschenverderben.

Zur Sommerzeit fahren von Aralski Posjolok Fischer nach der Insel. Der Fang bei Barsa Kelmes ist lohnend, das Wasser brodelt von Fischschwärmen.

Sobald die Wellen jedoch im herbstlichen Seewind zu schäumen anfangen, retten sich die Fischer in die ruhige Bucht von Aralski Posjolok und sind bis zum Frühling vom See verschwunden.

Wenn es die Fischer bis zu den Herbststürmen nicht schaffen, den ganzen Fang von der Insel fortzubringen, dann bleiben die gesalzenen und zu Stapeln geschichteten Fische den Winter über dort in offenen Holzschuppen liegen.

In rauhen Wintern, wenn der See von der Tschernyschbucht bis Barsa hin zufriert, beginnt ein herrliches Leben für die Schakale. Sie laufen über das Eis nach der Insel und fressen sich an gesalzenen Welsen oder Karpfen so voll, daß sie an Ort und Stelle verrecken.

Wenn dann die Fischer im Frühling, sobald der Syrdarja mit seinen lehmgelben Fluten die Eisdecke aufbricht, zurückkommen, finden sie nichts mehr von den eingesalzenen Fischen vor, die sie im Herbst zurücklassen mußten.

Vom November bis zum Februar jagen die Stürme heulend über den See. In der übrigen Zeit des Jahres gibt es sehr selten Stürme, und dann auch nur schwächere, im Sommer aber liegt der Aral unbeweglich und spiegelglatt da.

Ein langweiliger See ist der Aral.

Er hat nur eine einzige Schönheit – seine ungewöhnlich blaue Farbe.

Es ist ein tiefes, sammetweiches Blau, das wie ein Saphir schimmert.

Das steht in allen Lehrbüchern der Geographie.

Als der Kommissar Marjutka mit dem Leutnant für die Fahrt nach Kasalinsk ausrüstete, rechnete er mit ruhigem Wetter in der kommenden Woche. Die alten, erfahrenen Kirgisen sagten das gleiche.

Deshalb schickte er das Boot mit Marjutka, dem Leutnant und zwei seefesten Rotarmisten, Semjanny und Wjachir, unbesorgt auf die Reise.

Lustig blähte sich das geflickte Segel unter der gleichmäßigen Brise, schläfrig ächzte das Steuerruder in den Ösen, leise schäumten die Wellen, schlugen ölig klatschend ans Boot.

Marjutka nahm dem Leutnant die Fesseln ab – wohin soll man aus einem Boot flüchten –, und Goworucha-Otrok bediente abwechselnd mit Semjanny und Wjachir das Segel.

Er half selbst mit, sich in die Gefangenschaft zu bringen.

Wenn er aber das Segel den Rotarmisten übergeben hatte, legte er sich auf den Boden des Bootes, deckte sich mit einer Filzdecke zu und lächelte über irgend etwas, über seine geheimen Leutnantsgedanken, die niemandem außer ihm bekannt waren.

Das beunruhigte Marjutka.

Weshalb grinst er die ganze Zeit über? Als ob er eine Vergnügungsreise macht oder nach Hause fährt! Dabei muß er sich doch klar darüber sein, was ihm blüht. Man wird ihn im Stab verhören und dann an die Wand stellen. Blöder Kerl!

Der Leutnant lächelte weiter und wußte nichts von Marjutkas Gedanken.

Marjutka ertrug es nicht länger.

„Wo hast du gelernt, mit einem Boot umzugehen?"

Nachdenklich antwortete Goworucha-Otrok: „In Petersburg. Ich hatte eine eigene Jacht, eine große. Bin damit viel auf dem Meer umhergekreuzt."

„Was für eine Jacht?"

„Das ist so ein Schiff ... mit Segeln."

„Was du nicht sagst! Als ob ich eine Jacht nicht ebensogut kenne wie du. Hab sie in Astrachan bei den Burschuis im Klub gesehen. Dort war eine ganze Masse davon. Ganz weiß und schön geformt, wie Schwäne. Ich wollte wissen, wie sie hieß."

„Nelly."

„Was ist das für ein komischer Name?"

„So hieß meine Schwester. Ihr zu Ehren haben wir die Jacht ‚Nelly' getauft."

„Einen solchen Christennamen gibt es ja gar nicht."

„Nelly ist ein englischer Name, auf russisch heißt er Jelena."

Marjutka schwieg und schaute in die weiße Sonne, die zu kaltem glitzerndem Honig zerfloß. Sie glitt abwärts, dem sammetweichen Blau des Wassers entgegen.

Marjutka begann von neuem: „Dieses Wasser! Wie rein sein Blau ist. Im Kaspischen ist es grünlich, aber hier – sieh nur, wie blau es ist!"

Der Leutnant antwortete, als spräche er mit sich selbst: „Nach der Skala Forels nähert es sich fast Nummer drei."

„Was?" fragte Marjutka und drehte sich unruhig um.

„Ich habe das nur so vor mich hin gesagt. Ich meinte das Wasser. In der Hydrographie habe ich gelesen, daß in diesem See das Wasser eine überaus leuchtend blaue Farbe hat. Der Gelehrte Forel hat eine Tabelle der Schattierungen des Meerwassers aufgestellt. Das blaueste ist im Stillen Ozean. Das Wasser hier aber nähert sich nach dieser Tabelle der Nummer drei."

Marjutka schloß ihre Augen halb, als wollte sie sich die in allen Schattierungen von Blau schimmernden Forelsche Tabelle vorstellen.

„Ein wunderbares Blau, schwer zu vergleichen. Blau wie ..."

Sie öffnete die Augen und heftete plötzlich ihre gelben Katzenpupillen auf die Ultramarinkügelchen des Leutnants. Sie beugte sich ruckartig vor, erzitterte am ganzen Körper, als hätte sie etwas Unerhörtes entdeckt, öffnete erstaunt ihre Lippen und flüsterte: „Da schlag einer lang hin! Deine Pupillen sind genauso blau wie das Wasser! Jetzt begreif ich erst, weshalb sie mir so bekannt vorkamen, Fischcholera!"

Der Leutnant schwieg.

Orangefarbene Glut ergoß sich über den Horizont. In der Ferne nahm das Wasser eine tintenblaue Färbung an. Ein eiskalter Luftzug strich über den See.

„Das kommt vom Osten her", sagte Semjanny beunruhigt und hüllte sich in seine Mantelfetzen.

„Wenn nur kein Sturm losbricht", ließ sich Wjachir vernehmen.

„Ach was, zwei Stunden werden wir noch fahren, dann ist Barsa schon zu sehen. Wenn's Sturm gibt, werden wir dort übernachten."

Sie schwiegen. Das Boot begann auf den dunkel gewordenen bleiernen Wellenkämmen hin und her zu schaukeln.

Am fahlgrau-schmutzigen Himmel tauchten langgestreckte schmale Wolkenstreifen auf.

„Ich hab's ja gesagt. Es gibt Sturm."

„Barsa muß bald in Sicht kommen. Nach dem Kompaß müßte es links liegen. Ein verfluchter Ort ist dieses Barsa. Auf allen Seiten Sand und weiter nichts. Nur der Sturm heult ... Fier die Schote weg, du Aas, fier sie weg! Das sind dir keine Generalshosenträger."

Der Leutnant hatte die Schote nicht mehr rechtzeitig wegfieren können. Das Boot schnitt mit der Bordkante ins Wasser, und Schaumfetzen klatschten den Insassen ins Gesicht.

„Was kann ich dafür? Marja Filatowna hat am Steuer geschlafen"

„Was? Ich und geschlafen? Du bist wohl nicht bei Sinnen, Fischcholera, du. Seit meinem fünften Lebensjahr sitz ich am Steuer."

Wellen jagten von hinten heran, hoch und schwarz, wie Drachenkämme, und schnappten mit ihren geifernden Mäulern nach dem Boot.

„A-ach ... Wenn wir doch Barsa schon erreicht hätten. Verfluchte Dunkelheit – nichts ist mehr zu sehen."

Wjachir schaute angestrengt nach links. Plötzlich brüllte er freudig: „Da ist es, das verfluchte!"

Durch Schaumspritzer und trübes Dunkel leuchtete ein niedriger weißlicher Streifen auf.

„Halt aufs Ufer zu", schrie Semjanny, „hoffentlich erreichen wir es noch."

Die Wellen schmetterten auf das Heck des Bootes, schwer ächzten die Spanten. Eine Sturzwelle warf sich auf das Boot und füllte es fußhoch mit Wasser.

„Schöpft das Wasser aus!" schrie Marjutka gellend und sprang auf.

„Schöpfen? Die Schöpfkelle ist zum Teufel gegangen."

„Dann mit den Mützen!"

Semjanny und Wjachir rissen sich die Pelzmützen vom Kopf und begannen fieberhaft, Wasser zu schöpfen. Der Leutnant zögerte einen Augenblick. Dann nahm auch er seine Pelzmütze und half ihnen.

Der niedrige weiße Streifen trieb auf das Boot zu und verwandelte sich in ein flaches, mit einer dünnen Schneedecke überzogenes Ufer. Der kochende Schaum der Brandung machte es noch weißer.

Heulend tobte das Unwetter, immer höher türmten sich die schäumenden Wogen.

Wütend warf sich der Sturm ins Segel, blähte dessen schwangeren Leib noch mehr auf und riß an ihm.

Knallend wie ein Kanonenschuß barst die alte Leinwand.

Semjanny und Wjachir stürzten zum Mast.

„Haltet die Enden!" schrie Marjutka gellend vom Heck her und legte sich mit ihrem ganzen Gewicht auf die Ruderpinne.

Brausend und schäumend rollte von hinten eine eisige Woge heran, warf das Boot ganz auf die Seite und wälzte sich wie schwere gläserne Gallerte darüber hinweg.

Als es sich wieder aufrichtete, war es fast bis zum Rand mit Wasser gefüllt. Semjanny und Wjachir standen nicht mehr am Mast. Von dem zerrissenen Segel flatterten nur noch feuchte Fetzen im Sturm.

Der Leutnant saß bis zum Gürtel im Wasser auf dem Boden des Bootes und bekreuzigte sich.

„Du Satan! Was sitzt du da? Schöpf Wasser!" Zum ersten Male in ihrem Leben überschüttete Marjutka jemand mit einer Flut von gemeinen Flüchen.

Er sprang auf wie ein gescholtenes Hündchen und begann im Wasser herumzuplanschen.

Marjutka schrie in Nacht, Geheul und Sturm: „Semja-aan-ny! ... Wja-aachi-iii-ir!"

Klatschend schlug der Schaum gegen das Boot. Keine Menschenstimme antwortete.

„Sie sind ersoffen, verflucht noch mal!"

Der Sturm trug das halb vollgeschlagene Boot ans Ufer. Ringsum schäumte das Wasser. Noch ein Stoß, und der Kiel schurrte über Sand.

„Spring ins Wasser!" rief Marjutka und sprang selbst aus dem Boot. Der Leutnant sprang ihr nach.

„Komm, hilf ziehen!"

Von den Spritzern geblendet und unter der Wucht der Wellen schwankend, zogen sie das Boot ans Ufer. Schwer schnitt der Kiel in den Sand. Marjutka ergriff die Gewehre.

„Nimm die Säcke mit dem Proviant. Schnell!"

Der Leutnant fügte sich gehorsam. Sobald sie an eine trockene Stelle kamen, ließ Marjutka die Gewehre in den Sand fallen. Der Leutnant legte die Säcke hin.

Marjutka schrie noch einmal in die Finsternis hinaus: „Semjanny-y! ... Wjachii-ir!"

Keine Antwort.

Sie setzte sich auf die Säcke und heulte nach Weiberart.

Der Leutnant stand hinter ihr, seine Zähne klapperten laut.

Schließlich zuckte er die Achseln und sagte: „Teufel noch mal! Wie ein Märchen! Robinson und Freitag!"

SECHSTES KAPITEL

in dem ein zweites Gespräch zustande kommt und sich die schädliche physiologische Wirkung des Seewassers bei einer Temperatur von +2 Grad Reaumur zeigt

Der Leutnant berührte Marjutka an der Schulter. Er setzte wiederholt zum Sprechen an, doch heftiges Zähneklappern ließ ihn nicht dazu kommen.

Er hielt den Unterkiefer mit der Hand fest und stammelte: „Weinen hilft nichts. Wir müssen weg hier! Können doch nicht so sitzen bleiben! Werden ja erfrieren!"

Marjutka hob den Kopf und sagte verzweifelt: „Wo sollen wir denn hin? Wir sind doch auf einer Insel. Ringsum ist Wasser."

„Wir müssen weg hier. Ich weiß, hier gibt es Schuppen."

„Woher weißt du das? Warst du vielleicht schon mal hier?"

„Nein, das nicht. Aber als ich im Gymnasium war, habe ich gelesen, daß die Fischer hier Lagerschuppen für Fische errichten. Einen solchen Schuppen müssen wir finden."

„Nun gut, und wenn wir einen finden? Was dann?"

„Der Morgen ist klüger als der Abend. Steh auf, Freitag."

Marjutka schaute den Leutnant erschrocken an.

„Bist du etwa verrückt geworden? Herrgott im Himmel! Was soll ich denn mit dir anfangen? Nicht Freitag, sondern Mittwoch ist heute."

„Macht nichts! Kehr dich nicht daran. Darüber werden wir später sprechen. Steh auf!"

Marjutka stand gehorsam auf. Der Leutnant bückte sich, um die Gewehre aufzuheben, doch das Mädchen packte seinen Arm.

„Halt! Keine Scherze! Du hast mir doch dein Wort gegeben, daß du nicht wegläufst!"

Der Leutnant riß seinen Arm los und lachte wild auf.

„Offensichtlich bin nicht ich verrückt geworden, sondern du! Überleg doch mal – kann ich denn jetzt an Flucht denken? Die Gewehre will ich nur deshalb tragen, weil sie für dich zu schwer sind."

Marjutka wurde still. Weich und ernst sagte sie: „Dank dir für die Hilfe! Nur hab ich Befehl, dich zum Stab zu schaffen. Also kann ich dir nicht die Waffen geben, ich trage die Verantwortung!"

Der Leutnant zuckte die Achseln, hob die Säcke auf und ging los.

Der mit Schnee vermischte Sand knirschte unter den Füßen. Endlos zog sich das flache, widerlich ebene Ufer hin.

In der Ferne tauchte etwas Graues, Schneebedecktes auf.

Marjutka taumelte unter der Last der drei Gewehre.

„Vorwärts, Marja Filatowna! Halt durch! Das müssen die Schuppen sein."

„Ach, wenn wir doch schon da wären, ich hab keine Kraft mehr. Bin total durchgefroren."

Endlich waren sie bei einem Schuppen angelangt. Innen herrschte undurchdringliche Finsternis. Es roch übelkeiterregend nach Salzfisch.

Der Leutnant tastete mit der Hand einen Haufen aufeinandergeschichteter Fische ab.

„Aha! Fisch ist da! Werden wenigstens nicht verhungern."

„Wenn wir nur Feuer hätten! Wir müssen mal sehen. Vielleicht finden wir einen Winkel, wo wir vor dem Sturm geschützt sind", stöhnte Marjutka.

„Nun, elektrisches Licht wird es hier nicht geben."

„Man könnte den Fisch anstecken. Wie fett er ist."

Der Leutnant begann von neuem zu lachen.

„Den Fisch anstecken? Ich glaube, du bist wirklich verrückt geworden."

„Warum verrückt?" antwortete Marjutka beleidigt. „Bei uns an der Wolga macht man das oft genug. Brennt besser als Holz."

„Davon höre ich zum erstenmal. Ja, und wie sollen wir ihn anstekken? Ich hab zwar ein Feuerzeug bei mir, doch wo nehmen wir Späne her?"

„Ach, du Kavalier! Man sieht, daß du dein ganzes Leben lang der Mutter am Rockzipfel gehangen hast. Hier, dreh inzwischen die Kugeln raus, ich werde von der Wand ein paar Holzspäne losreißen."

Es bereitete dem Leutnant große Mühe, mit seinen steifgefrorenen Fingern die Kugeln aus den drei Patronenhülsen herauszuziehen. Marjutka, die bereits Späne geholt hatte, rannte in der Dunkelheit gegen ihn.

„Streu das Pulver hierhin! Alles auf einen Haufen. Gib dein Feuerzeug her!"

Der Zunder glühte als orangefarbener Punkt, und Marjutka steckte ihn ins Pulver. Es zischte, flammte auf und verbrannte langsam mit kleiner gelber Flamme, die schließlich die trockenen Späne in Brand setzte.

„Fertig", frohlockte Marjutka. „Hol einen Fisch ... Nimm einen fetten Karpfen."

Sie legte den Fisch quer über die brennenden Späne. Er krümmte sich und loderte in fettiger, heißer Flamme auf.

„Jetzt brauchst du nur nachzulegen. Die Fische langen für ein halbes Jahr."

Marjutka schaute sich um. Die Flamme warf zitternde und hüpfende Schatten auf den riesigen Fischhaufen. Die Holzwände waren voller Löcher und Ritzen.

Marjutka ging durch den Schuppen. Rief aus irgendeinem Winkel.

„Hier ist eine heile Ecke! Leg Fische auf, damit das Feuer nicht ausgeht. Ich werde hier mal umpacken und uns ein Zimmer einrichten."

Der Leutnant ließ sich am Feuer nieder. Krümmte sich, während er von der wohligen Wärme allmählich auftaute. In der Ecke fielen krachend und klatschend die von Marjutka aus dem Wege geräumten Fische auf den Boden. Schließlich rief sie: „So, ich bin fertig! Bring Feuer her!"

Der Leutnant packte einen brennenden Karpfen am Schwanz und ging damit zu ihr in die Ecke. Auf drei Seiten hatte Marjutka Wände aus Fischen errichtet, so daß ein etwa vier Quadratmeter großer Raum entstanden war.

„Kriech herein, steck an. Hier in der Mitte hab ich schon Fische bereitgelegt. Ich werde mich inzwischen nach unserem Proviant umsehen."

Der Leutnant schob den Karpfen unter den Stapel aufgeschichteter Fische. Langsam, widerstrebend begann er zu brennen. Majutka kam zurück, stellte die Gewehre in einen Winkel und verstaute die Säcke.

„Ach, Fischcholera! Schade um die Jungens, sind für nichts und wieder nichts ertrunken."

„Es wäre gut, wenn wir unsere Kleider trockneten. Sonst werden wir uns noch erkälten."

„Was fragst du erst lange? Die Fische geben ein prächtiges Feuer. Also runter mit den Lumpen!"

Der Leutnant wurde verlegen.

„Trocknen Sie Ihre Kleider, Marja Filatowna. Ich warte so lange draußen. Dann werde ich meine Kleider trocknen."

Marjutka sah ihn mitleidig lächelnd an.

„Ach, was bist du für ein Dummkopf, du mit deinem Herrenverstand. Was ist denn dabei? Hast du noch niemals ein nacktes Weib gesehen?"

„Nein, nicht meinetwegen ..., aber vielleicht genieren Sie sich?"

„Quatsch! Wir sind beide aus dem gleichen Fleisch gemacht. Kein großer Unterschied!" Sie fuhr ihn an: „Zieh dich aus, du Götzenbild. Klapperst mit den Zähnen wer weiß wie und machst noch Faxen."

Auf den zusammengestellten Gewehren hingen dampfend ihre Kleider am Feuer.

Der Leutnant und Marjutka saßen einander gegenüber und wärmten sich wohlig an der Glut der Flamme.

Marjutka betrachtete aufmerksam den weißen, zarten, abgemagerten Rücken des Leutnants.

„Wie weiß du bist, Fischcholera! Man hat dich sicherlich in Sahne gebadet!“ brummte sie.

Der Leutnant errötete tief und wandte ihr sein Gesicht zu. Er wollte etwas sagen, gewahrte jedoch den gelblichen Widerschein des Feuers, der sich auf Marjutkas Brust rundete, und senkte seine Ultramarinkügelchen.

Die Kleider waren trocken geworden. Marjutka warf sich ihre kleine Pelzjacke um die Schultern.

„Es ist Zeit zum Schlafen. Vielleicht beruhigt sich das Wetter bis morgen. Ein Glück, daß das Boot nicht abgesoffen ist. Bei ruhigem Wetter werden wir schon irgendwie zum Syrdarja gelangen. Und da finden wir bestimmt Fischer. Leg du dich zuerst hin, ich paß aufs Feuer auf. Sobald ich müde werde, weck ich dich. So lösen wir uns ab.“

Der Leutnant legte sich Kleidungsstücke unter und deckte sich mit seiner Pelzjoppe zu. Er schlief sofort fest ein und begann im Schlaf zu stöhnen. Marjutka saß unbeweglich da und sah ihn an.

Sie zuckte die Schultern.

„Da habe ich mir etwas Schönes aufgeladen! Er sieht so kränklich aus! Wenn er sich nur nicht erkältet hat. Zu Hause hat man ihn sicherlich in Samt und Seide gehüllt. Ist das ein Leben, Fischcholera!“

Morgens, als durch die Ritzen im Dach graues Dämmerlicht hereindrang, weckte Marjutka den Leutnant.

„Hör zu, du wirst hier auf das Feuer aufpassen, und ich gehe an den Strand. Vielleicht haben sich die Unsrigen doch noch ans Ufer gerettet und sitzen dort jetzt irgendwo.“

Der Leutnant richtete sich mühsam auf. Er preßte die Finger an die Schläfen und sagte mit dumpfer Stimme: „Ich habe Kopfschmerzen.“

„Wird nicht so schlimm sein ... Das kommt von dem Qualm und von der Müdigkeit. Wird vorübergehen. Nimm dir Fladen aus dem Sack, brat dir einen Wels und iß dich satt.“

Sie nahm ein Gewehr, wischte es mit dem Ende ihrer Felljacke ab und ging los.

Der Leutnant kroch auf den Knien zum Feuer und holte einen feuchten, harten Fladen aus dem Sack. Er biß ab, kaute ein wenig, ließ das Stück fallen und sackte plötzlich neben dem Feuer zusammen.

Marjutka rüttelte den Leutnant an der Schulter. Verzweifelt schrie sie: „Steh auf! Steh auf, Verfluchter! Ein Unglück ist passiert!“

Die Augen des Leutnants öffneten sich weit.

„Steh auf, sag ich! So ein Unglück! Die Wellen haben das Boot fortgetragen. Jetzt sind wir verloren."

Der Leutnant blickte sie an und schwieg.

Marjutka sah näher hin und erschauerte.

Des Leutnants Ultramarinkügelchen blickten trübe und irr. Seine Wange, die kraftlos an Marjutkas Hand lehnte, war heiß wie Feuer.

„So hast du dich doch erkältet, du Zierpuppe. Was soll ich nun mit dir anfangen?"

Der Leutnant bewegte seine Lippen.

Marjutka beugte sich über ihn und hörte ihn flüstern: „Michail Iwanowitsch ... Geben Sie mir keine Eins* ... Ich bin mit meinen Schularbeiten nicht fertig geworden ... Werde zu morgen alles nachholen ..."

„Was faselst du da?" fragte Marjutka zitternd.

„Tresor ..., faß ..., ein Rebhuhn ...", schrie der Leutnant plötzlich und sprang auf.

Marjutka wandte sich ab und bedeckte das Gesicht mit den Händen.

Der Leutnant fiel wieder hin und krallte seine Finger in den Sand.

Gurgelnd sprudelte er unverständliche Laute hervor.

Marjutka blickte sich ratlos um.

Sie zog sich die Pelzjacke aus, warf sie in den Sand, schleppte den regungslosen Körper des Leutnants unter Anspannung aller Kräfte auf die Jacke und deckte ihn mit seiner Pelzjoppe zu.

Sie kauerte neben ihm nieder, ein hilfloses Bündel. Über ihre eingefallenen Wangen rollten langsam trübe Tränen.

Der Leutnant wälzte sich hin und her und warf die Pelzjoppe dauernd ab. Marjutka aber deckte ihn geduldig immer wieder damit zu.

Als sie bemerkte, daß sein Kopf im Sand lag, schob sie ihm Säcke unter.

Mit aufwärts gewandtem Blick, als klagte sie dem Himmel ihr Leid, sprach sie: „Er stirbt ... Was sage ich nur Jewsjukow? So ein Unglück!"

Sie beugte sich über den Fiebernden, schaute ihm in die trüben blauen Augen.

Ein heftiger Schmerz durchbohrte ihre Brust. Sie streckte die Hand aus und glättete leise die zerzausten Haare des Leutnants. Sie umfaßte seinen Kopf mit beiden Händen und flüsterte zärtlich: „Ach, du mein blauäugiges Närrchen!"

* Die Eins ist die schlechteste Note.

SIEBENTES KAPITEL
das anfänglich sehr konfus ist, zum Schluß aber klarer wird

Silberne Trompeten, und an den Trompeten hängen Glöckchen.

Die Trompeten blasen, die Glöckchen klingen mit zartem Ton, wie Eiskristalle:

Klinge-ling, ling, ling.

Klinge-linge, lang, lang, lang.

Die Trompeten aber blasen ihre eigene Melodie:

Tra-ra, tra-ra, tra-ra.

Unzweifelhaft ein Marsch. Ein Marsch, ja natürlich, der Marsch, der immer bei Paraden gespielt wird.

Und da ist ja auch der Platz, gesprenkelt von den Sonnenstrahlen, die durch den grünen Seidenschleier der Ahornbäume dringen.

Er kehrt dem Orchester den Rücken zu; hinten aus dem Mantelschlitz lugt ein großer roter Fuchsschwanz hervor, auf dessen Ende ein goldener Knauf steckt. An diesem Knauf ist eine Stimmgabel befestigt.

Der Schwanz wedelt nach allen Seiten, gibt mit der Stimmgabel den Ton an, zeigt den Hörnern und den Pauken, wann sie einsetzen müssen, und wenn ein Musiker nicht aufpaßt, so bekommt er die Stimmgabel um die Ohren.

Die Musiker spielen, was das Zeug hält.

Sie sehen wie alle anderen Soldaten aus, gehören offenbar verschiedenen Leibgarderegimentern an.

Die Musiker haben jedoch keinen Mund. Die Stelle unter der Nase ist glatt. Und die Trompeten haben sie sich in das linke Nasenloch gesteckt.

Mit dem rechten Nasenloch atmen sie, mit dem linken aber blasen sie die Trompeten. Das gibt einen eigenartigen klingenden und lustigen Ton.

„Zum Paradema-a-a-arsch angetreten!“

„Zum Paradema-a-arsch … das Gewe-e-ehr über!“

„Regiment!“

„Bataillon!“

„Kompanie!“

„Rechts um … Erstes Bataillon marsch!“

Die Trompeten: Tra-ra, tra-ra. Die Glöckchen: Kling-ling-ling.

Hauptmann Schwezow tänzelt mit seinen Lackstiefeln voran. Der Hintern des Hauptmanns ist rund und glatt wie ein Schinken. Wippwipp.

„Guten Morgen, Soldaten!“

„Guten Morgen, Herr Hauptmann!“
„Leutnant!“
„Leutnant, zum General!“
„Welcher Leutnant?“
„Von der dritten Kompanie! Goworucha-Otrok!“
Der General sitzt zu Pferde, mitten auf dem Platz. Sein Gesicht ist rot, sein Schnurrbart grau.
„Herr Leutnant, was ist das für 'ne Schweinerei?“
„Hihihi! ... Hahaha!“
„Verrückt geword'n? Sie lachen? Was fällt Ihnen ein? Ich werde Sie ...!“
„Hohoho ... Sie sind ja gar kein General, Sie sind ja ein Kater, Exzellenz!“
Der General sitzt zu Pferde. Bis zum Leibgurt ist er ein richtiger General, vom Leibgurt an aber hat er Katzenbeine. Wenn es wenigstens noch die einer Rassekatze wären – doch nein, es sind die Beine einer gestreiften grauen Hauskatze, wie sie überall auf den Dächern umherspazieren.
Die Pfoten stecken in den Steigbügeln.
„Ich lasse Sie vor Gericht stellen, Leutnant! Unerhörter Skandal! Ist Gardeoffizier, und dabei guckt ihm der Bauchnabel heraus!“
Der Leutnant blickt an sich hinunter und erstarrt. Sein Nabel ist unter der Schärpe hervorgekrochen. Er sieht wie ein dünner grüner Schlauch aus, und sein Ende dreht sich blitzschnell in zentrifugaler Bewegung. Der Leutnant greift nach dem Nabel, doch dieser reißt sich jedesmal wieder los.
„Verhaften! Fahneneid gebrochen!“
Der General nimmt die Pfote aus dem Steigbügel und versucht, ihn mit den Krallen zu packen. An der Pfote ist ein silberner Sporn befestigt, doch an Stelle des Rädchens steckt ein Auge in dem Sporn.
Ein ganz gewöhnliches Auge. Eine rundliche gelbe Pupille, die sich in den Leutnant hineinbohrt und ihm mitten ins Herz blickt.
Das Auge zwinkert ihm zärtlich zu und sagt – wie kommt es nur, daß ein Auge sprechen kann? –, es sagt also: „Hab keine Angst! Hab keine Angst! Endlich ist es vorüber!“
Eine Hand hob den Kopf des Leutnants an, und als er seine Augen öffnete, sah er ein abgemagertes Gesicht mit fuchsroten Haarsträhnen und ebenjenes zärtliche gelbe Auge vor sich.
„Hast mir ganz schön angst gemacht, du Armer. Eine ganze Woche hab ich mich mit dir abgeplagt. Dachte schon, ich würd dich nicht durchkriegen. Sind ja mutterseelenallein auf dieser Insel. Keine Medizin und niemand, der uns helfen könnte. Nur mit heißem Wasser

hab ich dich behandelt. Zuerst hast du die ganze Zeit gebrochen. Das Wasser ist ja auch verflucht salzig, der Magen verträgt das nicht."

Nur schwer drangen dem Leutnant die zärtlichen, besorgten Worte ins Bewußtsein.

Er richtete sich ein wenig auf und blickte verständnislos um sich.

Ringsum Stapel von Fischen. In der Mitte ein Feuer, darüber an einem Gewehrstock ein Topf, in dem Wasser brodelte.

„Was ist los? Wo bin ich?"

„Ach, hast du's vergessen? Kennst mich nicht mehr? Ich bin doch Marjutka!"

Der Leutnant rieb sich mit seiner dünnen, durchsichtigen Hand die Stirn.

Erinnerte sich, lächelte hilflos und flüsterte: „Ja ..., ich erinnere mich. Robinson und Freitag!"

„Ach, fängst du schon wieder an zu phantasieren? Wie kommst du nur auf Freitag? Ich hab keine Ahnung, welcher Tag heute ist. Bin schon ganz mit der Zeit durcheinander."

Der Leutnant lächelte wieder.

„Ist doch kein Tag! Ein Name ... Es gibt eine Erzählung, wie ein Mensch nach einem Schiffbruch auf eine unbewohnte Insel kommt. Er hatte einen Freund, der hieß Freitag. Hast du niemals davon gelesen?"

Er sank auf die Felljacke zurück und fing an zu husten.

„Nein ... Märchen habe ich viele gelesen, aber dieses kenn ich nicht. Lieg ruhig und reg dich nicht auf, sonst wirst du mir noch mal krank. Ich koch dir jetzt einen Wels. Wirst essen, damit du wieder zu Kräften kommst. Denk doch, hast die ganze Woche außer Wasser nichts in den Magen gekriegt. Bist durchsichtig geworden wie eine Kerze. Lieg nur ruhig!"

Der Leutnant schloß träge die Augen. In seinem Kopf war ein langsames kristallenes Klingen. Er mußte an die Trompeten mit den Kristallglöckchen denken und lachte leise auf.

„Was hast du?" fragte Marjutka.

„Ich muß eben an etwas denken. Hatte einen komischen Traum, als ich im Fieber lag."

„Du hast vielleicht geschrien! Und kommandiert und geflucht ... Da war alles dran! Der Sturm pfeift, ringsum alles öde, ich ganz allein mit dir auf der Insel, und du obendrein ohne Bewußtsein. Hab's direkt mit der Angst zu tun bekommen." Sie zuckte fröstelnd zusammen. „Ich wußte nicht, was ich machen sollte."

„Wie hast du das bloß geschafft?"

„Nun ja, ich hab's eben geschafft. Am meisten hatte ich Angst, daß du vor Hunger sterben würdest. Außer Wasser war ja nichts da. Die übriggebliebenen Fladen hatte ich dir schon alle, in heißem Wasser gekocht, zu essen gegeben. Jetzt sind nur noch Fische da. Aber gesalzener Fisch ist doch kein Essen für einen kranken Menschen. Als ich aber gesehen habe, daß du dich bewegst und deine Augen öffnest, ist mir leichter ums Herz geworden."

Der Leutnant streckte die Hand nach Marjutka aus. Er legte seine schlanken, trotz des Schmutzes schönen Finger auf Marjutkas Handgelenk. Er streichelte sie leise und sagte: „Ich danke dir, du Liebe!"

Marjutka errötete und nahm seine Hand weg.

„Ach, laß doch! Ist nicht der Rede wert. Glaubst du vielleicht, ich laß einen Menschen sterben? Bin ich ein wildes Tier oder ein Mensch?"

„Aber ich bin doch ein Kadett ..., ein Feind. Was brauchst du dich mit mir abzugeben? Du hast doch mit dir selbst genug zu tun."

Marjutka schaute nachdenklich vor sich hin, dann zuckte sie plötzlich zusammen, winkte verächtlich mit der Hand ab und fing an zu lachen.

„Was bist du jetzt schon für ein Feind! Kannst kaum die Hände heben, und da sprichst du von Feind. Es ist nun mal mein Schicksal, daß ich mich mit dir abgeben muß. Hab dich damals nicht gleich erschossen, hab vorbeigehauen, zum erstenmal in meinem Leben – nun werd ich mich wohl bis zum Schluß mit dir herumquälen müssen. Da, iß!"

Sie schob dem Leutnant den Kessel hin, in dem fette bernsteingelbe Stücke Wels schwammen. Das durchsichtige Fleisch duftete appetitlich und zart.

Der Leutnant fischte sich einzelne kleine Stückchen aus dem Kessel und aß sie mit Appetit.

„Ist nur sehr gesalzen. Es kratzt furchtbar in der Kehle."

„Da kann man nichts machen. Wenn Süßwasser da wäre, könnte man den Fisch wässern. So aber haben wir eben Pech. Der Fisch ist gesalzen, das Wasser ist salzig! Wir sind da in eine schöne Geschichte hineingeraten, Fischcholera!"

Der Leutnant schob den Kessel zurück.

„Was? Willst du nicht mehr essen?"

„Nein. Ich bin satt. Iß selbst."

„Der Teufel soll den Salzfisch holen! Ist mir schon nach einer Woche zuwider. Er bleibt einem wie ein Pfahl im Halse stecken."

Der Leutnant lag auf einen Ellbogen gestützt da.

„Ach ... Wenn ich doch etwas zu rauchen hätte!" sagte er sehnsüchtig.

„Etwas zu rauchen? Warum hast du das nicht gleich gesagt? Im Proviantsack ist Semjannys Machorka. Er war ein bißchen naß geworden, da hab ich ihn getrocknet. Ich wußte ja, daß du Lust bekommen würdest zu rauchen. Nach einer Krankheit hat ein Raucher besonders großes Verlangen nach Tabak. Hier, nimm."

Der Leutnant nahm den Tabaksbeutel. Seine Hände zitterten vor Erregung.

„Du bist Gold wert, Mascha! Besser als eine Amme!"

„Kannst wohl nicht ohne Amme leben!" antwortete Marjutka trokken und errötete.

„Ach, jetzt habe ich kein Papier. Euer Himbeerroter hat mir den letzten Fetzen Papier abgenommen."

„Papier ..." Marjutka überlegte. Dann schlug sie entschlossen den Schoß ihrer Pelzjacke zurück, auf der der Leutnant lag, fuhr mit der Hand in die Tasche und holte ein kleines Bündel hervor.

Sie knüpfte den Bindfaden auf und reichte dem Leutnant einige Blatt Papier.

„Hier, zum Zigarettendrehen."

Der Leutnant nahm die Blätter und sah sie sich näher an. Dann warf er einen forschenden Blick auf Marjutka. Seine blauen Augen erstrahlten in ungläubigem Staunen.

„Aber das sind doch deine Gedichte! Bist du von Sinnen? Ich nehme sie nicht."

„Nimm sie, zum Teufel! Zier dich nicht so lange, Fischcholera!" schrie Marjutka.

Der Leutnant schaute sie an.

„Danke. Das werd ich dir nie vergessen!"

Er riß eine kleine Ecke ab und drehte sich eine Zigarette. Sinnend blickte er durch den bläulichen Rauchfaden, der von dem Ziegenbeinchen aufstieg, irgendwohin in die Ferne.

Marjutka sah ihn unverwandt an. Plötzlich fragte sie: „Ich gucke immerzu und kann's doch nicht begreifen. Wie kommt es nur, daß du so blaue Augen hast? In meinem ganzen Leben habe ich nicht solche Augen gesehen. Sie sind so tiefblau, daß man in ihnen ertrinken könnte."

„Ich weiß nicht", antwortete der Leutnant. „Sie sind bereits von Geburt an so. Es ist mir schon von vielen gesagt worden, daß meine Augen eine ungewöhnliche Farbe haben."

„Stimmt! Schon damals, als wir dich gefangennahmen, dachte ich: Was hat er nur für eigentümliche Augen? Deine Augen sind gefährlich."

„Für wen?"

„Für Frauen. Deine Augen bohren sich ins Herz hinein! Sie erregen."

„Haben sie auch dich erregt?"

Marjutka fuhr auf: „Ach, du Teufel! Frag doch nicht! Bleib liegen, ich hol Wasser." Sie erhob sich, nahm scheinbar gleichgültig den Kessel; bevor sie jedoch hinausging, drehte sie sich vergnügt um und sagte wie vorher: „Ach, du mein blauäugiges Närrchen."

ACHTES KAPITEL

das keiner Erläuterungen bedarf

Die Märzsonne kündete den Frühling.

Die Märzsonne über dem Aral, dem samtblauen See, beginnt mit zärtlicher Liebkosung, doch alsbald sticht sie wie mit glühenden Speeren und bringt das Blut zum Sieden.

Es war der dritte Tag, seit sich der Leutnant zum erstenmal wieder vom Krankenlager erhoben hatte.

Er saß vor der Hütte und wärmte sich in der Sonne; seine Augen blickten wie neubelebt und leuchteten wie das Blau des Sees.

Marjutka hatte in den letzten Tagen die ganze Insel durchstreift.

Am Vorabend bei Sonnenuntergang war sie in freudiger Stimmung zurückgekommen.

„Morgen ziehen wir um, hörst du?"

„Wohin denn?"

„Dorthin, ziemlich weit weg von hier. Es mögen ungefähr acht Werst sein."

„Und was ist da?"

„Ich hab eine Fischerhütte gefunden. Der reinste Palast! Trocken und fest, sogar die Fensterscheiben sind noch heil. Auch ein Ofen steht drinnen und etwas Geschirr – dort werden wir uns häuslich einrichten. Und, was die Hauptsache ist, es sind Pritschen da. Wir brauchen nicht mehr auf der Erde zu schlafen. Wären wir nur gleich hingegangen."

„Wer konnte das ahnen!"

„Das ist es eben. Aber außerdem habe ich noch etwas gefunden. Etwas Feines."

„Was denn?"

„In einem Verschlag hinter dem Ofen waren Lebensmittel verborgen. Etwas Reis und ungefähr ein halbes Pud Mehl. Schon etwas muffig, aber noch eßbar. Wahrscheinlich haben es die Fischer im Herbst vergessen, als sie vom Sturm überrascht wurden und sich beeilten wegzukommen. Jetzt brauchen wir nicht mehr zu darben."

Am nächsten Morgen zogen sie um. Marjutka ging voran, bepackt wie ein Kamel. Sie hatte dem Leutnant nicht erlaubt, auch nur irgend etwas zu nehmen, und sich selbst alles aufgeladen.

„Das gibt's ja nicht! Willst wohl wieder krank werden. Hab keine Angst! Ich werd es schon schaffen. Ich sehe zwar schmal aus, aber ich bin kräftig."

Gegen Mittag langten sie bei der kleinen Hütte an, säuberten sie von Schnee und machten die aus den Angeln gerissene Brettertür mit einem Strick wieder fest. Dann stopften sie den Ofen voll Karpfen, zündeten sie an und wärmten sich glücklich lächelnd an der Flamme.

„Herrlich! Wir leben wie die Fürsten!"

„Bist ein Prachtmädel, Mascha. Mein ganzes Leben lang werde ich dir dankbar sein. Ohne dich wäre ich nicht wieder auf die Beine gekommen."

„Klar, bist ja auch so ein Muttersöhnchen." Sie schwieg und rieb sich die Hände über dem Feuer. „Schön warm ist's! Aber was sollen wir weiter tun?"

„Ja, was sollen wir tun? Wir werden warten!"

„Worauf?"

„Auf den Frühling. Er ist schon nicht mehr fern. Jetzt haben wir Mitte März. Noch etwa zwei Wochen – und die Fischer kommen, um ihre Fische abzuholen. Die nehmen uns ganz bestimmt mit."

„Das wäre schön. Denn lange halten wir es mit den Salzfischen und dem stockigen Mehl nicht mehr aus. Zwei Wochen werden wir schon noch durchstehen, aber dann ist es aus mit uns, Fischcholera!"

„Was ist das für ein Ausdruck – Fischcholera? Woher hast du ihn?"

„Aus Astrachan. Die Fischer sagen so, um keine gemeinen Flüche zu gebrauchen. Ich fluche nicht gern, aber manchmal packt mich doch die Wut. Dann mach ich auf diese Art meinem Herzen Luft."

Sie stocherte mit dem Gewehrstock in den brennenden Fischen herum und sagte: „Du hast mal von einem Märchen gesprochen, von einer Insel ... mit Freitag. Statt hier unnütz herumzusitzen, erzähl es mir lieber. Ich hör Märchen leidenschaftlich gern. Bei uns im Dorf kamen bei meiner Tante oft die Weiber zusammen und brachten die alte Gugnicha mit. Die war hundert Jahre alt, vielleicht auch noch älter. Sie erinnerte sich sogar noch an Napoljon. Wenn sie Märchen erzählte, saß ich immer ganz gebannt in der Ecke. Ich zitterte wie Espenlaub und paßte auf, daß mir nur ja kein Wort entging."

„Von Robinson soll ich dir erzählen? Ich habe ja bereits die Hälfte vergessen. Es ist schon zu lange her, daß ich das Buch gelesen habe."

„Erinnere dich nur daran. Erzähl alles, worauf du dich besinnen kannst!“

„Gut. Ich werde mich bemühen.“

Der Leutnant schloß die Augen halb und dachte nach.

Marjutka breitete die Pelzjacke auf der Pritsche aus und setzte sich in die Ofenecke.

„Komm, setz dich hierher! Hier in der Ecke ist es wärmer.“

Der Leutnant kroch ebenfalls in die Ecke. Der Ofen wurde glühend und strahlte wohlige Wärme aus.

„Nun, worauf wartest du? Fang an. Ich halt es vor Neugier nicht mehr aus. Ich höre so gern Märchen.“

Der Leutnant stützte sich auf die Ellenbogen und begann zu erzählen: „In der Stadt Liverpool lebte einst ein reicher Mann. Der hieß Robinson Crusoe.“

„Wo liegt diese Stadt?“

„In England ... Da lebte also ein reicher Mann namens Robinson Crusoe ...“

„Halt! Ein reicher, sagst du? Warum ist eigentlich in den Märchen immer von Reichen und von Zaren die Rede? Märchen von armen Leuten gibt es wohl nicht?“

„Ich weiß nicht“, antwortete der Leutnant nachdenklich. „Das ist mir noch gar nicht aufgefallen.“

„Die Reichen werden die Märchen wohl selber geschrieben haben. Das ist genauso wie bei mir. Ich möchte ein Gedicht schreiben, hab aber keine Bildung dazu. Über einen armen Menschen jedoch könnte ich bestimmt tüchtig schreiben. Na, macht nichts. Ich werde lernen, und dann zeig ich, was ich kann.“

„Ja. Also dieser Robinson Crusoe hatte beschlossen, eine Reise zu machen und um die ganze Erde herumzufahren. Er wollte sehen, wie die Leute leben. So verließ er seine Heimatstadt auf einem großen Segelschiff ...“

Im Ofen knisterte es. Langsam und regelmäßig wie Tropfen fielen die Worte des Leutnants.

Allmählich erinnerte er sich wieder an alles und bemühte sich, jede Einzelheit wiederzugeben.

Marjutka war hingerissen. An den packendsten Stellen der Erzählung machte sie ihren Empfindungen durch laute Ausrufe Luft.

Als der Leutnant Robinsons Schiffbruch schilderte, zuckte sie verächtlich mit den Schultern und fragte: „Also alle außer ihm ertranken?“

„Ja, alle.“

„Muß das ein blöder Kapitän gewesen sein! Oder hat er sich vor dem Schiffbruch sinnlos besoffen? Das glaub ich im Leben nicht, daß ein guter Kapitän so mir nichts, dir nichts seine ganze Mannschaft umkommen läßt. Wieviel Schiffbrüche haben wir auf dem Kaspischen Meer schon gehabt; schlimmstenfalls sind zwei, drei Menschen dabei ertrunken, aber die übrigen konnten sich retten."

„Wieso? Semjanny und Wjachir sind doch auch umgekommen. Bist du deswegen ein schlechter Kapitän oder hast dich vor unserem Schiffbruch betrunken?"

Marjutka geriet aus der Fassung.

„Jetzt hast du mich aber in die Enge getrieben, Fischcholera! Nun, erzähl weiter!"

Kaum erschien Freitag auf der Bildfläche, da unterbrach Marjutka den Leutnant von neuem.

„Darum also hast du mich Freitag genannt? Danach wärst du dieser Robinson? Und Freitag, sagst du, war ein Schwarzer? Ein Neger? Ich hab mal einen Neger gesehen. Es war im Zirkus in Astrachan. Mit krausen Haaren und wulstigen Lippen! Wir sind hinter ihm hergelaufen, haben ihm einen Rockzipfel hingehalten und gerufen: ‚Hier, iß ein bißchen Schweinsohr!' Da ist er mächtig böse geworden."

Als der Leutnant in seiner Erzählung an die Stelle kam, wo Robinson von Seeräubern überfallen wird, blitzten Marjutkas Augen.

„Zehn gegen einen? Feiges Gesindel, Fischcholera!"

Der Leutnant hatte seine Erzählung beendet.

Marjutka saß zusammengekauert da und lehnte sich an seine Schulter. Schläfrig murmelte sie: „Ach, wie schön das ist. Du kennst sicherlich noch viele Märchen? Von jetzt ab wirst du mir jeden Tag eins erzählen."

„So? Gefallen sie dir denn?"

„Riesig. Ich kriege direkt eine Gänsehaut dabei. So bringen wir die Abende herum, und die Zeit vergeht uns schneller."

Der Leutnant gähnte.

„Willst du schlafen?"

„Nein … Ich bin nur noch etwas schwach nach der Krankheit."

„Ach, du Armer, Schwacher!"

Marjutka hob wieder ihre Hand und fuhr dem Leutnant damit zärtlich übers Haar. Verwundert richtete er seine Ultramarinkügelchen auf sie.

Sie weckten in Marjutkas Herz eine große Zärtlichkeit. Selbstvergessen näherte sie ihr Gesicht der eingefallenen Wange des Leutnants und preßte ihre rauhen, trockenen Lippen fest auf seine Bartstoppeln.

NEUNTES KAPITEL

in dem bewiesen wird, daß das Herz zwar kein Gesetz kennt, das Bewußtsein aber doch durch das Sein bestimmt wird

Der Gardeleutnant Goworucha-Otrok hatte der einundvierzigste auf Marjutkas Todeskonto werden sollen.

Doch er wurde der erste auf dem Konto ihrer Jungmädchenfreuden.

In Marjutkas Herz wuchs eine unwiderstehliche Sehnsucht nach dem Leutnant, nach seinen schlanken Händen, seiner leisen Stimme, vor allem aber nach den Augen mit dem ungewöhnlichen Blau.

Diese Augen, dieses Blau erhellten ihr Leben.

Vergessen war der unfreundliche Aralsee, der Übelkeit erregende Geschmack der Salzfische und des stockigen Mehls, verschwunden die dumpfe Sehnsucht nach dem Leben, das irgendwo jenseits der dunklen Weiten des Wassers lärmend duch die Lande raste.

Tagsüber verrichtete sie die übliche Arbeit, buk Brotfladen, kochte Stör, der sie bereits anekelte und von dem sich auf dem Zahnfleisch runde kleine Geschwüre bildeten. Manchmal ging sie auch an den Strand, um zu schauen, ob nicht irgendwo in schrägem Flug das ersehnte Segel heranschwebte.

Abends, wenn die verzehrende Sonne vom Frühlingshimmel verschwand, kroch sie in ihren Winkel auf die Pritsche, schmiegte sich zärtlich an des Leutnants Schulter und lauschte.

Viel erzählte der Leutnant. Und er verstand zu erzählen.

Langsam und ölig, wie Wellen, trieben die Tage dahin.

Einmal saß der Leutnant auf der Schwelle der Hütte, wärmte sich in der Sonne und sah Marjutkas Fingern zu, wie sie mit gewohnter Geschicklichkeit einen fetten Karpfen abschuppten. Nach einer Weile runzelte er die Stirn und sagte achselzuckend: „Ach, was ist das doch für ein Unsinn, Teufel noch mal!"

„Wovon sprichst du, Liebster?"

„Es ist Unsinn, sage ich dir. Das ganze Leben ist ein kompletter Unsinn. Primäre Begriffe, eingeimpfte Ideen. Blödsinn! Bloße Zeichen, wie auf einer topographischen Karte. Gardeleutnant? Zum Teufel mit dem Gardeleutnant. Leben will ich. Siebenundzwanzig Jahre habe ich gelebt und sehe jetzt, daß ich eigentlich überhaupt noch nicht gelebt habe. Eine Menge Geld habe ich ausgegeben, bin in der Welt umhergereist auf der Suche nach einem Ideal; im Herzen aber wühlte vor Leere und Unbefriedigtsein stets eine tödliche Sehnsucht. Ich glaube, wenn mir irgend jemand damals gesagt hätte, daß ich meine inhaltsvollsten Tage hier auf diesem blöden Sandpfannkuchen inmitten dieses blöden Sees verbringen würde, so hätte ich ihn für verrückt erklärt."

„Was sagtest du, was für Tage?"

„Die inhaltsvollsten. Verstehst du nicht? Wie soll ich es dir erklären? Also solche Tage, an denen man nicht das Empfinden hat, der ganzen Welt feindselig gegenüberzustehen, an denen man sich nicht als winziges Teilchen fühlt, das ganz auf sich selbst gestellt ist, sondern an denen man vollständig in dieser" – er breitete seine Arme aus – „Erdmasse aufgeht. Ich fühle jetzt, daß ich untrennbar mit ihr verschmolzen bin. Ihr Atem ist mein Atem. Hör, wie die Brandung atmet: schschurf ... schschurf. Es ist nicht die Brandung, die atmet, ich bin es, meine Seele, mein Leib."

Marjutka legte das Messer hin.

„Du sprichst so gelehrt, ich versteh nicht alles. Ich werde es einfach sagen – glücklich bin ich jetzt."

„Nur die Worte sind verschieden, aber es kommt auf dasselbe hinaus. Mir scheint jetzt, es wäre das beste, diesen blöden heißen Sand nicht zu verlassen, für immer hierzubleiben und sich sorglos und munter wie ein Fisch im Wasser unter den Sonnenstrahlen zu tummeln."

Marjutka blickte nachdenklich in den Sand, so als hätte sie sich auf etwas Wichtiges besonnen. Schuldbewußt, verlegen fing sie an zu lachen.

„Nein ... Ach nein! Ich würde nicht hierbleiben wollen. Zu faul ist das Leben, da würde man ja schließlich ganz verweichlichen. Und niemand ist da, dem man sein Glück zeigen könnte. Ringsum nichts als stinkende Fische. Wenn die Fischer nur erst zum Fang ausfahren! Es muß doch schon Ende März sein. Ich habe solche Sehnsucht nach lebendigen Menschen."

„Sind wir denn keine lebendigen Menschen?"

„Lebendig sind wir schon; aber unser bißchen verdorbenes Mehl reicht nur noch eine Woche, und der Skorbut verzehrt uns ganz – was also weiter? Außerdem, Liebster, mußt du doch in Betracht ziehen, daß jetzt nicht die Zeit ist, auf dem Ofen zu liegen. Dort irgendwo schlagen sich die Unsrigen, vergießen ihr Blut. Jede Hand wird gebraucht. Da kann ich doch nicht ruhig dasitzen und ein gemächliches Leben führen. Nicht dazu habe ich den Fahneneid geleistet."

Die Augen des Leutnants blickten erstaunt.

„Was? Willst du etwa wieder unter die Soldaten?"

„Ja, was hast du denn geglaubt?"

Der Leutnant spielte schweigend mit einem trockenen Span, den er von der Türschwelle losgerissen hatte. Wie ein träges, zähflüssiges Rinnsal flossen die Worte aus seinem Munde: „Du bist doch ein komischer Kauz! Was ich dir sagen wollte, Maschenka, ist dies: Der ganze Blödsinn hängt mir zum Halse heraus. Wieviel Jahre Mord und Blut. Ich bin doch nicht als Soldat zur Welt gekommen. Auch bei mir hat es ja einmal ein menschliches, ein gutes Leben gegeben. Vor dem deutschen Krieg war ich Student, Philologie studierte ich, lebte in meiner geliebten, treuen Bücherwelt. Ich hatte viele Bücher. Drei Wände in meinem Zimmer waren bis oben hin mit Büchern vollgestellt. Wenn dann abends draußen der Petersburger Nebel mit feuchter Tatze die Leute packte und sie gleichsam zermalmte, wenn im Zimmer der Ofen glühte und die Lampe unter ihrem blauen Schirm traulich leuchtete, nahm man sich ein Buch, setzte sich in einen Sessel und empfand – wie jetzt – völlige Sorglosigkeit. Die Seele blühte. Weißt du, so wie im Frühling die Mandelbäume.

„Hm", antwortete Marjutka, die aufmerksam zugehört hatte.

„Nun, und an einem verhängnisvollen Tage zerplatzte, zerflog das alles, ging zum Teufel. Ich erinnere mich an diesen Tag, als wäre es heute. Ich saß auf der Veranda des Landhauses und las – sogar auf das Buch besinne ich mich noch. Purpurn versank die Sonne und übergoß alles mit blutigem Glanz. Mein Vater kam mit der Bahn aus der Stadt. Die Zeitung in seiner Hand zitterte, so erregt war er. Er sagte nur ein Wort. In diesem Wort aber lag eine bleierne, tödliche Schwere ... Krieg! Es war ein furchtbares Wort, blutig wie der Sonnenuntergang. Und der Vater fügte hinzu: ‚Wadim, dein Urgroßvater, dein Großvater und dein Vater sind dem Ruf des Vaterlandes sofort gefolgt. Ich hoffe, auch du?' Er hoffte nicht vergebens. Ich verließ die Bücher. Und ich verließ sie damals in aufrichtiger Begeisterung ..."

„Du bist ein komischer Kauz!" warf Marjutka ein und zuckte die Achseln. „Wenn sich zum Beispiel mein Alter im Suff den Schädel an der Wand einschlägt, bin ich dann etwa verpflichtet, mir ebenfalls den Schädel einzurennen? Das kann ich nicht verstehen!"

„Ja, das kannst du eben nicht verstehen. Niemals hat auf dir diese Last geruht: Name, Familienehre, Pflicht. Wir aber haben große Stücke darauf gehalten."

„Na und? Ich liebe meinen verstorbenen Vater auch sehr. Aber wenn er ein blöder Säufer war, so bin ich doch nicht verpflichtet, in seine Fußstapfen zu treten. An deiner Stelle hätte ich auf den Urgroßvater was gepfiffen!"

Der Leutnant verzog sein Gesicht zu einem bösen Lächeln.

„Ich habe es nicht getan. Der Krieg richtete mich zugrunde. Mit eigenen Händen ertränkte ich mein lebendiges menschliches Herz in der stinkenden Jauchegrube des Weltkrieges. Dann kam die Revolution. Ich habe an sie geglaubt, wie man an seine Braut glaubt ... Doch sie ... Als Offizier habe ich keinem Soldaten etwas zuleide getan. Dennoch packten mich auf dem Bahnhof in Gomel die Deserteure, rissen mir die Achselstücke herunter, spien mir ins Gesicht und bewarfen mich mit Dreck. Warum das? Ich flüchtete und schlug mich bis zum Ural durch. Ich glaubte noch an das Vaterland, wollte für das geschändete Vaterland kämpfen. Für meine entehrten Achselstücke. Ich kämpfte und sah dann, daß es kein Vaterland gibt, daß das Vaterland ebenso ein leerer Wahn ist wie die Revolution. Beide lieben Blut. Aber für die Achselstücke zu kämpfen lohnt nicht. So habe ich mich an das wirkliche, das einzige Vaterland der Menschen, die Welt der Gedanken, erinnert. Habe mich an die Bücher erinnert. Zu ihnen will ich zurückkehren, will mich in sie vergraben, sie um Verzeihung bitten und wieder mit ihnen leben; der Menschheit aber will ich für ihr Vaterland, für ihre Revolution, ihre Kriegsgreuel in die Visage spucken."

„So ist das also! Die Erde birst auseinander, die Menschen suchen nach Wahrheit, winden sich in blutigen Wehen, du aber willst als Faulenzer hinter dem Ofen sitzen und Märchen lesen?"

„Ich weiß nicht ... Und ich will es nicht wissen", schrie der Leutnant wütend und sprang auf. „Ich weiß nur eins: Wir gehen dem Weltuntergang entgegen. Du hast ganz richtig gesagt: ‚Die Erde birst auseinander.' Jawohl, sie birst, sie kracht aus allen Fugen, das alte Scheusal! Sie ist völlig verwüstet und ausgeplündert. Und an dieser Verwüstung geht sie zugrunde. Früher war sie jung, fruchtbar, unerforscht, neue Länder, unerschöpfliche Reichtümer lockten. Jetzt ist Schluß damit. Es gibt nichts mehr zu erschließen. Die ganze Schlauheit der Menschen ist jetzt darauf gerichtet, das Angehäufte zu bewahren, sich noch Jahrhunderte, Jahre, wenige Minuten über Wasser zu halten. Technik. Tote Zahlen. Und der Geist, durch die Zahlen unfruchtbar gemacht, sucht krampfhaft das Problem der Ausrottung zu lösen. Mehr Menschen auszurotten, damit sich die übriggebliebenen länger Bauch und Taschen vollstopfen können! Zum Teufel damit! Ich will keine Wahrheit außer meiner eigenen. Haben deine Bolschewiki etwa die Wahrheit gefunden? Die lebendige Menschenseele durch Befehle und Rationen ersetzen? Genug! Ich spiele nicht mehr mit. Habe keine Lust mehr, mich schmutzig zu machen!"

„Euer Gnaden wollen mit sauberem Körper und gepflegten Händen dabeisitzen und zusehen, wie andere im Dreck wühlen?"

„Ja, meinetwegen! Meinetwegen, Teufel noch mal! Sollen's andere!

Wer dazu Lust hat. Hör, Mascha! Sobald wir von hier wegkommen, fahren wir nach dem Kaukasus. Ich habe dort in der Nähe von Suchumi ein kleines Landhaus. Dorthin werde ich mich verkriechen, mich in die Bücher vergraben – alles andere soll der Teufel holen. Ein stilles, ruhiges Leben. Ich will keine Wahrheit mehr – ich will Ruhe. Und du wirst lernen. Du willst doch lernen? Hast dich ja selbst darüber beklagt, daß du ungebildet bist. Hier bietet sich die Gelegenheit. Ich werde alles für dich tun. Du hast mich vom Tode errettet, das vergesse ich dir nicht."

Marjutka stand brüsk auf. Die Worte zu Klumpen ballend, stieß sie hervor: „Wenn ich dich recht verstehe, soll ich mich mit dir in Daunenbetten wälzen, während die Menschen im Kampf für die Wahrheit den letzten Blutstropfen hergeben, soll Pralinen fressen, wo jede Praline mit Blut besudelt ist. Stimmt's?"

„Warum so grob?" sagte traurig der Leutnant.

„Grob? Du möchtest wohl alles schön zart und mit Zucker übergossen haben, wie? Nein, mein Bester! Du hast die bolschewistische Wahrheit beschimpft. Willst nichts von ihr wissen, sagst du. Hast du denn schon jemals etwas von ihr gewußt? Weißt du überhaupt, worin sie besteht? Wie sehr sie mit salzigem Schweiß und den Tränen der Menschen getränkt ist?"

„Ich weiß es nicht", entgegnete der Leutnant müde. „Ich wundere mich nur darüber, daß du, ein Mädchen, so verroht bist, daß es dich drängt, zusammen mit betrunkenen und verlausten Kerlen zu plündern und zu morden."

Marjutka stemmte die Arme in die Hüften und schleuderte ihm entgegen: „Vielleicht ist ihr Körper verlaust, aber bei dir ist die Seele durch und durch verlaust! Mich packt die Scham, daß ich mich mit solch einem eingelassen habe. Du schleimiger Kerl, du schmierige Assel! ‚Maschenka, laß uns wegfahren, uns im weichen Bett herumwälzen, schön ruhig leben'", äffte sie ihn nach. „Die anderen haben sich selbst ins Joch gespannt, um die Erde umzupflügen. Und du? Ach, du Hundesohn!"

Der Leutnant brauste auf, eigensinnig preßte er die schmalen Lippen zusammen.

„Fang nicht an zu schimpfen! Vergiß dich nicht, du … pöbelhaftes Weib!"

Marjutka trat einen Schritt vorwärts, holte aus und schlug dem Leutnant klatschend auf die eingefallene unrasierte Wange. Der Leutnant wich zurück, er zitterte am ganzen Körper und ballte die Fäuste. Haßerfüllt stieß er hervor: „Dein Glück, daß du eine Frau bist! Ich verabscheue … Pöbel."

Und verschwand in der Hütte.

Marjutka starrte bestürzt auf ihre brennende Handfläche, winkte verächtlich mit der Hand ab und sagte, als spräche sie mit jemandem: „Sieh einer an, wie böse der feine Herr geworden ist! Ach, du – Fischcholera!"

ZEHNTES KAPITEL

in dem Leutnant Goworucha-Otrok das Donnern eines untergehenden Planeten hört und der Autor die Verantwortung für das Ende ablehnt

Drei Tage lang sprachen der Leutnant und Marjutka kein Wort. Doch auf der kleinen Insel konnte man einander nicht ausweichen. Und der Frühling versöhnte sie.

Ganz plötzlich hatte er mit strahlender Hitze seinen Siegeszug angetreten.

Schon längst war unter den Tritten der goldenen Hufe der dünne Schneepanzer auf der Insel geschmolzen. Weich und hellgelb wie ein Kanarienvogel lag die Insel jetzt auf der dunklen Glasscheibe des dickflüssigen Wassers.

In der Mittagsglut sengte der Sand die Fußsohlen, daß sie schmerzhaft brannten.

Im tiefen Blau, umspült vom lauen Frühlingswind, strahlte die Sonne, ein feuriges goldenes Rad.

Die Sonne, der Frühlingswind und der zur Qual gewordene Skorbut hatten die beiden ganz schwach gemacht. Die Lust zum Streiten war ihnen vergangen.

Ganze Tage lagen sie am Ufer im Sande, unverwandt blickten ihre entzündeten Augen in die Ferne und suchten das ersehnte Segel.

„Ich halt es nicht mehr aus! Wenn in drei Tagen kein Fischerboot kommt, jag ich mir eine Kugel in den Kopf", ächzte Marjutka verzweifelt und starrte in das gleichgültige drückende Blau des Himmels.

„Mich hast du einen schleimigen Kerl und eine Assel genannt und verlierst selbst den Mut? Geduld, wirst schon noch Hetman* werden! Dein Weg führt doch zur Räuberhauptmannschaft!"

„Was kramst du das Alte hervor? Du Nörgler! Ich hab geschimpft, weil es nötig war. Es brachte mich auf, daß du so ein Waschlappen

* Sprichwort: „Geduld, Kosak, wirst schon noch Hetman werden."

bist, du Küken. Das ärgert mich! Ich hab dich nun mal auf dem Halse. Bin schon ganz durcheinander; hab meine liebe Not mit dir, du blauäugiger Teufel, du."

Laut lachend warf sich der Leutnant mit dem Rücken in den heißen Sand und strampelte mit den Beinen.

„Was ist mit dir? Bist du verrückt geworden?" fragte Marjutka verwundert.

Der Leutnant hörte nicht auf zu lachen.

„He, du Pest! So sprich doch!"

Doch der Leutnant konnte sich nicht beruhigen, bis ihm Marjutka schließlich einen Rippenstoß versetzte.

Er stand auf und wischte sich die Tränen ab, die ihm vor Lachen in die Augen getreten waren.

„Nun, was wieherst du?"

„Du bist großartig, Marja Filatowna. Den traurigsten Menschen stimmst du lustig. Ein Toter würde bei dir zu tanzen anfangen."

„Wie denn sonst? Glaubst du vielleicht, es wäre besser, wie ein Balken bei Eisgang hin und her zu treiben, weder dem einen noch dem anderen Ufer zu? Damit dir selbst und allen anderen davon übel wird?"

Der Leutnant brach von neuem in Gelächter aus. Er klopfte Marjutka die Schulter.

„Recht so, meine Zarin und Amazone, du mein teurer Freitag! Hast mich zu einem ganz anderen Menschen gemacht, hast mir Lebenselixier eingeflößt. Ich will nicht mehr wie ein Balken bei Eisgang hin und her treiben, wie du so schön gesagt hast. Ich sehe jetzt selbst, daß es noch zu früh ist, an die Rückkehr zu den Büchern zu denken. Nein, ich muß noch leben, mit den Zähnen knirschen, wie ein Wolf um mich beißen, daß man ringsum meine Hauer zu spüren bekommt."

„Was! Bist du endlich klüger geworden?"

„Jawohl, mein Täubchen! Ich bin klüger geworden! Danke – du hast mir die Augen geöffnet! Wenn wir uns jetzt hinter die Bücher verkriechen und euch die Herrschaft über die ganze Erde überlassen, werdet ihr so wirtschaften, daß fünf Generationen blutige Tränen weinen. Nein, meine teure Törin. Wenn es einmal Kultur gegen Kultur heißt, dann muß man schon bis zum Schluß durchhalten. Einstweilen ..."

Er brach mitten in seinem Redeschwall ab. Seine Ultramarinkügelchen hefteten sich auf den Horizont und flammten vor Freude auf.

Er streckte die Hand aus und sagte leise mit zitternder Stimme: „Ein Segel."

Wie von einer Sprungfeder in die Höhe geschnellt, sprang Marjutka auf und sah: Fern – fern auf der indigoblauen Linie des Horizontes blitzte ein weißer Funke auf, zitterte und schwankte – ein vom Winde geblähtes Segel.

Marjutka preßte die Hände gegen ihre wogende Brust, ihre Augen starrten wie gebannt und konnten noch nicht glauben, daß das Langersehnte endlich Wirklichkeit wurde.

Der Leutnant sprang auf sie zu, ergriff ihre Hände und vollführte mit ihr einen Freudentanz.

Dabei schwenkte er seine dünnen Beine in den zerfetzten Hosen wie toll und sang mit durchdringender Stimme:

Weiß glänzt auf blauer Wasserwüste
ein Segel fern am Himmelsrand –
bim – bam – bum,
am Himmelsrand.

„Hör doch auf, du Dummer!" sagte Marjutka, von seiner Freude angesteckt und ganz außer Atem, und riß sich los.

„Maschenka! Du meine kleine Närrin, meine Zarin und Amazone. Wir sind ja gerettet! Gerettet!"

„Unvernünftiger Teufel, du! Jetzt willst du selbst weg von der Insel und hinein ins Menschenleben, nicht wahr?"

„Ja, will ich, will ich! Ich habe dir doch gesagt, daß ich will!"

„Halt! Wir müssen ihnen ein Zeichen geben! Sie herbeirufen!"

„Warum? Sie kommen ja von selbst."

„Womöglich fahren sie nach einer anderen Insel? Die Nemakanen haben uns erzählt, daß es hier eine Unmenge von Inseln gibt. Sie können ebensogut vorüberfahren. Hol ein Gewehr aus der Hütte!"

Der Leutnant stürzte zur Hütte. Kam zurückgerannt und schleuderte dabei das Gewehr hoch in die Luft.

„Sei nicht albern", schrie Marjutka. „Feuere dreimal hintereinander."

Der Leutnant legte an. Krachend zerrissen die Schüsse die gläserne Stille. Jeder Rückstoß des Gewehrs ließ den Leutnant taumeln; erst jetzt begriff er, wie schwach er geworden war.

Das Segel war schon deutlich zu erkennen. Groß und von rötlichgelber Farbe, schwebte es über dem Wasser wie der Flügel eines lustigen Vogels.

„Teufel noch mal!" brummte Marjutka und strengte ihre Augen an. „Was mag das für ein Schiffchen sein? Sieht nicht wie ein Fischerboot aus. Ist zu groß."

Auf dem Boot hatte man die Schüsse gehört. Das Segel flatterte, flog auf die andere Seite, blähte sich von neuem und trieb senkrecht aufs Ufer zu.

Unter dem rötlichgelben Flügel tauchte aus dem Blau eine kleine schwarze Gestalt auf.

„Das muß das Boot des Fischereiinspektors sein. Wer aber gondelt in einer solchen Zeit damit herum, möcht ich gern wissen", murmelte Marjutka leise vor sich hin.

In einer Entfernung von hundert Metern drehte das Boot bei. Am Steuerruder erhob sich eine Gestalt, hielt die Hände wie einen Schalltrichter vor den Mund und schrie etwas.

Der Leutnant zuckte zusammen, beugte sich vor, warf das Gewehr in hohem Bogen in den Sand und war in zwei Sätzen am Wasser. Er streckte die Hände aus und schrie wie besessen: „Hurr-ra! Unsere! Schneller, Herrschaften, schneller."

Marjutka musterte scharf das Boot und erblickte auf den Schultern des Mannes, der am Steuer gesessen hatte, blitzende goldene Streifen.

Wie eine aufgeschreckte Henne stürzte sie vorwärts. Ein Zucken ging durch ihren Körper.

Ihre Augen flammten auf. Blitzschnell zog es an ihrem Gedächtnis vorüber: Eis ... Das Blau des Wassers ... Das Gesicht Jewsjukows. Seine Worte: „Wenn ihr auf Weiße stoßt, gib ihn nicht lebendig aus der Hand."

Sie ächzte, biß sich auf die Lippen und ergriff das Gewehr. Verzweifelt schrie sie: „He, du ... verdammter Kadett! Zurück! ... Zurück, sage ich, du Teufel!"

Der Leutnant stand bis zu den Knöcheln im Wasser und winkte mit den Armen.

Plötzlich hörte er hinter sich ein ohrenbetäubendes, alles übertönendes Donnern, wie wenn ein Planet in Feuer und Sturm untergeht. Er konnte schon nicht mehr verstehen, woher das kam, sprang zur Seite, um sich vor der Katastrophe zu retten. Und dieses Donnern des Weltuntergangs war der letzte irdische Ton, den er vernahm.

Mit leeren Augen starrte Marjutka auf den Gefallenen und stampfte aus irgendeinem ihr unbewußten Grunde mit dem linken Fuß auf.

Der Leutnant war mit dem Gesicht ins Wasser gefallen. Rote Bächlein rannen aus dem zerschmetterten Schädel und breiteten sich im öligen Wasser aus.

Marjutka schritt vorwärts, beugte sich hinab. Wehklagend ließ sie das Gewehr fallen und riß ihre Feldbluse auf.

Im Wasser schaukelte an rotem Nervenfaden der aus seiner Höhle gerissene Augapfel. Blau, wie das Meer, schaute das Kügelchen sie erstaunt und klagend an.

Sie warf sich im Wasser auf die Knie, versuchte den toten, entstellten Kopf aufzuheben und fiel plötzlich auf den Leichnam; ihr Körper wurde von Schluchzen geschüttelt, ihr Gesicht bespritzte der Purpur des quellenden Blutes, und ein erschütternder Schmerzensschrei kam aus ihrer Brust: „Mein Geliebter! Was hab ich getan? Wach auf, du mein Schmerzensreicher! Du mein Blauäugiger, wach auf!“

Von der Barkasse aber, deren Kiel knirschend in den Sand schnitt, blickten die Menschen voller Bestürzung auf das Vorgefallene.

Alexej Tolstoi

Die Giftnatter

1

Wenn Olga Wjatscheslawowna in ihrem Kattunmorgenrock, unfrisiert und finster, in der Küche erschien, verstummten alle, nur die sorgsam gereinigten und mit Petroleum gefüllten Kocher zischten in heimlicher Wut. Von Olga Wjatscheslawowna ging irgendeine Gefahr aus. Ein Hausbewohner sagte von ihr: „Es gibt solche Luder mit gespannten Hähnen, vor denen muß man sich in acht nehmen, meine Lieben …"

Mit einem Becher und einer Zahnbürste, das Frottierhandtuch um die Taille gebunden, trat sie an den Ausguß und begann sich zu waschen, wobei sie den kurzgeschnittenen, dunkelhaarigen Kopf mit Leitungswasser übergoß. Wenn sich in der Küche nur Frauen befanden, ließ sie den Morgenrock bis an den Gürtel hinabgleiten, wusch ihre Schultern und die backfischhaft schwach entwickelten Brüste mit den bräunlichen Brustwarzen und endlich, auf einem Schemel stehend, die schönen, kräftigen Beine. Eine lange Narbe durchquerte ihren Oberschenkel, auf dem Rücken über den Schulterblättern war eine rötlichglänzende Vertiefung – die Ausschußstelle einer Kugel. Auf dem rechten Arm, an der Schulter, konnte man eine kleine bläuliche Tätowierung erblicken. Ihr Körper war ebenmäßig, bräunlich mit leichtem Goldton.

Alle diese Einzelheiten hatten die Frauen, die eine der vielen

Wohnungen eines großen Hauses in Sarojadje bewohnten, gründlich studiert. Die Schneiderin Marja Afanassjewna, die Olga Wjatscheslawowna auf den Tod nicht leiden konnte, nannte sie eine „Gezeichnete“. Rosa Abramowna Besikowitsch, eine Arbeitslose, deren Mann in den sibirischen Tundren lebte, wurde es buchstäblich schlecht bei ihrem Anblick. Die dritte Frau, Sonja Warenzowa oder Ljaletschka, wie sie allgemein genannt wurde, ein niedliches Mädchen, das im Machorkatrust arbeitete, ließ ihren summenden Petroleumkocher stehen und verließ die Küche, wenn sie Olga Wjatscheslawownas Schritte hörte. Nur gut, daß Marja Afanassjewna und Rosa Abramowna sie gern mochten, sonst hätte Ljaletschka fast jeden Tag angebrannte Grütze essen müssen.

Wenn sich Olga Wjatscheslawowna gewaschen hatte, warf sie nur einen Blick aus ihren „wilden“ dunklen Augen auf die Frauen und ging in ihr Zimmer am Ende des Korridors. Einen Petroleumkocher besaß sie nicht, und was sie des Morgens aß, war in der ganzen Wohnung unbekannt. Ein Mitbewohner, Wladimir Lwowitsch Ponisowski, ein ehemaliger Offizier, der sich jetzt als Vermittler für den An- und Verkauf von Antiquitäten betätigte, behauptete, daß Olga Wjatscheslawowna am Morgen sechzigprozentigen Kognak trinke. Das war durchaus möglich. Eigentlich besaß sie ja einen Petroleumkocher. Aus Menschenhaß benutzte sie ihn aber nur in ihrem Zimmer, solange das von der Leitung der Wohngemeinschaft nicht verboten war. Als der Hausverwalter Shurawljow Olga Wjatscheslawowna jedoch mit dem Gericht und der Ausweisung drohte, wenn dieser „feuergefährliche Unfug“ sich wiederholen sollte, wurde er von ihr fast erschlagen. Sie schleuderte ihm den brennenden Kocher entgegen – er konnte gerade noch ausweichen – und beschimpfte ihn so, wie er das im ganzen Leben, sogar an Feiertagen auf der Straße, noch nie gehört hatte. Der Petroleumkocher verschwand natürlich.

Um halb zehn Uhr verließ Olga Wjatscheslawowna das Haus. Unterwegs kaufte sie wahrscheinlich ein Butterbrot mit irgendeiner billigen Wurst und trank im Dienst ihren Tee. Sie kehrte ganz unregelmäßig zurück. Männerbesuche hatte sie nie.

Eine Besichtigung ihres Zimmers durch das Schlüsselloch befriedigte die Neugierigen nicht: kahle Wände, keine Fotografien, keine Postkarten, nur ein kleiner Revolver über dem Bett. Die Möbel bestanden aus fünf Gegenständen: zwei Stühlen, einer Kommode, einer eisernen Bettstelle und am Fenster einem Tisch. Hin und wieder war das Zimmer aufgeräumt: die Fensterstores hochgezogen, auf der abgestoßenen Kommode ein Kamm, ein Spiegel, zwei, drei Fläschchen, alles ordentlich hingestellt, auf dem Tisch ein Stoß Bücher und sogar eine Blume in einer kleinen Sahneflasche. Manchmal aber befand sich bis zum Abend alles in heillosem Durcheinander. Das Bett sah aus, als ob man sich darauf geprügelt und herumgewälzt hätte, der Fußboden war mit Zigarettenstummeln bedeckt, mitten im Zimmer stand ein Nachtgeschirr. Rosa Abramowna seufzte mit schwacher Stimme: „Das ist irgendein demobilisierter Soldat, kann denn das eine Frau sein?"

Ein Mieter, Pjotr Semjonowitsch Morsch, der bei der Verteilungsstelle für medizinischen Bedarf angestellt war, ein Junggeselle mit eingewurzelten Gewohnheiten und einem glänzenden Glatzkopf, schlug einmal kichernd vor, mit Hilfe einer Papierröhre durch das Schlüsselloch zehn Gramm Jodoform in das Zimmer Olga Wjatscheslawownas hineinzublasen. Kein Lebewesen könne eine mit Jodoform vergiftete Luft ertragen. Doch dieser Plan wurde nicht durchgeführt – man fürchtete sich.

Mit einem Wort: Olga Wjatscheslawowna war das Thema des täglichen Klatsches der Mieter, sie brachte kleinliche Leidenschaften zum Sieden. Ohne sie wäre es in der Wohnung wahrscheinlich sterbenslangweilig gewesen. Doch in ihr Innenleben konnte kein neugieriges Auge eindringen. Ein Geheimnis blieb sogar, warum die harmlose Warenzowa ständig vor ihr zitterte.

Ljaletschka wurde befragt, sie schüttelte ihre Locken, redete etwas verworren, verirrte sich in Nebensächlichkeiten. Hätte Ljaletschka nicht diese Nase gehabt, wäre sie längst ein Filmstar geworden. „In Paris würde man ihre Nase wie einen Bonbon herrichten", sagte Rosa Abramowna. „Ja, aber wie kommt man von hier nach Paris? Ach, mein Gott ..." Hierauf lächelte Sonja Warenzowa nur, ihre Wangen röteten sich, sehnsüchtig verträumt blickten ihre blauen Augen. Pjotr Semjonowitsch Morsch sagte von ihr: „Ein nettes Mädchen, aber töricht." Das war nicht richtig. Ljaletschkas Stärke lag darin, daß sie sich den Anschein gab, töricht zu sein. Und daß sie mit neunzehn Jahren mit solcher Sicherheit ihren Stil gefunden hatte, bewies ihren verborgenen und praktischen Verstand. Sie gefiel den etwas bejahrten, von der Arbeit ermüdeten Männern in verantwortlichen Stellungen, den Wirtschaftlern. Sie erweckte ein zärtliches Lächeln aus der vergessenen Tiefe ihrer Seelen. Man hatte das Verlangen, sie auf den Schoß zu nehmen, sie zu schaukeln und dabei den Lärm und Gestank der Großstadt, die Zahlen und das Rascheln des Papiers im Büro zu vergessen. Wenn sie sich mit dem Taschentuch des Näschen gewischt und sich gerade vor ihre Schreibmaschine gesetzt hatte, erblühte auf den schmutzigen Wänden der düsteren Räume des Machorkatrusts der Frühling. Das war ihr alles völlig bewußt. Dabei war sie wirklich harmlos, und wenn Olga Wjatscheslawowna sie nicht leiden konnte, so verbarg sich dahinter ein Geheimnis.

Am Sonntag knarrte wie gewöhnlich um halb neun Uhr am Ende des Korridors die Tür. Sonja Warenzowa ließ eine Untertasse fallen, schrie leise „Ach!“ und rannte aus der Küche. Man hörte, wie sie ihre Tür abschloß und aufschluchzte. Olga Wjatscheslawowna betrat die Küche. Um ihren fest zugekniffenen Mund lagen zwei Falten, die hochgestellten Augenbrauen waren zusammengezogen, ihr zigeunerhaft mageres Gesicht sah krank aus. Das Handtuch war mit aller Kraft um die wespendünne Taille zusammengezogen. Ohne die Augenlider zu heben, öffnete sie den Wasserhahn und begann sich zu waschen. Auf dem Fußboden entstand eine Pfütze. Wer wird das aufwischen? Mit der Schnauze müßte man sie da hineinstoßen, damit sie es tut, wollte Marja Afanassjewna sagen, schwieg aber.

Nachdem Olga Wjatscheslawowna ihr Haar getrocknet hatte, musterte sie mit finsterem Blick die Küche, die Frauen und den kleinen, eben von der Hintertreppe eintretenden Pjotr Semjonowitsch Morsch, der in den Armen ein Stück Weißbrot, eine Flasche Milch und einen widerlichen, ewig zitternden kleinen Hund trug. Seine trockenen Lippen verzogen sich zu einem giftigen Lächeln. Dieser krummnasige, einem Vogel ähnelnde Mensch mit dem melierten Bärtchen und den großen gelben Zähnen war sozusagen eine durch nichts zu erschütternde Verkörperung der Redensart „Soso, na, wir werden ja sehen …“. Er liebte es, mit unangenehmen Dingen aufzuwarten. Um seine krummen Beine schlotterten unglaublich schmutzige Hosen, die er während der Morgenarbeit zu tragen pflegte.

Olga Wjatscheslawowna stieß einen eigenartigen Kehllaut aus, als ob sie alles, was sich in ihr angesammelt hatte, hinausstoßen wollte. Es klang wie der Schrei eines Adlers oder das Fragment eines gramvollen Lachens.

„Weiß der Teufel, was das ist“, sagte sie mit tiefer Stimme, warf das Handtuch über die Schulter und ging. Auf dem pergamentfarbenen Gesicht Pjotr Semjonowitschs erschien ein befriedigtes Lächeln.

„Unser Hausverwalter hat im Suff plötzlich einen Drang zur Sauberkeit entdeckt“, sagte er und setzte den Hund auf den Fußboden. „Er steht unten an der Treppe und behauptet, mein Hund habe sie beschmutzt. ‚Das ist‘, sagt er, ‚Kot Ihres Hundes. Wenn er diese Kundgebungen auf der Treppe fortsetzt, werde ich ein Gerichtsverfahren einleiten.‘ – ‚Sie sind im Unrecht, Shurawljow‘, antworte ich, ‚das ist nicht sein Kot …‘ Und so stritten wir uns, statt daß er die Treppe gefegt hätte und ich in den Dienst gegangen wäre. So ist nun mal die russische Wirklichkeit …“

Am Ende des Korridors hörte man wieder das „Weiß der Teufel, was das ist!" und das Zuschlagen einer Tür. Die Frauen in der Küche sahen einander an.

Pjotr Semjonowitsch ging, um Tee zu trinken und seine Werktagshose mit einer sonntäglichen zu vertauschen. Die Uhr in der Küche zeigte auf neun.

Eine Frau betrat um neun Uhr abends stürmisch eine Milizabteilung. Ihr helmartiger brauner Hut war tief in die Stirn gedrückt, der hohe Mantelkragen bedeckte Hals und Kinn. Der Teil des Gesichts, der zu erkennen war, schien weißbepudert zu sein. Der Leiter der Abteilung, der sie scharf beobachtete, stellte jedoch fest, daß es nicht Puder war, sondern die blutlose Blässe ihres Gesichts. Die Brust an den mit Tintenflecken beschmierten Tischrand lehnend, sagte die Frau leise mit herzzerreißender Verzweiflung: „Gehen Sie in die Pskower Gasse ... Da habe ich Gott weiß was angerichtet ... Ich muß gleich sterben ..."

Erst in diesem Augenblick bemerkte der Abteilungsleiter in ihrer blau gewordenen Faust einen kleinen Revolver, einen Welodok. Er beugte sich rasch über den Tisch, ergriff ihr Handgelenk und entriß ihr das gefährliche Spielzeug.

„Haben Sie überhaupt einen Waffenschein?" schrie er sie an. Die Frau warf den Kopf zurück, da sie der Hut störte, und schaute ihn weiter geistesabwesend an. „Ihren Vor- und Familiennamen, Ihre Adresse?" fragte er ruhiger.

„Ich heiße Olga Wjatscheslawowna Sotowa ..."

2

Vor zehn Jahren brannte in Kasan auf der Prolomnaja am hellichten Tag das Haus des Kaufmanns der Zweiten Gilde, des Altgläubigen Wjatscheslaw Illarionowitsch Sotow ab. Die Feuerwehr entdeckte in der ersten Etage zwei mit elektrischem Leitungsdraht aneinandergebundene Leichen: Sotow und seine Frau und oben den bewußtlosen Körper ihrer siebzehnjährigen Tochter, der Gymnasiastin Olga Wjatscheslawowna Sotowa. Ihr Nachthemd war in Fetzen, Arme und Hals von Nägeln zerkratzt; alles herum deutete auf einen verzweifelten Kampf. Die Banditen, die anscheinend mit ihr nicht fertig geworden waren oder sich beeilten zu entkommen, hatten sie mit einem noch daliegenden Gewicht, das an einem Riemen hing, niedergeschlagen.

Es gelang nicht, das Haus zu erhalten, der gesamte Sotowsche Besitz brannte bis auf den Grund nieder. Olga Wjatscheslawowna wurde ins Krankenhaus gebracht; die Kopfwunden mußten genäht, die Schulter eingerenkt werden. Einige Tage verbrachte sie besinnungslos. Ihr erstes Bewußtsein war ein Schmerzgefühl beim Verbandwechsel. Dann erblickte sie einen Militärarzt mit guten Augen, der auf ihrem Bett saß. Gerührt von ihrer Schönheit, zischte sie der Arzt an, daß sie sich nicht bewegen solle. Sie streckte ihm die Hand entgegen.

„Doktor, was sind das für Bestien!“ Tränen überströmten ihr Gesicht.

Nach einigen Tagen sagte sie zu ihm: „Zwei kannte ich nicht, sie waren in Militärmänteln. Den dritten kenne ich. Mit ihm habe ich getanzt – Walka, ein Gymnasiast ... Ich hörte, wie sie Vater und Mutter erschlugen ... Die Knochen krachten – Doktor, warum mußte das sein? ... Was sind das für Bestien!“

„Pst, pst“, zischte erschrocken der Arzt, und seine Augen wurden feucht hinter der Brille.

Niemand besuchte Oletschka Sotowa im Krankenhaus. Die Zeiten waren nicht danach: Rußland wurde vom Bürgerkrieg zerrissen, das festgefügte Leben brach zusammen und zerfiel; wohin sich die Vorübereilenden auch hinwenden mochten, überall hatten sie die wilde Wut atmenden Worte der Dekrete auf den weißen Anschlägen vor Augen. Oletschka blieb nichts anderes übrig, als aus unerträglichem Mitleid (in ihren Ohren klang unaufhörlich der fürchterliche Schrei des Vaters: „Nicht doch!“, das tierische Aufheulen ihrer Mutter, die im Leben nie so geschrien hatte) tagelang zu weinen, vor Angst, wie sie jetzt weiterleben sollte, in Verzweiflung über das Unbekannte, das nachts unter den Fenstern des Krankenhauses dröhnte, schrie und schoß.

In diesen Tagen hatte sie wohl alle Tränen, die ihr das Leben mitgegeben, geweint. Die sorglose gedankenlose Jugend war jäh abgerissen. Ihre Seele bedeckte sich mit Narben wie eine geheilte Wunde. Noch wußte sie nicht, wieviel geheimnisvolle und leidenschaftliche Kräfte in ihr verborgen lagen.

Eines Tages setzte sich ein Mann mit verbundener Hand zu ihr auf die Bank im Korridor. Er trug einen Krankenkittel, Unterhosen und Pantoffeln. Etwas Feuriges, Fröhliches, Gesundes ging von ihm aus, wie von einem warmen Ofen. Kaum hörbar pfiff er das Lied vom Äpfelchen, mit nackten Füßen den Takt dazu schlagend. Seine grauen Habichtsaugen flogen immer wieder zu dem schönen Mädchen hinüber. Sein breites, verbranntes Gesicht mit dem noch nie abrasierten

Backenbärtchen drückte Sorglosigkeit und sogar Trägheit aus. Nur die Habichtsaugen erschienen hart, sehr hart.

„Aus der venerischen Abteilung?“ fragte er gleichgültig.

Oletschka verstand ihn zuerst nicht, dann wurde sie rot vor Empörung.

„Man wollte mich erschlagen und brachte es nicht fertig, deswegen bin ich hier.“ Sie rückte ab von ihm und atmete tief durch die geblähten Nasenflügel.

„Ach, du meine Güte, so eine Geschichte! Sicher haben sie ihren Grund! Oder waren es Banditen? Wie?“

Oletschka blickte ihn starr an, wie konnte er nur so fragen, nur so aus Langeweile, als ob es eine ganz alltägliche Angelegenheit wäre ...

„Haben Sie denn nichts von uns gehört, den Sotows auf der Prolomnaja?“

„Ach so! Ja, ich erinnere mich ... Na, wissen Sie, Sie sind ein energisches Mädchen, Sie haben sich nicht unterkriegen lassen.“ (Er runzelte die Stirn.) „Dieses Volk muß man im Ofen verbrennen, im Kessel kochen, erst dann werden wir etwas erreichen. Wieviel gemeine Elemente sind hervorgekrochen, mehr, als wir annahmen, wir können uns nur immer wieder wundern. Es ist ein Unglück.“ (Seine kalten Augen wandten sich Oletschka zu.) „Und Sie fassen wohl die ganze Revolution vom Standpunkt dieser Gewalttat auf ... Schade. Sie gehörten doch zu den Altgläubigen? Glauben Sie an Gott? Nun, das vergeht“ (er klopfte mit der Faust auf die Banklehne), „wissen Sie, woran man glauben muß – an den Kampf.“

Oletschka wollte ihm aus all ihrem Sotowschen Unglück heraus eine böse, aber zweifellos gerechte Antwort geben, doch unter seinem spöttischen, erwartungsvollen Blick versanken alle aufkeimenden Gedanken, noch ehe sie die Zunge erreichten.

Er sagte: „Soso ... Feurig ist das Pferdchen! Gutes russisches Blut mit einem Schuß zigeunerischem ... Und das hätte so dahingelebt wie alle anderen, hätte hinter dem Gummibaum aus dem Fenster geschaut ... Langweilig.“

„Und was jetzt geschieht, ist das erfreulicher?“

„Ist es etwa nicht erfreulich? Man muß sich auch mal austoben, immer kann man doch nicht auf dem Rechenbrett klappern ...“

Wieder war Oletschka empört, und wieder sagte sie nichts, zuckte nur mit den Schultern: Er war gar zu sehr von sich überzeugt ... Sie murmelte nur unzufrieden: „Die ganze Stadt habt ihr zerstört, ganz Rußland werdet ihr zerstören, ihr Schamlosen ...“

„Was ist schon Rußland ... Auf unseren Pferden wollen wir über die ganze Welt reiten ... Die Pferde haben sich von der Kette losgerissen, es sei denn, wir machen vor dem Ozean halt ... Ob du willst oder nicht – du mußt mitmachen."

Er beugte sich zu ihr, in wilder Ausgelassenheit blitzten seine weißen Zähne. In Oletschkas Kopf drehte sich alles, ihr war, als hätte sie schon einmal diese Worte gehört, als könnte sie sich an das Fletschen dieser weißen Zähne erinnern, als erhöbe die Erinnerung sich aus dem Dunkel des Blutes und die Stimmen längst vergangener Geschlechter ertönten: Auf die Pferde, tummle dich, meine Seele! Ihr schwindelte, und wieder saß da ein Mensch im Kittel mit einem verbundenen Arm ... Nur – das Herz wurde ihr warm, es klopfte unruhig, irgendwie stand ihr dieser Mann mit den grauen Augen plötzlich nahe ... Sie schaute mürrisch drein und rückte von ihm ab bis ans Ende der Bank. Er aber pfiff und schlug mit der Ferse den Takt ...

Die Unterhaltung war kurz gewesen, aus Langeweile, auf dem Korridor des Krankenhauses. Der Mann hatte gepfiffen und war gegangen. Olga Wjatscheslawowna wußte nicht einmal seinen Namen. Am nächsten Tag saß sie wieder auf derselben Bank, blickte in die Tiefe des stickigen Korridors und überlegte sorgfältig, was sie Überzeugendes, sehr Kluges sagen müßte, um sein Selbstbewußtsein zu erschüttern. Er aber kam nicht. Statt dessen humpelten irgendwelche Krüppel auf Krücken umher. Plötzlich wurde ihr klar, die gestrige Begegnung hatte sie sehr erregt.

Danach blieb sie vielleicht noch eine Minute lang sitzen. Tränen der Kränkung traten ihr in die Augen. Hier wartete sie nun, und ihn schien das gar nicht zu kümmern. Sie ging, legte sich auf ihr Bett, und die ungerechtesten Gedanken über ihn huschten ihr durch den Kopf. Womit, womit hatte er sie so erregt?

Doch stärker als die Kränkung war quälende Neugier. Wenn sie ihn wenigstens noch einmal flüchtig sehen könnte! Wie mochte er aussehen? Es war doch nichts Besonderes an ihm ... Millionen solcher Dummköpfe gab es ... Sicher ein Bolschewik ... Ein Räuber... Und die Augen – unverschämte Augen ... Es peinigte ihren Mädchenstolz, den ganzen Tag an ihn denken zu müssen, sich wegen eines solchen Menschen aufzuregen.

In der Nacht wurde das ganze Krankenhaus geweckt. Die Ärzte, die Sanitäter liefen umher, schleppten Bündel. Die Kranken saßen erschrocken auf ihren Betten. Hinter den Fenstern dröhnten Räder, wildes Geschimpf klang herauf. In Kasan zogen die Tschechen ein. Die Roten wurden evakuiert. Wer irgend konnte, verließ das Krankenhaus. Olga Wjatscheslawowna blieb. Niemand hatte an sie gedacht.

Beim Morgengrauen polterten breitschultrige Tschechen in sauberen, ausländischen Uniformen mit ihren Gewehrkolben auf dem Korridor des Krankenhauses. Jemand wurde fortgeschleppt, der stellvertretende Leiter brüllte mit überschnappender Stimme: „Ich bin ein Zwangsverpflichteter, kein Bolschewik. Lassen Sie mich los, wohin bringen Sie mich?“ Zwei Paralytiker schlichen sich an das Fenster, das zum Hof führte, und berichteten flüsternd: „Man hat den Ärmsten in den Schuppen geführt – zum Erhängen.“

Olga Wjatscheslawowna zog sich an. Sie trug ein graues Anstaltskleid. Den Verband auf ihrem Kopf bedeckte sie mit einem weißen Tuch. Die Stadt war von festlichem Glockengeläut erfüllt. Bald laut, bald leise verklingend vernahm man die Militärmusik der einziehenden Regimenter. In der Ferne hinter der Wolga verlor sich allmählich der Donner der Kanonen.

Olga Wjatscheslawowna trat aus dem Krankensaal. An der Biegung des Korridors wurde sie von einer Patrouille angehalten. Zwei kurzbeinige schnurrbärtige Tschechen riefen sie gurgelnd und zischend an und verlangten, daß sie zurückkehre. „Ich bin keine Gefangene, ich bin eine Russin“, schrie Olga Wjatscheslawowna sie mit funkelnden Augen an. Die Tschechen lachten und streckten die Hände aus, um sie in Wange und Kinn zu kneifen. Gegen die gesenkten Schneiden der Bajonette konnte sie jedoch nicht gut angehen. Sie kehrte mit geblähten Nasenflügeln zurück und setzte sich auf ihr Bett. Sie zitterte so, daß ihre Zähne klapperten.

Am Morgen bekamen die Kranken keinen Tee, sie begannen zu murren. Um die Mittagszeit holten die Tschechen fünf amputierte Rotarmisten ab. Die Paralytiker am Fenster berichteten, daß man die Ärmsten in den Schuppen geführt habe. Dann betrat ein russischer Offizier den Krankensaal mit einem hochgegürteten Riemen, wie Fledermausflügel standen seine breiten Reithosen ab.

Die Kranken krochen unter die Decken. Er schaute sich die Betten an. Seine zugekniffenen Augen blieben auf Olga Wjatscheslawowna haften. „Sind Sie die Sotowa?“ fragte er. „Folgen Sie mir.“ Er bewegte sich, als ob die breiten Reithosen ihn wie Flügel trügen. Der helle Klang seiner Sporen erfüllte den leeren Korridor.

Sie mußten durch den Hof gehen. In diesem Augenblick trat aus dem Eingang des Hauses, zu dem sie geführt wurde, ein lockiger Jüngling in einem gestickten russischen Kittelhemd, der ihr beim Aufsetzen seiner Schirmmütze einen flüchtigen Blick zuwarf und eilends zum Tor ging. Olga Wjatscheslawowna stolperte … Ihr schien … Doch nein, das konnte nicht sein …

Sie trat ins Empfangszimmer, setzte sich an den Tisch und schaute dem Offizier in das Gesicht, das wie in einem schlechten Spiegel verzerrt war. Auch er betrachtete sie aus seinen ungleichen Augen.

„Und Sie schämen sich nicht, als intelligentes Mädchen, als Tochter eines angesehenen Mannes dieser Stadt, sich mit diesem Gesindel einzulassen", hörte sie seine Stimme vorwurfsvoll gedehnt sagen.

Sie versuchte angestrengt zu verstehen, was er sagte. Irgendein bohrender Gedanke hinderte sie, sich zu konzentrieren. Aufseufzend preßte sie die Hände im Schoß zusammen und begann alles, was mit ihr geschehen war, zu erzählen. Der Offizier, auf den Ellenbogen gestützt, rauchte gemächlich. Als sie geendet hatte, drehte er ein Blatt Papier um, unter dem ein mit Bleistift geschriebener Zettel lag.

„Unsere Aufkünfte stimmen nicht ganz mit Ihren Erzählungen überein", sagte er, nachdenklich die Stirn runzelnd. „Ich würde gern von Ihnen etwas über Ihre Verbindungen mit den hiesigen bolschewistischen Organisatoren hören. Wie?" Sein Mundwinkel hob sich, die Augenbrauen zogen sich zusammen.

Olga Wjatscheslawowna betrachtete mit Entsetzen sein furchterregendes, asymmetrisches, glattrasiertes Gesicht.

„Aber, Sie ... Ich verstehe nicht ... Sie sind von Sinnen ..."

„Zu meinem Bedauern haben wir, wie eigen das auch klingen mag, unwiderlegbare Beweise." (Er hielt die Zigarette weit ab, schaukelte sich, blies den Rauch aus – typisch Salonmensch.) „Ihre Aufrichtigkeit ist bestechend ..." Er ließ ein paar Ringe aufsteigen. „Seien Sie es bis zu Ende, meine Teure ... Übrigens, Ihre Freunde, die Rotarmisten, starben wie Helden." (Eins seiner scheckigen Augen schaute aus dem Fenster, wo das Tor des Schuppens sichtbar war.) „Nun, wir schweigen auch weiterhin? Also gut ..."

Er ergriff die Armlehne des Sessels und wandte sich zu den Tschechen.

„Ich bitte ..."

Die Tschechen sprangen auf Olga Wjatscheslawowna zu, hoben sie vom Stuhl, betasteten ihre Hüften, ihre Brust, suchten Taschen unter ihrem Rock und bewegten dabei wohlgefällig die Schnurrbärte. Der Offizier schaute sich das alles halb aufgerichtet, mit weit offenen, ungleichen Augen an. Olga Wjatscheslawowna war am Ersticken. Glutröte übergoß ihre Wangen. Aufschreiend riß sie sich los ...

„Ins Gefängnis", befahl der Offizier.

Zwei Monate verbrachte Olga Wjatscheslawowna im Gefängnis, zunächst in der Gemeinschafts-, dann in einer Einzelzelle. In den ersten Tagen sah sie wie in einer Zwangsvorstellung immer nur das mit einem Brett verrammelte Scheunentor vor sich, sie wurde darüber fast verrückt. Sie konnte nicht schlafen. Im Traum wurde ihr ein Strick um den Hals gelegt.

Sie wurde nicht verhört, niemand ließ sie holen, es war, als hätte man sie vergessen. Allmählich begann sie zu überlegen. Und plötzlich war es, als ob sich ein Buch vor ihr öffnete. Alles wurde klar. Dieser Lockenkopf in dem gestickten Hemd war tatsächlich Walka, der Mörder, sie hatte sich nicht geirrt. Vor Angst, daß sie ihn anzeigen könnte, beeilte er sich, sie zu verleumden. Der mit Bleistift geschriebene Zettel war seine Anzeige.

Olga Wjatscheslawowna konnte noch soviel gegen die Wände ihrer Einzelzelle anrennen wie ein Puma im Käfig; auf ihre leidenschaftlichen Bitten – durch das Guckloch der Tür –, den Gefängnisdirektor, den Untersuchungsrichter oder den Staatsanwalt sprechen zu dürfen, wandten sich die mürrischen Gefängniswärter nur ab. In ihrer Verzweiflung glaubte sie immer noch an eine Gerechtigkeit, dachte sich die phantastischsten Pläne aus, um sich Bleistift und Papier zu verschaffen und irgendwelchen höheren Dienststellen, die sich durch göttliche Gerechtigkeit auszeichneten, die ganze Wahrheit zu schildern.

Eines Nachts wurde sie von groben, abgehackten Stimmen und dem Geräusch einer aufgerissenen Tür geweckt. Jemand betrat die Nebenzelle. Dort war ein Mann, der eine Brille trug, eingeschlossen. Sie wußte von ihm nur, daß er des Nachts schrecklich hustete. Sie sprang auf und horchte. Die Stimmen hinter der Wand erhoben sich zum Geschrei – unerträglich, überstürzend, sie überschlugen sich, verstummten. In der Stille hörte man ein Stöhnen, als ob ein Mensch trotz zugefügter Schmerzen sich zusammennähme wie auf einem Zahnarztstuhl.

Olga Wjatscheslawowna drückte sich in die Ecke unter das Fenster, mit irren, weit aufgerissenen Augen in die Dunkelheit starrend. Sie erinnerte sich der Erzählungen von Folterungen, als sie noch in der Gemeinschaftszelle saß. Ihr war, als sähe sie das zu Boden gewandte, erdige Gesicht mit der Brille, die welken, vor Qual zitternden Wangen … Die Handgelenke und die Knöchel wurden ihm so fest mit Draht eingeschnürt, daß dieser bis zum Knochen durchdrang. „Du wirst schon reden, wirst reden", glaubte sie zu hören. Dann vernahm sie Schläge, als ob ein Teppich geklopft und nicht ein Mensch geschlagen würde. Er schwieg … Wieder ein Schlag, ein zweiter … Und plötzlich ein unartikulierter Laut. „Aha, nun kannst du reden!" Doch jetzt waren es keine unartikulierten Laute mehr – ein irres Heulen erfüllte das ganze Gefängnis … Es war, als ob der Staub von diesem fürchterlichen Teppich Olga Wjatscheslawowna einhüllte. Übelkeit klemmte ihr das Herz ab, die Füße versagten, der Boden begann zu schwanken, und schwer schlug sie mit dem Hinterkopf auf die Steine …

In dieser Nacht, in der ein Mensch einen anderen quälte, verlor sie die zaghafte Hoffnung auf Gerechtigkeit. Olga Wjatscheslawownas leidenschaftliche Seele konnte nicht in Stillschweigen und Tatenlosigkeit verharren. Und nach diesen dunklen Tagen, in denen sich ihr Verstand zu verdüstern drohte, fand sie, in ihrer Zelle auf und ab gehend, die Rettung: Haß und Rache. Ja, Haß und Rache! Wenn sie nur von hier herauskäme!

Sie hob den Kopf, schaute auf das schmale Fenster. Leise klirrten die staubigen Scheiben. Vertrocknete Spinnen schaukelten im Netz. Wie Donnerschläge grollten irgendwo Kanonenschüsse. Die Fünfte Rote Armee näherte sich Kasan. – Der Wächter brachte das Mittagessen, schnaufte und schielte zum Fenster hinauf. „Ich habe Ihnen Weißbrot gebracht, Fräulein … Wenn Sie was brauchen sollten, klopfen Sie nur … Wir waren immer für die Politischen …"

Den ganzen Tag klirrten die Fenster. Hinter den Türen seufzten die Wächter. Olga Wjatscheslawowna saß, die Knie umschlungen, auf ihrem Bett. Sie rührte das Essen nicht an. Das Herz schlug ihr bis in den Hals hinauf. Hinter dem Fenster dröhnten die Kanonenschüsse. In der Dämmerstunde erschien auf Zehenspitzen wieder der Wächter und flüsterte: „Wir sind Zwangsverpflichtete, aber wir waren immer für das Volk …"

Um Mitternacht entstand eine Bewegung auf dem Gefängniskorridor, Türen wurden zugeschlagen, drohende Zurufe ertönten. Einige Offiziere und Zivilisten jagten, mit den Gewehren drohend, etwa dreißig Sträflinge ins Untergeschoß. Auch Olga Wjatscheslawowna wurde aus der Zelle geschleift und im Laufschritt die Treppe hinuntergezerrt. Sie wand sich wie eine Katze, versuchte in die sie haltenden Hände zu beißen. Eine Minute lang sah sie den Himmel mit den eilig dahinziehenden Wolken über dem viereckigen Hof. Die herbstliche Nachtkälte drang bis in ihre Lunge, dann kamen eine niedrige Tür, Steinstufen, die faulig-feuchte Luft eines Kellers, angefüllt mit Menschen. Die Lichtkegel der Taschenlampen huschten über die Ziegelwände, über die bleichen Gesichter mit den weit aufgerissenen Augen … Wütendes, unflätiges Geschimpf … Revolverschüsse krachten, das Kellergewölbe schien einzustürzen … Olga Wjatscheslawowna warf sich irgendwohin in die Dunkelheit. Für einen Augenblick erschien das Gesicht Walkas im Licht der Taschenlampe … Heiß schlug etwas gegen ihre Schulter, wie mit einer glühenden Spindel durchbohrte es ihre Brust, riß an ihrem Rücken ... Sie stolperte und fiel mit dem Gesicht auf etwas Schimmliges, das nach Pilzen roch.

Die Fünfte Armee besetzte Kasan. Die Tschechen bestiegen Dampfer und zogen sich flußabwärts zurück. Die freiwilligen russischen Abteilungen zerstreuten sich. Die Hälfte der Einwohner flüchtete vor dem roten Terror, so weit es irgend ging. Einige Wochen hindurch wanderten verwilderte Flüchtlinge mit kleinen Bündeln, einen Stock in der Hand, an beiden Ufern der vom Herbstregen angeschwollenen Wolga entlang, nie geahnte Entbehrungen erduldend. Auch Walka hatte Kasan verlassen.

Olga Wjatscheslawowna blieb, allem gesunden Menschenverstand zum Trotz, am Leben. Als aus dem Gefängniskeller die Leichen der Erschossenen hinausgetragen und auf den Hof unter dem trüben Himmel, von dem ein feiner Sprühregen niederrieselte, nebeneinandergelegt wurden, setzte sich ein Kavallerist in kurzem Schafpelz zu ihr und drehte vorsichtig ihren Kopf zur Seite.

„Ach, das Mädelchen atmet ja", sagte er, „Kinder, man muß einen Arzt holen."

Das war der aus dem Krankenhaus mit den blanken Zähnen und den Habichtsaugen. Er brachte das Mädchen selbst ins Gefängnislazarett, lief durch den Wirrwarr der eroberten Stadt, um unbedingt einen Professor „des alten Regimes" ausfindig zu machen, drang in dessen Wohnung, verhaftete ihn im Übereifer und erschreckte ihn damit fast zu Tode. Dann brachte er ihn auf einem Motorrad ins Lazarett und sagte, auf die ohne Bewußtsein totenbleich daliegende Olga Wjatscheslawowna zeigend: „Sie muß am Leben bleiben ..."

Und sie blieb am Leben. Nachdem sie verbunden war und Kampfer erhalten hatte, öffnete sie die bläulichen Lider. Wahrscheinlich erkannte sie den über sie gebeugten Kopf mit den Habichtsaugen. „Näher", flüsterte sie kaum hörbar; und als er dicht herangerückt war und lange gewartet hatte, hauchte sie, wer weiß aus welcher Regung heraus: „Küssen Sie mich ..." Es waren Leute in der Nähe ihres Bettes, und immerhin – es war Kriegszeit. Der Mann mit den Habichtsaugen sah sich rasch um ... „Teufel auch!" Allein er entschloß sich nicht und rückte ihr nur die Kissen zurecht.

Der Kavallerist hieß Jemeljanow, Genosse Jemeljanow. Sie erkundigte sich nach seinem Vor- und Vatersnamen. Er hieß Dmitri Wassiljewitsch. Als sie es erfahren hatte, schloß sie die Augen, ihre Lippen bewegten sich, sie wiederholte: „Dmitri Wassiljewitsch." Sein

Regiment formierte sich in Kasan, und er besuchte das Mädchen täglich. „Ich muß schon sagen, Olga Wjatscheslawowna", wiederholte er öfters zu ihrer Ermutigung, „Sie sind zählebig wie eine Giftnatter ... Werden Sie gesund, und ich werde Sie in der Eskadron zu meiner persönlichen Ordonnanz machen." Jeden Tag sprach er ihr davon, und weder langweilte es ihn, davon zu reden, noch sie, ihm zuzuhören. Er lachte dabei und zeigte seine glänzenden Zähne. Ein zartes Lächeln umspielte dann ihre bleichen Lippen. „Die Haare werden wir Ihnen abschneiden, leichte Stiefel besorge ich Ihnen, ich habe da welche von einem gefallenen Gymnasiasten. In der ersten Zeit werden wir Sie natürlich mit einem Riemen ans Pferd binden, damit Sie nicht herunterfallen ..."

Olga Wjatscheslawowna war wirklich zählebig wie eine Giftnatter. Nach all diesen Erlebnissen schien es, als ob von ihrem früheren Ich nur die Augen übriggeblieben wären. Doch sie brannten in schlafloser Leidenschaft, in ungeduldiger Gier. Das vergangene Leben lag weit zurück: das strenge, wohlhabende Haus des Vaters, das Gymnasium, die sentimentalen Freundinnen, der Schnee auf den Straßen, die mädchenhafte Schwärmerei für die gastierenden Schauspieler, das althergebrachte Anhimmeln des russischen Sprachlehrers, des wohlbeleibten, schönen Woronow; der „Herzen*-Zirkel" des Gymnasiums und die enthusiastischen Freundschaften der Zirkelteilnehmer, die Lektüre übersetzter Romane und die wonnige Sehnsucht nach den nordischen Heldinnen Hamsuns, die es im Leben gar nicht gibt, und die durch die Romane von Marguerite erweckte aufregende Wißbegier ... War das alles wirklich gewesen? Das neue Kleid zu den Festen in der Weihnachtszeit, die unschuldige Verliebtheit in einen Studenten, der sich als Mephisto verkleidet hatte, mit Hörnern aus schwarzem, mit Watte ausgestopftem Serge ... Der Duft der Blumen, die bei dreißig Grad Kälte erfroren waren ... Die traurige Stille, das Glockengeläut in den Großen Fasten, der braune Tauschnee auf den Geschäftsstraßen ... Der erregende Frühling, die fieberglühende Nacht ... Das Sommerhaus am oberen Uslon, die Kiefern, die Wiesen, die schimmernde Wolga, die sich in unendlichen Überschwemmungen über die Ufer ergoß; die geballten Wolken am Horizont ... An all das erinnerte sie sich jetzt vielleicht nur noch im Traum, in der Wärme der tränennassen Krankenhauskissen ...

In diesen Träumen geschah es, daß Walka mit einem Fünfpfundge-

* Alexander Iwanowitsch Herzen (1812–1870), russischer materialistischer Philosoph, Schriftsteller und Publizist, revolutionärer Demokrat

wicht am Riemen wütend hereinstürzte. Walka Brykin war aus dem Gymnasium wegen groben Unfugs ausgeschlossen worden, ging dann als Freiwilliger an die Front und kehrte nach einem Jahr, mit seiner Ulanenuniform und dem Soldaten-Georgskreuz paradierend, nach Kasan zurück. Man erzählte sich, daß sein Vater, der Polizeivorsteher Brykin (derselbe, der den bekannten Befehl herausgegeben hatte, daß die Schutzleute das Haus Gottes ohne Gewalt betreten sollten) dem Kommandierenden des Wehrkreises ein Gesuch mit der flehenden Bitte eingereicht habe, seinen Sohn Walka in die vorderste Linie zu schicken, damit er mit Sicherheit falle, da es für das Herz der Eltern leichter wäre, diesen Taugenichts tot als lebendig zu wissen ... Walka war stets hungrig, vergnügungssüchtig und mutig wie der Teufel. Der Krieg lehrte ihn die Handgriffe, er lernte den Geruch des Blutes kennen, ohne daß ihn das beeindruckte, die Revolution gab ihm freie Hand.

Das Fünfpfundgewicht zerschlug Oletschkas eisdünne, rosige Zukunftsträume. Ja, diese Eisschicht hatte sich als erschreckend dünnes Fundament ihrer Träume von Wohlstand, Ehe, Liebe, Familie und einem festgefügten, glücklichen Haus erwiesen. Unter dem dünnen Eis verbarg sich ein Strudel ... Es krachte – und das Leben, roh und leidenschaftlich, überflutete sie mit seinen trüben Wellen.

So nahm Olga Wjatscheslawowna es auch hin: wütender Kampf (zweimal hatte man sie erschlagen wollen – und sie doch nicht erschlagen, jetzt fürchtete sie nichts mehr), hemmungsloser Haß, eine Brotrinde für den heutigen Tag und die wilde Unruhe der noch nicht gekosteten Liebe – das ist Leben ... Jemeljanow setzte sich an ihr Bett. Sie schob sich ein Kissen unter den Rücken, ihre mageren Finger krampften sich um die Bettdecke, und ihm in die Augen schauend, sagte sie mit unschuldigem Vertrauen: „Ich stelle es mir so vor: Ich sitze in einem rosa Morgenrock mit meinem blonden, gut aussehenden Mann am Tisch. Wir spiegeln uns beide in der vernickelten Kaffeekanne ... Und weiter – nichts! Und das – war das Glück ... Oh, wie hasse ich dieses Mädchen ... Die ahnungslose Törin, im Morgenrock, hinter der Kaffeekanne, erwartete sie das Glück! Gesindel!"

Jemeljanow stemmte die Fäuste in die Hüften und lachte über ihre Reden. Oletschka, ohne es selbst zu merken, war nur bestrebt, sich ganz in ihn einzufügen. Sie hatte jetzt nur das eine Verlangen, ihren Körper dem Krankenbett zu entreißen. Sie ließ ihr Haar abschneiden. Jemeljanow besorgte ihr einen kurzen Kavalleriepelz, blaue Hosen mit roten Biesen und die versprochenen eleganten Stiefel aus Ziegenleder.

Im November wurde Olga Wjatscheslawowna aus dem Krankenhaus entlassen. In der Stadt hatte sie keine Verwandten und Bekannten. Von Norden her zogen Wolken über die Stadt, durch die verödeten Straßen mit den verrammelten Läden peitschten Regen und Schnee. Jemeljanow stampfte munter auf der Suche nach einem Wohnraum von einer Querstraße zur anderen durch den Schmutz. Einen Schritt hinter ihm schleppte sich Oletschka, in dem durchnäßten, pudschweren kurzen Pelz und den Stiefeln des erschlagenen Gymnasiasten. Ihre Knie zitterten, aber lieber wäre sie gestorben, als hinter Dmitri Wassiljewitsch zurückzubleiben. Er hatte vom Exekutivkomitee eine Wohnraumzuweisung für die von den Weißgardisten mißhandelte Genossin Sotowa erhalten und suchte etwas Außergewöhnliches. Endlich blieb er vor einer großen Villa mit Säulen und Spiegelscheiben stehen, die den Kaufleuten Starobogatow gehört hatte und die von den Besitzern verlassen war, und beschlagnahmte sie. In dem unbewohnten Haus fegte der Wind durch die zerschlagenen Fenster, durch die Zimmerflucht mit den bemalten Decken und den bereits ramponierten vergoldeten Möbeln. Traurig klirrten die Kristallprismen an den Kronleuchtern. Trostlos rauschten die kahlen Linden im Garten. Mit einem Fußtritt öffnete Jemeljanow die Flügeltür.

„Nun schau dir das an, zum Zeichen des Protestes haben diese Teufel das Parkett verunreinigt ...“

Im Prunksaal riß er von der eichenen Orchesterestrade, die die ganze Wand einnahm, Holz ab, brachte es in ein mit Sofas ausgestattetes Eckzimmer und heizte den Kamin kräftig an.

„Hier können Sie sich auch Ihren Tee aufbrühen, hier ist es warm und hell. Ja, diese Burshuis verstanden zu leben ...“

Er beschaffte ihr einen blechernen Teekessel, um die getrockneten Mohrrüben aufzubrühen, Grütze, Speck, Kartoffeln – Vorräte für zwei Wochen –, und Olga Wjatscheslawowna blieb allein in diesem dunklen und leeren Haus, wo es in den Schornsteinen heulte, als säßen die Kaufleute Starobogatow wie Gespenster stöhnend auf dem Dach im Herbstregen ...

Olga Wjatscheslawowna hatte genügend Zeit zum Nachdenken. Sie setzte sich auf ein Stühlchen, schaute ins Feuer, wo der Teekessel zu singen begann, und dachte an Dmitri Wassiljewitsch: ob er wohl heute kommen würde, es wäre schön, wenn er käme, die Kartoffeln waren gerade fertig. Aus der Ferne hörte sie, wie sich seine schallenden Schritte auf dem Parkett sich näherten. Fröhlich, mit furchterweckenden Augen trat er ein. Es war ihr Leben, das eintrat ... Er hakte seine Pistole ab und zwei Handgranaten, zog den nassen Mantel aus und fragte, ob alles in Ordnung sei, ob sie etwas brauche.

„Hauptsache, der Husten vergeht und im Auswurf zeigt sich kein Blut … Im neuen Jahr werden Sie wieder ganz hergestellt sein.“

Nachdem er Tee getrunken und sich aus Machorka eine Zigarette gedreht hatte, erzählte er von militärischen Dingen, schilderte anschaulich Kavalleriegefechte und ereiferte sich dabei so sehr, daß es unheimlich war, in seine Habichtsaugen zu blicken.

„Der imperialistische Krieg ist ein Stellungskrieg, der in den Schützengräben geführt wird, weil ihm der Schwung fehlt, sie starben trübselig“, erzählte er, breitbeinig mitten im Zimmer stehend, mit gezogenem Säbel. „Die Revolution hat eine Kavalleriearmee geschaffen …, verstehen Sie das? Das Pferd – das ist eine elementare Kraft …, die Kavallerieschlacht ist der revolutionäre Vorstoß …

Da, ich habe nur einen Säbel in der Hand, und ich haue mich in die Infanterie hinein, stürme die Maschinengewehrnester … Kann der Feind solch einen Anblick ertragen? Nein … Und in panischem Schrecken flieht er. Ich aber schlage auf ihn ein – habe Flügel im Rücken … Wissen Sie, was so eine Kavallerieschlacht bedeutet? Eine Formation stürzt sich auf die andere … Kein Schuß fällt … Ein Getöse … Man ist wie betrunken … Prallt zusammen, und – jetzt beginnt der Kampf … Eine Minute, höchstens zwei … Das Herz hält dieses Entsetzliche nicht aus … Dem Feind sträuben sich die Haare … Er wendet die Pferde. Dann aber heißt es dreinhaun, jagen … Gefangene gibt es nicht.“

Seine Augen glänzten wie Stahl, und die stählerne Klinge durchschnitt pfeifend die Luft … Olga Wjatscheslawowna lief es vor Aufregung kalt über den Rücken. Sie schaute ihn an. Die spitzen Ellenbogen auf die Knie gestützt, preßte sie das Kinn auf die geballten Fäuste … Ihr schien: Wenn diese pfeifende Klinge ihr Herz zerspaltete …, sie hätte aufgeschrien vor Wonne; so liebte sie diesen Mann …

Warum schonte er sie? War es wirklich nur Mitleid, das er ihr entgegenbrachte? Tat ihm die Waise leid wie ein auf der Straße gefundener Hund? Manchmal kam es ihr vor, als finge sie einen schrägen, schnellen, verschleierten Blick auf, der nicht nur brüderliches Empfinden ausdrückte. Eine Glutwelle überzog dann ihre Wangen, sie wußte nicht, wohin sie ihr Gesicht wenden sollte. Ihr flatterndes Herz sank in einen schwindelerregenden Abgrund … Doch nein, er zog eine Moskauer Zeitung aus der Tasche, setzte sich ans Feuer und begann laut das Feuilleton zu lesen, in dem die Weltbourgeoisie mit den gröbsten Ausdrücken nach Herzenslust beschimpft wurde.

„Nicht mit der Kugel, mit dem Federkiel kommen wir zum Ziel!“ rief er und trampelte vor Vergnügen mit den Füßen.

Es wurde Winter. Olga Wjatscheslawownas Gesundheitszustand besserte sich. Eines Morgens erschien Jemeljanow ganz früh, noch vor Sonnenaufgang, befahl ihr, sich anzuziehen, und führte sie zum Übungsplatz, wo er ihr die ersten kavalleristischen Regeln und den Umgang mit Pferden beibrachte. Bei Sonnenaufgang begann es leicht zu schneien. Olga Wjatscheslawowna galoppierte über den weißen Schnee; die Pferdehufe hinterließen sandige Spuren. Jemeljanow schrie: „Hol's der Teufel, du sitzt wie ein Hund auf dem Zaun. Zieh die Fußspitzen zurück, kipp nicht nach vorn!" Ihr erschien es komisch, lustig blies ihr der Wind um die Ohren, das Herz war trunken vor Freude, auf ihren Wimpern taute der Schnee.

3

In dem schwachen Mädchen verbargen sich eiserne Kräfte, es war unverständlich, wo sie die hernahm. Nach einem Monat Unterricht auf dem Exerzierplatz in kavalleristischen und infanteristischen Übungen spannte sich ihr Körper wie eine Saite, der kalte Wind rötete ihr Gesicht. „Wenn man sie von der Seite betrachtet", sagte Jemeljanow, „könnte man sie fortblasen. Aber sie ist ein kleiner Teufel ..." Und verteufelt schön war sie. Die jungen Kavalleristen reckten die Nasen, und die älteren wurden nachdenklich, wenn die Sotowa, groß und schlank, mit dem kleidsam geschnittenen Haar, das ihren Kopf wie eine Mütze umgab, in einem straff umgürteten, kurzen Pelz, sporenklirrend durch den Machorkarauch der Kaserne schritt.

Ihre mageren Hände lernten das Pferd gewandt und zart lenken. Ihre Beine, die früher scheinbar nur für bourgeoise Tänze und seidene Röcke bestimmt waren, entwickelten sich und wurden kräftig. Besonders wunderte sich Jemeljanow über ihre Schenkel; hart waren sie wie Stahl und von feinstem Empfinden; wie eine Zecke saß sie im Sattel, das Pferd ging unter ihr wie ein Lämmchen. Sie lernte auch die Klinge führen. Gewandt hieb sie auf die Pyramiden und Ruten ein, doch fehlte naturgemäß der kraftvolle Schlag, der aus der Schulter geführt werden mußte: es waren nun einmal Mädchenschultern.

Auch im politischen Unterricht zeigte sie sich nicht dumm. Jemeljanow fürchtete „bürgerliche Rückstände" bei ihr – es war eine rauhe Zeit. „Genossin Sotowa, welches Ziel verfolgt die rote Arbeiter-und-Bauern-Armee?" Olga Wjatscheslawowna sprang auf und antwortete, ohne zu stocken: „Den Kampf mit dem blutrünstigen Kapitalismus, den Gutsbesitzern, Popen und Interventen, für das Glück aller Werktätigen auf der Welt." – Die Sotowa wurde in die von Jemeljanow kommandierte Eskadron als Soldat eingereiht. Im Februar wurde das Regiment in heizbare Güterwagen verladen und an die Denikin-Front geworfen.

Als Olga Wjatscheslawowna mit ihrem Pferd am Zügel auf dem von Dung verunreinigten Schnee der Station stand, auf der die Staffeln ausgeladen worden waren, und auf den rot und bläulich glühenden Feuerschein des Frühlingssonnenunterganges, über den der Wind finstere Wolken trieb, schaute und auf den fernen Kanonendonner horchte, stieg die jüngste Vergangenheit mit ihren unvergeßlichen Kränkungen in einem haßerfüllten Rachegefühl in ihr hoch. „Zigaretten weg, aufgesessen!" ertönte Jemeljanows Stimme. Gewandt schwang sie sich in den Sattel, der Säbel schlug an ihre Schenkel. Jetzt wirst du nicht versuchen, mein Hemd zu zerreißen, mit dem Fünfpfundgewicht zu drohen, mich an den Ellenbogen in den Keller zu zerren! „T-r-a-ab!" Der Sattel knirschte, der feuchte Wind pfiff, die Augen waren auf den düster-purpurnen Sonnenuntergang gerichtet. „Die Pferde haben sich von der Kette losgerissen, es sei denn, wir machen vor dem Ozean halt!" – Wie an ein berauschendes Lied erinnerte sie sich der Worte des geliebten Freundes ... So begann ihr Soldatenleben.

In der Eskadron wurde Olga Wjatscheslawowna von allen als Jemeljanows Frau betrachtet. Doch sie war es nicht. Sie würden es nicht glauben, würden sich totlachen, wenn sie erführen, daß die Sotowa noch Jungfrau war. Doch dies verbargen beide, sie wie Jemeljanow. Als Frau zu gelten war verständlicher und einfacher. Keiner kam ihr mit seinen Flossen zu nahe, alle wußten, daß Jemeljanow eine schwere Faust hatte. Einige Male mußte er das beweisen. Und so war die Sotowa für alle nur die Kameradin.

Ihren Pflichten gemäß, hielt sich die Ordonnanz Sotowa ständig beim Eskadronchef auf. Während des Feldzuges übernachteten sie beide in einer Hütte, ja oft in einem Bett, mit ihren kurzen Pelzen zugedeckt, er mit dem Kopf auf die eine, sie auf die andere Seite gewandt. Nach den erschöpfenden Tagesmärschen bis zu fünfzig Werst zog sich Olga Wjatscheslawowna, sobald sie das Pferd versorgt und schnell irgend etwas aus dem Kessel geschlürft hatte, die Stiefel aus, knöpfte den Kragen ihrer Tuchbluse auf und schlief ein, kaum daß sie sich auf die Bank, den Ofen oder auf den Bettrand gelegt hatte. Sie hörte nicht, wann Jemeljanow sich hinlegte, wann er aufstand. Er schlief wie ein Tier – wenig und fähig, jedes nächtliche Geräusch wahrzunehmen.

Jemeljanow behandelte sie mit Strenge, zeichnete sie durch nichts vor den Soldaten aus, ja, es schien fast, als ob er sie häufiger anfuhr als die anderen. Erst jetzt verstand sie die Kraft, die von seinen Habichtsaugen ausging – es war ein kämpferischer Blick. Mit dem überschüssigen Fett verlor er auf diesem Feldzug auch seine Gutmütigkeit, sein spöttisches Lächeln. Nach dem nächtlichen Rundgang, wenn er bei den Pferden alles in Ordnung, die Soldaten schlafend, die Feldwachen und Posten auf ihren Plätzen gefunden hatte, ging Jemeljanow müde, stark nach Schweiß riechend, in die Bauernhütte, setzte sich auf die Bank, um mit den letzten Kräften die aufgequollenen Stiefel auszuziehen, blieb aber vor Erschöpfung mit einem nur halbausgezogenen Schaft auf der Bank sitzen. Dann trat er ans Bett und betrachtete einen Augenblick Olga Wjatscheslawownas im Schlaf erglühtes, vom Wind gebräuntes halb weibliches, halb kindliches Gesicht. Sein Blick trübte sich, ein zärtliches Lächeln umspielte seine Lippen. Doch eines Vergehens wegen hätte er sie nicht geschont.

Olga Wjatscheslawowna mußte einen dienstlichen Brief zur Division bringen. In der Steppe mit den bald grünlich, bald silbergrau schimmernden Wermutssträuchern jubilierten am wolkenlosen Maihimmel die Lerchen. Im Pferdebauch kluckerte es munter. Das Tier lief wie ein Paßgänger im weichen Trab. Gelbe Zieselmäuse huschten über den Weg. An einem solchen Morgen konnte man vergessen, daß Krieg war, daß einen der Feind bedrängte und umging, daß die eigenen Infanteriedivisionen dem Kampf auswichen, Eisenbahnwagen aufbrachen, sich zurückzogen, daß in den Städten Hunger herrschte und in den Dörfern Aufstände ausgebrochen waren. Der Frühling umfing die Erde wie früher mit seiner Schönheit und erregte das Gemüt. Sogar das Pferd, dieser Strolch, das durch schlechtes Futter in Schweiß geraten war, schnaufte zuweilen, schaute mit violetten Augen um sich und wollte ausgelassen sein und spielen.

Der Weg führte an einem mit Riedgras halbzugewachsenen Teich vorbei. Die unregelmäßigen Erdfalten des Kreideabhanges spiegelten sich im Wasser. Das Pferd wechselte die Gangart und zog zum Teich. Da stieg die Sotowa aus dem Sattel, zäumte es ab, und es ging bis an die Knie ins Wasser. Doch kaum hatte es angefangen zu trinken, hob es das Maul und begann laut und aufgeregt, am ganzen Leib zitternd, zu wiehern. Im selben Augenblick antwortete ein Gewieher aus dem Weidengebüsch am Ende des Teiches. Schnell zäumte die Sotowa das Pferd auf, sprang in den Sattel, sah sich um und zog hinter dem Rükken den Schaft des Karabiners hervor. Im Gebüsch verschwanden zwei Köpfe, und aus dem Teich sprengten zwei Reiter ans Ufer. Sie hielten an. Es war ein Spähtrupp, aber woher kam er? Waren es eigene – oder Weiße?

Das eine Pferd beugte den Kopf, um die Bremsen von den Beinen zu vertreiben. Der Reiter bog sich vor, zog die Zügel an, und auf seinen Schultern erglänzte ein goldener Streifen. „Nun aber los!“ Olga Wjatscheslawowna schlug das Pferd mit der Säbelscheide, neigte sich vor, und die niedrigen Wermutssträucher, die trockenen Kletten flogen an ihr vorüber. Hinter ihrem Rücken hörte sie schweres, sich näherndes Pferdestampfen … Ein Schuß ertönte … Sie schielte zur Seite: Ein Reiter versuchte ihr den Weg von rechts abzuschneiden. Sein Rotfuchs vom Don schlug mit dem Schweif wie ein Windhund … Aufs neue ertönte von hinten ein Schuß … Sie riß den Karabiner von der Schulter, ließ die Zügel fallen. Der Reiter auf dem Rotfuchs galoppierte nur fünfzig Schritt vor ihr. „Halt, halt!“ schrie er mit furchtbarer Stimme und schwenkte den Säbel. Es war Walka Brykin. Sie erkannte ihn, lenkte das Pferd mit den Schenkeln auf ihn zu, warf das Gewehr an die Schulter, und in brennendem Haß krachte ihr Schuß. Der Hengst warf den Kopf auf, bäumte und stürzte sofort, den Reiter unter sich begrabend … „Walka, Walka“, schrie sie in wilder Freude. In diesem Augenblick sprengte der zweite Reiter heran. Sie sah nur seinen langen Schnurrbart und die vor Erstaunen aufgerissenen großen Augen. „Ein Weib!“ Und der zum Schlag ausgeholte Säbel glitt schlaff am Lauf ihres Karabiners ab. Das Pferd trug ihn weiter. Sie hatte den Karabiner nicht mehr, sie mußte ihn fortgeworfen oder fallen gelassen haben. (Nachher konnte sie sich dessen beim Erzählen nicht mehr erinnern.) Ihre Hand fühlte die lockende, ziehende Schwere des Säbels, den sie aus der Scheide gezogen hatte. Ein Schrei entrang sich ihrer zusammengepreßten Kehle. Weit ausgreifend holte ihr Pferd den Reiter ein, und mit voller Wucht schlug sie zu. Der Schnurrbärtige fiel auf die Mähne des Pferdes, mit beiden Händen hielt er sich am Nacken fest.

Ihr heftig atmendes Pferd trug sie über die Wermutssteppe. Sie sah, daß sie noch immer den Säbelgriff fest umklammerte. Mit Mühe steckte sie ihn in die Scheide zurück. Dann hielt sie das Pferd an. Der Kreideabhang und der kleine Teich lagen bereits weit links ab. Die Steppe war verödet, keiner verfolgte sie, das Schießen hatte aufgehört. Im leuchtenden Blau erklangen ganz wie in der Kinderzeit die guten und schönen Lieder der Lerchen. Olga Wjatscheslawowna griff sich an ihre Feldbluse über der Brust, preßte die Finger an die Kehle, erschrocken versuchte sie sich zu beherrschen, doch es half nichts: Tränen quollen aus ihren Augen, und ein Schluchzen erschütterte ihren Körper.

Auf dem weiteren Wege zum Divisionsstab wischte sie sich noch lange ärgerlich bald mit der einen, bald mit der anderen Faust die Augen.

Wohl hundertmal ließ sich die Eskadron diese Geschichte von der Sotowa erzählen. Die Soldaten lachten, schüttelten die Köpfe, fielen fast um vor Vergnügen.

„Ach, ich kann nicht mehr vor Lachen, Kinder, ist das ein Spaß: Ein Weib schickt zwei Männer ins Grab."

„Halt, erzähl mal! Also, er stürzte sich von hinten auf dich und rief plötzlich: ‚Ein Weib!'"

„War sein Schnurrbart wirklich lang?"

„Die Augen hat er aufgerissen und staunte."

„Und seine Hand erhob sich nicht?"

„Nun, das kennt man doch."

„Und du hast ihm da – bums – eins ins Genick gegeben ... Nein, Brüder, ich kann nicht mehr, ich sterbe ... Da hast du einen Kavalier, der wollte eine Eroberung machen."

„Und was hast du dann getan?"

„Na, was schon", antwortete Olga Wjatscheslawowna. „Das Übliche: Ich hab die Säbelschneide abgewischt und bin mit dem Brief zur Division geritten."

Was sie in diesem Kriegsleben sehr bedrängte, war, daß sie die Schamhaftigkeit nicht überwinden konnte. Besonders peinlich war es ihr, wenn die Eskadron an heißen Tagen einen Teich oder einen Fluß erreichte. Die Soldaten ritten unter Gelächter und Geschrei nackt auf den abgesattelten Pferden ins Wasser, das, in allen Regenbogenfarben schillernd, hoch aufspritzte. Die Sotowa mußte sich einen gesonderten Platz hinter dem Gebüsch oder dem Schilf suchen.

Man rief ihr zu: „Ach, du dummes Mädchen, binde dir doch einen Fußlappen um und komm mit uns."

Jemeljanow achtete streng auf Ordnung und Reinlichkeit. „Wenn ein Reiter eine Blase am Schenkel hat, ist er kein Krieger mehr und muß raus aus der Front", pflegte er zu sagen. „Ein Reiter muß vor allen Dingen auf seinen Hintern achtgeben. Wenn es die Umstände erlauben, muß er sich sommers wie winters am Brunnen mit kaltem Wasser übergießen, und dann – eine Viertelstunde Gymnastik."

Aber das Übergießen am Brunnen war für Oletschka äußerst beschwerlich: Sie mußte früher als die andern aufstehen und über den eiskalten Tau laufen, wenn der Morgen durch Wolkenschichten und Nebel als hochroter Spalt erst zu dämmern begann. Eines Tages zog sie mit dem kläglich kreischenden Brunnenschwengel einen Eimer eiskaltes, stark riechendes Wasser hoch, stellte ihn auf den Rand des Brunnens und zog sich aus, vor Kälte zusammengekrümmt. Da war ihr, als ob jemand unmerklich ihren Rücken berührte. Sie sah sich um. Auf den Stufen vor dem Haus stand Dmitri Wassiljewitsch und schaute sie durchdringend und eigentümlich an. Da ging sie langsam hinter den Brunnen und setzte sich so hin, daß er nur ihre starren Augen sehen konnte. Wäre das irgendeiner von den Kameraden gewesen, sie hätte ihn einfach angeschrien: Was hast du Teufel herzuschauen, dreh dich um! Aber vor Erregung und Scham war ihre Kehle wie ausgetrocknet. Jemeljanow zuckte mit den Schultern, lächelte und ging.

Es war an sich ein sehr unbedeutendes Ereignis, doch von jenem Tag an änderte sich vieles. Alles wurde plötzlich kompliziert, sogar das Allereinfachste. Die Eskadron hatte auf zum Teil abgebrannten Einzelhöfen Quartier genommen. Zum Schlafen war, wie das öfters geschah, nur ein Bett für die beiden vorhanden. In dieser Nacht legte sich Olga Wjatscheslawowna auf die äußerste Bettkante, auf eine Satteldecke, die nach Pferden roch, und konnte lange nicht einschlafen, obwohl sie krampfhaft die Augen zudrückte. Immerhin hörte sie nicht mehr, wie Jemeljanow eintrat. Als die Hähne sie weckten, gewahrte sie, daß er an der Tür auf dem Fußboden schlief ... Die harmlose Ungezwungenheit war verschwunden ... Beim Gespräch war er verdrießlich, blickte zur Seite. Sie sah in seinem Gesicht dieselbe angespannte heuchlerische Maske, die sie in ihrem eigenen Ausdruck fühlte. Und doch lebte sie in dieser ganzen Zeit trunken vor Glück.

Bis dahin hatte die Sotowa noch an keinen Kämpfen teilgenommen. Das Regiment mit der ganzen Division setzte den Rückzug nach Norden fort. Bei den kleinen Zusammenstößen befand sie sich ununterbrochen beim Eskadronchef. Doch da ereignete sich an der Front ein äußerst unliebsamer Zwischenfall. Aufgeregt und geheimnisvoll unterhielt man sich darüber. Das Regiment erhielt den Befehl, sich durch die feindlichen Linien zu schlagen, im Rücken des Feindes vorzustoßen und am äußersten Flügel der Armee wieder durchzubrechen. Zum erstenmal hörte Olga Wjatscheslawowna das Wort „Streifzug“. Sie brachen sofort auf. Als erste ritt die Eskadron Jemeljanows. Die Nacht verbrachte man im Walde, ohne die Pferde abzuzäumen. Es wurde kein Feuer gemacht. Ein warmer Regen rauschte in den Blättern, man konnte die Hand nicht vor den Augen sehen. Olga Wjatscheslawowna saß auf einem Baumstumpf, als eine Hand sich zärtlich auf ihre Schulter legte. Sie erriet, wer es war, seufzte auf, warf den Kopf zurück. Dmitri Wassiljewitsch beugte sich über sie und fragte: „Wirst du dich nicht fürchten? Nun, nun – paß nur auf ..., halte dich in meiner Nähe ...“

Dann ertönte ein verhaltenes Kommando. Die Soldaten schwangen sich lautlos auf die Pferde. Olga Wjatscheslawowna wandte ihren Gaul aufs Geratewohl irgendwohin und berührte dabei Dmitri Wassiljewitsch mit dem Bügelriemen. Sie ritten lange im Schritt. Weich gab der Boden unter den Pferdehufen nach. Von irgendwoher roch es nach Pilzen. Dann erblickten sie hier und da einen trüben Schein in der undurchdringlichen Dunkelheit. Der Wald lichtete sich. Rechts, ganz in der Nähe, schwirrten feurige Nadeln, dumpf rollten Schüsse über dem dunklen Wald. Jemeljanow kommandierte gedehnt: „Säbel heraus, marsch, marsch!“ Nasse Zweige schlugen in die Gesichter, die Pferde drängten sich aneinander, schnauften, die Knie streiften Baumstämme. Und auf einmal breitete sich vor ihnen eine graue, rauchige, sich abwärts hinziehende Lichtung. Die Reiter sprengten bereits wie Schatten über sie hinweg. Ein Ufer fiel steil ab. Olga Wjatscheslawowna gab ihrem Pferd die Sporen, und dieses stürzte sich, die Kruppe hebend, in den Fluß ...

Das Regiment war in den Rücken des Feindes durchgebrochen. Man galoppierte in der Dämmerung unter tief ziehenden Wolken; über die Steppe dröhnten die Hufe von fünfhundert Pferden. Abgerissene Trompetensignale ertönten im Reiten. Es war der Befehl zum Absitzen. Achselstücke und Kokarden wurden an die Eskadronen verteilt. Jemeljanow versammelte die Reiter in einem Kreis um sich.

„Zum Zweck der Tarnung sind wir jetzt das zusammengezogene Regiment der nordkaukasischen Armee des Generalleutnants Baron Wrangel. Habt ihr euch das gemerkt, meine Küken?“ (Die Soldaten wieherten.) „Wer lacht da – ihr bekommt gleich eins in die Fresse – haltet das Maul. Ich bin für euch jetzt nicht mehr der ‚Genosse Kommandeur‘, sondern ‚Euer Hochwohlgeboren Herr Hauptmann‘.“ (Er zündete ein Streichholz an. Auf seiner Schulter erglänzte ein goldenes Schulterstück mit einem Streifen.) „Ihr seid jetzt keine Genossen, sondern Gemeine. Ihr habt strammzustehen, zu grüßen, Sie zu sagen! Maul halten. Hände an die Hosennaht! Verstanden?“ (Die ganze Eskadron lachte schallend, nahm Haltung an, grüßte, an „Seine Hochwohlgeboren“ wurden allerhand ordinäre Wörter angehängt.) „Näht die Schulterstücke an, den Stern in die Tasche, die Kokarde an die Mütze ...“

Zwei Tage lang galoppierte das getarnte Regiment im Rücken der Wrangel-Armee. Schwarze Rauchsäulen erhoben sich hinter seinen Spuren: Es brannten Eisenbahnstationen, Züge, Militärspeicher, Wasserwerke, und Pulverkeller flogen in die Luft. Nach viermal vierundzwanzig Stunden waren die Pferde übermüdet, begannen zu stolpern; da wurde in einem abgelegenen Dörfchen ein Ruhetag eingelegt. Nachdem Olga Wjatscheslawowna ihr Pferd versorgt hatte, fiel sie, noch ehe sie über den Heuhaufen steigen konnte, hin und schlief ein. Lautes Frauenlachen weckte sie. Eine junge Frau, den schwarzen Rock bis über die nackten Waden geschürzt, sagte zu jemandem, auf die Sotowa zeigend: „Was für ein hübscher Bursche", während sie auf dem Hof frischgewaschene Fußlappen aufhängte.

Als Olga Wjatscheslawowna die Bauernhütte betrat, saß Jemeljanow am Tisch, verschlafen, fröhlich, Daunen in den Haaren, mit nackten Füßen. Also waren seine Fußlappen gewaschen worden.

„Setz dich, gleich wird der Borstsch hereingebracht. Willst du Schnaps?" sagte er zu Olga Wjatscheslawowna.

Dieselbe junge Frau trat ein, in den Händen einen gußeisernen Kochtopf mit Borstsch, die rote Wange, um sie vor dem duftenden Dampf zu schützen, zur Seite gewandt. Sie setzte den Topf vor Jemeljanows Nase auf den Tisch und verzog die schweißfeuchten Schultern.

„Gerade, als ob wir auf Sie gewartet hätten – ist das ein Borstsch." Sie hatte eine dünne, singende Stimme – lebhaft war sie und dreist. „Ihre Fußlappen habe ich ausgewaschen, ehe Sie sich's versehen, sind sie trocken." Und ein hündischer Blick streifte Dmitri Wassiljewitsch.

Dieser schlürfte, vor Zufriedenheit stöhnend, seine Suppe, saß da, irgendwie gelöst.

Olga Wjatscheslawowna legte den Löffel fort; ein grausamer Stachel saß ihr im Herzen. Sie wurde leichenblaß, senkte die Augen. Als die Frau aus der Tür geglitten war, holte sie sie im Flur ein, packte deren Arm und flüsterte ihr atemlos zu: „Bist wohl lebensmüde?"

Die Frau schrie auf, riß sich mit aller Kraft los und lief davon.

Dmitri Wassiljewitsch blickte einige Male erstaunt auf Olga Wjatscheslawowna. Was mochte ihr wohl über die Leber gelaufen sein? Doch als er sein Pferd bestiegen hatte, bemerkte er ihre zornigen, verdunkelten Augen, die geblähten Nüstern – und als er hinter der Schuppenecke die junge Frau wie eine erschrockene Ratte, mit unbedecktem Kopf hervorlugen sah, wurde ihm alles klar. Er brach, ganz wie in früheren Zeiten, in Gelächter aus, alle seine weißen Zähne glänzten. Als sie aus dem Tor ritten, streifte er Oletschkas Knie mit dem seinen und sagte unerwartet zärtlich: „Ach, du Dummchen!"

Ihr schossen fast die Tränen in die Augen.

Am fünften Tag stellte sich heraus, daß eine ganze Kosakendivision dem getarnten roten Regiment auf den Spuren folgte. Jetzt wurde im

Eiltempo weitergeritten. Die abgehetzten Pferde ließ man stehen. Als die Nacht anbrach, entspann sich ein Nachhutgefecht. Die Regimentsfahne wurde der ersten Eskadron übergeben. Ohne Unterbrechung wurde geritten, bis sie in ein unbeleuchtetes, dunkles Dorf gerieten. Sie klopften mit den Säbelgriffen an die Läden. Hunde heulten. Ringsherum schien alles ausgestorben, nur auf dem Kirchturm ertönte dumpf ein Glockenschlag und verstummte.

Schließlich fand man zwei Bauern im Stroh, die wie zottige Hunde aussahen. Auf die Reiter blickend, wiederholten sie immer nur: „Brüder, ihr Lieben, bringt uns nicht um ..."

„Ist euer Dorf für die Weißen oder für die Sowjetmacht?" schrie sie Jemeljanow an, sich im Sattel vorbeugend.

„Brüder, wir wissen es selber nicht ... Alles hat man uns genommen, alles geraubt, alles zerstört ..."

Immerhin erfuhren sie von ihnen, daß das Dorf bis jetzt von niemandem besetzt gewesen war, daß man tatsächlich die Wrangelschen Kosaken erwartet habe und daß jenseits des Flusses hinter der Eisenbahnbrücke in den Schützengräben die Bolschewiken lägen. Das Regiment nahm die Schulterstücke wieder ab, befestigte die Sterne und passierte die Brücke zur eigenen Front. Hier stellte sich heraus, daß die Weißen auf der ganzen Front wie besessen vorgingen und der Befehl ergangen war, diese Brücke unter Lebenseinsatz zu halten. Aber wie? Die Bänder paßten nicht zu den Maschinengewehren, die Schützengräben waren verlaust, es gab kein Brot, die Rotarmisten waren durch den Genuß von gekochtem Korn aufgetrieben. Kaum brach die Nacht an, liefen sie scharenweise auseinander. Es hatte wohl einen Agitator gegeben, doch er war an der Ruhr gestorben.

Der Regimentskommandeur sprach über Direktverbindung mit dem Oberkommando. Es stimmte, der Befehl lautete, die Brücke bis zum letzten Blutstropfen und bis die Armee aus der Umzingelung herausgekommen war zu halten.

„Lebend kommen wir hier nicht heraus", sagte Jemeljanow.

Er schöpfte aus dem Fluß zwei Kochgeschirr voll Wasser. Das eine gab er Olga Wjatscheslawowna, setzte sich neben sie und blickte auf die undeutlichen Umrisse des weitentfernten Ufers. Ein trüber, gelblicher Stern stand über dem Fluß. Den ganzen Tag belegten die Wrangelschen Batterien die bolschewistischen Stellungen mit Schnellfeuer. Am Abend kam der Befehl durch, die Brücke zu forcieren, die Weißen vom Fluß zurückzuwerfen und das Dorf einzunehmen.

Olga Wjatscheslawowna schaute auf den unbeweglichen Widerschein des trüben Sterns im Fluß – es lag etwas Trauriges darin.

„Komm, Olja", sagte Dmitri Wassiljewitsch. „Wir müssen ein Stündchen schlafen." Zum erstenmal nannte er sie beim Vornamen.

Aus den Büschen schlichen die Gestalten der Soldaten mit ihren gefüllten Kochgeschirren zum steilen Ufer. Den ganzen Tag war es nicht möglich gewesen, an den Fluß heranzukommen, niemand hatte auch nur einen Tropfen Wasser trinken können. Alle wußten bereits von dem grausigen Befehl. Viele glaubten, diese Nacht sei für sie die letzte.

„Küß mich", sagte in stiller Trauer Olga Wjatscheslawowna.

Er setzte vorsichtig das Kochgeschirr hin, zog sie bei den Schultern an sich. Die Mütze fiel ihr vom Kopf, die Augen hatten sich geschlossen, und er küßte ihre Augen, ihren Mund, ihre Wangen.

„Ich würde dich zu meiner Frau machen, Olja, aber es geht jetzt nicht, du verstehst ..."

Die nächtlichen Attacken wurden abgeschlagen. Die Weißen befestigten die Brücke, indem sie an ihrem Ende einen Drahtverhau errichteten und die Brücke unter Maschinengewehrfeuer hielten. Ein trüber Tag brach an über dem dampfenden Fluß und über den feuchten Wiesen. Ununterbrochen flog die Erde an beiden Uferseiten hoch, als wüchsen dort plötzlich schwarze Sträucher hervor. In der Luft heulte und pfiff es. In dichten Wolken krepierten Schrapnells. Von dem Getöse waren die Leute völlig benommen. Unzählige tote Leiber lagen mit ausgebreiteten Armen, das Gesicht am Boden, vor der Brücke. Alles war umsonst. Keiner konnte mehr gegen dieses Maschinengewehrfeuer angehen.

Da traten acht Kommunisten hinter dem Bahndamm unter der Regimentsfahne zusammen, die zerrissen und zerschossen im Morgengrauen blutigrot aussah. Zwei Eskadronen saßen auf. „Genossen, wir müssen sterben", sagte der Regimentskommandeur und begab sich im Schritt unter die Fahne. Der achte war Dmitri Wassiljewitsch. Sie zogen die Säbel, gaben den Pferden die Sporen, ritten hinter dem Damm hervor und jagten dröhnend in gestreckter Karriere über die Brückenbretter.

Olga Wjatscheslawowna sah, wie das eine Pferd gegen das Geländer fiel und mit seinem Reiter von der zwanzig Meter hohen Brücke in den Fluß stürzte. Sieben erreichten die Mitte der Brücke. Noch einer fiel wie schlaftrunken aus dem Sattel. Die vorderen erreichten den Drahtverhau und begannen, ihn mit den Säbeln zu zerschlagen. Der hochgewachsene Fahnenträger wankte, die Fahne senkte sich. Jemeljanow ergriff sie, und im selben Moment brach sein Pferd zusammen.

Heiß pfiffen die Kugeln. Olga Wjatscheslawowna sprengte in

schwindelerregender Höhe über die rissigen Bretter. Hinter ihr knirschten und zitterten die Eisenverbände der Brücke, heulten hundertfünfzig Kehlen. Dmitri Wassiljewitsch stand breitbeinig da, vor sich in der Hand die Fahne; sein Gesicht war totenbleich, aus dem geöffneten Mund sickerte Blut. Im Vorbeigaloppieren entriß sie ihm die Fahnenstange. Er schwankte zum Geländer, setzte sich. Die Schwadronen – Mähnen, gebückte Rücken, blitzende Säbel – jagten an ihm vorüber.

Sie stießen alle auf die andre Seite durch, der Feind floh, die Geschütze verstummten. Lange noch schwankte die zerfetzte Fahne über dem Schlachtfeld und verschwand dann hinter den Weiden des Dorfes. Mit ihr sprengte jetzt ein breitgesichtiger junger Rotarmist voran, das Pferd mit nackten Fersen antreibend. Er schwenkte die Fahne und schrie: „Los, los, vorwärts! Schlagt sie!"

Olga Wjatscheslawowna wurde auf dem Feld aufgelesen. Sie war vom Sturz betäubt und am Oberschenkel schwer verwundet. Die Eskadronskameraden bedauerten sie sehr und wußten nicht, wie sie ihr den Tod Jemeljanows mitteilen sollten. Sie schickten eine Deputation zum Regimentskommandeur, um die Sotowa für ihre Waffentaten auszeichnen zu lassen. Lange dachten sie darüber nach, in welcher Form das geschehen könnte. Ein Zigarettenetui – sie rauchte nicht, eine Uhr – es war nicht Weibersache, so was zu tragen. Bei einem Reiter fand man im Ranzen eine Brosche aus echtem Gold: einen Pfeil und ein Herz. Der Regimentskommandeur erklärte sich ohne Widerspruch mit dieser Auszeichnung einverstanden, doch im Befehl äußerte er den Vorbehalt: „Die Sotowa ist für ihre Waffentat mit einer goldenen Brosche, einem Pfeil, auszuzeichnen, doch das Herz, als bourgeoises Emblem, ist zu entfernen ..."

4

Olga Wjatscheslawowna glich einem Vogel, der in sturmgepeitschten Wolken dahinfliegt und plötzlich mit durchschossenen Flügeln wie ein Knäuel auf die Erde stürzt. Ihre leidenschaftliche, unschuldige Liebe war zerbrochen, zerschlagen, und es folgten ungewollte schwere und düstere Tage. Lange Zeit kam sie aus einem Lazarett in das andere, wurde in modrige, heizbare Güterwagen evakuiert, fror unter ihrem Mantel, starb fast vor Hunger. Die Menschen waren fremd, böse; sie selbst war für alle nur eine Nummer im Lazarettverzeichnis. Auf der ganzen Welt hatte sie niemanden, der ihr nahestand. Das Leben war ihr zuwider, alles grau in grau. Und doch nahm der Tod sie nicht auf.

Als sie mit kurzgeschorenem Haar aus dem Lazarett entlassen wurde, war sie so mager, daß Mantel und Stiefelschäfte an ihr schlotterten wie an einem Skelett. Sie ging zum Bahnhof, wo in den Wartesälen auf dem Fußboden irgendwelche nicht mehr menschlich aussehende Leute lebten und starben. Wohin sollte sie fahren? Die ganze Welt glich einem wüsten Schlachtfeld. Sie kehrte in die Stadt zum Sammelpunkt des Kriegskommissars zurück, zeigte ihre Papiere und die verliehene Brosche, den Pfeil, und fuhr bald darauf mit einem Militärtransport nach Sibirien – um zu kämpfen.

Das Rattern der Wagenräder, die Hitze und der graublaue Rauch, der dem Eisenofen entströmte, die tausend und aber tausend Werst, eintönige Lieder, endlos wie die Strecke, Gestank, der beschmutzte Schnee auf dem Kasernengelände, die grellen Buchstaben der Militärplakate und weiß der Teufel welche Anzeigen und Bekanntmachungen, im Frost raschelnde Papierfetzen, trübsinnige Meetings im Halbdunkel einer rauchenden Lampe zwischen Balkenwänden und wieder Schnee, Fichten, Lagerfeuerrauch, der bekannte Laut der eisernen Kugelpeitsche, Kälte, abgebrannte Dörfer, blutige Flecke auf dem Schnee, viele tausend Leichen wie auseinandergeworfenes Holz, vom Schnee zugeweht ... Alles das verwirrte sich in ihren Erinnerungen, verschmolz in eine lange Folge von nicht enden wollender Not.

Olga Wjatscheslawowna war mager und dunkel, sie konnte Autospiritus trinken, rauchte Machorka und fluchte, wenn es sein mußte, nicht schlechter als die anderen. Kaum jemand sah in ihr die Frau, dazu war sie zu dürr und böse – wie eine Giftnatter. Eines Nachts versuchte in der Kaserne ein breitmäuliger Bursche, ein obdachloser Frontsoldat, sich an sie heranzumachen. In plötzlicher Wut schlug sie ihm mit dem Griff ihres Revolvers so auf den Nasenrücken, daß man das Bürschchen ins Lazarett bringen mußte. Nach diesem Vorfall verging allen die Lust, auch nur an die „Giftnatter" zu denken ...

Der Frühling verschlug sie nach Wladiwostok. Zum erstenmal in ihrem Leben sah sie den Ozean – blau, dunkel, kraftvoll. Breite Schaumkämme strebten eilends dem Ufer zu, schon am Horizont erhoben sich die Wellen, schlugen, herangekommen, an die Mole und zersprühten in Wasserstaub. Olga Wjatscheslawowna wollte ein Schiff besteigen ... Die Erinnerung an Bilder erwachte, von denen sie in der Kindheit geträumt hatte: Ufer mit nie gesehenen Bäumen, Berggipfel, einen Sonnenstrahl durch unermeßliche Wolken und das ruhige Gleiten des kleinen Schiffes ... Am „Kap der Stürme" wollte sie vorbeifahren, betrübt auf einem Stein am Fluß Sambesi sitzen ...

Alles das war natürlich Unsinn. Sie wurde von keinem Schiff aufgenommen. Nur in einer geheimen Hafenkneipe tätowierte ein alter Lotse, der sie für eine Dirne gehalten hatte und sie im Suff unter Tränen um ihre verlorene Jugend bedauerte, einen Anker auf ihren Arm.

„Vergiß nicht", sagte er, „das ist die Hoffnung auf Rettung."

Dann war der Krieg zu Ende. Olga Wjatscheslawowna kaufte sich auf dem Markt einen Rock, der aus einer grünen Plüschportiere gemacht war, und begann in verschiedenen Behörden zu arbeiten: als Maschinenschreiberin im Exekutivkomitee, als Sekretärin bei der Hauptforstverwaltung oder einfach als Bürofräulein, das mit seinem Schreibtisch von Etage zu Etage zieht.

Auf keinem Arbeitsplatz hielt sie lange aus. Ununterbrochen zog sie von Stadt zu Stadt, sich immer mehr Rußland nähernd. Und sie träumte davon, über jene Brücke zu fahren über dem Ufer, wo Dmitri Wassiljewitsch die Kochgeschirre voll Wasser geschöpft und wo sie mit ihm zum letzenmal gesessen hatte ... Sie würde auch das Weidengebüsch und die eingedrückte Stelle wiederfinden –

Die Vergangenheit war nicht vergessen. Sie lebte ein einsames und rauhes Leben. Doch allmählich wich die Härte des Krieges von ihr, und in Olga Wjatscheslawowna erwachte wieder die Frau.

5

Mit zweiundzwanzig Jahren mußte sie das dritte Leben beginnen. Das, was jetzt vorging, stellte sich ihr als das Bestreben dar, die Streitrosse in das Arbeitsjoch einzuspannen. Das erschütterte Land war noch ganz in Harnisch; die Augen, noch blutunterlaufen, suchten, was zu zerstören noch vorhanden wäre. Doch überall leuchteten bereits, sich vom Gestern distanzierend, die weißen Verordnungsblätter, die zum Ausbessern, Schaffen und Bauen aufriefen.

Sie las und hörte davon, doch erschien dieses ihr schwerer als der Krieg. Die Städte, in denen sie gelebt hatte, waren in rasender Wut zerstört worden, alles wankte und stürzte, die Brandstätten waren von Nesseln überwuchert – der Mensch wohnte sozusagen unter einer Bastdecke. Der Mensch aß und schlief, und im Traum verfolgten ihn noch immer die Visionen des Krieges. Seine schöpferischen Kräfte beschränkten sich auf die Herstellung von Ruten für das Dampfbad und von irdenem Geschirr. Ganz wie zu Urväterzeiten.

Die Verordnungsblätter riefen zum Aufbau und Schaffen auf. Mit wessen Händen? Mit den eigenen, ja – mit den Händen, die immer noch gekrümmt waren wie die Krallen eines Raubvogels … Olga Wjatscheslawowna liebte es, bei Sonnenuntergang durch die Stadt zu streifen, in die mißtrauischen, finsteren Gesichter der Menschen mit den nicht geglätteten Falten des Zornes, des Schreckens und des Hasses zu schauen. Sie kannte nur zu gut dieses Zucken des Mundwinkels, diese abgebrochenen Stummel, diese Lücken an Stelle der im Krieg abgenutzten Zähne. Alle waren sie dabeigewesen – vom Jüngling bis zum Greise … Alle irrten sie durch die beschmutzte Stadt in ihren übelriechenden, aus Säcken oder den Gardinen der Bourgeoisie gemachten Kleidern, in zerrissenen Bastschuhen, zerzaust, jeden Augenblick bereit, zu weinen oder jemanden zu erschlagen …

In den Verordnungsblättern wurde beharrlich Aufbauarbeit und immer wieder Aufbauarbeit verlangt. Doch das war schwerer, als mit einem Pyroxilinsprengkörper eine Brücke zu zerstören, in einer Kavallerieattacke die Bedienung einer Batterie zusammenzuhauen oder mit Schrapnells die Fenster eines Fabrikblocks zu zertrümmern. Olga Wjatscheslawowna blieb vor einem schiefen, mit einem bunten Plakat beklebten Zaun stehen. Irgend jemand hatte schon mit einem Stückchen Stuck ein Kreuz darüber gemalt und ein unflätiges Wort darauf gekritzelt. Sie betrachtete auf dem Plakat die Gesichter, wie es sie in Wirklichkeit gar nicht gab, die flatternden Fahnen, hundertstöckige Häuser, Schornsteine, Rauch, der zu tanzenden Buchstaben aufstieg: „Industrialisierung …“ Sie war von einer jungfräulichen Empfindsamkeit und träumte vor dem schmucken Plakat – die Größe dieses neuen Kampfes erregte sie.

Die Abendröte wurde dunkler: Der letzte Abglanz ihrer Farbenpracht brach unter einer bleifarbenen Wolke hervor und ließ die Glasscherben in den gähnenden Fenstern der verödeten Häuser erglühen. Von Zeit zu Zeit kam jemand, Sonnenblumenkerne knakkend, vorbei und spuckte die Schalen in den Schmutz der ausgefahrenen Straße, wo Papierreste und Katzenkadaver mit gefletschten Zähnen umherlagen. Ja, die Sonnenblumenkerne … Die Mußestunden füllte der Mensch mit Kaubewegungen aus, der Verstand döste in der Dämmerung. In den Sonnenblumenkernen lag die Rückkehr zu den Gewohnheiten der Steinzeit. Olga Wjatscheslawowna preßte ihre kleinen Fäuste zusammen. Sie konnte sich nicht abfinden mit der Stille, mit den Sonnenblumenkernen, den Baderuten, den riesigen, unbebauten Flächen der abgelegenen Gegend …

Es gelang ihr, nach Moskau abkommandiert zu werden. Sie traf dort ein in ihrem grünen Rock aus der Plüschportiere, entschlossen und selbstlos. –

Die Entbehrungen des Alltags nahm Olga Wjatscheslawowna gelassen hin. Es war ihr schon schlechter ergangen. In Moskau hauste sie in den ersten Wochen, wo es sich gerade ergab. Dann erhielt sie ein Zimmer in einer Gemeinschaftswohnung in Sarjadje. Nachdem sie viele Fragebogen ausgefüllt und unzählige Gesuche eingereicht hatte, machte die Kompliziertheit des Papierweges, der Lärm in dem vieletagigen Bürogebäude, in dem es wie in einem Bienenstock summte, sie auf einmal still und nachdenklich. Dann trat sie eine Stellung bei der Kontrollabteilung für den Buntmetalltrust an. Hier kam sie sich vor wie ein Sperling, der in den tausendräderigen Mechanismus eines Glockenspielturmes hineingeraten war. Sie fügte sich. Kam pünktlich auf die Minute in den Dienst. Als sie in alles Einblick gewonnen hatte, verzagte sie; denn trotz größter Anstrengung war sie nicht imstande festzustellen, welchen Nutzen sie durch das Abschreiben von Papieren bringen konnte. Hier halfen ihr weder Gewandtheit noch verwegener Mut noch der Zorn einer Giftnatter. Hier raschelte Papier, hier wurde nur über Wirtschaftsfragen in den Telefonhörer gemurmelt; wie in den Fieberphantasien eines Flecktyphuskranken kleine Hämmer in den Ohren klopfen, so ratterten hier die Underwood-Schreibmaschinen. Im Krieg beim Pfeifen der Kugeln war das anders: Da war alles klar, bedacht, stets auf ein sichtbares Ziel ausgerichtet …

Selbstverständlich gewöhnte sie sich allmählich, fand sich ab, paßte sich an. Die Arbeitstage vergingen gleichmäßig, ruhig. Um nicht völlig im eintönigen Bürodienst unterzugehen, übernahm sie gesellschaftliche Arbeit. Im Klub führte sie die Disziplin und Terminologie der Eskadron ein. Man mußte sie vor überflüssiger Schärfe zurückhalten.

Den ersten Nasenstüber erhielt sie vom stellvertretenden Abteilungsleiter, der an der anderen Seite der Tür, die zum Arbeitszimmer des Chefs führte, neben ihr saß. Es ging um ihr Machorkarauchen. Der Stellvertreter sagte: „Ich wundere mich, Genossin Sotowa: Sie sind doch im Grunde eine so interessante Frau – und haben den ganzen Raum mit Machorka verpestet. Haben Sie denn alle Weiblichkeit verloren? Rauchen Sie doch ‚Java'."

Diese an sich unbedeutende Bemerkung kam offenbar zur rechten Zeit. Olga Wjatscheslawowna war diese Äußerung zuerst unangenehm, dann aber schmerzte sie sie – bis zu Tränen. Als sie das Büro verließ, blieb sie vor dem Spiegel auf dem Treppenabsatz stehen und musterte sich nach vielen Jahren zum erstenmal wieder nach Frauenart: Weiß der Teufel, was das ist, eine Vogelscheuche aus dem Gemüsegarten. Der abgeriebene Plüschrock hatte sich vorn hinaufgeschoben und war hinten von den Absätzen zerfetzt, Männerstiefel, eine Jacke aus grauem Kattun. Wie hatte es soweit kommen können?

Zwei Stenotypistinnen in verführerischen Röcken und rosa Strümpfen liefen vorbei, sahen sich nach der Sotowa um, die sich so merkwürdig im Spiegel betrachtete, und prusteten auf dem unteren Treppenabsatz vor Lachen. „Die macht ja die Pferde scheu", konnte man gerade noch verstehen.

Das Blut schoß Olga Wjatscheslawowna in das schöne Zigeunergesicht ... Eins von diesen Mädchen wohnte in derselben Wohnung wie sie, in Sarjadje, sie hieß Sonetschka Warenzowa.

Einige Tage später wurden die Frauen in der Pskower Gasse in Sarjadje durch Olga Wjatscheslawownas Auftreten in Erstaunen versetzt. Am Morgen, als sie zum Waschen in die Küche kam, richtete sie die glänzenden Augen wie eine Giftnatter auf Sonetschka Warenzowa, die gerade Grütze kochte. Dann trat sie auf sie zu und fragte, auf die Strümpfe zeigend: „Wo haben Sie die gekauft?", hob ihr den Rock hoch und wies auf ihre Wäsche. „Und wo haben Sie das her?" Sie fragte wütend, als ob sie die Worte mit der Säbelschneide abschnitte.

Sonetschka, von Natur zart, erschrak vor ihren schroffen Bewegungen. Rosa Abramowna rettete die Situation. Mit sanfter Stimme erklärte sie ausführlich, daß Olga Wjatscheslawowna all diese Dinge auf dem Kusnezki Most erhalten könne, daß man jetzt Hemdkleider trage, dazu hautfarbene Strümpfe und so weiter.

Olga Wjatscheslawowna hörte zu, nickte und wiederholte: „In Ordnung. Ja ... Verstanden ..." Dann ergriff sie Sonetschkas blonden Lockenkopf, obwohl er durchaus keine Pferdemähne war, sondern zartes, weiches Frauenhaar.

„Und wie wird das gekämmt?"

„Unbedingt abschneiden, mein Goldkind", flötete Rosa Abramowna, „hinten kurz, vorn ein Scheitel und über die Ohren."

Pjotr Semjonowitsch Morsch trat in die Küche, hörte sich das an und sabberte wie gewöhnlich, wobei sein kahler Schädel selbstzufrieden glänzte. „Den Kriegskommunismus streifen Sie etwas spät ab, Olga Wjatscheslawowna ..."

Sie wandte sich ihm ungestüm zu (später erzählte er, daß sogar ihre Zähne aufeinandergeschlagen hätten) und sagte nicht laut, aber deutlich: „Du übriggebliebenes Mistvieh, wärst du mir im Felde begegnet ..."

In der Verwaltung des Buntmetalltrusts geriet im ersten Augenblick alles in Verwirrung, als die Sotowa zum Dienst in einem kurzärmeligen schwarzen Seidenkleid, in hautfarbenen Strümpfen und

Lackschuhen erschien; ihr kastanienbraunes Haar war kurz geschnitten und glänzte wie dunkelbraunes Fell. Sie setzte sich an ihren Tisch, senkte den Kopf über die Papiere, ihre Ohren brannten.

Der stellvertretende Abteilungsleiter, ein junger naiver Bursche, der an dem wild klingelnden Telefon saß, riß die Augen auf.

„Donnerwetter, sieht die aus!" sagte er.

Und wirklich, mit ihrem schmalen, feinen Gesicht, dem bräunlichen Flaum auf den Wangen, den nachtschwarzen Augen und langen Wimpern war sie zum Erschauern schön ... Die Hände von Tinte gereinigt, mit einem Wort – eine vollkommene Verwandlung. Sogar der Abteilungsleiter schob sich gelegentlich aus der Tür seines Arbeitszimmers und durchbohrte sie mit seinen bleifarbenen Augen.

„Ein angriffslustiges Mädchen!" äußerte er sich nachher.

Man kam aus den anderen Räumen, um sie sich anzusehen. Es gab nur ein Gespräch – die erstaunliche Verwandlung der Sotowa.

Als sie die erste Befangenheit überwunden hatte, fühlte sie sich wie in einer neuen Haut, leicht und frei wie einst im Gymnasiastinnenkleid oder mit der Kavalleriemütze, dem festumgürteten kurzen Pelz und den Sporen. Wenn die Männer sie aufdringlich anstarrten, senkte sie die Lider, als wollte sie ihre Seele verdecken.

Am dritten Tag um fünf Uhr, als die Sotowa gerade ein Stück Löschpapier abriß, es mit Speichel anfeuchtete und einen Tintenfleck am Ellenbogen wegrieb, trat der stellvertretende Abteilungsleiter Iwan Fjodorowitsch Pedotti, ein junger Mann, zu ihr und sagte, daß er sie in einer „äußerst ernsten Angelegenheit" zu sprechen wünsche. Olga Wjatscheslawowna hob kaum die schöngeschwungenen Augenbrauen, setzte den Hut auf. Sie gingen.

Unterwegs sagte Pedotti: „Das einfachste wäre, wir gingen zu mir, das ist gleich um die Ecke."

Olga Wjatscheslawowna zuckte leicht mit den Schultern. Ein heißer Wind wirbelte Staub auf. Sie stiegen bis zur vierten Etage. Olga Wjatscheslawowna betrat als erste das Zimmer und setzte sich auf einen Stuhl.

„Nun", fragte sie, „worüber wollen Sie mit mir sprechen?"

Er warf seine Aktentasche aufs Bett, fuhr sich mit den Händen durchs Haar und begann, indem er mit den Fäusten in der verbrauchten Luft herumfuchtelte: „Genossin Sotowa, wir treten an die Dinge immer geradezu heran, direkt, schlagartig ... Der Geschlechtstrieb ist eine reale Tatsache und ein natürliches Bedürfnis ... Es wäre längst an der Zeit, jede Romantik dabei über Bord zu werfen. Nun, also ... Ich habe alles erklärt ... Ihnen ist alles verständlich ..."

Er ergriff Olga Wjatscheslawowna unter den Armen und zog sie an die Brust, wo sein unerfahrenes Herz wie am Rande eines unfaßlichen Abgrundes ungestüm schlug. Doch sofort fühlte er Widerstand. So leicht ließ sich die Sotowa nicht vom Stuhl heben. Sie war schlank und gewandt. Ohne in Verwirrung zu geraten, ja fast ruhig, ergriff sie seine beiden Handgelenke und drehte sie so, daß er laut aufstöhnte und zurückfuhr, und da sie diese Peinigung fortsetzte, schrie er: „Das tut doch weh, lassen Sie los, zum Teufel mit Ihnen!"

„In Zukunft komm mir nicht zu nah, ohne zu fragen. Dummkopf", sagte sie.

Olga Wjatscheslawowna ließ seine Hände los, nahm aus der Zigarettenschachtel auf dem Tisch eine „Java", rauchte sie an und ging.

Olga Wjatscheslawowna wälzte sich die ganze Nacht in ihrem Bett ..., sie setzte sich ans Fenster, rauchte, versuchte aufs neue, den Kopf in die Kissen zu vergraben ... Ihr ganzes Leben stieg vor ihr auf. Alles, was längst eingeschlummert schien, wurde wieder lebendig, die Sehnsucht erwachte ... Das war eine teuflische Nacht ... Warum, warum das alles? Konnte man wirklich nicht kühl wie das Quellwasser, ohne das Fieber der Liebe leben? Und sie fühlte erschauernd: Das Leben hatte sie doch wie in einem Mörser zusammengestampft und zusammengestoßen, aber das eine, das „Törichte", hatte es ihr nicht ausgetrieben, und nun würde natürlich „das" wieder anfangen. Das ließ sich nicht vermeiden, dem konnte man nicht entrinnen ...

Am Morgen, als Olga Wjatscheslawowna sich waschen ging, hörte sie in der Küche Gelächter und die Stimme von Sonetschka Warenzowa: „... Erstaunlich, wie sie sich ziert, einfach widerlich, das anzusehen ... Seht mal, anrühren darf man sie nicht, so wählerisch ist sie ... Beim Ausfüllen des Fragebogens hat sie mit so großen Buchstaben ‚Jungfrau' hineingeschrieben." (Lachen und das Zischen des Petroleumkochers.) „Und alle sagen: Die Eskadron habe sie einfach mit sich geführt ... Verstehen Sie? Fast mit der ganzen Eskadron hatte sie was ..."

Die Stimme der Schneiderin Marja Afanassjewna erklang: „Bestimmt hat sie Lues ... Das erkennt man schon am Maul."

„Dabei sieht sie aus wie die Baronin Rothschild", hörte man Rosa Abramowna sagen.

Der Baß Pjotr Semjonowitsch Morschs ertönte: „Seien Sie vorsichtig mit dieser Giftnatter, ich habe sie schon lange durchschaut ... Sie wird Karriere machen, ehe Sie sich's versehen ..."

Aufgebracht sagte Sonetschka Warenzowa: „Wissen Sie, Pjotr Semjonowitsch, Sie reden dauernd dummes Zeug … Beruhigen Sie sich, mit solch einer Vorgeschichte macht man keine Karriere …"

Olga Wjatscheslawowna betrat die Küche. Alle verstummten. Ihr Blick blieb an Sonetschka Warenzowa hängen, und um ihren Mund zeichneten sich Linien, die ein solches Höchstmaß von Widerwillen ausdrückten, daß die Frauen innerlich kochten. Doch diesmal gab es kein Geschrei.

Nach dem Zwischenfall mit Pedotti, der sie in seinem geprügelten männlichen Ehrgefühl von nun an haßte, stieß die Sotowa auf schweigsame Feindseligkeit der Frauen und spöttisches Verhalten der Männer. Man fürchtete einen Streit mit ihr, doch fühlte sie die bösen Blicke im Nacken. Man gab ihr Spitznamen, wie „Giftnatter", „Gezeichnete" und „Eskadronsdirne". Sie vernahm sie im Geflüster, las sie auf dem Löschblatt. Und das eigentümliche war, daß all dieser Unsinn sie schmerzlich berührte. Als ob man allen zurufen konnte: Ich bin ja gar nicht so …

Nicht umsonst hatte Dmitri Wassiljewitsch sie damals Zigeunerin genannt … In dumpfer Trauer spürte sie, daß in ihr, diesmal mit reifer Kraft, Wünsche erwachten. Ihre Jungfräulichkeit empörte sich … Doch was sollte sie tun? Sich wieder am Brunnen von Kopf bis Fuß mit eiskaltem Wasser übergießen? Zu schmerzhaft hatte sie sich verbrannt, ihr bangte davor, sich noch einmal ins Feuer zu stürzen … Das war nicht nötig gewesen, das war fürchterlich …

Olga Wjatscheslawowna blickte eine Minute lang auf diesen Mann, und ihr ganzes Inneres sagte: Das ist er … Es war wie der Zusammenstoß mit einem Autobus, der um eine Ecke rast, unerklärlich und katastrophal …

Der Mann, in einem weiten, gegürteten Hemdkittel aus Segeltuchstoff, von hohem Wuchs, mit Ansatz zur Korpulenz, stand auf dem Treppenabsatz und las die Wandzeitung. Die Angestellten liefen von Tür zu Tür, treppauf, treppab an ihm vorüber. Es roch nach Staub und Tabak. Alles war wie gewöhnlich. Der Mann schaute sich träge lächelnd die in der Mitte der Wandzeitung dargestellte Karikatur des kaufmännischen Leiters vom Machorkatrust an, der sich eine Etage höher befand. Da Olga Wjatscheslawowna ebenfalls vor der Zeitung stehenblieb, wandte er sich, auf die Karikatur zeigend, ihr zu. Seine Hand war schwer, stark und gut geformt.

„Sie arbeiten, glaube ich, in der Redaktion, Genossin Sotowa." Er hatte eine tiefe, kräftige Stimme. „Sollen sie mich darstellen, wie sie wollen, ich habe nichts dagegen … Aber das hier ist doch zu nichts nütze, das ist kleinlich, talentlos!"

In der Karikatur sah man ihn zwischen zwei klingelnden Telefonen vor einem Glase Tee. Seine Gewohnheit, während der Dienststunden zum Nachteil der Arbeit viel Tee zu trinken, sollte damit lächerlich gemacht werden …

„Sie fürchten sich, stärker zuzubeißen, und kläffen nur – nach Lakaienart … Was ist schon dabei, daß ich Tee trinke … Im Jahre neunzehn habe ich, um nicht einzuschlafen, Spiritus mit Kokain getrunken …"

Olga Wjatscheslawowna sah ihm in die Augen: Grau und kalt waren sie, von matter Stahlfarbe, irgendwie erinnerten sie diese Augen an die so geliebten und für immer geschlossenen … Das Gesicht war glattrasiert, es hatte regelmäßige Züge mit einem trägen und klugen Lächeln … Sie erinnerte sich: Im Jahre neunzehn war er Ernährungsdiktator in Sibirien gewesen und hatte die Armee verpflegt; im Umkreis von vielen zehntausend Werst flößte sein Name Schrecken ein … Sie stellte sich solche Leute unerreichbar vor, so als ob sie den Kopf hoch in den Wolken trügen … Er mischte die Ereignisse und das Leben wie ein Kartenspiel … Da stand er nun, mit der Aktentasche, mit einem müden Lächeln, und – das von ihm geschaffene Leben lief an ihm vorüber, stieß ihn mit den Ellenbogen …

„So wird alles mit Unverstand verkleinert", sagte er aufs neue, „die ganze Revolution kann zu einer billigen Karikatur gestempelt werden. Das heißt, die Alten haben ihre Sache gemacht – auf den Kehrichthaufen mit ihnen … Sie haben ihr Gehalt bekommen, jetzt laßt uns Bier trinken … Die Jugend ist in Ordnung, doch ist es gefährlich, sich von der Vergangenheit zu lösen … Vom heutigen Tag leben nur die Ephemeriden, die Eintagsfliegen – so ist es …"

Er ging, Olga Wjatscheslawowna blickte auf seinen starken Nakken, den breiten Rücken, sah, wie er langsam die steinernen Stufen zu den Räumen des Machorkatrusts hinaufstieg, und ihr schien, als koste es ihn große Anstrengung, sich nicht von der Tageslast beugen zu lassen … Er tat ihr unsäglich leid … Und bekanntlich ist Mitleid …

Bei der ersten Gelegenheit stieg Olga Wjatscheslawowna mit einem Schriftstück vom Betriebsrat zu den dunklen Räumen des Machorkatrusts hinauf und betrat das Zimmer des kaufmännischen Leiters. Er rührte mit dem Löffel in einem Glase Tee. Auf der Aktentasche lag ein Milchbrötchen. Am Fenster tippte eifrig ein Schreibmaschinenfräulein. Olga Wjatscheslawowna war so aufgeregt, daß sie gar nicht auf sie achtete. Sie sah nur seine stahlgrauen Augen. Er las das ihm übergebene Schriftstück, unterschrieb. Sie stand immer noch …

„Das ist alles, Genosssin", sagte er, „Sie können gehen."

Das war wirklich alles ... Als Olga Wjatscheslawowna die Tür hinter sich schloß, schien ihr, als ob das Schreibmaschinenfräulein kicherte. Jetzt blieb nur übrig, den Verstand zu verlieren ... Zum zweitenmal wird keiner mit einem Gewicht auf sie einschlagen, keiner wird sie im Keller erschießen wollen, er wird sie nicht auf seinen Armen hinaustragen, sich nicht an ihr Bett setzen, ihr keine Stiefel von einem erschlagenen Gymnasiasten versprechen ...

Diese Nacht verbrachte sie so, daß sie sich lieber nicht daran erinnern wollte. Am Morgen sahen sich die Mitbewohner durchs Schlüsselloch ihr Zimmer an; das war gerade damals, als Pjotr Semjonowitsch Morsch den Vorschlag machte, mittels einer kleinen Röhre zehn Gramm Jodoform ins Zimmer hineinzublasen. „Unsere Giftnatter ist in Wut geraten", wurde in der Küche festgestellt. Sonetschka Warenzowa lächelte nur vielsagend. In ihren blauen Augen lag ruhige, unerschütterliche Zuversicht.

Schüchternheit ist schwerer zu überwinden als Todesangst. Doch nicht umsonst war Olga Wjatscheslawowna durch die Schule des Krieges gegangen. Es war notwendig – also mußte es sein. Auf eine glückliche Gelegenheit zu warten, mit kleinen Tricks zu operieren, mit hautfarbenen Strümpfen vorbeizuhuschen oder rasch die nackte Schulter aus dem Kleid hervorzustrecken – das alles lag ihr nicht. So beschloß sie, einfach zu ihm zu gehen und ihm alles zu sagen. Sollte er mit ihr machen, was er wollte. Denn das war kein Leben mehr ...

Einige Male lief sie ihm auf der Treppe nach, wollte ihn hier – auf der Straße – am Ärmel fassen: Ich liebe Sie, vergehe ... Doch jedesmal bestieg er das Auto, ohne die Sotowa unter den anderen Angestellten zu bemerken ... In diesen Tagen schleuderte sie den brennenden Petroleumkocher auf Shurawljow. Die Gemeinschaftswohnung war mit Gewitterstimmung geladen. Sonetschka Warenzowa war nervös und verließ, sobald sie die Schritte der Sotowa hörte, die Küche ... Der Spaßvogel Wladimir Lwowitsch Ponisowski drang mit Hilfe eines Nachschlüssels in das Zimmer der Sotowa ein und legte eine Kleiderbürste unter ihre Matratze. Doch sie schlief die Nacht durch, ohne etwas zu merken.

Eines Tages ging er endlich zu Fuß nach Hause. (Das Auto war in Reparatur.) Olga Wjatscheslawowna holte ihn ein. Heftig, fast grob rief sie ihn an, Mund und Kehle waren wie ausgetrocknet. Sie schritt neben ihm, konnte die Augen nicht aufschlagen, stapfte ungeschickt einher, schob die Ellenbogen auseinander. Die Sekunden zogen sich hin wie eine Ewigkeit. Abwechselnd war ihr heiß und kalt, war sie sanft und wütend. Doch er ging teilnahmslos weiter, ohne Lächeln, streng.

„Die Sache ist folgende ..."

„Die Sache ist folgende", unterbrach er sie alsbald mit Widerwillen. „Mir wird von allen Seiten von Ihnen erzählt ..., ich wundere mich, jaja ... Sie verfolgen mich ... Ihre Absichten sind mir verständlich, lügen Sie bitte nicht, ich brauche keine Erklärungen ... Sie haben wohl vergessen, daß ich kein NÖP-Mann bin, der auf jedes glatte Lärvchen hereinfällt ... Sie haben sich bei der gesellschaftlichen Arbeit von einer guten Seite gezeigt. Mein Rat ist: Schlagen Sie sich diese Gedanken an seidene Strümpfe, Puder und alles andere aus dem Kopf ... Aus Ihnen kann eine gute Genossin werden ..."

Ohne sich zu verabschieden, überquerte er die Straße, wo auf dem Bürgersteig neben der Konditorei Sonetschka Warenzowa ihn unterfaßte. Aufgebracht zuckte sie mit den Schultern und begann ihm etwas zu erzählen ...

Sein Gesicht war noch immer voller Abscheu verzogen, er befreite seinen Arm aus dem ihren und senkte den schweren Kopf. Eine Wolke von Benzinrauch entzog sie den Blicken Olga Wjatscheslawownas.

Und so erwies sich Sonetschka Warenzowa als Siegerin. Sie war es, die den kaufmännischen Leiter des Machorkatrusts ausführlich über das jetzige und frühere Leben der Eskadronsdirne Sotowa informiert hatte. Sonetschka triumphierte, zugleich fürchtete sie sich jedoch entsetzlich ...

An dem Sonntagmorgen, den wir bereits zu Anfang erwähnt haben, als Olga Wjatscheslawownas Tür knarrte, stürzte Sonetschka in ihr Zimmer und begann laut zu weinen, weil es ihr unerträglich beleidigend erschien, in ständiger Angst leben zu müssen. Nachdem Olga Wjatscheslawowna sich gewaschen hatte, sagte sie aus unverständlichen Gründen in der Küche zweimal hintereinander: „Weiß der Teufel, was das ist!", kehrte in ihr Zimmer zurück und verließ bald das Haus.

In der Küche versammelten sich wieder die Mieter: Pjotr Semjonowitsch in seinen Sonntagshosen und einer Schirmmütze mit weißem Bezug, Wladimir Lwowitsch, unrasiert und angeheitert, Rosa Abramowna, die Mirabellenkonfitüre kochte, und Marja Afanassjewna, die eine Bluse bügelte. Sie schwatzten und machten Witze. Sonetschka Warenzowa erschien mit geschwollenen Augen.

„Ich kann nicht mehr", sagte sie noch in der Tür, „das muß endlich einmal ein Ende nehmen. Sie wird mich noch mit Vitriol begießen ..."

Wladimir Lwowitsch Ponisowski schlug vor, von einer Kleiderbürste die Borsten abzuschneiden und diese dann jeden Tag in das Bett der Giftnatter zu streuen. „Das hält sie nicht aus, sie wird von selbst fortziehen." Pjotr Semjonowitsch Morsch empfahl eine chemische Verteidigung mit Schwefelwasserstoff oder Jodoform. Das waren alles Männerphantasien. Nur Marja Afanassjewna sagte sachlich: „Obwohl Sie außergewöhnlich verschlossen sind, Ljaletschka, aber geben Sie nur zu, mit dem Direktor haben Sie doch Ihre Beziehungen rechtskräftig geregelt?"

„Ja", antwortete Ljaletschka, „vorgestern waren wir auf dem Standesamt ... Ich habe sogar auf einer kirchlichen Trauung bestanden, doch im Augenblick ist das noch nicht möglich ..."

„Kommt Zeit, kommt Rat", krächzte Pjotr Semjonowitsch mit der glänzenden Glatze.

„Dann schleudern Sie doch dieser kriechenden Giftnatter, dieser Marketenderin, die Bescheinigung vom Standesamt ins Gesicht", rief Marja Afanassjewna, mit dem Bügeleisen fuchtelnd.

„Ach nein, um nichts in der Welt. Ich fürchte mich so und habe so schwere Vorgefühle ..."

„Wir werden hinter der Tür stehen ... Sie brauchen sich nicht zu fürchten ..."

Der fröhliche Wladimir Lwowitsch blökte in seiner Trunkenheit wie ein Hammel: „Wir stellen uns, mit Küchengeräten bewaffnet, hinter die Tür."

Ljaletschka wurde überredet.

Um acht Uhr abends kehrte Olga Wjatscheslawowna in erschöpfter Haltung und mit erdfarbenem Gesicht zurück, schloß sich ein, setzte sich aufs Bett, ließ die Hände in den Schoß sinken ... Allein, ganz allein im wilden, feindlichen Leben, einsam wie in der Todesstunde, niemand brauchte sie ... Seit dem gestrigen Tage hatte sich ihrer immer mehr eine eigenartige Zerstreutheit bemächtigt. So bemerkte sie plötzlich in ihrer Hand den Revolver und konnte sich nicht darauf besinnen, wann sie ihn von der Wand genommen hatte. Sie saß, dachte nach und blickte auf das stählerne, todbringende Spielzeug ...

An der Tür wurde geklopft. Olga Wjatscheslawowna zuckte heftig zusammen. Es wurde stärker geklopft. Sie erhob sich, riß die Tür auf. Dahinter in der Dunkelheit des Korridors stießen sich scheu, zurückschreckend, die Mieter, es schien, als ob sie Besen und Schürhaken in den Händen hielten. Die Warenzowa trat bleich, mit zusammengepreßten Lippen ins Zimmer. Sie begann sofort mit abgerissener, kreischender Stimme zu sprechen: „Es ist der Gipfel der Schamlosigkeit, sich einem verheirateten Mann aufzudrängen ... Hier ist die Bescheinigung vom Standesamt ... Alle wissen, daß Sie geschlechtskrank sind ... Und damit wollen Sie Karriere machen ... und noch dazu durch meinen mir gesetzlich angetrauten Mann ... Sie sind ein gemeines Frauenzimmer ... Hier ist die Bescheinigung ...“

Olga Wjatscheslawowna schaute wie eine Blinde auf die kreischende Sonetschka ... Plötzlich übermannte sie der bekannte wilde Haß, er drückte ihr die Kehle zu. Wie Stahl spannten sich ihre Muskeln. Ihrer Kehle entrang sich ein Schrei ... Olga Wjatscheslawowna schoß und schoß immer wieder auf das vor ihr geisternde weiße Gesicht.

Alexander Kosatschinski

Der grüne Wagen

Der Winter 1931 war in Gagry ungewöhnlich streng. Den ganzen Dezember hindurch regnete es, und im Januar fiel Schnee.

Sehr merkwürdiger Schnee, wenn Windstille herrschte, doch in subtropischen Gegenden wohl der einzig mögliche: Apfelgroße Flokken, hübsch anzusehen wie Christbaumschmuck, schwebten langsam auf die Erde herab, ohne Pause. Die Palmenblätter knickten ein unter der ungewohnten Last. Die Rosen, die gerade aufblühten, entfalteten sich – den Flechten des Nordens gleich – über einer dicken Schneeschicht. So hatten vermutlich die tropischen Wälder Europas zu Beginn der Eiszeit ausgesehen.

Und den ganzen Winter hindurch herrschte ein ungewöhnlicher Sturm über dem Schwarzen Meer. Riesige Wellen schlugen gegen den schmalen Küstenstreifen von Gagry. Sie näherten sich langsam, in ausgerichteten Reihen, weit voneinander entfernt, und auf ihren Kämmen ritten dicke Wasservögel. Tosend zerschellten sie am Ufer, die Vögel tauchten sekundenlang unter und erschienen auf dem Kamm der nächsten Wellen wieder. Das monotone Meeresrauschen, wochenlang anhaltend, wurde kaum noch als Geräusch empfunden; die Brandung schien lautlos wie der Schneefall.

Gagry hatte indes nicht nur die Wärme, den Sonnenschein und den Wohlgeruch blühender Gärten eingebüßt, sondern auch die Elektrizität. Das Kraftwerk – seine Kapazität kam bestenfalls der eines Motorrades gleich – wurde von einem Wasserfall angetrieben, der bequem in einem gewöhnlichen Abflußrohr Platz gefunden hätte. Die Dezembergüsse jedoch hatten dieses Rinnsal in einen Sturzbach verwandelt, und das Kraftwerk war darin ersoffen. Als dann die Januarfröste den Sturzbach erstarren ließen, war an eine Stromerzeugung schon gar nicht mehr zu denken.

Vor einem Hintergrund derart kurioser und bedrohlicher Erscheinungen mußte der Untergang der Taverne „Salamander" wie ein böses Omen wirken. In der alten Festung von Gagry hatten sich einander gegenüber zwei konkurrierende Genossenschaftstavernen etabliert – der „Phönix" und der „Salamander". Eines Nachts im Januar, als der Sturm besonders heftig tobte, brannte der „Salamander" zur großen Freude des „Phönix" völlig nieder. Mit ihm verbrannten alle Skorpione, die in den Ritzen der Festungsmauer genistet hatten. Sie waren der Stolz der Taverne gewesen. Jeder Gast hatte sich, wenn er die Ritzen mit einem Streichholz anleuchtete, an ihrem Anblick ergötzen können. Sie hatten sich so an den Schaschlyk- und Rotweinduft und an die fröhlichen Zecher gewöhnt gehabt, daß sie zu völlig harmlosen Insekten geworden waren, wie Heimchen etwa oder Seidenraupen. Finsternis und Flammen hatten ihr Ende vor den Blicken Dritter verborgen, doch sollen sie sich, ihrem Brauch getreu, durch einen Stich in den Kopf selbst entleibt und dabei den trügerischen Namen der Taverne verwünscht haben, dem sie vertraut. Noch heute erzählt man in Gagry gern von diesem Ereignis.

Der Untergang des „Salamanders" war nicht das letzte Glied in der Unglückskette. Ein Bergsturz blockierte die Autostraße nach Norden, während die nach Süden, vom Regen aufgeweicht, ins Meer abrutschte. Die offene Reede von Gagry lag verödet; kein Schiff wagte es, sie bei diesem Sturm anzulaufen. Und das eingeschneite Städtchen, das frierend im Dunkeln saß, fand sich zu guter Letzt von aller Welt abgeschnitten. Viele Urlauber, die in Gagry einige erholsame Wochen verbringen wollten, mußten unfreiwillig hier überwintern. In Regenmäntel gehüllt, strichen sie durch den verschneiten Park und klapperten mit den Zähnen wie weiland unsere prähistorischen Vorfahren, als Gletscher sie zu umzingeln begannen.

Wären der Frost, der Sturm und die Bergstürze nicht gewesen, dann hätte auch im ehemaligen Schloß des Prinzen von Odenburg der literarische Klub niemals das Licht der Welt erblickt. Alle, die Gagry einmal einen Besuch abgestattet haben, kennen dieses Schloß – ein Steingebäude im kapriziös verspielten Stil der Holzarchitektur, malerisch an einen fast lotrechten Berghang gelehnt. Innen weist die frühere Prinzenbehausung weder Luxus noch Bequemlichkeit auf, und keinem Menschen würde heutzutage einfallen, so ein Gebäude Schloß zu nennen. Das einzig Positive war, daß der Prinz in sämtlichen Räumen zierliche Kamine hatte einbauen lassen. Und an einem dieser Kamine versammelten sich die Mitglieder des literarischen Klubs, der sein Entstehen den entfesselten Elementen, insbesondere aber der Langeweile verdankte.

An Langeweile litten übrigens alle Bewohner des Sanatoriums. Ausgenommen natürlich die Schachspieler, die sich frühmorgens an ihre Bretter setzten und spätabends die Entscheidungsschlacht schlugen, die Dunkelheit vergessend oder auch in ihrem Schutze. Gleichfalls guter Dinge waren die Fotoamateure. Mit seltener Beharrlichkeit knipsten sie während der Dauer ihrer Gefangenschaft unzählige Male ein und denselben blühenden, halbverschneiten Rosenstrauch. Doch für die vielen anderen, die keins dieser Steckenpferde ritten, sah es nahezu hoffnungslos aus. Überdruß und Heimweh stellten sich ein. Die schreiend gelbgrünen Anstaltspyjamas, der Mittagsschlaf und die langweiligen Atemübungen früh am Morgen, die sanftmütigen Pflegerinnen, die mit Wärmflaschen und Klistierspritzen durch die Gänge huschten, die Betten, deren Sprungfedermatratzen empfindlich wie Seismographen und geräuschvoll wie Steinbrechmaschinen waren, der Zettel an der Tür zur Poliklinik, der „Täglich Röntgenaufnahmen" versprach – kurzum alles, was zuerst angeheimelt und belustigt hatte, reizte nun bis aufs Blut. Das ging schließlich so weit, daß niemand mehr die wacklige Waage im Sprechzimmer des Arztes besteigen wollte.

Manche Patienten liebäugelten schon mit einem „Seelentröster". Und ein paar Schonköstler ertappte der Chefarzt gar im „Phönix", wo sie Hammelfleischpasteten verspeisten und „Abchasisches Bouquet" dazu schlürften.

Solcherart also waren die Verhältnisse, die zur Gründung des literarischen Klubs führten. Man tagte auf Zimmer 7 am grünen Kamin. Anfangs wurden berühmte Männer geraten und Wörter zerlegt. Bald jedoch begann man Geschichten zu erzählen, vornehmlich gruslige. Und dann schlug einer vor, die Geschichten aufzuschreiben und sie vorzulesen.

Nichts ist leichter, als jemand zum Schriftstellern zu überreden. Wie einst in jedem Cromagnonmenschen ein Maler steckte, so schlummert in jedem unserer Zeitgenossen ein heimlicher Dichter. Zumal wenn er sich langweilt, bedarf es nur eines leichten Anstoßes, und schon ist das schriftstellerische Talent in ihm erwacht.

Gelesen wurde abends beim rötlichen Schein einer Petroleumlampe, die lediglich den Umkreis des Kamins erhellte, in dem graue

Holzscheite wütend zischten und prasselten. Jedes Klubmitglied hatte seinen Stammplatz. Links vom Kamin, das gütige Altfrauengesicht dem Feuer zugekehrt, saß Pfeifer, ein ehrbarer Bäckermeister. Sein Nachbar war Heeresintendant Sdobnow, stets frisch rasiert, mit Pyjama und Stiefeln angetan. Etwas abseits thronte auf einem kurzen Sofa die Ärztin Netschestiwzewa. Der Vorsitzende des Klubs, Patrikejew, hatte sich auf zwei Holzklötzen niedergelassen. Als Berufsliterat war er vom Geschichtenschreiben dispensiert, doch durfte er dafür den Kamin heizen und achtgeben, daß der Funkenflug keinen Schaden anrichtete. Auf einem Bett im Winkel hockte Patrikejews Freund Boitschenko, seines Zeichens Arzt und ein stiller, ernster Mensch, dem man die Leningrader Schule ansah. Neben ihm hatte es sich – die rotbraunen Stiefel durch die Gitterstäbe gesteckt – der Rechtsanwalt Kotik bequem gemacht, ein feuriger schwarzhaariger Mann mit braunen Augen und welligem Schnurrbart à la Maupassant.

Die Devise des Klubs, von Patrikejew geprägt, lautete: „Kein Leben ohne wenigstens eine interessante Episode." Die Autoren durften daher nur autobiographischen Stoff verarbeiten. Da wiederum keine Biographie der anderen glich, fielen alle Beiträge äußerst interessant und überraschend aus. Vom alten Pfeifer zum Beispiel, einem Fachmann auf seinem Gebiet, hatte jeder eine Erzählung über das Bäckerhandwerk erwartet. Er aber schrieb: „Wie ich an feuchter Rippenfellentzündung erkrankte".

Wir wollen nicht verschweigen, daß sich die Klubmitglieder, geschmeichelt durch die Anwesenheit eines berühmten Schriftstellers, den simplen Schach-, Foto- und Rätselliebhabern haushoch überlegen fühlten. Das ist zwar nicht weiter von Bedeutung, aber man muß auch diesen Umstand erwähnen. Dabei mochte Patrikejew in Schriftstellerkreisen weit weniger bekannt sein als etwa Pfeifer in Bäckerkreisen. Doch wer fragte schon danach? Patrikejew war vielen Leuten ein Begriff, Pfeifer dagegen nur denn Zunftgenossen; denn der Literat setzte seinen Namen über jeden Roman, während die Brote des ehrbaren Meisters – die vielleicht nicht schlechter ausfielen – anonym zum Verkauf gelangten.

Patrikejew und der bescheidene Boitschenko waren unzertrennliche Freunde. Zog der eine aus, um sich die Brandung oder den verschneiten Rosenstrauch anzusehen, folgte stehenden Fußes auch der andere. Den Ursprung ihrer Freundschaft kannte niemand. Die Eifersucht der Klubmitglieder ließ jedoch nur eine Erklärung zu: Großen Männern hängt oft ein Rattenschwanz von ehemaligen Spielgefährten, Mitschülern und Banknachbarn an; diese, etwa zu Provinzbuchhaltern oder Heilgehilfen geworden, sehen die tiefe Kluft nicht, die sich zwischen ihnen und ihren berühmten Altersgenossen aufgetan hat.

Man wußte, daß beide in verschiedenen Städten wohnten – Boitschenko in Leningrad, Patrikejew in Moskau –, ihren Urlaub jedoch jedes Jahr gemeinsam verbrachten. Das zeugte von einer offenbar etwas schwärmerischen Freundschaft, wie sie bei jungen Menschen üblich, bei Männern über dreißig dagegen äußerst selten ist. Keiner von beiden war übrigens Eingeborener der jeweiligen im Norden gelegenen Hauptstadt; ihre Aussprache, unverkennbar südlich, verriet, daß sie aus Odessa stammten.

Der Klub blühte und gedieh. Nur einmal gab es Aufruhr – als nämlich Dr. Boitschenko erklärte, er wisse nichts zu schreiben. Besonders empört waren Pfeifer und auch Frau Netschestiwzewa, die am Vorabend eine mit intimer Lyrik durchsetzte Novelle verlesen und reiches Lob geerntet hatte. Der Doktor, ebenso eigensinnig wie schüchtern, trotzte aller Überredungskunst, bis schließlich sein Freund eingriff.

„Glauben Sie ihm nicht", rief Patrikejew, „er hat mehr Stoff als manch einer von uns. – Wolodja", er wandte sich an den Doktor, „Wolodja, wie wär's, wenn du zum Beispiel über den grünen Wagen erzähltest?"

Einige Tage darauf bezog Wladimir Stepanowitsch Boitschenko den Platz rechts vom Kamin und las seine Geschichte vor.

1

Es war im Sommer 1920. Die Bewohner von Sewerinowka im Kreis Odessa warteten ungeduldig auf den neuen Chef der Kriminalabteilung. Man muß wissen, daß Sewerinowka damals nur ein staubiger Marktflecken war mit gelben Kalkstein- und Lehmhäusern, überdachten Verkaufsständen auf dem Marktplatz, einem zerstörten gräflichen Gutshof, einer orthodoxen Kirche, einer evangelischen Kirche, einer Synagoge und einem so hohen Prozentsatz an Schnapsbrennereien und Schwarzhändlern, daß die Kriminalabteilung die meistbesuchte und einflußreichste Institution am Ort darstellte. Kein Wunder also, daß sich jedermann für den neuen Chef interessierte.

Aber schlimme Gerüchte gingen um. Die Kreisbehörde, hieß es, sei beunruhigt durch den üblen Ruf der Ortschaft und die Charakterlosigkeit der früheren Kriminalchefs, die sie nacheinander hatte abberufen müssen. Sie wolle das aufsässige Volk von Sewerinowka endlich auf die Knie zwingen und schicke ihm zu diesem Behufe einen eigens vorgebildeten, charaktervollen und mitleidslosen Mann.

Bisher hatte es keiner von ihnen lange in Sewerinowka ausgehalten. Der letzte war nicht einmal dazu gekommen, sich die berühmten gelben Stiefel mit hohem Absatz, weißer Ziegenledersohle, breiten gewölbten Spitzen, Riemchen unterm Knie und den kleinen Stulpen darüber anfertigen zu lassen. Solche Stiefel verstand man sonst nirgends in der ganzen Umgegend herzustellen, selbst in Balta nicht. Und die Chefs der Kriminalabteilung fühlten von ihnen eine unüberwindliche Stärke ausgehen wie der Märchenkönig vom Hemd des glücklichen Menschen. Die Einwohnerschaft, die das bemerkt hatte, wußte die magische Kraft der gelben Stiefel geschickt zu nutzen. Jedem Chef wurde ein Paar als Geschenk dargebracht, und jeder erlag der Versuchung. Sobald dann die Kreisbehörde von dem Sündenfall erfuhr, zitierte sie den Mann nach Odessa, verklagte ihn wegen Bestechlichkeit und gab ihm den Laufpaß.

Der neue Chef traf an einem sehr heißen Julitag ein. Sewerinowka schien nahezu ausgestorben. Der Wind riß ganze Strohbündel von den Bauernwagen und wirbelte sie über den Markplatz. Die Straßen waren mit einer dicken Staubschicht überzogen. Alles glühte, alles knisterte vor Trockenheit, und es hätte niemand verwundert, wäre die Ortschaft zischend und qualmend in Flammen aufgegangen. Davor bewahrte sie jedoch der sumpfige Tümpel, der die Tränke auf dem Marktplatz umgab. Nie versickernd, spendete er Sewerinowka wenigstens etwas Kühle.

Der neue Chef sprang aus seiner Kalesche und stieg waffenklirrend die Treppe zur Kriminalabteilung hinauf. Drinnen empfing ihn die Sekretärin Anna Semjonowna Muraschko, eine Dame um fünfunddreißig, in Zartrosa, Hellgrün und Kremgelb gekleidet, die von weitem mit einem Flammeri nicht wenig Ähnlichkeit hatte.

Anna Semjonowna überreichte dem wieder einmal neuen Chef die Mappe mit den Haft- und Haussuchungsbefehlen nebst einem runden Stempel und verkündete voller Stolz, daß die Kriminalabteilung über eine graue Stute, einen Kavalleriesattel, eine Reitpeitsche und einen zur Zeit abwesenden Kriminalmilizionär verfüge. Die Stute heiße Kochanotschka, der Milizmann Gristschenko.

Der Chef gab Anna Semjonowna die Mappe zurück, steckte den runden Stempel ein und nahm die Reitpeitsche an sich, die eine Hasenpfote als Griff hatte. Dann führte er Kochanotschka aus dem Verschlag, legte ihr eigenhändig den Kavalleriesattel auf und galoppierte, ohne sich nach der langen Fahrt auch nur die Hände zu waschen, mit unbekanntem Ziel davon.

Das Aussehen des neuen Chefs bestätigte, soweit das unter der dikken Staubschicht erkennbar war, die schlimmsten Vermutungen der Einwohner Sewerinowkas. Er mochte knapp achtzehn Jahre alt sein, aber das hatte nichts zu sagen; man konnte die Menschen damals mit allem möglichen verblüffen, nur mit einem jugendlichen Äußeren nicht. Er war finster und schweigsam. Wenn Anna Semjonowna ihm die Akten vorlegte, sprach er kaum zehn Worte mit ihr. An seiner Hüfte baumelten, von einem komplizierten Riemen-, Ketten- und Spangensystem gehalten, ein großkalibriger blanker Colt und zwei Eierhandgranaten, die beim Gehen aneinanderstießen und einen Laut von sich gaben, als wären es zwei volle Gläser. Über der Schulter hing ein nagelneuer japanischer Karabiner. Für die Einwohnerschaft stand nach alldem eins fest: Dieser Mann kannte weder Furcht noch Mitleid.

In den ersten Tagen ging er Bekanntschaften völlig aus dem Wege und stieg kaum vom Pferd. Bei Anna Semjonowna häuften sich nichtunterschriebene Papiere, und sie trat zuweilen vor die Tür, um den Chef abzufangen, wenn er über den Marktplatz sprengte. Hatte sie Glück, ritt er auf sie zu, drückte, ohne abzusitzen, den runden Stempel auf das tintenbeschmierte Kissen, das Anna Semjonowna ihm hinhielt, siegelte die Papiere, unterschrieb und verschwand aufs neue in einer immensen Staubwolke.

Die geheimnisvollen Ritte des Chefs bestärkten die Bewohner Sewerinowkas in ihrem Argwohn.

„Ein Ungeheuer!" lautete das einstimmige Urteil.

Mit der Zeit jedoch wurden die Ritte seltener, und der neue Chef machte sich daran, verschiedene Kriminalfälle zu klären.

Außer dem Colt und den Handgranaten als Verteidigungs- und Angriffswaffen hatte er noch eine Lupe zur Untersuchung der am Tatort befindlichen Spuren mitgebracht, ferner einen Taschenspiegel, mit dessen Hilfe er ohne Kopfwendung erspähen konnte, wer hinter ihm ging. Leider war er vor seiner Abreise aus Odessa nicht mehr dazu gekommen, sich eine dunkle Brille, Perücken und Schminke zu beschaffen, was alles ihm in Sewerinowka gewiß gute Dienste geleistet hätte.

Von den ländlichen Verbrechern war der neue Chef jedoch einigermaßen enttäuscht. Sie dachten nicht daran, am Tatort jene Indizien und Beweisstücke zu hinterlassen, die nun einmal zur Spielregel gehörten: am Mordwerkzeug klebende Härchen, Fingerabdrücke, Zigarettenstummel, Zigarettenasche und vor allem Fußstapfen, aus denen man auf Schuhgröße, Gangart, Charakter, Vermögenslage und Habitus des Übeltäters hätte schließen können. Die Spitzbuben von

Sewerinowka schienen unerhört leichtfüßig zu sein. So aufmerksam der Chef auch durch die Lupe blickte, stets fand er nur Kehricht und ein paar dürftige Spänchen.

Eine Ausnahme machte Gristschenko, der ihm beigeordnete Milizmann. Gristschenko besaß ein Paar erstklassige englische Militärschnürstiefel mit eisenbeschlagenen Spitzen und Absätzen. Solche Stiefel hatten vor einigen Monaten die Weißen und die Interventen in der Stadt feilgeboten. Sie hinterließen im Straßenstaub geradezu mustergültige Abdrücke, die kreuz und quer über den Marktplatz führten und in besonders großer Zahl die Lebensmittelstände umringten. Der neue Chef – bestrebt, die schwierige Fährtensprache zu erlernen – folgte ihnen oft mit gesenktem Kopf, wobei er zu ergründen suchte, was wohl den Milizmann so unwiderstehlich zu besagten Ständen trieb.

Gristschenko gefiel dem neuen Chef überaus gut. Hätte die Natur einen Idealmilizionär erschaffen wollen, so wäre unweigerlich Gristschenko das Ergebnis gewesen. Er verfügte über außergewöhnliche Fähigkeiten. Kurz nach seiner Ankunft fuhr der neue Chef mit ihm ins Nachbardorf, das von Schnapsbrennern wimmelte. Es war in einer Mondnacht. Sie hielten auf einem Hügel, zu ihren Füßen lag das schlafende Dorf. Voller Unbehagen blickte der Chef darauf nieder. Er wußte nicht, wie er die Schnapsbrennerhütten von den harmlosen unterscheiden sollte. Gristschenko aber schnupperte nur und lenkte darauf die Kalesche zielsicher in einen Hof, wo sie tatsächlich einen Destillierapparat fanden. Wieder auf der Straße, schnupperte er abermals und machte den zweiten Apparat ausfindig. Der Chef kam aus dem Staunen nicht heraus. Einen unfehlbaren Geruchssinn hatte dieser Mensch! Er atmete den Rauch ein, der sich über einer Hütte kräuselte, und wußte sofort – da wird Schnaps gebrannt. Oder – da wird Brot gebacken. Nie verwechselte er die eine Rauchart mit der anderen. Mehr noch, er konnte am Rauchgeruch sogar erkennen, was in der jeweiligen Hütte gebrannt wurde: Mais-, Zuckerrüben-, Pflaumen-, Weizen- oder Melasseschnaps. Leider versagte – infolge atmosphärischer Störungen – sein ungewöhnlicher Geruchssinn ausgerechnet in Sewerinowka; denn nur so ließ es sich erklären, daß Sewerinowkas Schnapsbrenner bislang keinen Schaden genommen hatten.

Nicht weniger bemerkenswert war Gristschenkos Tastsinn, zumal seine rechte Hand nur noch zwei Finger aufwies – den Zeigefinger und den kleinen Finger; die übrigen hatte er einmal eingebüßt – wie und wobei, das konnte niemand sagen. Die Hand glich einer Ofengabel und wäre für jeden anderen nutzlos gewesen. Gristschenko aber vollbrachte wahre Wunder mit ihr. Er brauchte sie nur in eine Schwarzhändlerfuhre zu tauchen, und schon hatten die beiden braunen, griffigen Finger ein paar kontingentierte Mangelwaren herausgefischt – quadratische Stücke Sohlen- oder Oberleder aller Art, Tabakpäckchen, Teebeutel oder Schächtelchen mit Sacharin. Die Kunde von Gristschenkos Heldentaten drang so weit, daß die Schwarzhändler Sewerinowka zu meiden begannen.

Die anderen Milizionäre, die zwar fünf Finger, dafür aber nicht halb soviel Geschick hatten, betrachteten den übernatürlichen Tastsinn ihres Kollegen als eine Folge seiner Verwundung. Gewisse Nerven und Sehnen, behaupteten sie, seien damals bloßgelegt und magnetisiert worden, und daher stamme die Anziehungskraft.

Gristschenko seinerseits mußte die Überlegenheit des neuen Chefs – eines Mannes mit höherer Schulbildung – anerkennen, wenn es galt, Protokolle und Akten zu verfassen. Diese Schriftstücke bezogen sich vorwiegend auf Leichenfunde am Straßenrand, die in jener bewegten Zeit durchaus keine Seltenheit waren.

Der neue Chef verfaßte seine Protokolle nach allen Regeln der Kunst. Zuerst vermerkte er die geographische Lage des Toten. Dann schilderte er, in welcher Stellung das Opfer vom Tod ereilt worden war und welche Verletzungen es davongetragen hatte. Schließlich folgte eine Aufzählung der am Tatort gefundenen Beweisstücke.

Sicher nachweisbar war von alldem nur eins – die geographische Lage. Ein Toter lag mit dem Kopf nach Südost und mit den Beinen nach Nordwest. Oder irgendwie anders. Das Talent des neuen Chefs tat sich jedoch gerade da am stärksten kund, wo gar nichts nachzuweisen war. Obwohl sich Begleitumstände und Motiv in jedem Fall glichen (Raubmord an Bauern, denen ein Pud Mehl, eine Lederjacke oder ein Paar dürre Klepper zum Verhängnis wurden), stellte er in seinen Protokollen die verschiedensten Hypothesen auf. Zuweilen enthielt ein einziges Protokoll mehrere Versionen betreffs Täterschaft und Tatmotiv. Und jede Version war so brillant ausgearbeitet, daß der Untersuchungsrichter in ärgste Verlegenheit geriet, welcher er den Vorzug geben sollte.

Diese Protokolle brachten dem neuen Chef den Ruf eines ungewöhnlich scharfsinnigen Kriminalisten ein. Die Kreisbehörde setzte große Hoffnungen in ihn. Seine Erfolge verwunderten um so mehr, als er noch nie zuvor einen Toten zu Gesicht bekommen hatte. Die Familie, die ihn für übermäßig sensibel hielt, hatte ihn allen Begräbnissen ferngehalten. Und dabei war so eine adrett herausstaffierte Stadtleiche noch gar nichts gegen die Steppenleichen, mit denen er es hier zu tun bekam!

Als erster in Sewerinowka durchschaute Gristschenko den Charakter des neuen Chefs. Seinem scharfen Blick entging es nicht, daß bei jedem Gespräch mit Anna Semjonowna leichte Röte in die gebräunten Wangen des jungen Vorgesetzten stieg. Bald fand er auch heraus, was hinter den geheimnisvollen Ritten auf Kochanotschka steckte – nichts anderes nämlich als eine krankhafte Schüchternheit, die den Chef in die Einsamkeit trieb und ihn fremde Menschen ängstlich meiden ließ. Gristschenko erkannte, daß sich unter der rauhen Hülle eine scheue, zarte, feinfühlige Natur verbarg.

Nach zwei Monaten nannte ganz Sewerinowka den neuen Chef einfach Wolodja – von Anna Semjonowna und Gristschenko bis zu den prominentesten Schnapsbrennern, die ihre Freizeit mit Vorliebe auf den Treppenstufen der Kriminalabteilung verplauderten. Man begriff, daß sich diesmal selbst die gelben Stiefel erübrigten, und stellte die Aktion ein. Die Schnapsbrennereien, die während der Zeit, da man Wolodjas Charakter studierte, stillgelegen hatten, kamen wieder in Betrieb. Frisch überholt, qualmten sie wie nie zuvor.

2

Eines Tages wurde Wolodja in das Vorwerk Potaschenko gerufen. Der Anlaß war unbedeutend genug – ein Hühner- und Gänsediebstahl. Die Besichtigung des Geflügelstalles erbrachte nichts Wesentliches. Der Schauplatz des ländlichen Verbrechens machte, wie stets in solchen Fällen, einen trostlos langweiligen Eindruck. Keine Einzelheit, an der sich die Phantasie hätte entzünden können. Ein kleiner, leerer Schuppen mit zerbrochener Tür, Hühner- und Gänsespuren und ein paar Schwanzfedern, die der Hahn bei seiner gewaltsamen Entführung verloren hatte – das war alles, was Wolodja am Tatort vorfand. Er setzte ein Protokoll auf, nahm die Federn als Beweisstücke an sich und verließ den Geflügelhof.

Auf der Heimfahrt trieb Gristschenko die Pferde zur Eile an. In Sewerinowka war Markttag, und Gristschenko liebte die Markttage über alles. Die Pferde – kleine Braune mit schmaler Brust und dickem Bauch – trabten munter die Landstraße fürbaß. Owohl sie sich eigentlich in nichts von ihren Artgenossen unterschieden, gehörten sie doch einer Extrarasse an: sie waren Beweisstücke. Aktennummer und Siegel, an den dürftigen Schwänzen befestigt, deuteten auf ihre rechtliche Sonderstellung hin.

Solche Beweisstücke entraten der Eigenschaften gewöhnlicher

Dinge. Sie dürfen weder verkauft noch gekauft und schon gar nicht zwecks persönlicher Bereicherung requiriert werden. In Sewerinowka jedoch hatte dieser Grundsatz eine gewisse Abänderung erfahren. Hier war in den ersten Monaten nach Gründung der Kriminalabteilung ein patriarchalischer Brauch aufgekommen, den alle Vorgänger Wolodjas heiliggehalten hatten: Die Beweisstücke wurden zur zeitweiligen Benutzung ausgeliehen und solcherart, wenn auch beschränkt, dem allgemeinen Kreislauf des Lebens wieder eingegliedert. Man fand diese Ordnung durchaus natürlich. Gristschenko war sogar ehrlich davon überzeugt, daß die gesamte Tätigkeit der Milizionäre und Kriminalisten nur Mittel zum Zweck, der Zweck aber die Beschaffung von Beweisstücken sei. Zudem betrachtete er das Leben überhaupt als etwas Provisorisches, schnell Vergehendes und die irdischen Güter eben dementsprechend als Leihgegenstände.

Wolodja war ganz bestürzt, als eines Tages acht Milizionäre, mit dem Kriminalmilizionär Gristschenko an der Spitze, folgendes Gesuch bei ihm einreichten: „Betr.: Ausleihe von Beweisstücken zur zeitweiligen Benutzung. – Wir bitten um ein Pfund Speiseöl je Kopf."

Noch bestürzter aber war Gristschenko, als ihm zu Ohren kam, Wolodja wolle den beschlagnahmten Schnaps in Zukunft vernichten. Zuerst hatte er den Reformplan seines neuen Vorgesetzten mißdeutet und genüßlich kichernd gefragt: „Was gibt's denn zu essen dazu, Genosse Chef, he?" Aber dann mußte er einem erschütternden Schauspiel beiwohnen: Hochwertiger Wodka, hellgelb und duftend, wurde achtlos auf den Hof gekippt, vermengte sich mit dem Staub und rann in schmalen Bächen bis hinter den Schuppen, wo die Milizionäre ihren Lieblingsplatz hatten. Gristschenko, der mühsam ein Stöhnen unterdrückte, mußte das „Vernichtungsprotokoll" unterschreiben. Darauf folgte die Zerstörung der Destillierkolben und Schlangenrohre, die oft durch ihre technische Vollkommenheit verblüfft hatten. Sewerinowka sah den Untergang der Zivilisation gekommen. Bald wußte die ganze Umgebung von dem unerhörten Ereignis. Fassungslose Trauer herrschte weit und breit. Die Schnapsbrenner waren außer sich. Das hatten sie nicht erwartet.

Gefreut hatte sich als einziger der Arzt von Sewerinowka. Er war sofort zu Wolodja geeilt und hatte gebeten, den konfiszierten Schnaps fortan ins Krankenhaus zu liefern, wo es längst keinen Spiritus mehr gab. Wolodja war einverstanden gewesen.

Die Kalesche mit den Beweisstücken davor hatte Sewerinowka bereits erreicht, als vom Marktplatz Schüsse herüberhallten. Im nächsten Augenblick preschte, von zwei Rappen gezogen, ein nagelneuer offener grüner Wagen an ihnen vorbei. Vorn stand breitbeinig, zu voller Größe aufgerichtet, ein junger Bursche in geflickten Hosen und hieb auf die schäumenden Pferde ein. Wenn der Wagen über Schlaglöcher holperte, behielt der Kutscher meisterhaft die Balance. Wolodja fand kaum Zeit, diese Geschicklichkeit zu bewundern – er selbst hätte auch bei einer Fahrt im Schritt das Gleichgewicht verloren –, da war der grüne Wagen schon in einer Staublawine verschwunden. Gristschenko blickte ihm versonnen nach und lenkte, ohne auf einen Befehl zu warten, die Braunen in Richtung Marktplatz.

Wenige Augenblicke später war die Kalesche am Ziel. Der Markt war überschwemmt mit Melonen aller Sorten, mit Zwiebelbündeln, blauen Auberginen, langhalsigen zartrosa Krügen, in denen das Wasser auch an heißen Tagen kalt bleibt, neuen Besen aus Hirsestroh und anderen, wegen mangelnden Nährwertes unkontingentierten Gütern. Das war sozusagen der sichtbare Markt. Er barg in seinem Schoße einen unsichtbaren – den eigentlichen Markt. Dort wurde mit Speck, Zucker und Leder gehandelt. Dort gab es Ausbrüche von Panik, gab es Razzien und plötzliche Schießereien. Es war dies ein hektischer Markt – der Markt des Jahres neunzehnhundertzwanzig.

Vor dem Herbergstor rumorte eine Menschenmenge. Kondrat Shmenja, der Reviermilizionär, löste sich daraus und rannte der Kalesche entgegen, wobei er einen neuen Ladestreifen in sein Gewehr einsetzte.

Kondrat Shmenja fluchte. Ein wahrer Fluchkrampf schüttelte ihn, hinderte ihn am Laufen, Schießen und Sprechen. Seine Meldung bestand nur aus Flüchen. Nichtsdestoweniger erfuhr Wolodja rasch und genau, was geschehen war.

Soeben hatte – vor allem Volk, vor seiner, Kondrat Shmenjas, Nase und zwei Schritt vom Milizrevier und von der Kriminalabteilung entfernt –, soeben also hatte der berüchtigte, verwegene Dieb, den man Krassawtschik, „der Schöne“, nannte, einen Zweispänner entführt.

Wolodja brauchte sich nicht erklären zu lassen, wer Krassawtschik war. Seit seiner Ankunft in Sewerinowka träumte er davon, diesen Burschen zu fangen.

Beim bloßen Klang dieses Namens sprang er aus der Kalesche und fragte erregt: „Wo stand das Gespann?“ Er stürzte zu der Stelle, die Shmenja ihm bezeichnete, ließ sich auf die Knie fallen und nahm den Straßenstaub unter die Lupe. Die Menschenmenge verstummte augenblicklich und beobachtete respektvoll Wolodjas Tun. Es standen hier Deutsche mit schwarzen Beamtenmützen und in bortenbesetzten Röcken, unter denen sie lilasamtene Brusttücher trugen, Moldauer in langen rot und grün bestickten Hemden, ukrainische Mädchen, die weißen Kopftücher bis in die Augen gezogen, und nicht zu vergessen die wohlgesitteten einheimischen Schnapsbrenner in städtischer Kleidung. Wolodja sah von alledem nur Stiefel, die bisweilen in die Reichweite seiner bikonvexen Linse gerieten. Gristschenko war verschwunden. Gute zwei Minuten kroch Wolodja schon umher, konnte aber nichts als ein paar Pferdeäpfel entdecken. Schließlich wurde er von Gristschenko unterbrochen, der sich durch die Menge zwängte.

„Was suchen Sie da, Genosse Chef? Da liegt doch nur Dreck!" rief Gristschenko ukrainisch. Mit allen anderen sprach er russisch, nur mit Wolodja nicht. „Sie suchen wohl Beweisstücke, wie?" fügte er noch hinzu.

Er legte einen schmeichlerischen Ton in seine Stimme, um die Aufmerksamkeit des Chefs von der knusprigen runden Pastete abzulenken, die er unterm Arm hielt. Die Herkunft der Pastete war eindeutig, die Schnelligkeit, mit der sie beschafft worden war, geradezu übernatürlich.

Wolodja aber starrte noch immer auf den Boden.

„Ein Glück", sagte er, „daß die Leute die Spuren nicht zertrampelt haben. Sie werden uns verraten, welchen Weg Krassawtschik eingeschlagen hat."

„Krassawtschik?" fragte Gristschenko verwundert. „Den haben wir doch gesehen. Er ist nach Odessa gefahren."

„Wieso gesehen? Wieso nach Odessa?" Wolodja machte große Augen.

„Na, wir haben doch vorhin einen grünen Wagen gesehen, stimmt's? Und einen Burschen auf dem Wagen, hab ich recht? Na also. Dieser Bursche war Krassawtschik, kein anderer."

Wolodja ließ vor Staunen fast die Lupe fallen.

„Verfolgung aufnehmen!" schrie er und rannte zur Kalesche.

„Was für eine Verfolgung?" fragte Gristschenko kühl, ohne sich vom Fleck zu rühren. „Die Pferde brauchen Wasser."

„Du hast sie doch im Vorwerk erst getränkt!" rief Wolodja ärgerlich.

Die Braunchen standen mit hängendem Kopf. Ihre altersschlaffen Lippen berührten fast die Hufe. Das rötliche Fell sah aus wie von Motten zerfressen, und an Stelle der Schwänze baumelten schwarze, kaum behaarte Strünke herab. Eine Verfolgung lag außerhalb ihres Erfahrungsbereiches und vor allem ihrer physischen Möglichkeiten. Sie unterschieden sich von anderen Pferden wie eine Wattsche Dampfmaschine von einer modernen D-Zug-Lokomotive.

„Gristschenko", sagte Wolodja mit rotem Kopf, „ich befehle dir, sofort die Verfolgung aufzunehmen!"

Gristschenko erkannte, daß Widerrede zwecklos war. Er verstaute die Pastete unterm Kutschersitz, wo Zaumzeug, Bremskette und Reservebolzen aufbewahrt wurden, kletterte in den Wagen und ließ, dumpf fluchend, den Peitschenstiel auf die Flanken der Braunen niedersausen.

Im nächsten Augenblick befand sich die Kalesche mit Wolodja und Gristschenko wieder auf der Landstraße, die sie eben erst verlassen hatte.

3

Gristschenko hieb unbarmherzig auf die Gäule ein. Mit einem dumpfen Ton schlug der Peitschenstiel gegen ihren reliefartigen Knochenbau. Sie liefen im Galopp – einem Galopp allerdings, der entgegenkommenden Pferden äußerstes Befremden abnötigen mußte. Seine Langsamkeit unterschritt fast die Grenze des Möglichen. Dabei warfen sie die Köpfe hoch und machten den Rücken krumm, und wer ihnen von weitem zusah, konnte beim besten Willen nicht sagen, ob sie nun in voller Karriere dahinsprengten oder im gemächlichen Schritt die Straße entlangzuckelten. Es zog sie heimwärts in ihren Verschlag, zum Hafersack.

„Hü, ihr elenden Gerippe!" schrie Gristschenko, und es hagelte von neuem Schläge. Der Peitschenstiel traf die eckigen Kruppen, die vorstehenden Rippen und sogar die Schädel, die einen hohlen Ton von sich gaben. Doch nichts als Staub kam aus den alten Braunchen heraus. Sie fuhren fort, Galopp zu simulieren. Gristschenko ahmte Krasawtschik nach – er stand aufrecht im Wagen, holte weit aus, johlte und pfiff, während er über die Löcher balancierte. So stellte er das klassische Bild einer tollkühnen Verfolgungsjagd. Aber war vielleicht ein falscher Zungenschlag in all dem Geschrei und Gepfeife, der den Pferden nicht entging? Oder bestand eine Divergenz zwischen den energischen Schnalzern, dem Zügelrucken und dem Peitschenschwingen, so daß eine Handlung die andere außer Kraft setzte? Wer weiß. Die Fahrt jedenfalls beschleunigte sich nicht.

Auch Gristschenko zog es heimwärts nach Sewerinowka – zu den vollgepfropften Bauernfuhren, den kleinen Marktfreuden und Markterfolgen, denen er durch sinnlose Willkür entrissen worden war.

Die Kalesche hatte eine Anhöhe erklommen. Gristschenko drehte sich zu Wolodja um und wies mit dem Peitschenstiel nach vorn, auf den gegenüberliegenden Hügel. Dort raste ein grüner Wagen bergan. Der Kutscher stand aufrecht und hieb auf die Pferde ein. Wolodja verspürte große Lust, hinunterzuspringen, seinen Karabiner von der Schulter zu reißen, niederzuknien und dem Flüchtling eine wohlgezielte Kugel nachzuschicken. Doch er genierte sich vor Gristschenko. Immerhin war der Wagen gute zwei Werst entfernt, und Gristschenko hätte den Schuß leicht stümperhaft finden können. Während Wolodja noch mit sich rang, hatte der grüne Wagen den Anstieg bereits bewältigt und war hinter dem Kamm verschwunden. Zum Niederknien war es jetzt sowieso zu spät.

Vom nächsten Hügel aus konnten sie weit und breit nichts mehr entdecken. Wolodja fragte nun die Leute, die des Weges kamen.

„Ach bitte, Onkelchen, sagen Sie uns doch", wandte er sich höflich an den erstbesten Mann, „sind Sie vielleicht einem grünen Wagen mit zwei Rappen begegnet?"

„Ja freilich, hinter dem Berg dort", antwortete das Onkelchen und sah noch lange der Kalesche nach. Der nächste, den Wolodja fragte, tat es dem ersten gleich.

So stand bald eine ganze Reihe „Onkelchen" wie angewurzelt auf der staubigen Straße. Wolodja aber fragte unverdrossen weiter.

„Entschuldigen Sie, sind Sie vielleicht einem grünen Wagen mit zwei Rappen begegnet?"

„Ja", lautete jedesmal die Antwort.

Gristschenko schwieg mißmutig. Er dachte nicht daran, Wolodja die Unterhandlungen mit den „Onkelchen" zu erleichtern.

Je tiefer die Sonne sank, desto rarer machten sich die „Onkelchen". Als die Kalesche endlich den dritten Hügel erklommen hatte, sahen Wolodja und Gristschenko überhaupt nichts mehr vor sich – es war Nacht geworden.

Aus dem Dunkel rollte eine lange Wagenkolonne auf sie zu.

In jener Zeit wurden die Landstraßen in der Finternis gemieden. Bauern, Kaufleute und Gaukler suchten noch bei Tageslicht eine Herberge zu erreichen. Überraschte sie die Dämmerung unterwegs, so hielten sie an und warteten auf Reisegefährten. Es gesellte sich ein Wagen hinzu, dann ein zweiter, ein dritter. Und wenn eine stattliche Zahl beisammen war, zogen sie in lärmender Karawane weiter. So hatten es im Kriege auch die Handelsschiffe der Alliierten gehalten, um sich vor U-Booten zu schützen.

Die Gesichter der „Onkelchen" blieben im Dunkel, man sah nur Zigaretten glimmen, hörte das Knarren der Räder und dazwischen unkrainische, bulgarische oder deutsche Worte. Wolodja fragte jetzt

die unsichtbaren „Onkelchen“ aus. Auch sie hatten einen einzelnen Wagen getroffen, konnten aber nicht sagen, ob er nun gerade grün gewesen war.

Wolodja und Gristschenko fuhren noch ein halbe Stunde, ohne jemand zu begegnen. Als sie Iljinka passiert hatten, pfiff Gristschenko den Pferden zu, und sie machten halt.

„Merken Sie was?“ fragte er lauschend.

„Ja“, sagte Wolodja, der die Frage auf das Stehenbleiben der Gäule bezog.

Gristschenko jedoch lauschte weiter in die stille Steppe hinein.

Dann vernahmen beide ein Geräusch, wie es die Radbuchsen eines Wagens verursachen. An- und abschwellend, erinnerte es bald an einen laufenden Wasserhahn, bald an nerventötendes Mückengesumm.

„Krassawtschik“, sagte Gristschenko und stieß den Peitschenstiel in die Dunkelheit.

Schon oft hatte er Wolodja mit seinem ungewöhnlich scharfen Gehör verblüfft. Am Geräusch der Radbuchsen erkannte er auf drei Werst Entfernung, ob sich ein gewöhnlicher Wagen, ein gefederter Milchwagen, ein Planwagen, eine Kalesche oder ein tatarischer Karren näherte. In seinem Heimatdorf fand er sogar heraus, wem das jeweilige Gefährt gehörte.

Iljinka und das Kujalnizki-Haff, das weiter hinten schimmerte, blieben links liegen. Die Kalesche fuhr in eine Schlucht und kam zu der Stelle, wo wenige Meter vom Weg das Skelett eines ausgebrannten Lastautos stand. Es gab keine schlimmere Stelle auf der Landstraße von Balta nach Odessa. Die Palme beim Vorwerk Angelow, der Damm hinter Janowka, der abgebrannte Gutshof Petrowerowskaja, das Grab vor Schirjajew und das vor Odessa – all diese wohlbekannten gefährlichen Klippen im Steppenfahrwasser waren harmlos gegen den unseligen Lastwagen, der in der Schlucht hinter Iljinka die Reisenden erschreckte.

Ringsum leuchteten Steinbrüche. Unweit lagen die verschrienen Dörfer Kubanka und Maly Bujalyk.

Gristschenko hielt an und entsicherte sein Gewehr. Wolodja beeilte sich, das gleiche zu tun.

„Hü, ihr elenden Gerippe“, sagte Gristschenko leise, und sie fuhren weiter.

Wolodja preßte seinen Karabiner in kaum verhohlener Freude an die Brust. Er wußte nun, daß er tapfer war. Zwar hatte er es schon immer geahnt, aber da er sich selbst gegenüber sehr streng und ehrlich sein wollte, hatte er ein endgültiges Urteil bis zur ersten Bewährungsprobe verschoben. Er blickte gelassen in die Dunkelheit, und seine Hand, die auf dem taufeuchten Karabinerkolben lag, blieb ruhig, obwohl ihm die Umrisse des Lastautos verzerrter und drohender vorkamen als sonst.

Geradezu enttäuscht mußte er feststellen, daß die Banditen dem Auto in dieser Nacht ferngeblieben waren. Doch er hatte kaum diese Feststellung getroffen, als Gristschenko so heftig die Pferde zurückriß, daß Wolodja, der den Zeigefinger am Abzug hielt, ihm beinahe in den Rücken geschossen hätte.

Gristschenko sprang vom Bock und zeigte mit dem Lauf seines Manlichergewehres nach vorn. Wolodja sprang ebenfalls hinunter und stellte sich, Gewehr im Anschlag, neben ihn.

„Sehen Sie?“ fragte Gristschenko heiser.

„Nein“, antwortete Wolodja, aus irgendeinem Grunde ukrainisch.

Gristschenko hockte nieder, Wolodja tat es ihm nach. Er berührte mit der Wange fast die Erde. Auf diese Art sieht man nachts in der Steppe am besten, weil sich die Gegenstände vom hellen Hintergrund des Himmels abheben.

„Verflucht, da schaukelt was auf der Straße“, krächzte Gristschenko.

Endlich erblickte auch Wolodja einen großen schwarzen Fleck, der sich lautlos bewegte – bald zur Seite, bald bedrohlich auf sie zu. Bisweilen stieg er in die Höhe und schwebte sekundenlang über der Straße. Dann wieder lag er reglos.

Die beiden blieben ziemlich lange hocken, der schwarze Fleck aber wich nicht. Da stand Gristschenko leise auf, und sie pirschten sich näher heran.

Mit einemmal wehte ihnen ein ganz schwacher, kaum wahrnehmbarer Geruch entgegen. Gristschenko reckte sich und murmelte einen lästerlichen Fluch. Sie gingen rasch weiter, und je näher sie dem schwarzen Fleck kamen, desto beklemmender wurde der Geruch. Die nächtliche Fata Morgana verschwand. Der Fleck hörte auf, in der Luft zu schaukeln, und nahm feste Formen an. Ein Pferdekadaver mit gewaltig aufgetriebenem Bauch lag am Straßenrand; damals keine Seltenheit.

Sie kehrten zur Kalesche zurück. Gristschenko zerrieb ein Blatt „Eigenbau“ auf der flachen Hand und drehte sich eine Zigarette. Die gelbe Flamme des Feuerzeugs beleuchtete einige Sekunden die Grübchen und Löcher seines pockennarbigen Gesichts.

„Hören Sie?“ fragte er und machte einen Zug.

Ein ferner Schalmeienton klang herüber – das Lied der Radbuchsen.

„Wenn man bloß ein paar Abdrücke, ein paar Spuren, ein Kennzeichen zur Hand hätte", sagte Wolodja trübsinnig. Aber er hatte nichts zur Hand. Alle Spuren und Abdrücke waren am Tatort geblieben und unwiederbringlich dahin.

„Kennzeichen?" fragte Gristschenko! „Die weiß ich alle."

Er legte den Finger an einen Nasenflügel und schneuzte sich äußerst geräuschvoll; dann legte er ihn an den anderen Nasenflügel und schneuzte sich abermals.

„Das linke Hinterrad ist neu", sagte er schließlich, „die Speichen sind nicht gestrichen. Die Rückwand ist mit Rosen bemalt. Die Rappen sind Hengste, zwei Arschin und zwei Werschok vom Widerrist bis zur Erde, mit durchlaufender Blesse und gestutzten Schwänzen. Die Halfter sind mit Blechplättchen besetzt – deutsche Arbeit. Was noch? Ach ja, die Pferde sind nicht beschlagen."

Wolodja war sprachlos. Er wußte zwar, das Gristschenko erstaunlich gute Augen hatte, aber was er soeben gehört, übertraf alle seine Erwartungen. Wie viele wichtige Einzelheiten hatte dieser Mann entdeckt und im Gedächtnis behalten – nach nur einem flüchtigen Blick auf den vorbeirasenden grünen Wagen, der in einer Staubwolke verschwunden war, noch bevor er, Wolodja, das Gesicht des Verbrechers hatte erkennen können.

Es bestand keinerlei Hoffnung, Krassawtschik einzuholen. Gristschenko setzte sich neben Wolodja, kramte die Pastete unter dem Sitz hervor, brach die Hälfte ab und hielt sie dem Chef hin.

Wolodja nahm sie zerstreut entgegen. In seinem Kopf reifte ein Plan.

„Halt auf Odessa zu", sagte er nach langer Überlegung. Gristschenko schnalzte mit der Zunge. Die müden Braunchen trotteten in Richtung Odessa.

Die Pastete war mit Buchweizengrütze, Leber und Speckgrieben gefüllt. Als Wolodja und Gristschenko sie aufgegessen hatten, schliefen sie ein; sie wußten, daß die Pferde allein den Weg zur Stadt fanden. Noch lange hörte Wolodja ein fernes Geräusch, konnte aber nicht mehr unterscheiden, ob das nun Krassawtschiks Radbuchsen waren oder ob seine Ohren klangen. Die Kalesche holperte über Schlaglöcher, die deutschen Handgranaten stießen aneinander, der schwarze amerikanische Colt schaukelte an seinem Riemen und schlug klirrend an den Stahl des japanischen Karabiners. Der junge Chef jedoch, an die Schulter seines Nachbarn gelehnt, schnaufte bedächtig, und es klang, als ob er in ein Schilfrohr blase.

4

Wie soll man hinter die Absichten eines Verbrechers kommen, wenn man sie gar nicht kennt? Wolodja wußte, was kriminalistische Theorie und kriminalistische Praxis auf diese Frage antworteten: Man muß sich mit dem Verbrecher identifizieren.

Was täte er, Wolodja, an Krassawtschiks Stelle? Eine lange Kette logischer Überlegungen brachte ihn zu dem Schluß, daß er an Krassawtschiks Stelle in einer Herberge am Stadtrand einkehren würde.

Wolodja beabsichtigte daher, in Odessa zu übernachten und frühmorgens die verdächtigen Herbergen in der Balkowskajastraße zu inspizieren. Das war der Plan, den er geschmiedet hatte, während er Gristschenkos Pastete kaute. Nach Odessa hätte er am nächsten Tag ohnehin fahren müssen. Er war dort mit seinem neuen Assistenten Schestakow verabredet, in einer höchst wichtigen und geheimen Angelegenheit.

Im Vergleich zu Gristschenko wirkte Kriminalassistent Schestakow, der eine Woche nach Wolodja in Sewerinowka eingetroffen war, mehr als unscheinbar. Gristschenko war für Wolodja der Inbegriff eines tapferen Frontkämpfers. Alles an ihm sprach von Heldentum: der kurze österreichische Soldatenmantel, das schwere Manlichergewehr, das er mit dem Kolben nach oben über der Schulter trug, der Ohrring, die berühmte zweifingrige Hand. Wolodja schätzte ihn wegen seiner eisenbeschlagenen englischen Militärschnürstiefel, die je Exemplar zweieinhalb Kilo wogen. Das waren die Stiefel eines Helden.

Schestakow dagegen, ein älterer, kränklicher Mann, lief draußen in Holzsandalen umher und zu Hause barfuß. Die Sandalen, in Odessa „Klappern" genannt, lärmten beim Gehen wie Kastagnetten und kündigten auf einen Kilometer Entfernung das Nahen des Detektivs an. So manches Mal schon hatte Wolodja unmutig gefragt: „Und was machen Sie mit Ihren Klappern, Wiktor Prokofjewitsch, wenn Sie sich einmal an den Feind heranschleichen müssen?"

„Dann ziehe ich sie aus und schleiche barfuß", war Wiktor Prokofjewitschs verlegene Antwort gewesen.

Kurzum – Wolodja hatte seinen Assistenten anfangs äußerst unsympathisch gefunden. Ihm mißfielen die Klappern, der schüttere graue Spitzbart, der einer Maskierung hinderlich war, die hängenden Schultern, die ihn für Jiu-Jitsu unbrauchbar machten. Der Egoismus des kerngesunden Achtzehnjährigen ließ kein Mitgefühl aufkommen für die Gebresten eines älteren Mannes. Wolodja glaubte nicht an die Existenz von Magenkatarrh, Zuckerkrankheit und Nierensteinen.

Und dabei trug Wiktor Prokofjewitschs Gesicht tatsächlich die Spuren aller Krankheiten, die Menschen seines Alters zu befallen pflegen. Knotig, verschwollen und runzlig, gab es Aufschluß über sie wie der Titel eines Buches über dessen Inhalt. Das eine Augenlid zuckte häufig, und Wolodja dachte zuerst, er zwinkere absichtlich. Seine Leiden teilte Wiktor Prokofjewitsch in innere und chirurgische ein, kurierte aber weder die einen noch die anderen. Ein Verächter der wissenschaftlichen Medizin, schwor er auf die Kräutertherapie. Er wandte sie jahrelang an und berief sich dabei vor allem auf seinen unverändert schlechten Gesundheitszustand. Je übler ihm nämlich wurde, desto fester glaubte er an seine Kräuter.

„Wie groß", sagte er, „muß ihre Heilkraft sein, wenn nicht einmal so schwere Krankheiten ihnen etwas anhaben können."

Während der revolutionären Wirren gingen Wiktor Prokofjewitsch seine unentbehrlichen Heil- und Würzkräuter verloren. Sein Gesundheitszustand besserte sich seitdem. Scharfsichtige Leute haben beobachtet, das Krankheiten, wenn ihnen in schweren Kriegs- und Hungerjahren die gewohnte Aufmerksamkeit entzogen wird, allmählich verkümmern und zurücktreten und ihre Macht über den Menschen verlieren. Mochte das nun auf Wiktor Prokofjewitsch zutreffen oder nicht, jedenfalls biß er die Zähne zusammen und tat seinen Dienst. Er war nicht wehleidig. Im Gegenteil, es bereitete ihm Genugtuung, seine Krankheiten zu vernachlässigen. Er wollte sie nicht im Bett hätscheln. Er ließ sie darben. Nur der Magenkatarrh gewann manchmal noch Gewalt über ihn. Wiktor Prokofjewitsch ging dann in die Hocke und verharrte in dieser Stellung einige Stunden – bis der Anfall vorüber war. Sein Gesicht nahm dabei einen hilflosen und etwas schuldbewußten Ausdruck an. Die Knoten und Runzeln traten schärfer hervor als sonst.

„Da hat er mich wieder einmal gepackt, der Hund!" sagte er dann stets, wie um seine Schwäche zu rechtfertigen.

Mit der Unduldsamkeit des Primus verurteilte Wolodja auch, was man die wissenschaftlichen Verirrungen Wiktor Profkofjewitschs nennen könnte. Als ein Mann, dem man jede Bildung vorenthalten hatte, schleppte Wiktor Prokofjewitsch sein Leben lang eine Reihe solcher wissenschaftlicher Verirrungen mit sich herum, von denen er um keinen Preis lassen wollte.

So stammte der Mensch seiner Meinung nach nicht vom Affen, sondern der Affe vom Menschen ab. Gurken waren ungemein schädlich. Der Schriftsteller Alexej Tolstoi war ein Sohn Leo Tolstois. Der beste Revolver der Welt war der Nagant. Juden konnten nur Tenor singen. Wassermelonen waren außerordentlich bekömmlich. Die Beschaffenheit des Denkens hing von der Zusammensetzung der Nahrung ab. Diese und dergleichen unsinnige Behauptungen mehr bekam man tagtäglich von ihm zu hören.

Zur Feier seines zweiundfünfzigsten Geburtstages fuhr Wiktor Prokofjewitsch nach Odessa und kaufte sich selbst ein Gipspferd zum Geschenk. Wolodja hatte dafür nur Ironie übrig. Mit der Verständnislosigkeit eines Mannes, der, von Freunden und Verwandten liebevoll verwöhnt, noch nie die Einsamkeit gekostet hatte, verurteilte er die kleinen Schrullen und Wunderlichkeiten dieses verlassenen alten Junggesellen.

Dann aber machte Wiktor Prokofjewitsch in der ganzen Umgebung von sich reden: Er fand zwei gestohlene Pferde wieder und erstattete sie dem Eigentümer zurück. Gestohlene Pferde wiederzufinden galt damals als nahezu unmöglich. Selbst der Genosse Zinziper, der Chef der Kreiskriminalabteilung, vertrat diese Ansicht. Wiktor Prokofjewitsch, seit zwei Wochen erst kriminalistisch tätig, löste die Sache jedoch mit unverbildeter Geradlinigkeit. Er verzichtete auf die elementarsten Vorarbeiten und fuhr stehenden Fußes, in seinen Holzklappern, zum nächsten Pferdemarkt, wo der Eigentümer dann auch seine Stuten identifizierte.

Von diesem Tage an witterte Wolodja ein Naturtalent in Wiktor Prokofjewitsch; er zog mit dem Alten zusammen, und sie wurden bald enge Freunde. Wolodja hatte erkannt, daß all die wissenschaftlichen Verirrungen und die kleinen Schrullen zwei Eigenschaften Wiktor Prokofjewitschs nicht überschatten konnten – seine Redlichkeit und seinen gesunden Menschenverstand. Schestakow seinerseits schloß Wolodja ins Herz, und zwar nicht mit der eigennützigen, herablassenden Freundschaft eines Gristschenko, sondern eben mit jener aufrichtigen Zuneigung, wie sie gutmütige, geradsinnige Menschen empfinden.

Schestakow war ein alter Metteur. Er hatte sein ganzes Leben in der Setzerei einer Rjasaner Druckerei verbracht. Ruhig und gleichförmig war sein Schicksalsweg verlaufen, bis er schließlich gegen Ende einen unvermuteten Haken schlug: die Druckerei wurde aufgelöst und Schestakow zur Miliz abkommandiert. Zu dieser Zeit mobilisierte man gerade in Rjasan und den umliegenden Kreisstädten – in Pronsk, Jegorjewsk, Sposhok und Spassk – Milizionäre für den Einsatz im soeben befreiten Odessaer Gebiet. Schestakow, der seine Krankheiten nur bei Einberufungen zur zaristischen Armee für existent gehalten hatte, folgte dem Ruf ohne Widerrede. Er heftete das große Milizabzeichen an seine Arbeitskluft, die aus einer dunklen Hose, einem schwarzen Satinhemd mit Perlmuttknöpfen und einer

Schnur als Gürtel bestand, bestieg den Güterwagen und kam nach zweiwöchiger Reise in Odessa an. Dreihundert Rjasaner Milizionäre trafen mit ihm ein – alles Gewerkschafter, ältere Leute, schwerfällig und voll Würde. Es wurde ihnen anfangs nicht leicht, den listenreichen Odessaern, die der Rahmen der Gesetze beengte, beizukommen, doch machte eine Eigenschaft sie stark: ihre unbedingte Redlichkeit. Man wußte – einer aus Rjasan, der nimmt einem nichts und tut auch keinem Unrecht. In Odessa kam Schestakow dann von der Miliz zur Kriminalabteilung. So war aus dem alten Metteur ein Detektiv geworden, so hatte er Rjasan, wo er sein ganzes Leben zugebracht, mit Odessa vertauscht, und das alles, noch bevor die Druckerschwärze unter seinen Fingernägeln herausgewaschen war.

Der Genosse Zinziper begegnete dem neuen Mitarbeiter respektvoll und schickte ihn, damit er sich nicht verzettelte, nach Sewerinowka zu Wolodja; unter dessen Anleitung würde er, so glaubte Zinziper, bei einem Minimum an Zeitaufwand ein Maximum an soliden Kenntnissen erwerben.

Wolodja widmete sich eifrig der Fortbildung seines Assistenten. Er zwang ihn, ein Lehrbuch der Gerichtsmedizin, Chemie in Grundzügen und sogar einen Leitfaden der Daktyloskopie zu studieren, obwohl Sewerinowkas Kriminalabteilung weder über ein daktyloskopisches Archiv noch über Verbrecher verfügte, die dort ihre Fingerabdrücke registrieren konnten. Mit der ihm eigenen Hochachtung vor Büchern las Wiktor Prokofjewitsch alles, was Wolodja ihm gab; er lauschte aufmerksam der Geschichte vom Hund von Baskerville und betrachtete durch die Lupe interessiert die Epidermis und die Menschenhaare aller Sorten, die Wolodja bei den Milizionären für ihn sammelte. Dabei dachte er, was eben ein alter, verständiger Setzer denken mußte, der viele Dinge gesehen und erfahren hat, die uns auch die schärfste Lupe nicht entdeckt. Eines Abends, als er gewohnheitsmäßig an der Wand hockte und seine Selbstgedrehte paffte, sagte er zu Wolodja: „Machen Sie, was Sie wollen, Wolodja, aber meine Meinung ist die: Hauptsache bei unserer Arbeit ist nicht, daß wir mit einer Lupe auf allen vieren herumkriechen, sondern daß die Bevölkerung uns unterstützt. Was gibt es mehr – anständige Leute oder Gauner? Wenn erst alle anständigen Menschen uns helfen, sind wir bald ohne Arbeit.“

Er begann über Land zu fahren, besuchte die Komitees der Dorfarmut, die Komsomolzellen und Abendschulen, hielt Vorträge vor den örtlichen Revolutionskomitees und hatte in einem Monat – leise, unauffällig, ohne Krawall und Schießerei – mehrere Dörfer der Umgebung gründlich gesäubert. Wiktor Prokofjewitsch fand Verbrecher, wo Wolodja sie nie im Leben vermutet hätte – nämlich bei der Ortsmiliz selbst. Er kassierte dort eine ganze Plejade von Schmiergeldempfängern und nahm, ohne Wolodjas Proteste zu beachten, sogar Gristschenko scharf aufs Korn.

Wolodja mußte Wiktor Prokofjewitschs Leistungen anerkennen, seine Methoden fand er jedoch primitiv. „Das ist wie eine schöne Stimme, die nicht geschult ist", sagte er. Schestakow indessen, durch seine Erfolge ermutigt, stellte sich eine Aufgabe, der sich nicht einmal Wolodja gewachsen fühlte: Er wollte den berüchtigten Banditen Saschka Tscherwen fangen.

Diesem Vorhaben galt denn auch die wichtige Geheimbesprechung, zu der sich Wolodja und Wiktor Prokofjewitsch in Odessa verabredet hatten.

5

Wolodja kam spätnachts zu Hause an, warf sich in sein frischbezogenes Bett, trug der Mutter auf, ihn zwanzig vor sechs zu wecken, und war im nächsten Augenblick eingeschlafen.

Die Mutter weckte ihn pünktlich. Während seiner Schuljahre hatte sie sich dazu erzogen, zu jeder gewünschten Zeit und auf die Minute genau zu erwachen – mochte es nun sechs nach vier sein oder siebzehn Minuten vor drei.

Wolodja blieb nach alter Gewohnheit noch ein Viertelstündchen liegen, obwohl er wußte, daß jede Minute Verzögerung der Sache verderblich werden konnte.

Diese Viertelstunde war mit allerlei angenehmen Betrachtungen ausgefüllt. Wolodja erinnerte sich, daß er für fünf Reviere verantwortlich war, und dieser Gedanke bereitete ihm Vergnügen. Er wiederholte im Geiste die Namen seiner Reviere: Sewerinowka, Beltschanka, Festerowka, Kurtowka, Bujalyk. Er sah ihre Umrisse auf der Landkarte vor sich. Das Revier Festerowka ähnelte der Apenninenhalbinsel, und das ganze Gebiet konnte man mit einem ausgebreiteten Kalbfell vergleichen. Wolodja rief sich die Straßen, Plätze, Haine und Melonenfelder der ihm bekannten Dörfer ins Gedächtnis und träumte von noch fremden Ländereien und unerforschten Vorwerken am Rande seines Kreises, die zu besuchen er bislang keine Zeit gefunden hatte.

Wolodja hatte das Land liebgewonnen, wie nur ein eingewurzelter

Städter von siebzehn Jahren es liebgewinnen kann. Jede Fahrt in ein unbekanntes Dorf stimmte ihn froh, als hätte er eine geographische Entdeckung gemacht. Es zog ihn in Gegenden, die sein Fuß noch nie betreten. Hinter jedem Hügel, hinter jedem Hain eröffnete sich Neuland für ihn. In seiner Kalesche wurde er zum Weltreisenden. Ihm gefiel das Fahren als solches – Kaleschen waren ein Privileg leitender Funktionäre. Gern beobachtete er unterwegs, von der Sonnenglut und dem monotonen Schaukeln ermattet, wie die Nietung auf dem Felgenkranz der Räder blinkte, wie der rostzerfressene Kotflügel auf der holprigen Straße zitterte, wie Gristschenkos Nagantrevolver, nach hinten verrutscht, am Riemen hin- und herbaumelte. Er sagte sich stolz, daß all das nur seinetwegen geschah. Er, Wolodja, bestimmte das Ziel der Fahrt. Er wurde gefahren. Seinetwegen drehten sich die Räder, trabten die Braunchen, schwang Gristschenko munter die Peitsche.

Die Eitelkeit – bei einem Menschen, der das Erwachsensein noch nicht gewohnt ist, durchaus verzeihlich –, die Eitelkeit siegte manchmal noch über Wolodjas angeborene Bescheidenheit. Er wußte im Grunde, warum er den Colt blank trug – nicht weil es so bequem, sondern weil es erhebend war. Ebenso erhebend war es, den runden Stempel aufs Papier zu drücken. Er tat dies zuweilen auch bei Schriftstücken, bei denen der Briefkopf genügt hätte. An Vernehmungsprotokollen gefiel ihm besonders der Schlußsatz:: „Ich habe nichts mehr auszusagen, was ich durch meine Unterschrift bekräftige." Ihm imponierte der Satzbau und vor allem das „Ich habe nichts mehr auszusagen". Diese Worte, fand er, gaben vortrefflich die ganze Hoffnungslosigkeit des Delinquenten wieder, dem ein ausgeklügeltes Verhör all seine düsteren Geheimnisse entlockt hat und der nun entnervt und zitternd vor dem Kriminalisten sitzt, von dessen Logik nahezu erdrückt.

Den meisten Spaß aber machte es Wolodja, auf dem Markt zwischen den Fuhren umherzustiefeln und die respektvollen Blicke der Bauern aufzufangen. Mitunter trat er zu ihnen heran und prüfte ihre Papiere. Die Bauern zeigten sich größtenteils recht zugänglich, und die Papier waren in Ordnung. Wolodja ging schuldbewußt weiter: Er war noch jung und konnte nicht ahnen, daß die Leutchen sehr zufrieden mit ihm waren; denn ihm verdankten sie das freudige Gefühl, einer Gefahr entronnen zu sein. Sie verharrten in ihrer monumentalen Reglosigkeit, die allein schon verriet, daß sie auf verborgenen und verbotenen Schätzen saßen – diese befanden sich im Wageninnern unter Säcken voll Häcksel, unter Schaffellen, grober Leinwand und Strohgemengsel –, und so ergötzten sich die Bauern noch lange an eventuellen Kalamitäten, in die sie hätten geraten können. Wolodja setzte indes seinen Rundgang fort, sah ihnen aufmerksam ins Gesicht und spürte ihre respektvollen Blicke.

Wolodja war nicht allein auf seine Arbeit stolz, sondern auch auf seine beiden Gehilfen – den redlichen Schestakow und den wackeren Kämpen Gristschenko. Um so mehr betrübte ihn die Antipathie, die diese prachtvollen Menschen einer gegen den anderen hegten. In der Tat, sie konnten schwer miteinander auskommen, denn sie waren gar zu verschieden. Schestakow machte sich nichts aus Beweisstücken, Gristschenko dagegen schwärmte für Haussuchungen und Konfiskationen. Schestakow war kurzsichtig, schief gewachsen und etwas wunderlich, Gristschenko schlank, stark und gewandt wie Lederstrumpf. Einmal nur zeigte sich ein Hoffnungsschimmer – als zufällig herauskam, daß beide glühende Heilkräuterenthusiasten waren. Aber ach! Gristschenko fand, man müsse alle Kräuter mit Wodka ansetzen. Er betrachtete diesen sogar als Hauptingrediens eines Heiltrankes. Das mußte Wiktor Prokofjewitsch natürlich zu heftigem Widerspruch reizen, und so kam es, daß sich Wolodjas Freunde schließlich noch mehr entfremdeten.

Wolodja also lag sinnend im Bett; da fiel ihm plötzlich die Balkowskajastraße ein, und er schwang sich in aller Eile hinaus. Zum Anziehen, Waschen und Frühstücken brauchte er insgesamt nur zehn Minuten. Dann schnallte er sich den Colt um, drückte der Mutter hastig einen Kuß auf die Stirn und lief zu Schestakow.

Nach Möglichkeit vermied es Wolodja, den Schleier über seiner Vergangenheit zu lüften. Sein Lebenslauf war sein wunder Punkt.

Jeder Nagel an Gristschenkos Stiefeln, jede Pockennarbe in dessen verwüstetem Gesicht sprach mehr von Heldentum als Wolodjas ganzes bisheriges Leben. Wer konnte ahnen, das Sewerinowkas Kriminalabteilungschef nichts weiter als sieben Jahre Gymnasium hinter sich hatte? Daß der Mann, der eine ganze Ortschaft zittern machte, noch vor zwei Monaten Oberprimaner gewesen war? Allein, es entsprach den Tatsachen. Seines jugendlichen Alters wegen hatte Wolodja gegen niemand gekämpft – weder gegen die Weißen noch gegen Petljura, Machno oder Grigorjew. Er war an keiner einzigen Front gewesen, und die beiden Handgranaten, die er nach Sewerinowka mitgebracht, hatte er bei einem ihm bekannten Tertianer gegen seinen Fotoapparat, ein Geburtstagsgeschenk des Vaters, eingetauscht.

In die Kriminalabteilung war er natürlich nur durch Beziehungen gekommen. Ein Freund seines Vaters, der Rechtsanwalt Zinziper, der unter dem Zarismus zahlreiche Repressalien hatte erdulden müssen, war von der Sowjetmacht zum Chef der Kreiskriminalabteilung ernannt worden. Der Genosse Zinziper, ein Stadtmensch mit humanistischer Bildung, hatte vor dieser Ernennung dem Lande noch nie einen Besuch abgestattet, abgesehen von einigen Sommeraufenthalten in Gniljakowo. Die einzigen dörflichen Bewohner, die er kannte, waren Milchfrauen. Und wahrscheinlich war er auch noch nie einem Verbrecher begegnet. Nicht einmal in seiner Eigenschaft als Verteidiger, denn das alte Regime hatte ihm, seiner radikalen Gesinnung wegen, die Praxis entzogen. Trotzdem war die Ernennung des Genossen Zinziper kein Mißgriff gewesen. Es fehlte der Sowjetmacht einfach an kriminalistischen Fachkräften. Die vorhandenen entstammten sämtlich der alten Geheimpolizei und gehörten von Rechts wegen selbst hinter Schloß und Riegel. So ergab es sich, daß in der Kreiskriminalabteilung die Rechtsanwälte dominierten; an zweiter Stelle standen die Gymnasiasten, dann folgten Lehrer, Zahnärzte und andere aus ihrem Beruf genommene Personen; ferner Personen ohne bestimmten Beruf und schließlich solche, die nur nach einer Gelegenheit suchten, aufs Land hamstern zu fahren.

Hinzu kamen noch das Häuflein betagter Milizionäre aus Rjasan und ein paar Arbeiter, die das Parteikomitee geschickt hatte. So sah die Behörde aus, die in der Heimat eines Mischka Japontschik der Kriminalität Herr werden wollte.

Wolodjas Vater war nicht gerade sehr erbaut darüber, daß der Genosse Zinziper seinen Sohn in der Kriminalabteilung unterbrachte. Er hatte immer gehofft, Wolodja werde die philologische Fakultät der Universität Noworossisk beziehen. Der Junge schrieb die besten Aufsätze in der Klasse und redigierte die Schülerzeitschrift „Der Pfadfinder". Indes, es hätte noch schlimmer kommen können. Natürlich war die Kriminalabteilung keine philologische Fakultät, aber wie mußte erst einem seiner Bekannten zumute sein, dessen Sprößling unter die Diebe gegangen war?

Über drei Jahre hatte Odessa im Frontbereich gelegen. Die Front war direkt schon zum geographischen Begriff geworden. Man sagte, als sei es das Selbstverständlichste der Welt: Nördlich von Odessa haben wir die Steppe, die Wälder Podoliens, die Südwesteisenbahn, die Bahnhöfe Rasdelnaja und Perekrestowo, den Dnestr, den Bug und – die Front. Die Front konnte nördlich oder südlich von Rasdelnaja verlaufen, vor Birsula oder hinter Birsula – aber irgendwo dort im Norden war sie immer. Manchmal entfernte sie sich, manchmal rückte sie bis zur Stadt vor und spaltete sie in zwei Hälften. Der Krieg ergoß sich in die Straßen. Jede Straße hatte ihr eigenes strategisches Gesicht. Nach den Straßen wurden die Schlachten benannt. Es gab Straßen des friedlichen Lebens, Straßen der kleinen Scharmützel und Straßen der schweren Kämpfe – dies waren dann die Veteranen. Der Vormarsch vom Bahnhof zur Duma fand gewöhnlich auf der Puschkinstraße statt, während die parallellaufende Richelieustraße verwaist lag. Gleichfalls auf der Puschkinstraße ging auch der Rückzug von der Duma zum Bahnhof vonstatten. Niemand kämpfte in der stillen Remeslennajastraße, dafür blieb auf der benachbarten Kanatnajastraße keine Litfaßsäule unzerschossen. Die Quarantänenstraße sah niemals Schlachten – sie sah nur Flucht. Das war die Straße der Evakuierungen, des panischen Wettrennens zum Meer, zu den Fallreeps der auslaufenden Schiffe.

Am Bahnhof ging man regelmäßig zum Stellungskrieg über. Die Geschütze feuerten direkt auf das Bahnhofsgebäude. Nach dem obligaten Sturmangriff blieb an Stelle der großen Normaluhr gewöhnlich ein gähnendes Loch zurück. Die Odessaer waren sehr stolz auf ihre Uhr; sobald der Schlachtenlärm verhallte, beeilten sie sich, das Loch zu stopfen und ein neues, glänzendes Zifferblatt anzubringen. Doch der Frieden währte nicht lange; es vergingen zwei, drei Monate, und die Uhr wurde erneut zur lockenden Zielscheibe der Artilleristen, die sich's denn auch nicht nehmen ließen, ihr eine Extragranate zu senden. Wieder gähnte ein riesiges Loch in der Fassade, wieder beeilten sich die Odessaer, ein neues Gehäuse und ein neues Zifferblatt hinaufzuseilen. So kam es, daß am Bahnhof von Odessa das Zifferblatt damals erschreckend häufig wechselte.

Über drei Jahre lebte die Stadt in solcher Aufregung. Während sich die Bolschewiki noch weit im Hinterland befanden, während sie langsam vorrückten, herrschten hier nacheinander die Armeen der Mittelmächte, die Armeen der Entente, die weißen Armeen Denikins, die gelbblaue Armee Petljuras und Skoropadskis, die grüne Armee Grigorjews, die Diebesarmee Mischka Japontschiks.

Die Odessaer konnten sich über die Zahl der Regierungen nicht einig werden, die sie in den drei Jahren erlebt hatten. Manche hielten Mischka Japontschik, die polnischen Legionäre, den Ataman Grigorjew und die Galizier für je eine Regierung, andere wiederum nicht. Außerdem hatte es Zeiten gegeben, da zwei Regierungen gleichzeitig in Odessa saßen, und das machte die Rechnung noch komplizierter.

Während einer solchen Doppelherrschaft hatte Wolodjas Vater ein Erlebnis, daß seine Weltanschauung endgültig bestimmte.

Die Stadt war zur Hälfte von Truppen des ukrainischen Direktoriums und zur Hälfte von der Armee General Denikins besetzt. Als Grenze der Denikinzone diente der Lansheron, während die parallel dazu laufende Deribassowstraße die Petljurazone abschloß. Jedes der feindlichen Staatsgebilde hatte seine Grenze mit einem längs durch die Straße gezogenen Bindfaden markiert. Der Abschnitt dazwischen war neutrale Zone und hatte keine Staatsordnung.

Hinter den Bindfäden standen, auf die Gegenseite gerichtet, Maschinengewehre und dreizöllige Geschütze.

Um aus einer Zone in die andere zu gelangen, hoben Odessas Bürger, die ihr friedliches Leben weiterführten, die Beine und stiegen über die Bindfäden hinweg – lediglich bemüht, nicht vor die Geschützläufe zu geraten, die jeden Augenblick losspeien konnten. Eines Tages nun wollte auch Wolodjas Vater auf diesem Wege die Denikinzone verlassen. Doch da er nicht mehr der Jüngste und erst recht nicht der Gelenkigste war, blieb er mit dem Absatz hängen, und die Staatsgrenze riß mitten durch. Der Offizier, der in der Nähe stand, ein Jüngling mit schmalem, intelligentem Milchgesicht, sagte dazu kein Wort; er steckte sich lediglich in aller Ruhe die Zigarette zwischen die Zähne, holte aus und schlug Wolodjas Vater ins Gesicht. Das war die erste Ohrfeige, die der Dozent der medizinischen Fakultät der Universität Noworossisk im Laufe seines fünfzigjährigen Lebens bezogen hatte. Halb blind, gebeugt, die eine Hand an die brennende Wange gedrückt, tastete er sich mit der anderen die Häuserwand entlang zur Deribassowstraße, stieß dort gegen die zweite Schnur und zerriß auch diese. Der Petljuraoffizier, wiederum ein intelligent aussehender bartloser Jüngling, holte ebenfalls aus und schlug dem Grenzverletzer ins Gesicht. Das war bereits die zweite Ohrfeige, die der Dozent in dieser einen unglücklichen Minute bezog. Einst hatte er sich für einen linken Oktobristen, ja fast für einen Kadetten gehalten; dann war er noch weiter nach links gerutscht, seit er die vierzehn oder achtzehn Regierungen genossen, die in Odessa gewirkt hatten; die beiden Ohrfeigen aber beförderten ihn nun schlagartig zum äußersten linken Flügel, und er fand sich just dort wieder, wo sein radikaler Freund Zinziper und sein Sohn Wolodja standen.

Die Stadt erwachte, als Wolodja aus dem Haus eilte. Die Straßen lagen menschenleer, die Sonne blieb noch hinter den Dächern versteckt, die feuchte Luft war nächtlich kühl. Und doch glich das alles nicht der Morgenstimmung friedlicher Zeiten, nicht dem Erwachen einer Stadt, die, gesund und ruhig, nach einem reichlichen Abendessen gut ausgeschlafen hat und froh dem neuen Tag entgegensieht. Es fehlten die bejahrten besenschwingenden Hausmeister in ihren reinlichen Schürzen, die rotwangigen Milchfrauen mit den schweren Kannen am Tragejoch, das Geklingel der ersten Straßenbahn, die um die Ecke biegt, der heiße Backstubendunst, der gegen die Beine der

Passanten schlägt, und nicht zuletzt die einsame elektrische Lampe, die ersterbend durch das anbrechende Tageslicht schimmert.

Niemand fegte Odessa, niemand brachte der Stadt die Milch. Die Straßenbahn fuhr schon seit einem Jahr nicht mehr, Elektrizität gab's auch seit langem keine, und die Bäckereien standen leer.

Aber Morgen ist Morgen, und Stadt ist Stadt. Wie dürftig auch das Bild des erwachenden Odessas war, so wies es doch gewisse charakteristische Züge auf. Junge Bürger fällten die dicken Akazien am Straßenrand – die letzten nach einer arbeitsreichen Nacht. Sie verrichteten dieses Werk nur in der Dunkelheit – weniger aus Angst vor Strafe als vielmehr aus einem gewissen Ehrfurchts- und Anstandsgefühl heraus, das sie gegenüber ihrer Heimatstadt hegten. Wenn Kinder ihre Eltern bestehlen, so fürchten sie auch nicht das Strafgesetz, sondern die öffentliche Meinung. Die Stämme und Zweige der Akazien wurden an Ort und Stelle zu kleinen Klötzen zersägt und aufgestapelt. Nach einer Stunde kamen die Familienmütter und kauften das Holz für ihren häuslichen Herd. Es wurde pfundweise abgegeben, und jedes Pfund kostete Zehntausende Rubel. In jenen Tagen ging auch die berühmte Estakade im Odessaer Hafen den Weg alles Vergänglichen. Die Odessaer Bürger waren auf sie nicht weniger stolz gewesen als auf das Opernhaus, die Treppe zum Nikolai-Boulevard oder das Popudow-Haus am Kathedralenplatz. Von der Länge und Dicke ihrer Eichenpfähle hatte man sich Legenden erzählt. Wären diese Pfähle ein wenig dünner gewesen, sie hätten noch Jahrzehnte gestanden. Aber in einer Zeit der äußersten Brennstoffknappheit konnte ein derart imposantes Holzgebilde nicht verschont bleiben. Die Estakade wurde zersägt und verfeuert. Vor wenigen Monaten noch hatten die Leute Ölkuchen als Holzersatz verwendet. Jetzt diente ihnen der Ölkuchen als Brotersatz. Die Odessaer, stolz auf alles, was mit ihrer Stadt zu tun hatte, übertrugen dieses Gefühl des Stolzes sogar auf den Hunger, der sie verzehrte; eine solche Hungersnot, behaupteten sie, kannte sonst kein Gouvernement im weiten Rußland, das Wolgagebiet ausgenommen.

Die Belinskistraße, die in den letzten Wochen all ihre prächtigen Akazien eingebüßt hatte, kam Wolodja breit und öde vor, wie ein Zimmer, aus dem man die Möbel entfernt hat. Die Fensterscheiben waren mit Papierstreifen beklebt. Erfahrung hatte die Hausfrauen gelehrt, daß solche Streifen das Glas gegen den Luftdruck schützten, wenn Artillerie oder Schiffsgeschütze die Stadt beschossen oder wenn Munitionslager explodierten.

Wolodja lief fast die ganze Belinskistraße hinab und bog schließlich an der Basarnajastraße in den Hof eines großen, ärmlichen Eckhauses ein. Hier hatte Schestakow Quartier bezogen.

6

Tscherwen, den Wiktor Prokofjewitsch an diesem Tage festnehmen wollte, war in der Odessaer Gegend nicht weniger berühmt und berüchtigt als Krassawtschik, ja, in vielerlei Hinsicht übertraf er diesen sogar noch. Wenn der ehemalige Metteur die kleinen Gauner „Nonpareille" nannte, so verdienten Banditen vom Schlage eines Tscherwen einen Vergleich mit den größten Schriftgraden, die es gibt.

Der ehemalige Fähnrich Saschka Schwarz, bekannt unter dem Spitznamen Tscherwen – das bedeutet Juni –, war einer der gefährlichsten Banditen im ganzen Umkreis. Von ihm stammte der berühmte Aphorismus: „Wer zuletzt schießt, schießt am besten."

„Wenn ihr schießen wollt", sagte Saschka Tscherwen, „dann richtet es so ein, daß nach euch niemand mehr schießen kann. Zu diesem Zweck rate ich euch, stets den ersten Schuß abzugeben. Überlegt nie, ob ihr schießen sollt oder nicht. Überlegungen sind immer schon ein Grund zum Schießen. Schießt niemals in die Luft. Hinterlaßt keine Zeugen. Habt kein Mitleid mit ihnen, denn sie würden auch mit euch kein Mitleid haben. Ein lebender Zeuge ist ein Kind eurer Dummheit und eures Leichtsinns."

Kein anderer als Saschka Tscherwen hatte auch die berühmte Methode eingeführt, aus der Manteltasche zu schießen. Er hielt seine Hände stets in den Taschen, in jeder Tasche steckte ein Revolver, und an beiden Revolvern war der Hahn gespannt. Durch die Taschen schoß Tscherwen dem Gegner in den Bauch, noch ehe der Zeit gefunden hatte, ihm ein „Hände hoch!" zuzurufen.

Der Plan, nach dem Wiktor Prokofjewitsch Tscherwen ergreifen wollte, war überaus einfach. Er zeichnete sich keineswegs durch besondere Spitzfindigkeit aus, und ihm fehlte auch jener Scharfsinn, der dem Genossen Zinziper an Wolodjas Protokollen immer so gefiel. Der Genosse Zinziper rieb sich nämlich tatsächlich jedesmal die Hände vor Vergnügen, wenn ein Protokoll von Wolodja bei ihm einging, und er konnte sich nicht wieder davon losreißen, bevor er es nicht zu Ende gelesen hatte. Der Gedanke, es könne in Sewerinowka statt eines Sherlock Holmes ein Conan Doyle sitzen, lag ihm völlig fern.

Wiktor Prokofjewitsch dagegen schrieb seine Protokolle in sauberer, wenig durchgebildeter Schrägschrift, und vor jedem Grundstrich nahm er einen langen Anlauf. Es gab in diesen Protokollen nichts, was angetan gewesen wäre, die Aufmerksamkeit des Genossen Zinziper zu fesseln. Simpel und alltäglich fand Wolodja denn auch sein Tscherwen-Projekt.

Vor einiger Zeit war ein Dieb namens Fedka Byk in die Arrestzelle der Sewerinowkaer Kriminalabteilung eingeliefert worden – einer von den „kleinen Fischen“. Er hatte von den Pferdetränken in Sewerinowka und Janowka die Ketten gestohlen und war auf der Landstraße verhaftet worden, nachdem er, niedergedrückt von der Last seiner Beute, tagelang vergeblich nach Käufern gesucht hatte. Byk hatte sich sogar gefreut über die Verhaftung, denn sie erlöste ihn von den Ketten, die er vielleicht noch lange hätte mit sich herumschleppen müssen. Doch als er die Bürde los war, begann er zu leugnen. Er tat dies träge und wenig überzeugend, nur mehr der Tradition halber. Die Ketten, behauptete er, habe er auf der Straße gefunden.

Wolodja ließ die Ketten in die Kollektion der Beweisstücke aufnehmen. Die Untersuchung des Falles wurde Wiktor Prokofjewitsch übertragen. Dieser bemerkte den Abscheu, den Byk gegen sein letztes Verbrechen hegte, und er beschränkte sich nicht auf die üblichen Vernehmungen, sondern versuchte den Dieb zum Guten zu bekehren. Lange saß er bei ihm in der Arrestzelle – einer kleinen Lehmhütte im Hof des Polizeigebäudes – und redete ihm zu, mit der Unterwelt zu brechen und ein anständiger Mensch zu werden.

Byk war von soviel Aufmerksamkeit geschmeichelt, und er begegnete Wiktor Prokofjewitsch bald mit äußerster Hochachtung. So versprach er denn auch Besserung, weniger der Freiheit als Wiktor Prokofjewitsch zuliebe. Die Freiheit war ihm, der des öfteren bei kleinen Diebstählen ertappt wurde, ziemlich gleichgültig. Selbst während der kurzen Zeitspannen, da er sich ihrer erfreute, weilten seine Gedanken meist im Gefängnis. Er brauchte beim Spazierengehen nur einmal vor sich hin zu brüten, gleich trugen ihn seine Beine vom Bürgersteig auf den Fahrdamm hinunter, wo er unter Bewachung zu marschieren gewohnt war. Das war ihm schon so zur Selbstverständlichkeit geworden, daß ihm etwas fehlte, wenn er allein pilgern mußte.

Gleich allen Dieben zu großzügiger Geste, zu wirkungsvoll sentimentalem Auftreten neigend, erklärte Byk, er wolle, um seinen Bruch mit der Unterwelt zu besiegeln, Saschka Tscherwen ausliefern, mit dem er häufig in der Vorstadt Stawki zusammentreffe.

Byk mußte zu diese Zweck natürlich aus der Haft entlassen werden. Dem aber widersetzte sich Wolodja. Erstens nahm er Byk immer noch die Brunnenketten übel; und zweitens war es ihm um jede Seele zu tun, die in den kleinen, meist leerstehenden Arrestraum seiner Kriminalabteilung etwas Leben brachte. Wiktor Prokofjewitsch bestand jedoch mit solcher Energie auf seinem Plan, daß Wolodja schließlich kapitulierte und Byk freigelassen wurde.

Es verstrichen rund drei Wochen; dann, am Abend vor der Entführung des grünen Wagens, traf Nachricht von Fedka Byk in Sewerinowka ein. Er meldete Schestakow, Tscherwen werde am übernächsten Tag in der „Himbeere", einer Kneipe in Stawki, zu finden sein, wo er mit einem Freund zusammenkomme. Es wurde beschlossen, beim Feldzug gegen Tscherwen sämtliche Kräfte der Sewerinowkaer Kriminalabteilung einzusetzen – Wolodja, Wiktor Prokofjewitsch und Gristschenko. Wiktor Prokofjewitsch bereitete die Aktion sehr sorgfältig vor. Er studierte lange den Lageplan der Kneipe, den Byk ihm aufgezeichnet hatte, borgte sich vom Reviervorsteher einen zweiten Revolver aus, ließ sich von den Milizionären eine halbe Mütze voll Patronen dazu spenden und zog sogar die neuen schwarzen Schuhe an, die er gewöhnlich im Koffer aufbewahrte. Tags darauf fuhr er ab nach Odessa.

Wiktor Prokofjewitsch war schon angekleidet, als Wolodja an seine Tür klopfte. Er hörte sich Wolodjas Bericht von der erfolglosen Jagd auf Krassawtschik an und sagte mißbilligend: „Warum sind Sie auch mit den Beweisstücken gefahren? Sie hätten Kochanotschka und ein Milizpferd anspannen sollen! Na, Ihrem Gristschenko komme ich schon noch auf die Schliche!"

Gristschenko zu verteidigen, hatte Wolodja jetzt keine Zeit. Sie mußten zwei wichtige Fragen besprechen: die Auffindung Krassawtschiks und die Belagerung Tscherwens.

Wiktor Prokofjewitsch entfaltete den Stadtplan von Odessa. Ein fetter Bleistiftstrich verlief quer durch die ganze Stadt – der Weg nach Stawki. Stawki selbst war auf der Karte nicht mehr eingezeichnet; denn es lag viel zu weit außerhalb, noch hinter den entferntesten Vorstädten. Trotzdem war Wiktor Prokofjewitsch schon dort gewesen und hatte sich Tscherwens Kneipe von weitem angesehen. Er zeigte Wolodja einen detaillierten Plan des Grundstückes. An der einen Längsseite des Rechtecks, welches das Hinterhaus darstellte, war ein dickes Kreuz eingezeichnet. Hier sollte Byk einen Spaten an die Wand lehnen – zum Zeichen, daß Tscherwen gekommen war. Fehlte der Spaten, so hieß das, Tscherwen war weggeblieben oder hatte sich verspätet. Doch war dies, nach Byks Versicherung, kaum zu befürchten.

Wolodja blieb nicht länger als fünf Minuten bei Wiktor Prokofjewitsch; doch als zwei Freunde, die gut aufeinander eingespielt sind und sich bei der kleinsten Andeutung schon verstehen, hatten sie in dieser kurzen Zeit alles Nötige gründlich besprochen. Zum Schluß entwarf Wolodja auf einem Fetzen Papier den Tagesplan, bestehend aus zwei Punkten und zwei Anmerkungen:

1. Wolodja inspiziert am Morgen die Herbergen in der Balkowskajastraße; Wiktor Prokofjewitsch verhört zu Hause noch einmal Fedka Byk.

Anmerkung: Gristschenko hat bis Mittag dienstfrei.

2. Am Nachmittag Aufbruch nach Stawki, um Tscherwen zu fangen – selbst wenn Krassawtschik entkommen ist.

Anmerkung: Gristschenko geht mit nach Stawki.

Als der Plan fertig war, bat Wolodja dann Wiktor Prokofjewitsch um dessen Mantel. Er nahm ihn immer, wenn er auf der Straße unerkannt bleiben wollte. Es war dies ein gutes Stück der – Sonntagsmantel eines älteren Arbeiters, schwarz und mit Samtkragen. Trotzdem hatte Wolodja ihn schon an so manchem glühenden Julitag angelegt, pflichteifrig, wie er nun einmal war. Die Schnapsbrenner von Sewerinowka, die ihre Freizeit gern vor dem Eingang der Kriminalabteilung verplauderten, unterließen es dann aus Höflichkeit, ihn zu grüßen – sie taten, als hätten sie ihn nicht erkannt. „Jetzt geht er wieder auf Verbrecherjagd", flüsterten sie einander zu und blickten ihrem jungen Kriminalchef belustigt nach.

Wolodja verabschiedete sich von Wiktor Prokofjewitsch. Er hatte bereits den Treppenabsatz erreicht, als der andere ihn noch einmal zurückrief. Vorsichtig schloß er die Tür, trat dicht an Wolodja heran und sagte leise und sehr ernst: „Vergiß nicht, deine Handgranaten nach Stawki mitzunehmen."

7

Den schmalen Samtkragen hochgeschlagen, sorgsam bemüht, das Gesicht darin zu verbergen, trat Wolodja aus dem Haus. Der Weg zur Balkowskajastraße führte quer durch die ganze Stadt.

Wolodja fürchtete, Bekannte zu treffen. Seine Devise lautete: Ein Detektiv kennt und sieht alles, doch niemand kennt und sieht den Detektiv. Besonders gefährlich war die Umgebung des Gymnasiums, das er vor kurzem noch besucht hatte. In dieser Gegend wimmelte es förmlich von Bekannten.

Das Knabengymnasium befand sich am Ausgang der Uspenskistraße; man konnte es zwar umgehen, geriet dann aber in die Nähe des Mädchengymnasiums in der Kanatnajastraße, was für Wolodja nicht minder gefährlich war.

Wolodja beschloß also, zwischen den beiden Schulen hindurchzuhuschen, und bog dann in die Maraslijewskajastraße ein. Sie war nur links bebaut, rechts lag der Alexanderplatz. In dieser Straße wohnten die Reichen. Aber auch hier hatte jeder Wechsel des Kriegsglücks an den Fronten der Revolution Freude, Kummer, Verzweiflung oder Hoffnung mit sich gebracht, und darin glich sie den Straßen der Armen. Zur Zeit schien sie mit ihren Villen und teuren Mietshäusern die verlassenste, traurigste Straße der ganzen Stadt zu sein.

Wolodja ging rasch, nach allen Seiten Umschau haltend; dabei legte er sich immer wieder die eine Frage vor, die kriminalistische Theorie und Praxis ihm diktierten: Wie würde er jetzt an Krassawtschiks Stelle handeln? Er versuchte sich vorzustellen, was Laster und Verbrechen alles auszubrüten vermöchten. Aber die Produkte seiner Phantasie blieben farblos und verschwommen.

Wolodja hatte die gefährliche Gymnasialzone bereits passiert, als ihn ein hochaufgeschossener Bursche von etwa achtzehn Jahren einholte. Er trug elegante „Glockenhosen", oben schmal, unten weit, und dazu eine kurze schwarze Joppe – halb Matrosenjacke, halb deutscher Kolonistenrock. Trotz der unmäßigen Wärme hatte er ebenfalls den Kragen hochgeschlagen und war bemüht, sein knochiges bronzefarbenes Gesicht darin zu verbergen. Er blickte beim Gehen zu Boden und ließ die Passanten unbeachtet.

Das Profil kam Wolodja bekannt vor. Doch wäre die Begegnung ohne Folgen und Wolodjas Inkognito wohl bis zur Balkowskajastraße gewahrt geblieben, hätte nicht der Bursche zufällig zu ihm herübergeschielt. Als Wolodja den raschen, zerstreuten Blick auffing, tat er, was alle schüchternen Leute in einem solchen Falle tun: Er grüßte überstürzt.

„Ihr Foto kenne ich", sagte der Bursche höflich und legte zwei Finger an die Mütze. „Ich weiß bloß nicht, aus welchem Album es stammt."

„Wir kennen uns vom Schwarzen Meer", antwortete Wolodja.

Das stimmte allerdings, nur war ihr Schwarzes Meer nicht jenes Gewässer, das die Halbinsel Krim umspült, gegen die Küste Kaukasiens plätschert, Kleinasien, Bulgarien, Rumänien und den Südzipfel der ukrainischen Steppe berührt. Ihr Schwarzes Meer lag, hundert Schritt von der Maraslijewskajastraße entfernt, hinter dem niedrigen, lückenhaften Zaun des Alexanderparks und war eine große, fast runde Mulde mit steilen Wänden und ebenem, trockenem Boden. Herr des Schwarzen Meeres war von alters her eine Fußballmannschaft gleichen Namens gewesen – Burschen aus dem Hafenviertel, junge Fischer vom Lansheron, Bewohner des Alten Zolls. Sie schworen auf ihr komfortables Fußballfeld, von dessen Hängen die Bälle, die ins Aus geschossen wurden, von selbst zurückprallten. Beim Angriff hatten die Schwarzmeerspieler in den gestreiften Matrosenhemden und den knielangen, altmodischen Turnhosen, die man schon fast nicht mehr als Turnhosen bezeichnen konnte, keine Rücksicht gekannt. Ihre Partner waren vorwiegend englische Schiffsmannschaften gewesen; Odessas Fußballer hatten die ruhmreichen Berserker gemieden. Sein Tor gegen die Schwarzmeerelf verteidigen hieß, nicht nur seine Ehre, sondern auch seine Gesundheit, ja vielleicht sogar das Leben aufs Spiel zu setzen; und kein zivilisierter Sportler tut so etwas gern. Die Schwarzmeerelf spielte daher, als keine englischen Schiffe mehr kamen, zumeist für sich allein.

Wolodja war vom „Asowschen Meer". So nannten die Odessaer Jungen eine etwas kleinere Mulde neben dem „Schwarzen Meer". Hier hatten die Gymnasiasten trainiert. Die Schwarzmeerleute hatten, so merkwürdig das klingt, die Mannschaft aus dem Nachbarmeer bisweilen zu einem Freundschaftsspiel aufgefordert und nie eine Absage erhalten. Das war dann ein Spiel zwischen Löwen und Kätzchen gewesen. Wenn den Gymnasiasten dabei weder Beine noch Köpfe abgebissen wurden, so hatten sie es nur dem Zartgefühl zu verdanken, das der Starke dem Schwachen und Hilflosen gegenüber zuweilen an den Tag legt.

Wolodja war Halblinker bei den Gymnasiasten gewesen, der hochaufgeschossene Bursche Torwart beim „Schwarzen Meer". Damals schätzte man lange Torwarte noch mehr als heute. Gewöhnlich wurden die Tore durch zwei Kleiderhäufchen markiert, und die obere Grenze blieb der Phantasie überlassen; ganz natürlich, daß sich eine Mannschaft um so sicherer fühle, je höher ihr Torwart langen konnte. Der Bursche mit den „Glockenhosen" war der längste Torwart gewesen, den die Mannschaften beider Meere je gekannt hatten.

Seit langem schon flog kein Ball mehr über das „Schwarze" und das benachbarte „Asowsche Meer". Das ruhmreiche Schwarzmeergeschlecht war dezimiert, und niemand gedachte noch der Kämpfe mit den englischen Schiffsmannschaften. Wenn früher die älteren Schwarzmeerspieler zur Seefahrtsschule oder zur Handelsflotte gingen, rückten neue Spieler nach – jüngere Brüder, Burschen vom Lansheron, vom Alten Zoll und aus dem Hafenviertel, ebenso braungebrannt und sommersprossig, ebenso harte Stürmer, Läufer und Verteidiger wie ihre Vorgänger. So wurde aus jeder Fußballergeneration eine Seefahrergeneration, und es folgte ihr die nächste Fußballergeneration, die wiederum von der Seefahrt träumte.

Der Krieg hatte die Spieler in alle Winde zerstreut, hatte Fußball, Seefahrtsschule und Handelsflotte zunichte gemacht. Das „Schwarze Meer" war ausgestorben. Der eingetrocknete Schlamm auf seinem

Grunde war gesprungen und schuppig wie die Haut einer Greisenhand.

Wolodja erkannte den Torwart, den er zwei Jahre lang nicht mehr gesehen hatte, kaum wieder. Er wirkte männlicher, magerer und noch länger. Sie waren nie befreundet oder auch nur näher miteinander bekannt gewesen. Wolodja wußte lediglich, daß der Vater des Torwarts Wächter beim Zollamt war. Einmal hatte Wolodja sehr elegant den Ball aus der Luft geholt und auf zwanzig Schritt Entfernung ins Schwarzmeertor gezielt; der Ball war zwischen den Verteidigern hindurchgeflogen – nur leider in die Arme des Torhüters. Außer diesem denkwürdigen Schuß verband die beiden nichts. Doch die Ehrfurcht der Gymnasiasten vor den Schwarzmeerleuten war so tief und unerschütterlich, daß Wolodja trotz seiner gehobenen Stellung beim Anblick des Torwarts die servile Freude eines Kätzchens empfand, das einem gutherzigen Löwen begegnet ist.

Sie gingen zusammen weiter und stellten sich die üblichen Fragen: Wie geht's? Wo hast du solche Hosen her? Was macht Kolja? Wo steckt Petja?

Wolodja berichtete zurückhaltend, er wohne auf dem Lande und tausche Sachen gegen Lebensmittel ein. Der andere fing sogleich Feuer und erzählte, er wohne ebenfalls auf dem Lande und tausche Sachen gegen Lebensmittel ein. Man kam natürlich auf Sachen, Lebensmittel und Preise zu sprechen. Doch Wolodja verriet dabei eine derart blamable Unwissenheit, daß er sich beeilte, das Thema zu wechseln, und vom Fußballspielen zu sprechen begann.

Jetzt waren sie beide in ihrem Element, und ihre Augen blitzten. Sind doch die Fußballenthusiasten die redseligsten und klatschsüchtigsten Leute auf Erden und die größten Schwadroneure dazu! Sie wühlten in Erinnerungen, rekonstruierten, schmähten und rühmten. Wolodja erfuhr von seinem Begleiter das Schicksal der anderen Schwarzmeerspieler. Der rechte Verteidiger Swentschik war zu Petljura gegangen, und die Weißen hatten ihn niedergesäbelt. Der rechte Läufer Kirjuscha wiederum war zu den Weißen gegangen, und die Petljuraleute hatten ihn niedergesäbelt. Mannschaftskapitän Wanja Podduwalo hatte sich den Leshiern vom Abwehrdienst General Grischin-Almasows angeschlossen, hatte in der Stadt seinen Tscherkessenrock ausgeführt und war bei Nacht und Nebel von unbekannten Tätern ermordet worden. Dafür aber hatte der ganze Sturm die Roten abgewartet und war dann gegen Wrangel gezogen.

Früher hatte das „Schwarze Meer" aus Verteidigern, Läufern und Stürmern bestanden; andere Unterscheidungen waren überhaupt nicht diskutabel gewesen. Jetzt jedoch hatte sich die Mannschaft neu aufgegliedert – in Weiße, Rote und Gelbblaue, und es wurde augenfällig, was einst auf dem Fußballplatz unbemerkt geblieben: daß Kapitän Wanja Podduwalo der Sohn eines reichen Hafengastwirts gewesen war, die Stürmer dagegen aus armen Fischerfamilien stammten. Dem entsprach denn auch die Stellung, die ein jeder im Kampf bezogen hatte.

So ins Gespräch vertieft, durchquerten sie die ganze Stadt. Immer wenn Wolodja links abbiegen mußte, mußte es der Torwart auch, und wenn Wolodja einen rechten Seitenweg einschlug, dann folgte der andere ihm mit verblüffender Selbstverständlichkeit. Schließlich begann Wolodja zu argwöhnen, daß sie beide das gleiche Ziel hatten. Der Argwohn, so absurd er schien, wurde zur Gewißheit, je näher sie der Balkowskajastraße kamen. Wolodja war sehr beunruhigt – konnte der Torwart ihm doch die ganze Jagd auf Krassawtschik verderben! Er versuchte seinem Begleiter zu entwischen, indem er bald hier, bald dort um die Ecke bog – allein es glückte ihm nicht. Stets wählte er genau die Straße, die auch der andere zu gehen beabsichtigte. Er wurde den Menschen einfach nicht los!

Indes war es sehr amüsant, sich über Fußball zu unterhalten. Was der eine erzählte, stimmte nur selten mit dem Bericht des anderen überein, denn wie alle Menschen hatten sie das Beiwerk, mit dem sie die Tatsachen ausgeschmückt, viel besser behalten als die Tatsachen selbst. Aber sie ließen einander mit herablassender Zuvorkommenheit ausreden, wobei jeden weniger das Gehörte interessierte als das, was er selbst in petto hatte. Er wartete ungeduldig, bis der Partner schwieg, um dann seine eigene Meinung vorzubringen. Das Gespräch erinnerte an ein Fußballspiel: Man sucht dem anderen den Ball zu entreißen, um selbst zu schießen. In der Deribassowstraße wurde ein Schuß von Jaschka Bejt abgehandelt, in der Preobrashenskajastraße ein Dribbling von Walka Prokofjew, in der Sophienstraße das bewußte Locken in eine Abseitsfalle, eine Angelegenheit nur für subtilste Kenner. Dann kamen Fragen der Fußballkasuistik an die Reihe – wie muß sich der Schiedsrichter verhalten, wenn ein Spieler den Ball zwischen die Zähne nimmt und so ins Tor trägt? Oder wenn der Ball bei einer Kerze am Himmel verschwindet, statt wieder zur Erde zurückzukehren? In der Moskowskajastraße schließlich, als sie die Methode des berühmten Mittelstürmers Bogemski besprachen, gingen ihre Meinungen unvermutet auseinander, und es entstand, trotz aller gegenseitigen Duldsamkeit, eine ernsthafte Kontroverse. Jeder brannte darauf, dem anderen die Richtigkeit seiner Auffassung zu beweisen, und sie kamen überein, die umstrittene Methode praktisch zu demonstrieren. An der nächsten Straßenkreuzung suchten sie sich einen passenden Stein, traten an den Rand des Bürgersteigs, legten den Stein auf den Boden und sprangen um ihn herum – so wie es ihrer Meinung nach Bogemski getan hatte. Um den Stein an sich zu bringen, stieß der Torwart in einem günstigen Augenblick Wolodja zur Seite; dabei berührte seine Hüfte unsanft die Hüfte Wolodjas, und er spürte deutlich den harten Colt, der in Wolodjas Manteltasche steckte.

Sogleich besann er sich und wurde betrübt, und an der nächsten Ecke verabschiedete er sich von Wolodja.

„Bis bald. Ich muß zur Bashakinstraße", sagte er und bog links ein.

Kurz danach bog auch Wolodja links ein – zur Balkowskajastraße.

8

Er schritt sie ganz ab, von der Quelle bis zur Mündung. Die Herbergen lagen zu beiden Seiten des Unterlaufs – dort, wo sich die Balkowskajastraße in die Steppe ergießt.

Wie Schiffe auf einem großen Strom ziehen Handelskarawanen die Balkowskajastraße entlang zum Steppenmeer und steuern, sobald sie die Straßenmündung verlassen haben, nach allen Himmelsrichtungen – nach Tiraspol, nach Balta, nach Golta. Hier scheidet man von Odessa, und hier entbietet man ihm den ersten Gruß. Wäre die Steppe ein Meer, würde hier, am Ende der Balkowskajastraße ein Leuchtturm aufragen, um die Hafeneinfahrt anzuzeigen.

Die Straße säumten Herbergen, Furagehandlungen, Schmieden, Sattlerwerkstätten und Kneipen. Das war der Broadway der Wagendiebe; hier wurden ihre ausgefallensten Gelüste befriedigt. Hier hatten sie sogar ihre eigene Synagoge mit Küstern aus ihren Reihen. Nicht weniger beliebt war die Balkowskajastraße bei den Pferdedieben. Die beiden Zünfte lagen in uralter Fehde. Doch wo die Wagendiebe verkehrten, ließen sich aus unerfindlichen Gründen auch stets die Pferdediebe nieder. Hund und Katze, einander feind, leben gewöhnlich unter einem Dach.

In einer Herberge wohnte der Schneider G. Schneider, der, wie man munkelte, die prominentesten Pferdediebe des Kreises bediente. Wolodja entdeckte auf der anderen Straßenseite sein grünes Aushängeschild mit der gelben Aufschrift: „Schneidermeister G. Schneider" – links ukrainisch, rechts russisch.

Neben dem Schild hing an rostiger Stange eine Blechjacke, die im Winde knarrte.

Was hätte ich getan, überlegte Wolodja, während er das Schild betrachtete, was hätte ich getan, wenn ich an Krassawtschiks Stelle wäre? Die Frage quälte ihn, und unentschlossen stand er da. Ich wäre vielleicht zu diesem Schneider gegangen, um mir einen neuen Anzug zu bestellen. Geld hätte ich dann ja gehabt – vom Verkauf der gestohlenen Pferde.

Zweifellos war diese Annahme nicht mehr und nicht weniger begründet als jede andere auch. Dennoch beschloß Wolodja, seine Recherchen mit einem Besuch bei dem Schneider einzuleiten. Auf und ab spazierend, legte er sich recht verfängliche Fragen zurecht, die geeignet sein würden, dem Schneidermeister einige Angaben über seinen Umgang mit diesen verbrecherischen Subjekten zu entlocken.

Als sein Plan fertig war, tastete er nach seinem Revolver, der mit dem Lauf nach oben in der Manteltasche steckte, und betrat den Fahrdamm. Kaum war er bis zur Mitte gelangt, als er erschrocken stehenblieb. Aus dem Herbergstor nebenan kam ein Wagen.

Die Pferde gingen im Schritt, und Wolodja, mit seinem Schneider beschäftigt, blickte zerstreut auf das Gefährt. Daß der Wagen grün war, hatte an sich nichts zu bedeuten. Neun Wagen von zehn sind in und um Odessa grün angestrichen. Aber Wolodja bemerkte noch etwas anderes, viel Wichtigeres: Das linke Hinterrad war neu, hatte helle, rohe Speichen.

Wolodja ging neben dem Wagen her. In seinem Kopf wirbelte alles durcheinander. Gristschenko hatte ihm zu viele Merkmale aufgezählt. Sie stauten sich jetzt in seinem Hirn und machten ihn unfähig, einen Entschluß zu fassen. Rosen auf der Rückwand, Blesse, Blechplättchen an den Halftern, unbeschlagene Hufe. Zwei Arschin und zwei Werschok vom Widerrist bis zur Erde. Wolodja legte die Hand auf die Querbalken. Am liebsten hätte er alles gleichzeitig getan – wäre vorgelaufen und hätte nach den Blessen gesehen, hätte sich gebückt und die Hufe untersucht, wäre zurückgerannt und hätte die Rosen in Augenschein genommen. Die Halfter – war das deutsche Arbeit? Wolodja warf einen Blick auf den Kutscher. Der hatte den Kragen seiner Joppe – halb Matrosenjacke, halb Kolonistenrock – hochgeschlagen und ... Ja, das war doch der Torwart vom „Schwarzen Meer“, der es sich hier auf einem Sack Spreu bequem gemacht hatte! Wolodjas Verwirrung stieg ins Unermeßliche. Er mußte etwas tun, etwas in die Wege leiten. Aber was?

Statt des selbstverständlichen „Hände hoch!“ brachte er schließlich ein stotterndes „Sagen Sie ..., wie ist Ihr Name?“ hervor.

Er hatte keine Ahnung, wie dieser Krassawtschik in Wirklichkeit hieß; die Frage war also völlig sinnlos.

„Mein Name?" wiederholte der Torwart und kniff die Augen zusammen – Augen, hellbraun wie Gerstenbier. „Hüüü!" Wild heulte er auf und zog den Pferden eines über. Der Querbalken stieß Wolodja zur Seite und nach vorn, dann spürte er einen Schlag ins Kreuz, fiel auf die Nase, und das neue Hinterrad setzte über seinen Rücken hinweg. Im nächsten Augenblick hatte er sich schon wieder auf alle viere erhoben und sah direkt vor seiner Nase die Rosen auf der Wagenrückwand. Sie entfernten sich mit zunehmender Geschwindigkeit. Von ihrem Anblick geradezu geblendet, sprang er auf und stob, wie von einem unsichtbaren Katapult abgeschossen, hinterher. Nach einigen verzweifelten Sprüngen klammerte er sich an die Hinterwand – kurz bevor der Wagen in volle Fahrt kam und die Rosen für immer zu entschwinden drohten. Er stemmte sich hoch, baumelte, den Oberkörper im Wagen, die Beine zappelnd in der Luft, ein Weilchen über der Rückwand und hatte es schließlich geschafft.

Der Torwart blickte sich nicht um; er peitschte die Gäule, als wollte er sie in ihre einzelnen Teile zerlegen. Wolodja richtete sich auf und balancierte nach vorn. Aber o weh! Die majestätische Pose, die Krassawtschik am Tage seiner Flucht aus Sewerinowka eingenommen, glückte Wolodja schlecht. Er fühlte, daß es ihn beim ersten besten Schlagloch aus dem Wagen schleudern konnte. Endlich faßte er einigermaßen festen Fuß auf dem schwankenden Boden, packte seinen Revolver beim Lauf und hob ihn hoch über den Kopf. Ein Hieb auf den Schädel – und um den Verbrecher würde es geschehen sein. Der Revolver beschrieb einen weiten Bogen, doch der Kolben prallte nur schwach gegen die Mütze des Banditen. Dieser war weniger verletzt als verdutzt. Dann aber nahm die Sache eine ganz unerwartete Wendung. Wolodja verlor das Gleichgewicht, fiel auf den Kutscher und begrub ihn unter sich; der Kutscher ließ die Zügel fahren, die Pferde gingen durch. Die Zügel gerieten den Pferden zwischen die Beine, der linke Hengst sprang über die Stränge, galoppierte seitwärts und schlug im Rennen aus. Der Kutscher lag still. Wolodja rieb sich die Nase an dessen staubigem Nacken und dessen rauhem Ohr, sah Häuser, Zäune und Aushängeschilder vorbeiflitzen und überlegte krampfhaft, was zu tun sei. Die Pferde nahmen ihm die Entscheidung ab. Sie bogen kurzerhand auf einen Platz ein und machten an der Tränke halt, direkt vor einem Milizmann, der rasch die Zügel ergriff.

Einige Augenblicke später rollte der Wagen die Balkowskajastraße hinauf. Der Milizmann kutschierte, Wolodja saß auf dem Querbalken, der Festgenommene hockte am Boden. Er schwieg und sah merkwürdig verfallen aus. Nichts erinnerte mehr an den Fußballspieler von vorhin; an seine Stelle war der Verbrecher getreten. Es bestand jetzt kein Zweifel mehr, daß der Torwart und Krassawtschik ein und dieselbe Person waren. Wolodja hielt die Mündung des Colts auf ihn gerichtet. Sie verließen die Balkowskajastraße, überquerten die Bashakinstraße, bogen in die Moskowskajastraße ein, passierten die Kreuzung, an der noch kurz zuvor zwei junge Burschen um einen Stein herumgesprungen waren, und erreichten nach weiteren fünf Minuten die Kreiskriminalabteilung. Man geleitete sie alle drei in das Zimmer des Genossen Zinziper.

Der Genosse Zinziper staunte maßlos. In seiner Behörde hatte es als nahezu unmöglich gegolten, diesen Banditen dingfest zu machen. Er war sehr aufgeregt, setzte fortwährend seinen viereckigen Zwicker auf und ab, wischte sich den halbkahlen Kopf, redete den Verhafteten mit „Genosse Krassawtschik“ an, schob ihm einen Stuhl hin und forderte ihn auf, Platz zu nehmen. Krassawtschik setzte sich, alle anderen blieben stehen. Die Kriminalisten starrten wortlos auf den leibhaftigen Banditen und verschlangen ihn förmlich mit den Blicken. Endlich erklärte der Genosse Zinziper, er selbst werde Krassawtschik vernehmen – in einer Stunde etwa, nachdem er die Morgenberichte seiner Leute angehört. Krassawtschik wurde abgeführt, und Wolodja eilte zu Wiktor Prokofjewitsch.

Dieser wartete zu Hause auf ihn; er hatte soeben Fedka Byk entlassen. Wolodja schilderte ihm seine Abenteuer und verschwieg dabei auch seine Fehler nicht. Er erzählte ausführlich, wie er erst nichtsahnend mit dem Verbrecher durch die ganze Stadt gewandert war, verzweifelt bemüht, ihm zu entschlüpfen, und wie verwundert er dann gewesen, als ein glücklicher Zufall ihm das Konzept verdorben und diesen Krassawtschik in die Hände gespielt hatte.

„Ach, Wolodja, Wolodja!“ sagte Wiktor Prokofjewitsch vorwurfsvoll. „Ihr Hauptfehler war, daß Sie die ganze Zeit versuchten, sich an Krassawtschiks Stelle zu denken. Aber was wußten Sie schon von Krassawtschik? Nichts. Sie hätten sich umgekehrt Krassawtschik an Ihre Stelle denken müssen! Dann wäre das Bild zweifellos richtiger geworden. Sie hätten überlegt, daß vielleicht auch Krassawtschik seine Eltern hier in der Stadt hat, bei denen er übernachten kann, daß auch er sich in seinem Bett herumgewälzt und an den grünen Wagen gedacht, daß er am Morgen Tee getrunken und seiner Mutter auf Wiedersehen gesagt hat und dann zur Balkowskajastraße gelaufen ist.“

Wolodja wollte etwas entgegnen, doch da ging die Tür auf, und ein Bote des Genossen Zinziper trat ins Zimmer.

Krassawtschik war auf dem Wege zur Vernehmung entwischt.

9

Am stärksten banditenverseucht waren im ganzen Umkreis die Vororte Odessas.

Stawki galt als der verseuchteste unter ihnen.

Wenn bei Ebbe die Wasser des Ozeans weichen, bleiben trübe Pfützen auf dem entblößten Grund zurück, mit Schlamm, Fischkroppzeug und allerlei anderem Getier darin. Als sich im Odessaer Steppenland die Wogen des Bürgerkrieges verliefen, blieb als Bodensatz die Maisarmee zurück, ein buntes Gemengsel aus Überresten zerschlagener Banden, aus politischen und kriminellen Halsabschneidern, Schmugglern und Pferdedieben.

Maisarmee wurde sie genannt, weil in diesem waldlosen Gebiet die Maisfelder ihr Unterschlupf waren. Dort saßen sie bei Tag und gingen des Nachts hinaus auf die Landstraßen. Eine Zeitlang war es sogar so gewesen: Tags regierte die Regierung und nachts die Maisarmee.

Vor drei Monaten hatten die Weißen Odessa und Umgebung verlassen, diesmal für immer; vor ihnen waren schon Petljura und Machno, waren die Franzosen, Engländer, Griechen, Polen, Österreicher, Deutschen und Galizier abgezogen. Aber noch immer brauste der deutsche Kolonist Schock auf seinem roten Motorrad Marke „Indian" durch die Gegend, der Organisator zahlreicher Kulakenaufstände; noch war Joska der Feuerwehrmann nicht erschossen, der Schrecken aller kleinen Ortschaften – den Spitznamen verdankte er seinen Pferden, die schön waren, wie sonst nur Feuerwehrpferde sind; noch schlachteten die Gebrüder Muntjan stumpfsinnig ihre moldauischen Stammesgenossen ab; noch plünderte der Bulgare Angelow, „Ohnepfote" genannt, die Reichen und Armen aus; noch war der Petljuraepigone Sabolotny nicht gefangen, der sich nach jedem Überfall über den Dnestr nach Rumänien absetzte, und noch befand sich Saschka Tscherwen auf freiem Fuße, Bandit im Offiziersrang, der keine Zeugen hinterließ. In Odessa selbst hatte die Obersekundanerin Dusja Werzinskaja, bekannt als die „heiße Dusja", an einem einzigen Abend achtzehn Einbrüche allein in der Richelieustraße verübt, und zwar nur auf der rechten Seite. In den Dörfern gab es mehr Destillierapparate als Milchschleudern; im Stroh der Kulaken lagen grüne Maximkas versteckt, und die Kulaken selbst, noch nicht aus ihren Nestern gescheucht, sannen auf Rache und Vergeltung.

Seltsames tat sich in der Unterwelt. Die Reichen beraubten häufiger die Armen als umgekehrt. Gierig trachteten die Kulaken nach dem Eigentum der Dorfarmut. Die Habenichtse wurden zu Stützen der Gesetzlichkeit, während die Wohlhabenden Anarchie, Mord und Totschlag stifteten. Gutsbesitzer und Gymnasiasten machten als Pferdediebe und Einbrecher die Gegend unsicher. Sie trugen ihren Raub zu Hehlern aus Kreisen der Geistlichkeit. Ein ehemaliger Dumaabgeordneter wurde beim Geflügeldiebstahl ertappt.

Im Kreis Odessa lebten Ukrainer, Moldauer, Deutsche, Bulgaren, Juden, Großrussen, Griechen, Esten, Albaner und Karäer Seite an Seite – Altgläubige*, Sabbatarier*, Molokanen*, Baptisten*, Katholiken, Lutheraner, Orthodoxe. Sie alle hausten eigenbrötlerisch in abgesonderten Dörfern, Vorwerken und Kolonien, vermischten sich nicht untereinander, hatte ihre Sprache, ihre Sitten und Bräuche bewahrt. Die Deutschen bewohnten, wie vor anderthalb Jahrhunderten ihre Urgroßväter in Elsaß-Lothringen, Steinhäuser mit spitz zulaufenden bunten Ziegeldächern. Häuser, Möbel, Fuhrwerke, Kleider, Geschirr, Heugabeln, Rechen, Küchenherde und Gebetbücher – alles war haargenau wie im Elsaß. Ihre Kolonien hießen Straßburg oder Mannheim – so wie die Städte am Rhein. Es gab verschiedene Deutsche. Solche mit französischen Namen – germanisierte Elsaßfranzosen –, solche mit spürbar ukrainisch angehauchten und solche mit rein deutschen Namen. Es gab Reiche und Arme, Katholiken und Lutheraner, hochdeutsch Sprechende und plattdeutsch Sprechende, die einander schlecht verstanden und sich nicht mochten. Außer Deutsch konnten die Kolonisten ein wenig Ukrainisch. Die Moldauer lebten genauso, wie ihre Väter vor zwei-, dreihundert Jahren in den Donaufürstentümern gelebt hatten; sie aßen Maisbrei mit sauren Gurken und Honig, webten Leinwand, spannen Wolle und verstanden kein Wort Russisch. Die Franzosen hegten und pflegten ihre Weingärten wie einst in der Provence.

Neben einigen großen Dörfern, die bettelarm waren, lagen deutsche Vorwerke, deren dreißig Bewohner entweder Keller oder Schuhmacher hießen, je tausend bis fünfzehnhundert Deßjatinen bester Schwarzerde und an die fünfzig Zugpferde besaßen. Dann gab es Dörfer, in denen nur Ackerbauern, Weinbauern, Gärtner, Böttcher, Sattler, Schafskäseproduzenten, Fischer, Schreiner oder Schankwirte, und sogar solche, in denen nur Musikanten lebten, die zu Hochzeiten und Kindtaufen aufspielten. Es gab auch Dörfer, besonders in der Nähe Odessas und am Dnestr, in denen Banditen hausten. Die Banditen rekrutierten sich aus Deutschen und Bulgaren, aus Juden und Moldauern, aus Ukrainern und Griechen und aus dem friedfer-

* christliche Sekten

tigen kleinen Stamm der Karäer. Auch Baptisten waren unter ihnen. Nachts gingen sie auf die Landstraßen und raubten und mordeten im Schutze der Dunkelheit, ohne sich um Nationalität und Gesinnung zu scheren. Morgens fand man dann die Leichen am Straßenrand – Deutsche und Bulgaren, Juden und Moldauer, Ukrainer und Karäer.

Wolodja jedoch, der in seinen Akten das Aussehen der Leichen beschrieb und die Stellung, in der er sie vorgefunden – Wolodja konnte das Gesamtbild nicht überblicken. Er erfaßte weder das Ausmaß noch die sozialen Hintergründe dieser schrecklichen Mordtaten. Lediglich die eigene Aufgabe war ihm klar. Der Anblick des ersten Toten, den er zu besichtigen hatte, erschütterte ihn zutiefst. Das war kein Entsetzen vor einem Leichnam. Das war Zorn, war das plötzliche Bewußtwerden um fremdes menschliches Leid. Die Menschen, eben erst durch die Revolution befreit, dürfen nicht von Mörderhand sterben, sagte er sich. Er mußte seinen Landsleuten helfen, das letzte Joch abzustreifen – das Joch des Banditentums. Denn sie sollten in Frieden auf ihren Äckern und Weinbergen arbeiten. Und Schafe hüten. Und tags wie nachts die Landstraßen befahren. Und ihre Stutzen wegwerfen. Und ruhig in ihren Hütten schlafen.

Wolodja hielt sich selber, Gristschenko und teilweise auch Schestakow für sehr beherzte Menschen, die an Gefahren gewöhnt waren; doch heute fühlten sich selbst diese drei recht unbehaglich, als sie sich Stawki näherten, dem unzugänglichen Banditennest.

Nicht jeder Einwohner von Odessa weiß, wo Stawki liegt, und die wenigsten haben diesem gottverlassenen Vorort jemals einen Besuch abgestattet.

Wolodja, Schestakow und Gristschenko hatten die Innenstadt und auch bereits mehrere Vororte hinter sich gelassen, sie kamen an Brachland, Schutthaufen und dürftigen Melonenfeldern vorbei und erreichten schließlich die kahle Steppe; dann wurde die Steppe wieder von Gärten, Schutthaufen und unbebauten Flächen abgelöst, endlose Zäune tauchten auf, Schuppen und Graupenmühlen. Hier hatten die Wege nichts Straßenähnliches mehr. Wolodja und seine zwei Begleiter gingen und gingen – aber ihr Ziel lag noch immer in weiter Ferne, und sie fürchteten schon, daß sie es bis zum Dunkelwerden nicht erreichen würden.

So pilgerten sie also nach Stawki, um Tscherwen zu fangen – Wolodja, Wiktor Prokofjewitsch und Gristschenko, der heute besonders finster und anscheinend sogar verärgert war. Sie stapften über Brachland, an endlosen gelben Sandsteinmauern entlang, die oben mit Flaschenscherben gespickt waren, und bahnten sich ihren Weg durch

Unrat aller Art – Dachblechabfälle, Lumpen, Konservenbüchsen, Glasscherben, Dunghaufen und krepierte Katzen.

Passanten trafen sie kaum, wenn man die Gestalten, die sich bisweilen an ihnen vorbeidrückten, überhaupt so nennen konnte. Einem friedlichen Spaziergänger mußte bei solchen Begegnungen zumute sein wie einem Städter, der zum erstenmal auf dem Lande ist und eine stößige Kuh auf seinem Wege sieht.

„Wir dürfen nicht alle beisammenbleiben", sagte Wiktor Prokofjewitsch, als sie Stawki erreicht hatten. „Wenn sie uns im Haufen anrücken sehen, ahnen sie gleich, daß wir sie ausheben wollen."

„Fragt sich noch, wer wen ausheben wird", bemerkte Gristschenko boshaft. „Wir sie oder sie uns."

„Gristschenko und ich gehen voran", fuhr Wiktor Prokofjewitsch fort, „und Sie, Wolodja, bleiben etwa fünfzig Schritt zurück; Sie werden sozusagen das Hinterland verteidigen. Gristschenko und ich gehen als erste hinein, und Sie ..."

„Kommt nicht in Frage!" brauste Wolodja auf. „Das ist wohl, weil Tscherwen aus der Manteltasche schießt, wie?"

„Regen Sie sich doch nicht auf! Ich kann ja hinten gehen", meinte Gristschenko begütigend.

Wiktor Prokofjewitsch aber bestand auf seinem Plan.

„Was sind Sie nur für ein Mensch, Wolodja? Sie wollen unbedingt alle Banditen selbst kassieren. Sie haben schon Krassawtschik erwischt – das reicht fürs erste. Lassen Sie mich alten Mann doch auch mal einen Verbrecher fangen!"

Wolodja gab schließlich nach, um den Alten nicht zu kränken.

„Vergessen Sie nicht unsere Abmachung wegen der Schaufel", sagte Schestakow. „Wenn keine Schaufel da ist, kehren wir um und schleichen uns auf Zehenspitzen davon."

10

Wolodja tapste hinter den beiden her; bisweilen zog er seinen Taschenspiegel heraus und sah nach, ob ihnen niemand folgte.

Von Zeit zu Zeit betrachtete er auch, nicht ohne Vergnügen, die schönen, halbmondförmigen Abdrücke auf dem Weg, die an Bißnarben erinnerten; sie stammten von Gristschenkos eisenbeschlagenen Stiefelabsätzen. Wolodja sah dessen Heldenrücken etwa fünfzig Schritt weit vorn; daneben ging leicht gebeugt Wiktor Prokofjewitsch.

So kamen sie zu einem Bahnübergang. Es roch hier, wie stets an heißen Tagen, nach Eisenbahn – nach Teer, Ruß, abgestandenem Wasser und fernen Reisen. Wolodja liebte diesen Geruch. Der reinliche Schotter strömte die tagsüber aufgespeicherte Wärme aus. Die Gleise, die Wolodja im Vorbeigehen berührte, waren heiß, obwohl die Sonne schon untergegangen war.

Sie krochen noch etliche Male durch löchrige Bretterzäune und standen dann vor einem räudigen einstöckigen Haus mit einem gewölbten Torweg in der Mitte, kleinen Fenstern und dicken Wänden, von halbzerfallenen Widerlagern aus Ziegelstein gestützt. Es war braungrün – eine Farbe, wie sie von Zeit und Meeresnebeln den verlassenen Gebäuden Odessas und von der Stadtverwaltung den Armen- und Waisenhäusern verliehen wurde; und es gehörte zu jenem Bautyp, der den Geruch verstopfter Klosetts, Spülichtgestank, Feuchtigkeit und Schimmel innen wie außen organisch in sich einschließt.

Aus dem Hause schallte ein keckes Liedchen, das damals ganz Odessa sang:

Wie schön und heilsam sind Tomaten,
ja Tomaten, ja Tomaten …

Bevor Wiktor Prokofjewitsch im Torweg verschwand, drehte er sich kurz um und nickte Wolodja zu.

Wolodja setzte sich in Trab. Er wußte, daß sich Tscherwen und sein Freund nicht in dem einstöckigen Vorder-, sondern in dem kleinen Hinterhaus aufhielten. Als er den langen Torweg erreicht hatte, dröhnte ihm donnergleich das Lied entgegen, und ihm war, als hätte er den Kopf in einen Grammophontrichter gesteckt:

… ja Tomaten, ja Tomaten …

Wolodja durchlief den hallenden Torweg und kam auf einen kopfsteingepflasterten viereckigen Hof. In der Mitte stand ein einziger Baum mit kahlen, verkrümmten, wie im Krampf erstarrten Aststümpfen. Über einen der Stümpfe war ein Holzbottich gestülpt. Vom Baum her lief ein großer, magerer Hund auf Wolodja zu, ein Tier mit dunklen Ringen um die weißen Augen und einem Sterletkopf. Vielleicht wollte er ihn nur beriechen, vielleicht aber auch beißen. Wolodja sprang auf alle Fälle zur Seite. Er hatte nicht gerade Angst vor Hunden, hegte jedoch ein gewisses Vorurteil gegen sie, seit ihn als Dreijährigen das Bologneserhündchen der Nachbarin so angebellt hatte; die Furcht, die er an diesem Tage ausgestanden, hatte für immer sein Verhältnis zu Hunden bestimmt.

„Hau ab!" schrie Wolodja das graue Hundevieh an und machte, über die Schulter schielend, einen Bogen um die verdächtige Kreatur.

Vor ihm lag nun ein schuppenartiger eingeschossiger Bau mit dikken Fenstergittern und einem Eingang in der Mitte. Aus diesem Eingang drang der verwegene Gesang. Wolodja wußte, daß der Eingang in einen kleinen Korridor führte, etwa acht Arschin lang und zwei Arschin breit; daß der Korridor auf eine Tür stieß, hinter der ein Gastzimmer mit einem vergitterten Fenster war, und daß sich dort Tscherwen und sein Freund befinden mußten.

Ganz hinten im Korridor tauchte ein Lichtstreifen auf und verschwand wieder. Der Gesang brach ab.

Sie sind hineingegangen, dachte Wolodja.

Es war schon fast dunkel.

Links vom Eingang lehnte eine Schaufel.

Mit vorgestrecktem Arm lief Wolodja den finsteren Korridor entlang. Seine Hand berührte einen dicken Eisenriegel. Er zog ihn an sich, die Tür gab ein wenig nach, und Wolodja steckte den Kopf durch den Spalt.

Er sah ein Zimmer, mehr breit als lang; einen großen Tisch, der nur schmale Durchgänge längs den Wänden freiließ, Flaschen und Speisen darauf und etwa fünfzehn Leute, Männer und Frauen, die reglos und schweigend um den Tisch saßen; rechts am Türpfosten stand Wiktor Prokofjewitsch und daneben Gristschenko, auf sein Gewehr gestützt.

Noch war kein Wort gefallen, noch rührte sich nichts. Aber die Finger lagen bereits am Abzug. Das schwache Geräusch, das Wolodja verursachte, brachte alles in Bewegung. Die Lawine kam ins Rollen. Aus einem Dutzend Kehlen löste sich ein durchdringender Schrei. Eine schwarze Kwaßflasche beschrieb einen schwungvollen Bogen und flog gegen Wiktor Prokofjewitschs Stirn. Der streckte seinen Spitzbart in die Luft und stürzte zu Boden. Die Lampe verlosch. Pistolenschüsse erstickten im Gepolter fallender Stühle, in Scherbengeklirr, Getrampel und Geheul. Ein tollwütiger Elefant schien durch den Raum zu stampfen.

Alles drängte zum Ausgang.

Wolodja zog den Kopf zwischen die Schultern und schnellte zurück; die Tür schlug zu, wurde im nächsten Augenblick jedoch von innen aufgedrückt und prallte ihm vor die Stirn.

Er stieß wieder zu. Er tat das instinktiv. Wenn sich die Tür öffnete, würde der tollwütige Elefant ihn zertreten. Der Druck von innen wurde stärker. Wolodja wollte davonlaufen, aber er konnte die Tür nicht loslassen. Er stemmte sich mit dem ganzen Körper dagegen, doch sie schob ihn erbarmungslos, Millimeter um Millimeter, in den Korridor zurück. Wolodjas Sohlen glitten langsam über den Boden. Seine linke Hand indes hatte sich eine wichtige Erinnerung bewahrt – die Berührung mit dem Riegel! Die Hand wußte auf einmal, was zu tun war. Sie begann im Dunkeln zu suchen. Der Verstand war nicht daran beteiligt. Angst allein lenkte die Hand. Die Tür mußte verriegelt werden, dann konnte man fliehen.

Wolodja preßte die Schulter an den Riegel. Ihm schien, als müsse sich sein Rückgrat jeden Augenblick zusammenschieben wie eine Ziehharmonika. Doch da hörten seine Füße sekundenlang zu gleiten auf.

Hinter der Tür hatte sich der zum Ausgang drängende Strom gestaut, ein einziges Knäuel von Menschen und Stühlen war entstanden. Das Hindernis bildete Schestakow, der an der Schwelle zusammengesunken war.

Der Druck wurde schwächer – vielleicht hatten sich ein paar Hände von der Tür gelöst, um zu einem neuen, stärkeren Stoß auszuholen. In diesem Augenblick schnappte der Riegel ein.

Jetzt konnte Wolodja losrennen, über den leeren Hof jagen und weiter durch Stawki. Niemand würde ihm nachsetzen außer dem grauen Hund.

Auf Zehenspitzen, bemüht, kein Geräusch zu verursachen, lief er hinaus, an dem verrückten Baum vorbei zum Tor. Der graue Köter sprang vor ihm zurück. Wolodja fühlte sich ungewöhnlich leicht, als wäre ihm das ganze Hinterhaus von den Schultern genommen.

Nur sein Herz klopfte laut und schnell.

Im Torweg blieb er stehen, besann sich und eilte zurück – auf Zehenspitzen, damit keiner ihn hörte.

Er hatte sich an Wiktor Prokofjewitsch und Gristschenko erinnert.

11

Die Tür dröhnte, als würde sie von innen mit einem Mauerbrecher bearbeitet. Bei jedem Schlag schien sie sich mehr zu wölben.

Wolodja holte seine Trillerpfeife hervor. Als er dieses Symbol der Macht und Ordnung in der Hand fühlte, beruhigte er sich augenblicklich.

Er pfiff. Er wußte, mit Schüssen lockte man keinen Menschen herbei, wohl aber mit Pfiffen. Schießerei war damals für Odessas Bürger

nichts Außergewöhnliches, nichts, was Neugier erweckte und einen zwingen konnte, den Schritt zu beschleunigen. Der Ton einer Polizistenpfeife jedoch besaß eine magische Kraft, der nachzugeben die Odessaer von alters her gewohnt waren.

Wolodja pfiff, und der Mauerbrecher wütete weiter. Die Scheidewand zwischen ihm und den Banditen krachte und drohte zu bersten. Jetzt schätzte Wolodja die Lage ganz nüchtern ein. War die Tür erst aus den Angeln gehoben, dann gab es keine Rettung mehr, weder für ihn noch für Wiktor Prokofjewitsch noch Gristschenko. An der Spitze der Belagerten stand Tscherwen – und Tscherwen hinterließ keine Spuren!

„Geht von der Tür weg!" schrie Wolodja mit Fistelstimme. „Ich schieße!"

Und er zog den Colt aus der Tasche.

Doch nach wie vor bebte die Tür unter kräftigen Hieben.

Eine dicke Coltpatrone durchschlägt auf zehn Schritt Entfernung ein zwei Zoll starkes Brett. Wolodja hob den Colt.

„Ich schieße!" rief er abermals. Und noch ehe er seine Geistesgegenwart selber bewundern konnte, hatte er zweimal durch die Tür geschossen.

Für einen Augenblick trat Stille ein, dann ertönten drei laute Detonationen. Die Wand bröckelte, Sandsteinspritzer flogen Wolodja ins Gesicht. Der Bottich auf dem Ast zerkrachte und übersäte den kleinen Hof mit Holzsplittern. Die Belagerten schossen zurück.

Wolodja sprang aus dem Korridor, verbarg sich hinter einem Mauervorsprung und hielt die Tür unter Beschuß. Zum Glück fiel ihm aber rechtzeitig einer von Tscherwens Merksprüchen ein: „Wenn du schießt, vergiß nicht aufzuhören." In seinem Ladestreifen steckten nur noch zwei Patronen.

Da griff er erneut zur Pfeife. Die Belagerten, einmal beim Schießen, würden wahrscheinlich noch lange nicht aufhören, obgleich Tscherwen persönlich unter ihnen weilte.

Die Kugeln flogen über den Hof. Drüben im Vorderhaus zersprangen klirrend die Fensterscheiben.

Plötzlich entstand eine Pause im Kampfgetöse, und ein neuer Laut war zu vernehmen. Wolodja blickte sich rasch um. Jemand lief über den Hof und fingerte im Laufen am Abzug eines langen Berdangewehrs.

Der Unbekannte trug eine khakifarbene Feldbluse, mit blauen ungarischen Rockschnüren verziert, wie man sie heute an Schlafanzüge näht, dazu eine altmodische hohe Budjonny-Helmmütze aus Segeltuch und mit zwei Schirmen – einem hinten, einem vorn – sowie gelbe Schnürschuhe aus hartem, steifem Leder. Er war ganz in die Betrachtung seines Gewehrs vertieft, an dem etwas nicht stimmte, und als er Wolodja erreicht hatte, blickte er nicht einmal auf, sondern klapperte geräuschvoll mit dem Schloß.

„Wer bist du?“ rief Wolodja.

„Der Furier“, antwortete der andere, ohne sich in seiner Beschäftigung stören zu lassen.

„Wieviel Patronen hast du?“

„Eine“, gab der Furier zur Antwort und zeigte seine Patrone, ein langes Ding mit dicker, abgeflachter Kugel – von der Art, wie sie bei der Schlacht an der Alma Verwendung gefunden hatten.

Wolodja erwog rasch den Wert der Feuerverstärkung.

„Nicht schießen“, befahl er dem Furier und drückte ihm die Pfeife in die Hand. „Stell dich dorthin, spann deinen Hahn und pfeif.“

Der Furier postierte sich auf der anderen Seite des Eingangs und spannte und pfiff und pfiff und spannte, wie ihm geheißen ward.

Die Banditen hatten inzwischen das Schießen eingestellt und widmeten sich wieder der Tür. Nach wenigen Minuten wurde ihr Bemühen belohnt. Ein Triumphgeheul brauste drinnen auf. Die Angeln hatten nachgegeben. Die Tür öffnete sich spaltweit – ihr einziger Halt war jetzt der Riegel. Man brauchte sie nur etwas zur Seite zu schieben, dann glitt der Zapfen aus dem Haken, und der Weg war frei. Doch die Belagerten drückten weiter gegen die Tür, der Riegel bog sich, und der Durchgang wurde breiter.

Wiktor Prokofjewitsch wird durch die Tür gedeckt, ging es Wolodja durch den Kopf. Aber jeden, der im Korridor erscheint, zerreißt's in Stücke.

Er packte eine seiner Handgranaten, die er einst gegen den Fotoapparat getauscht hatte, die geliebte Granate, an der ihm jede Unebenheit, jeder Kratzer vertraut war. Jetzt hatte ihre Stunde geschlagen! Er zog den Ring ab – wie oft hatte er sich diesen Griff ausgemalt, den jede Handgranate nur ein einziges Mal zuläßt –, er zog also den Ring ab und schleuderte das längliche, wie ein Tannenzapfen hucklige Ding in den Korridor.

Drinnen krachte es, ein Luftzug wehte Rauch und Staub heraus.

Die Tür war gefallen.

Alles blieb still. Dann klirrte etwas.

„Ergebt euch!“ brüllte Wolodja. „Sonst knall ich euch alle nieder!“

Der Furier spannte den Hahn.

„Waffen ablegen, Hände hoch und auf mein Kommando rückwärts heraustreten! Jeder einzeln! Wer nicht gehorcht, fliegt in die Luft!“ rief Wolodja ins Dunkel.

Hinter ihm erklangen Schritte. Jemand lief über den Hof. Er schwang eine Laterne, der Lichtkreis tanzte auf dem Pflaster.

„Halt! Wer da?“ fragte Wolodja. Die Worte kamen ihm jetzt von selbst auf die Zunge.

Der Mann mit der Laterne gab keine Antwort.

„Wer bist du?“

„Ich?“

„Ja, du.“

„Ich wohne hier“, erwiderte der Fremde ausweichend und musterte ihn erschrocken.

Wolodja hielt die zweite Granate in der erhobenen Hand, als wär's ein Pokal.

Der Mann mit der Laterne zögerte. Sein Blick glitt über die Granate, die Schulterriemen, die lederbesetzten Reithosen Wolodjas. Alles sehr vage, unzuverlässige Anhaltspunkte. Handgranaten und Schulterriemen konnte jeder haben. Aber die Pfeife? Die konnte eigentlich nur einem Vertreter des Gesetzes gehören!

„Ich bin der Hausverwalter“, sagte er schließlich, durch das pausenlose Pfeifen ermutigt.

„Ist das nächste Telefon weit?“ fragte ihn Wolodja.

„Am Bahnübergang, fünf Minuten von hier.“

„Laufen Sie hin, rufen Sie die Kriminalabteilung an – Bereitschaftsdienst, ohne Nummer ... Wiederholen Sie!“

„Kriminalabteilung, Bereitschaftsdienst, ohne Nummer ...“

„Man soll einen Einsatzwagen und Erste Hilfe ... Wiederholen Sie!“

„Einsatzwagen und Erste Hilfe ...“

„... nach Stawki schicken. Den Weg erklären Sie selbst. Können Sie das?“

„Ja.“

„Und man soll Zin-zi-per benachrichtigen. Werden Sie das behalten?“

„Zin-zi-per benachrichtigen.“

Der Hausverwalter stellte die Laterne auf die Erde und rannte los.

Hinten im Korridor wurde geflüstert. Wolodja lauschte. Plötzlich knarrte die Tür, jemand trat darauf.

„Ergebt euch!“ brüllte Wolodja und schwang die Granate.

„Wir ergeben uns“, kam es von drinnen.

Die Banditen traten einzeln heraus, rückwärts, die Arme erhoben. Gewiß hatten sie erwartet, eine ganze Abteilung im Hof zu sehen. Nun aber, da sie ihren Irrtum erkannten, war es zu spät, ihn wiedergutzumachen. Sie waren bereits verängstigt und also besiegt. Wolodja hielt den Revolver schuß-, die Granate wurfbereit und paßte auf, daß keiner die Arme sinken ließ. Der Furier durchsuchte die Leute und stellte sie, das Gesicht zur Wand, in einer Reihe auf. Es waren ihrer im ganzen neun – fünf Männer und vier Frauen. Tscherwen war nicht dabei.

„Die Frauen laß zu beiden Seiten stehen", ordnete Wolodja an.

Als die Banditen versorgt waren, rief er laut: „Wiktor Prokofjewitsch!"

Aber er bekam keine Antwort.

In diesem Augenblick hörte er im Korridor Schritte schlurfen.

„Nicht schießen, ich bin es", sagte eine bekannte Stimme.

Es war Gristschenko; er ging rückwärts mit erhobenen Armen.

„Das ist, damit Sie mir nicht aus Versehen eins verpassen, Genosse Chef", erklärte er, als er endlich im Hof stand.

Gristschenkos eines Hosenbein war bis zum Knie aufgerissen, und die nackte Wade sah daraus hervor wie eine Prothese. An der pokkennarbigen Wange klebte ein Salatblatt, im übrigen aber war der Milizmann heil und wohlauf.

„Du bist nicht verwundet? Das ist ja famos!" sagte Wolodja erfreut. „Was hast du denn da drin gemacht?"

„Nichts. Als sie anfingen, auf unserem Wiktor Prokofjewitsch herumzutrampeln, dachte ich mir: Hilf dir selbst, so hilft dir Gott – und da bin ich unter den Tisch gekrochen, in ein stilles Eckchen ..."

„Wo ist Wiktor Prokofjewitsch?" unterbrach ihn Wolodja finster. „Was ist mit ihm passiert?"

„Wie soll ich denn das wissen? Bin ich etwa ein Doktor, oder was?"

„Und wo ist dein Gewehr?"

„Mein Gewehr?" wiederholte Gristschenko und kratzte sich hinterm Ohr.

12

Während sich Gristschenko hinterm Ohr kratzte, wurde die Mündung seines Gewehres genau auf Wolodjas Brust gerichtet. Der Mann, der auf Wolodja zielte, lag im Zimmer hinter der Türschwelle. Nachdem er aus einer Betäubung erwacht war, hatte er um sich getastet. Seine Hand war zuerst mit einem kalten Gesicht und dann mit einem Gewehrkolben in Berührung gekommen. Er hatte ihn an sich gezogen und den Finger in das Loch am Unterteil des Magazins gesteckt. Eine Patrone fehlt, hatte der Mann gedacht. Ob die erste im Lauf steckt? Den Hahn durfte er nicht spannen – der da in der Haustür hätte es hören und beiseite springen können. Aber das Gewehr war ja gesichert; demnach steckte eine Patrone im Lauf. Der Mann im Zimmer hatte leise entsichert und die Wange an den Kolben gepreßt.

Wolodja stand im hellen Rechteck der Haustür. Über ihm hing der rötliche Mond. Die flackernde Laterne des Verwalters beleuchtete ihn von unten. Der Mann im Zimmer nahm abwechselnd den Kopf und die Brust, die Brust und den Kopf Wolodjas aufs Korn.

„Gristschenko", sagte Wolodja erregt, „ich befehle dir, sofort dein Gewehr zu holen ..."

„Wie soll ich denn da rein", rief Gristschenko weinerlich, „wo ich doch fühle, daß da was nicht in Ordnung ist."

„Gristschenko ..."

Wolodja konnte nicht ausreden. „Da hast du deine Flinte!" ertönte von drinnen eine Stimme.

Und Gristschenkos Gewehr, von starker Hand aus dem Korridor geschleudert, polterte über das Pflaster.

Gristschenko hopste zur Seite wie ein Känguruh.

Dem Gewehr folgte eine lange Gestalt mit erhobenen Armen.

Gristschenko klaubte sein Gewehr auf und hielt es ratlos in der Hand wie einen Knüppel.

„Durchsuch ihn", befahl Wolodja.

„Geh weg, rühr mich nicht an", schrie der Lange. „Ich geb ihm sein Schießeisen wieder – und er will mich durchsuchen! Da, mach du's!" Er wandte sich dem Hausverwalter zu, der soeben aus der Dunkelheit aufgetaucht war.

Der Verwalter fuhr mit wellenartigen Handbewegungen an dem Körper entlang. Er zeigte sich in der Durchsuchungstechnik recht bewandert, was eigentlich nicht weiter verwunderte; denn in den letzten Jahren hatten die Odessaer ja kaum etwas anderes getan, als sich gegenseitig zu durchsuchen.

Der Lange drehte und wendete sich vor dem Verwalter wie bei einer Anprobe. Der trübe Laternenschein fiel ab und zu auf sein Gesicht, und je genauer Wolodja hinsah, desto klarer wurde ihm, daß diese starken Backenknochen und die bronzefarbene Haut nicht zu Saschka Tscherwens feistem Ohrfeigengesicht gehörten, welch letzteres Fedka Byk ausführlich beschrieben hatte. Das Foto kenne ich doch, dachte Wolodja, während er den Banditen musterte. Aber aus welchem Album mag es nur stammen? Da drehte sich der Lange zum Licht um, und Wolodja erkannte, daß er zum zweitenmal Krassawtschik gefangen hatte.

„Krassawtschik!" stammelte er ganz erschüttert. „Wie kommst du hierher?"

„Guten Abend, nochmals, Bürger Chef!" Krassawtschik legte die Hand an die Mütze. „Wir beide sind heute wie Nadel und Faden – wo Sie sind, bin auch ich, wo ich bin, sind auch Sie."

Dieser Satz sagte sehr viel aus. Er gab zu verstehen, daß Krassawtschik den gegebenen Umständen Rechnung trug und jede Erinnerung an die alte Bekanntschaft zweier Fußballspieler ausschaltete. Und daß er aus dieser Bekanntschaft keinerlei Nutzen ziehen wollte. Und daß er wußte, Dienst ist Dienst und Schnaps ist Schnaps. Er hatte den Satz in jenem würdevollen, ehrerbietig familiären Ton gesprochen, den erfahrene Häftlinge stets anschlagen, wenn sie mit ihrem Untersuchungsrichter reden. Doch ebensowenig, wie er Anspruch erhob auf persönliche Vergünstigungen, wollte er auf jene verzichten, die ihm nach Recht und Gesetz zustanden.

„Ich bitte nur darum, Bürger Chef", sagte er in demselben ehrerbietig familiären Ton, „daß Sie in Ihrem Protokoll die Flinte hier erwähnen. Schreiben Sie, daß sich der Pferdedieb Krassawtschik stets aus blutigen Geschäften herausgehalten hat und daß er auch diesmal ..."

Er fuhr fort, sich mit erhobenen Armen vor dem Hausverwalter zu drehen und zu wenden, zog den Bauch ein, streckte den Bauch vor, hielt dem Mann zuvorkommend noch nicht durchsuchte Körperteile hin; und dabei belehrte er Wolodja, weshalb sich ein kluger Dieb niemals auf blutige Geschäfte einläßt.

„Blutige Geschäfte taugen nicht für einen klugen Dieb", sagte er. „Sie kosten den Kopf."

Indessen hatte der Verwalter auf der Brust einen Riemen ertastet und zog ihn hervor. Dem Riemen folgte ein langes Seil, das sich als Lasso entpuppte.

„Mein Handwerkszeug", kommentierte Krassawtschik verlegen.

„Das Gewehr erwähne ich den Tatsachen entsprechend", erklärte Wolodja. „Aber sag mir ehrlich: Wie steht's mit der Flucht? Wirst du diesmal wieder davonlaufen?"

Krassawtschik pochte sich an die Brust.

„Der Blitz soll mich erschlagen – war denn das meine Flucht? Das war ihre Flucht! Sie holen mich aus der Zelle und geben mir als Wachtposten – eine Frau! Das ist doch einfach Hohn! Wir gehen die Straße entlang, und ich denke – mich sehen doch die Leute, Bekannte sehen mich! Vielleicht hat mir an der Freiheit gar nicht soviel gelegen ..."

Der Verwalter prustete vor Lachen.

„Wie soll ich das nur beweisen? Ich könnte bis zum Tor dort gehen und zurück. Wollen Sie?"

Er sagte das so aufrichtig und leidenschaftlich, wie nur ein frisch Verhafteter es sagen kann.

Erst viel später dachte Wolodja darüber nach, was wohl Krassawtschiks Hand zurückgehalten, als er auf ihn gezielt und „Umbringen oder nicht umbringen?" erwogen hatte. War es nur die kalte Berechnung eines erfahrenen Kriminellen gewesen? Hatte er in diesem Moment nicht auch an das „Schwarze Meer" und an den Fußball gedacht? Als er den Halblinken vom „Asowschen Meer" im hellen Türrahmen erblickte – hatte er sich da nicht erinnert, daß er selber einst der Schwarzmeerelf angehört und in ihrem ruhmreichen Tor gelegen hatte wie jetzt auf dem Boden der finsteren Diebeshöhle? Vielleicht war daraufhin der gute Löwe in ihm erwacht, der den schutzlosen, nichtsahnenden Feind verschonen wollte; vielleicht auch hatte er voll Bitternis seines verpfuschten Lebens gedacht, hatte erkannt, daß die Zeit der Wirren vorbei war und daß er eine endgültige Wahl treffen mußte. Wenn solche Gedanken ihn auch beschäftigt hatten, so war er auf alle Fälle bemüht gewesen, sie zu verbergen. Erst nach vielen Jahren erfuhr Wolodja, was Krassawtschik in dem Augenblick bewegt hatte, der für das Schicksal beider so entscheidend geworden war.

Die Banditen standen in sonderbarer Haltung da – den Rücken gekrümmt, die Hände gegen die Wand gestemmt. Mit der Freiheit hatten sie auch ihre Individualität verloren. Sie sahen alle gleich grau aus und unterwürfig und einander zum Verwechseln ähnlich. Die erhobenen Arme waren ihnen eingeschlafen, es juckte ihnen der Rücken, und sie grölten mit weinerlichen Stimmen: „Bürger Chef ..., lassen Sie uns doch die Arme runternehmen ..."

Ihr Gegröle wurde von Motorengeräusch unterbrochen. Ein Lastauto fuhr mit Vollgas auf den Hof, ein kleiner, stupsnasiger Fiat auf kräftigen Reifen, bis zum letzten Platz besetzt. Der Wagen machte eine scharfe Wendung, und der Einsatzleiter fiel, mit dem Hinterteil voran, direkt auf die Banditen. Danach sprangen die anderen herunter, und in unglaublicher Geschwindigkeit waren die Banditen von Kopf bis Fuß durchsucht.

„Saubere Arbeit, was?" meinte der Einsatzleiter und zwinkerte Wolodja zu, womit er dem ländlichen Kriminalisten die Überlegenheit der städtischen andeuten wollte.

Die goldgestickte Kubanmütze des Einsatzleiters, sein scharlachroter Tscherkessenrock mit flügelartiger Kapuze, die gelben Stiefel mit Riemchen unterm Knie und kleinen Stulpen am Schaftrand, der gestutzte Kinnbart, das stark gepuderte Gesicht und schließlich die Handgranate seltenen und Wolodja unbekannten Typs – das alles machte einen so ungeheuren Eindruck, daß jeder, der diesen Menschen sah, auf der Stelle bereit war, sich ihm zu ergeben.

Noch eine Sekunde, und die Banditen waren, von den Männern des Einsatzkommandos angetrieben, wie eine Herde Schafe auf den Lastwagen geklettert. Jeder suchte den besten Platz zu ergattern, man knurrte sich an und versetzte den Frauen wütende Tritte. Obzwar der Freiheit beraubt, wollten sie doch wenigstens bequem fahren. Nachdem sie nun einmal die Vorrechte freier Menschen eingebüßt hatten, galt ihre Sorge sogleich den kleinen Vorteilen, welche die Haft ihnen bieten konnte. Als sie endlich saßen, begab sich der Einsatzleiter mit brennender Taschenlampe in den Korridor, gefolgt von seinen Leuten, die ihre Revolver schußfertig in die Dunkelheit richteten.

Als erster wurde Wiktor Prokofjewitsch herausgetragen.

„Setzt ihn hin, lehnt ihn an die Wand ..., nicht legen, sonst läuft ihm die ganze Suppe heraus", kommandierte der Einsatzleiter.

Man setzte Wiktor Prokofjewitsch an die Wand, er gab ein leises Stöhnen von sich. Sein schütterer Spitzbart war dunkel vom Blut, das ihm übers Gesicht rann.

„Außer dem Schädel ist alles in Ordnung", sagte der Einsatzleiter, nachdem er den Verwundeten mit geübter Hand betastet hatte; dann bog er mühsam dessen Finger auseinander, die noch immer die beiden Revolver umklammert hielten.

„Das nenne ich Heldentum!" rief er. „Bewußtlos, Loch im Kopf, aber die Revolver gibt er nicht her!"

„Was ist mit ihm, was meinen Sie?" fragte Wolodja aufgeregt.

„Bin ich Arzt?" Der Einsatzleiter zuckte die Achseln. „Wie es aussieht, hat er einen tüchtigen Glassplitter im Schädel. Ein Ende steht zur Stirn heraus wie ein Horn."

Neben Wiktor Prokofjewitsch wurden noch zwei hingelegt, ein Bewußtloser und ein Toter.

Der Einsatzleiter beleuchtete den Toten mit der Taschenlampe.

„Tscherwen", sagte er. „Auf der Stelle tot gewesen. Sie haben Glück gehabt", fügte er mit einem respektvollen Blick auf Wolodja hinzu. „Ich gratuliere."

Er legte die Hand auf die Brust und machte eine leichte Verbeugung vor ihm.

„Wer zuletzt schießt, schießt am besten."

Dann hob er ein Stück alte Dachpappe auf, das auf dem Hof herumlag, schüttelte den Sand ab und deckte es über das Gesicht des Banditen.

Währenddessen war ein Rettungswagen auf den Hof gefahren. Ihm folgte knatternd ein schmuckes hochrädriges Stabsautomobil; seine breite, gewölbte Motorhaube, reich verziert mit Bronze und Emaille, blitzte gleich einer ordenübersäten Zarenbrust. In dem Stabsautomobil saß der Genosse Zinziper.

Ihm bot sich im Lichte der drei Paar Autoscheinwerfer ein ungewöhnliches Bild: die beiden auf der Erde ausgestreckten Körper, das Häuflein Gefangener, von Männern mit erhobenen Revolvern umringt, der weiße Kittel des Arztes, der sich über Wiktor Prokofjewitsch beugte, und – im Mittelpunkt – Wolodja, verschwitzt und im Gesicht verschmiert, das Haar wüst über die Augen hängend. Er hielt noch immer Revolver und Handgranate in den ausgestreckten Händen – wie Zepter und Reichsapfel.

„Wolodja!“ rief der Genosse Zinziper und sprang aus dem Wagen. „Die Kreiskriminalabteilung ist stolz auf dich!“

Er wollte Wolodja die Hand drücken, doch als er den Revolver und die Granate sah, flüchtete er sich zum Einsatzleiter und wäre dabei um ein Haar auf Tscherwen getreten. Der Genosse Zinziper betrachtete kurzsichtig die hochgezogenen Knie des Toten und die schwarze Pfütze, die unter der Dachpappe hervorgequollen war, und wurde, an solche Bilder nicht gewöhnt, mit einemmal merklich grün im Gesicht.

Mittlerweile schaute sich Wolodja nach Gristschenko um, der in den hinteren Reihen schüchtern auf und ab spazierte.

„Gristschenko, gib mir doch einen Augenblick dein Gewehr.“

Gristschenko trat vor. Seine ganze Herrlichkeit war geschwunden; er wirkte unansehnlich wie ein sibirischer Kater, den man soeben aus dem Wasser gezogen hat.

Wolodja nahm ihm das Gewehr ab und wandte sich an den Genossen Zinziper: „Melde gehorsamst, Milizmann Gristschenko ist wegen Pflichtverletzung von mir verhaftet worden.“

„Bitte, bitte, ich habe nichts dagegen“, meinte der Genosse Zinziper mit breiter Geste und blickte einigermaßen verlegen auf seinen unermüdlichen Detektiv.

„Wollen Sie sich auf Ihren Platz begeben“, sagte der Einsatzleiter ausgesucht höflich zu Gristschenko, legte die Handflächen aneinander und wies auf den Lastwagen, auf dem mit hängenden Köpfen bereits die Banditen saßen.

Gristschenko schritt gebeugt zum Wagen, und sein Rücken, vor kurzem noch so stolz und reckenhaft, glich einem Sträflingsbuckel.

„Sind das alle? Oder noch nicht?“ Der Einsatzleiter schielte bedeutungsvoll zum Hausverwalter hin.

„Vorläufig alle“, erklärte Wolodja.

„Dann aufsteigen!“ rief der Einsatzleiter und sprang mit wehenden Rockschößen auf den Wagen.

Wolodja ging zu Schestakow. Der Arzt kniete neben ihm. Eine weiße Binde wurde mit unglaublicher Geschwindigkeit um den Kopf des Verwundeten gewickelt. Man sah nur noch seine Augen.

„Wie steht's?“ fragte Wolodja.

„Die Wunde ist ungefährlich, aber einen Monat werden wir ihn behalten müssen“, antwortete der Arzt und warf die Binde behend aus einer Hand in die andere.

„Kurieren Sie bitte auch seinen chronischen Magenkatarrh aus“, bat Wolodja. „Und sobald er zu sich kommt, geben Sie ihm diesen Zettel von mir.“

Damit holte er einen Fetzen Papier aus der Tasche – es war der Tagesplan – und schrieb auf die Rückseite: „Wiktor Prokofjewitsch! Wir haben Krassawtschik gefangen. Tscherwen ist tot. Gristschenko habe ich festgenommen. Morgen früh komme ich zu Ihnen ins Krankenhaus. Wolodja.“

Zuerst fuhr der Rettungswagen aus dem Hof. Dann gab der Fahrer des Lastautos Gas. Die Banditen saßen auf dem Boden, die Bereitschaftsleute auf den Seitenwänden. Zwei Mann lagen auf den Kotflügeln, die Gewehre auf Stawki gerichtet, das sich ins nächtliche Dunkel duckte.

Krassawtschiks lange Gestalt überragte die Wachmannschaft. Er stand breitbeinig, balancierte, wenn der Wagen über Schlaglöcher holperte, und hielt sich hin und wieder an Gristschenko fest, der ihm zu Füßen saß.

„Bürger Chef, die Flinte!“ rief er im Fahren noch Wolodja zu. „Vergessen Sie die Flinte nicht!“

Das Lastauto kroch schwerfällig in den gewölbten Torweg.

„Die Flinte!“ hallte es von dort zum letztenmal.

Auf der Straße faßten die Banditen wieder Mut – schließlich gehörte, was mit ihnen geschehen war, zur Ordnung der Dinge –, und sie stimmten das „Lied der fahrenden Diebe“ an. Der Wind trug die lustige Melodie und die munteren Worte durch den kleinen Ort.

Als letzte fuhren der Genosse Zinziper und Wolodja im Stabsautomobil davon. Der magere graue Hund mit dem Sterletkopf setzte dem Wagen nach und versuchte ins Hinterrad zu beißen; dann besann er sich jedoch eines Besseren und lief beiseite. Der Hof hatte sich geleert. Nur zwei Posten standen noch vor der zertrümmerten Tür des ehemaligen Diebesnestes.

„Wolodja“, sagte der Genosse Zinziper und hielt die Hand vor den Mund, um sich gegen den Wind zu schützen. „Wolodja, ich werde gleich morgen bei der Gebietsbehörde beantragen, daß man euch beide, dich und Schestakow, mit einer goldenen Uhr auszeichnet; darin sollen eure Namen eingraviert sein und die Widmung: ‚Für erfolgreichen Kampf gegen das Banditentum'."

Sie holten den Lastwagen ein. Staubwolken wirbelten auf, und der Diebesgesang übertönte die anerkennenden Worte, die der Genosse Zinziper an seinen Detektiv richtete.

Kaum hatte Wladimir Stepanowitsch Boitschenko geendet, kaum hatten sich die Klubmitglieder aus dem heißen Odessa ins rauhe Gagry zurückversetzt, als mehrere Hände zugleich nach der gewichtigen goldenen Uhr langten, die der Doktor am Kopfende seines Bettes auf dem Hocker liegen hatte. Diese Uhr war allen bekannt, und man hatte schon des öfteren ihre fabelhafte Genauigkeit bewundert.

Am eifrigsten gebärdete sich der Rechtsanwalt. Er nahm die Uhr und drückte auf die Feder. Der dicke Deckel schnellte mit einem leisen Klingen zurück, und darunter befand sich, wie in einem Safe, ein gleichartiger zweiter Deckel. Hastig hielt der Rechtsanwalt die Uhr ins Licht der Petroleumlampe und las die Widmung auf der Innenseite des Deckels vor:

„Wladimir Alexandrowitsch Patrikejew
für erfolgreichen Kampf gegen das Banditentum
von der Kreiskriminalabteilung Odessa
am 25. August 1920."

Einen Augenblick erstarrten alle in Schweigen.

„Erlauben Sie!" rief endlich der Rechtsanwalt. „Sie haben gegen die Spielregel verstoßen, Doktor! Sie sollten aus dem eigenen Leben erzählen ... Der Dektektiv Wolodja waren also nicht Sie, Wladimir Stepanowitsch, sondern Sie, Waldimir Alexejewitsch?"

Er wandte sich verständnislos an Patrikejew.

„Ich fürchte, Sie haben mich entlarvt", entgegnete dieser ein wenig verlegen. „Leugnen wäre zwecklos. Ja, Wolodja – das bin ich."

„Und Sie sind auf der Stute Kochanotschka geritten?" fragte der alte Pfeifer.

„Ja."

„Und Sie haben die Handgranate geworfen?"

„Ja."

„Und Sie haben Krassawtschik gefangen?"

„Ja."

Die Klubmitglieder waren befremdet. Alle hatten sich bereits ein

Bild von Wolodja gemacht, und es war das Bild des jungen Dr. Boitschenko gewesen. Nun mußten sie dieses Bild durch ein anderes ersetzen. Sie mußten sich Patrikejew an Boitschenkos Stelle denken. Das fiel schwer. Es fiel schwer, sich den würdigen, selbstbewußten Patrikejew als schüchternen, scheuen, komischen Jungen vorzustellen – so wie der Doktor ihn geschildert hatte.

„Wie wenig Ihnen das ähnlich sieht!" Frau Netschestiwzewa schlug die Hände zusammen. „Sie – und diese Steppenleichen ..."

„Doch erlauben Sie", unterbrach der Rechtsanwalt. „Eins verstehe ich nach wie vor nicht: Wie kommt die Uhr zu Wladimir Stepanowitsch? Was hat der Doktor damit zu tun?"

„Das ist ganz einfach", antwortete Patrikejew mit einem verschmitzten Lächeln. „Wir beide sind alte Freunde, und ich habe ihm die Uhr schon vor langer Zeit geschenkt – als Erinnerung an unsere gemeinsam verbrachte Jugend."

„Gewiß haben Sie auf einer Schulbank gesessen?"

„Nein, wir sind in verschiedene Schulen gegangen."

Der Rechtsanwalt konnte sich noch lange nicht beruhigen.

„Wer hätte gedacht", sagte er zu Pfeifer und zur Netschestiwzewa, „daß ein so berühmter Schriftsteller vor zehn Jahren als kleiner Dorfdetektiv angefangen hat ..."

Alle waren darin einer Meinung, daß solche Wandlungen nur unter den neuen Verhältnissen möglich sind, und führten Beispiele an, die zeigten, wie schnell der Mensch im Sowjetland wächst. Es stellte sich heraus, daß die Netschestiwzewa früher Krankenschwester und daß Intendant Sdobnow Briefträger gewesen war; selbst Pfeifer, der berühmte Bäcker, hatte bis zum Jahre siebzehn lediglich in einer großen Privatbäckerei in Krementschug gearbeitet. Nur Rechtsanwalt Kotik gestand verlegen, er sei immer schon Rechtsanwalt gewesen und sein Vater auch.

„Sagen Sie", besann er sich plötzlich, „was ist eigentlich aus Ihrem Krassawtschik geworden?"

„Krassawtschik kam natürlich in eine Besserungsanstalt", antwortete Patrikejew. „Über dem Tor der Odessaer Anstalt hing damals ein Transparent. Die Aufschrift stammte vom Direktor, einem ehemaligen politischen Häftling, der sein halbes Leben in zaristischen Kerkern verbracht hatte. Sie lautete: ‚Dieses Haus ist kein Gefängnis. Verzagt nicht, die ihr eintretet.' Jeder konnte dort ein Mensch werden, wenn er sich Mühe gab. Krassawtschik blieb etwa vier Jahre, und die ganzen vier Jahre hat er gelernt und gearbeitet. Als er entlassen wurde, war er ein ziemlich gebildeter, ruhiger und bescheidener junger Mann. Was dann geschah, kann heutzutage niemand mehr verwundern: Er lernte weiter und absolvierte eine Hochschule. Übrigens, ich habe schließlich auch noch studiert – an der Philologischen Fakultät der ehemaligen Universität Noworossisk. Jaja, das waren damals schwere Jahre für junge Menschen, und viele von uns taten, was sie nicht hätten tun sollen. Die Sowjetmacht hat uns geholfen, unseren Platz im Leben zu finden. Sie kümmerte sich um uns, sobald sie nur etwas Luft zum Atmen hatte. Die einen faßte sie hart an, wie Krassawtschik, die anderen sanfter. Wer durchhielt und guten Willens war, aus dem wurde ein Mensch …

Jetzt", fuhr Patrikejew fort, „denkt Krassawtschik kaum noch an seine Abenteuer und an die ‚Maisarmee' zurück, an die Zeiten, da er nie ohne ein Lasso aus dem Hause ging. Jetzt können Sie ihm getrost ein paar Ihrer besten Pferde anvertrauen. Ich behielt ihn im Auge, und wir wurden schließlich Freunde. Jeder von uns fühlt sich dem anderen irgendwie verpflichtet: ich ihm, weil er damals nicht auf mich geschossen hat, und er mir, weil ich ihn rechtzeitig habe einsperren lassen."

Patrikejew warf die Holzklötze, auf denen er saß, ins Feuer und trat ans Fenster. Inmitten der Bucht, dem Schloß genau gegenüber, ragte eine Lichtpyramide auf. Ein Dampfer hatte den Hafen von Gagry angelaufen. Er war üppig illuminiert, als wären seine Elektriker Feueranbeter. Patrikejew stieß die Balkontür auf. Eine ungewohnte Stille herrschte. Sie betäubte ihn fast. Keine Brandung war mehr zu hören. Die silbrige Mondsichel strahlte friedlich vom Sternenhimmel herab, und unter ihr lief ein heller Streifen quer über das stille Meer zum Land. Vom Steilufer stürzten Schmelzwasserbäche in die See. Es war warm, der Schnee taute rasch. Und als wollte die kleine Glühbirne überm Balkon von den ersten Schlucken Wasser künden, die dem Kraftwerk das Leben wiedergaben, glomm in ihr rosa der Faden auf.

Ein triumphaler Akkord erschütterte die Luft. Ein allumfassender Akkord. Alle Töne schwangen darin, und alles klang mit ihm – die Berge, das Meer und die Fensterscheiben. Er sog alles in sich auf. Und dabei war er so tief, daß er unterirdisch schien.

Die Dampfersirene heulte.

„Freunde", rief Patrikejew, „der Sturm hat sich gelegt!"

Doch niemand beachtete ihn. Die Mitglieder des Klubs blickten wie versteinert auf Dr. Boitschenko. Der saß schweigend, mit gesenktem Kopf, das Gesicht nahe dem Feuer, und schien ein wenig verschnupft; denn keiner hatte sich über die literarischen Qualitäten seiner Erzählung geäußert. Er schwieg beharrlich, und die anderen starrten ihn entgeistert an.

Die allgemeine Aufmerksamkeit verwirrte den Doktor. Er erhob sich schließlich, reckte seine breiten Schultern, dehnte sich – und alle bewunderten seinen hohen Wuchs, seine starken Backenknochen, von bronzefarbener Haut überspannt, und seine fröhlichen Augen, hellbraun wie Gerstenbier.

GAIDAR, ARKADI – geb. 1904 in Lgow, gest. 1941 bei Kanew. Sohn eines Dorfschullehrers. Schloß sich während des Bürgerkrieges der Roten Armee an, befehligte als Sechzehnjähriger bereits ein Regiment. Ab 1924 – als er schwerverwundet demobilisiert wurde – arbeitete er als Korrespondent und Reporter. 1925 wandte er sich der Kinderliteratur zu. 1941 ging Gaidar als Kriegskorrespondent an die Front.

Zu den bedeutendsten Werken gehören: „Tschuk und Gek" (1939), „Timur und sein Trupp" (1940). „R. K. R." erschien 1926.

Quelle: Anthologie „Der Mann mit dem Stern", Kinderbuchverlag, Berlin 1978.

Originaltitel: PBC – deutsch von Max Hummeltenberg.

INBER, VERA – geb. 1890 in Odessa, gest. 1972 in Moskau. Tochter eines Verlegers und einer Lehrerin. Besuchte die Höheren Mädchenkurse in Odessa. Lebte von 1910 bis 1914 in Paris, wo ihr erster Gedichtband erschien. 1922 ließ sie sich endgültig in Moskau nieder. Es entstanden Gedichte, Poeme, Skizzen und Erzählungen. Während des Großen Vaterländischen Krieges war Vera Inber Berichterstatterin im belagerten Leningrad.

Zu den bekanntesten Werken gehören: „Platz an der Sonne" (1928), „Das Reisetagebuch" (1938), „Der Meridian von Pulkowo" (1943), „Der Weg des Wassers" (1951). „Lalas Interessen" erschien 1925.

Quelle: Anthologie „Dreißig neue Erzähler des neuen Rußland", Gustav Kiepenheuer Verlag, Leipzig und Weimar 1981 (Reprint).

Originaltitel: Лялины интересы – deutsch von Elena Frank.

IWANOW, WSEWOLOD – geb. 1895 in Lebjashje, gest. 1963 in Moskau. Sohn eines Lehrers. Arbeitete als Setzer, Artist, Wanderschauspieler. Aktive Teilnahme an der Oktoberrevolution. 1919 erschien sein erster Erzählungsband. Während des Großen Vaterländischen Krieges Publizist.

Zu den bedeutendsten Werken gehören: „Partisanenerzählungen" (1921–1922), insbesondere „Panzerzug 14–69". „Ehrenschuld" erschien 1923.

Quelle: Anthologie „Der Buchstabe G", Malik-Verlag 1930.

Originaltitel: Долг – deutsch von Erwin Honig.

KOSATSCHINSKI, ALEXANDER – geb. 1903 in Moskau, gest. 1943 in Nowosibirsk. Verlebte seine Kindheit in Odessa, siedelte 1925 nach Moskau über. Mitarbeiter an verschiedenen Zeitschriften. Veröffentlichte 1937 seine ersten Erzählungen. „Der grüne Wagen" entstand 1938.

Quelle: „Der grüne Wagen", Verlag Kultur und Fortschritt, Berlin 1958.

Originaltitel: Зелёный фургон – deutsch von Wera Rathfelder.

LAWRENJOW, BORIS – geb. 1891 in Cherson, gest. 1959 in Moskau.

Stammt aus Kreisen der bürgerlichen Intelligenz. Während des Jurastudiums in Moskau 1909–1915 entstanden erste Gedichte. Ab 1915 nahm er als Artillerieoffizier am ersten Weltkrieg teil. Nach der Oktoberrevolution kämpfte er in den Reihen der Roten Armee. Ab 1924 ausschließlich schriftstellerisch tätig. Neben Erzählungen verfaßte er Romane und Dramen.

Zu den bekanntesten Werken gehören: „Marina" (1923), „Der siebente Trabant" (1927), die Dramen „Die Bresche" (1927), „Für die auf See" (1945) und „Die Stimme Amerikas" (1945). „Der letzte Schuß" (auch „Der einundvierzigste") entstand 1924.

Quelle: „Der letzte Schuß", Reclam Verlag, 1959.

Originaltitel: Сорок первый – deutsch von Wolfgang Preuss.

NEWEROW, ALEXANDER – geb. 1887 in Nowikowka, gest. 1923 in Moskau. Entstammt einer armen Bauernfamilie. Arbeitete in einer Druckerei, besuchte danach das Lehrerseminar, war ab 1906 als Dorfschullehrer tätig. 1906 erschien seine erste Erzählung. Nahm aktiv an der Oktoberrevolution teil.

Zu den bekanntesten Werken gehören. „Taschkent, die brotreiche Stadt" (1923), „Gänse und Schwäne" (1924). „Marja, die Bolschewistin" erschien 1921.

Quelle: Anthologie „Das Antlitz des Lebens", Verlag für Literatur und Politik, Wien 1925.

Originaltitel: Марья большевичка – deutsch von Maria Einstein.

OGNEW, NIKOLAI – geb. 1888 in Moskau, gest. 1938 in Moskau. Sohn eines Rechtsanwaltes. Trat als Jugendlicher gegen den Zarismus auf; wurde 1905 ins Gefängnis geworfen. Arbeitete später als Lehrer. Seit 1907 schrieb er unter verschiedenen Pseudonymen Erzählungen.

Werke: „Das Tagebuch des Schülers Kostja Rjabzew" (1927), „Kostja Rjabzew auf der Universität" (1928), „Drei Dimensionen" (1933). „Die Feuerprobe" wurde der Erzählung „Das Tagebuch des Schülers Kostja Rjabzew" entnommen.

Quelle: „Das Tagebuch des Schülers Kostja Rjabzew", Verlag Kultur und Fortschritt, Berlin 1967.

Originaltitel: Испытание железом – deutsch von Maria Einstein und Nelly Drechsler.

PLATONOW, ANDREJ – geb. 1899 in Woronesh, gest. 1951 in Moskau. Sohn eines Eisenbahnbetriebsschlossers. 1914 Lehrling in einer Versicherungsgesellschaft, danach Gießer und Lokomotivführergehilfe, ab 1918 Mitarbeit an Zeitungen. 1918–1921 Studium der Elektromechanik. Es folgten technische und soziologische Veröffentlichungen. Ab 1927 schriftstellerische Tätigkeit. Von 1942 bis Kriegsende Sonderberichterstatter an der Front. Publizierte Gedichte, Erzählungen, Drehbücher und literaturkritische Arbeiten.

Zu den bekanntesten Werken gehören: „Die Herkunft des Meisters" (1928), „Die Epiphaner Schleusen" (1927), der Erzählungsband „In der schönen und grausamen Welt" (1965). „Im Morgendämmer der Jugend" erschien 1938.

Quelle: Anthologie „In der schönen und grausamen Welt", Verlag Kultur und Fortschritt, Berlin 1969.

Originaltitel: На заре туманной юности – deutsch von Larissa Robiné.

SCHOLOCHOW, MICHAIL – geb. 1905 in der Staniza Wjoschenskaja, gest. 1984 in der Staniza Wjoschenskaja. 1920 trat er in die Rote Armee ein, kämpfte gegen weißgardistische Banden im Dongebiet. 1922 siedelte er nach Moskau über, war als Arbeiter, Maurer, Lehrer tätig, wandte sich gleichzeitig der schriftstellerischen Arbeit zu, ging 1925 nach Wjoschenskaja zurück, das zu seinem ständigen Wohnsitz wurde. Hier entstand 1928–1940 das vierbändige Romanepos „Der stille Don". Im Großen Vaterländischen Krieg war Scholochow als Kriegskorrespondent, Publizist und Journalist tätig. 1965 wurde ihm der Nobelpreis verliehen.

Zu den bedeutendsten Werken gehören: „Neuland unterm Pflug" (1932), „Sie kämpften für die Heimat" (1943–1969), „Ein Menschenschicksal" (1956/57). „Sturm über der Steppe" erschien 1925.

Quelle: Anthologie „Frühe Erzählungen", Verlag Kultur und Fortschritt, Berlin 1966.

Originaltitel: Путь-дороженька – deutsch von Hilde Angarowa.

SEJFULLINA, LIDIJA – geb. 1889 in Warlamowo, gest. 1954 in Moskau. Tochter eines Landgeistlichen. Mit siebzehn Jahren arbeitete sie als Bibliothekarin und Lehrerin. Ab 1917 literarisch tätig. 1917–1919 aktive gesellschaftliche Tätigkeit. 1926 Abschluß einer Pädagogikausbildung. Während des Großen Vaterländischen Krieges Mitarbeiterin des Rundfunks. Veröffentlichte Skizzen, Erzählungen und Dramen.

Zu den bekanntesten Werken gehören: „Humus" (1922), „Wirinea" (1924), „Eigentum" (1933). „Der Ausreißer" erschien 1922.

Quelle: „Der Ausreißer", Verlag der Nation, Berlin 1980.

Originaltitel: Правонарушители – deutsch von Maria Einstein.

SERAFIMOWITSCH, ALEXANDER – geb. 1863 in einer Kosakensiedlung am Don, gest. 1949 in Moskau. Sohn eines kleinen Militärbeamten. Studium an der Mathematisch-Physikalischen Fakultät in Petersburg. 1887 Verbannung wegen Abfassung eines revolutionären Flugblattes. 1901 erschien ein erster Sammelband mit Erzählungen, danach Übersiedlung nach Moskau. Es folgten Romane und Erzählungen. Den Höhepunkt seines Schaffens bildet der Bürgerkriegsroman „Der eiserne Strom" (1924).

Zu den bekanntesten Werken gehören außerdem: „Trauermarsch" (1905), „Die Stadt in der Steppe" (1910), „Das Mädchen der Berge" (1927). „Zwei Tode" erschien 1926.

Quelle: Ausgewählte Werke, Aufbau-Verlag, Berlin 1956.
Originaltitel: Две смерти – deutsch von Friedrich Schwarz.

TOLSTOI, ALEXEJ – geb. 1883 in Nikolajewsk, gest. 1945 in Moskau. Entstammt dem russischen Gutsbesitzeradel. 1901–1906 Studium am Technologischen Institut in Petersburg. Verbrachte längere Zeit in Deutschland, Italien und Frankreich. Ersten Gedichtbänden folgten Prosawerke. Emigrierte 1918 nach Paris und Berlin; kehrte nach dem Bruch mit den Emigranten 1923 in die Sowjetunion zurück. Wandte sich zunächst der wissenschaftlich-phantastischen Literatur zu. Während des Großen Vaterländischen Krieges Tätigkeit als Publizist.

Zu den bedeutendsten Werken gehören: „Aelita“ (1922), „Geheimnisvolle Strahlen“ (1925), die Trilogie „Der Leidensweg“ (1919–1941), „Peter der Erste“ (1929–1945). „Die Giftnatter“ erschien 1928.

Quelle: Anthologie „Blaue Städte“, Aufbau-Verlag, Berlin 1979.

Originaltitel: Гадюка – deutsch von Erwin Tittelbach und Maria Stein.

Wir danken allen obengenannten Verlagen, die uns freundlicherweise gestatteten, die angeführten Beiträge in unsere Sammlung aufzunehmen.

Inhalt